普通高等院校土建类应用型人才培养系列教材

道路路基路面工程

主　编　宋高嵩　石振武

副主编　盖晓连　徐　智　李　晶

北京理工大学出版社

BEIJING INSTITUTE OF TECHNOLOGY PRESS

内 容 简 介

　　本书共分为14章，其主要内容分别为道路路基工程导论、一般道路路基设计、道路路基稳定性设计、道路路基工程排水设计、道路路基防护与加固、挡土墙设计、道路土方路基施工技术、道路石方路基施工技术、道路路面工程导论、道路路面基层施工技术、沥青路面施工技术、沥青路面设计、水泥混凝土路面施工技术与水泥混凝土路面设计等。

　　本书可作为普通高等院校土木工程领域中道路桥梁与渡河工程、城市道路工程、桥梁隧道工程、道路与铁道工程、机场工程等专业的教材，也可供从事土木工程相关人员学习参考。

图书在版编目（CIP）数据

　　道路路基路面工程/宋高嵩，石振武主编 . —北京：北京理工大学出版社，2017.8
（2024.8 重印）
　　ISBN 978 – 7 – 5682 – 4804 – 4

　　Ⅰ.①道…　　Ⅱ.①宋…　②石…　　Ⅲ.①路基工程–高等学校–教材　②路面–道路工程–高等学校–教材　　Ⅳ.①U416

　　中国版本图书馆 CIP 数据核字（2017）第 217935 号

責任编辑：高　芳　　　　　　文案编辑：赵　轩
責任校对：周瑞红　　　　　　責任印制：施胜娟

出版发行 /	北京理工大学出版社有限责任公司
社　　址 /	北京市丰台区四合庄路 6 号
邮　　编 /	100070
电　　话 /	(010) 68914026（教材售后服务热线）
	(010) 68944437（课件资源服务热线）
网　　址 /	http://www.bitpress.com.cn

版 印 次 /	2024 年 8 月第 1 版第 3 次印刷
印　　刷 /	河北世纪兴旺印刷有限公司
开　　本 /	787 mm × 1092 mm　1/16
印　　张 /	19.5
字　　数 /	523 千字
定　　价 /	55.00 元

图书出现印装质量问题，请拨打售后服务热线，负责调换

前　言

道路路基路面工程是高等院校土木工程领域中道路桥梁与渡河工程、城市道路工程、桥梁隧道工程、道路与铁道工程、机场工程等专业的重要必修课。课程内容广泛并与工程实践联系密切，具有鲜明的工程技术特点。

本书力求反映本领域最新的科学技术成就，吸收国内外成功的经验和成熟的理论与方法，并且以我国最新出版的有关工程技术标准、规范为依据，讲述道路路基路面工程中的关键技术，以达到理论联系实际的目的。

与道路路基路面工程相关的科学很多，如材料科学、岩土工程、结构分析、管理科学等，从高等院校本科教育的培养目标出发，本书尽量对相关科学的基本概念、基本理论叙述清楚，若需要引用更为深刻的内容，则授课时，可以在保证主干教学内容的前提之下，适当补充加强。

本课程是一门理论与实践并重、工程性较强的课程，除了讲授系统的课堂教学之外，应配合组织实地参观、实物鉴别、课程设计与作业、施工实习等辅助教学环节，以提高学生的感性认识和系统的接受能力。

本书根据高等院校土木工程专业本科的教学特点和教学改革的需要，由哈尔滨理工大学、东北林业大学等院校合作编写。全书共 14 章：第 1、11、12、13 章由哈尔滨理工大学宋高嵩编写；第 6、10、14 章由东北林业大学石振武编写；第 4、7、8 章由哈尔滨石油学院盖晓连编写；第 2、5 章由哈尔滨华德学院徐智编写；第 3、9 章由黑龙江东方学院李晶编写。

全书由哈尔滨理工大学宋高嵩、东北林业大学石振武担任主编，并负责全书统稿工作；盖晓连、徐智、李晶担任副主编。

本书采用国家法定计量单位，即国际单位制（SI）。

本书如有不当之处，希望有关院校师生及广大同人提出宝贵意见，以便及时修改完善。

编　者

目　录

第 1 章

道路路基工程导论

1.1 我国道路工程概况

1.1.1 我国道路工程发展

我国幅员辽阔、物产丰富、人口众多，为了促进国民经济的发展，提高人们的物质文化生活水平，确保国防安全，一个四通八达且完善的交通运输体系必不可少。

交通运输是国民经济的命脉，是联系工业、农业、城市和乡村、生产和消费的纽带，是推动国民经济发展的"先行官"。要实现国民经济的现代化，就必须首先实现交通运输的现代化，这是经济建设和发展的客观规律。现代交通运输是由铁路、公路、水运、航空和管道等五种运输方式所组成的。它们各有分工又相互联系与合作，共同承担国家建设所需的原材料与产品的集散、城乡物资的交流以及生产和生活必需品的运输任务。铁路运输对于远程的大宗货物及人流运输起着主要的作用；水运在通航的地区起着廉价运输的作用；航空运输则起着快速运送旅客，贵重、紧急物品及邮件等的作用；管道多用于运输液态、气态以及散装物品（如石油、煤气等）；公路运输具有机动、灵活、直达、迅速、适应性强和服务面广的特点，对于客货运输，特别是中短距离的运输，效益尤其显著。

我国是一个有着 5 000 多年文明史的国家。在历史的长河中，我国勤劳、智慧的各族人民，在道路、桥梁的修建和车辆制造以及交通管理等方面，都取得了辉煌的成就，它是我国古代灿烂文化的一部分。道路交通为繁荣经济和交流文化，维护民族团结和国家统一，都做出了巨大的贡献。中国古代道路和桥梁建筑，在世界上曾处于领先地位，在世界道路交通史上留下了光辉的篇章。

根据《史记》记载，早在 4 000 多年前，我国已有了车和行车的路。商代（约公元前 16 世纪—约前 1046）开始有驿道传送；西周（约前 1046 年—前 771）开创了以都市为中心的道路体系，还建立了比较完善的道路管理制度；秦代（前 221—前 206）修驰道、直道，建立了规模宏大的道路交通网，总里程有 1.2 万多千米；西汉时期（前 206—23）设驿亭 3 万处，道路交通呈现出更加繁荣的景象。特别是连接欧亚大陆的"丝绸之路"的开通，为东西方经济文化交流做出了贡献；唐代（618—907）是中国古代经济和文化的昌盛时期，建成了以长安城（今西安）

为中心 2.2 万多千米的驿道网；到宋、元、明、清各代（960—1911），道路交通又有发展。

公路是联结城镇和工矿基地之间主要供汽车行驶的郊外道路。20 世纪初（1902 年），我国开始从发达工业国进口汽车，起初只是在上海等大城市街道上行驶，1913 年在湖南省修建了从长沙至湘潭的公路，全长 50 千米，历时 9 年，于 1921 年 11 月全线通车，揭开了我国交通运输史上公路与汽车运输的新篇章。到新中国成立前夕，全国共修建了 13 万千米的公路，但能维持通车的公路不超过 8 万千米，其中沥青、水泥混凝土路面仅 315 千米，全国有 1/3 的县不通公路，西藏地区没有一条公路。

改革开放以后（1978 年以后），我国公路出现了前所未有的发展态势。在 1979 年进行的我国第一次全国公路普查表明，截止到 1978 年年底全国公路通车里程达 88 万千米。

到 2000 年 12 月 31 日我国公路总里程达 167.98 万千米。县以上全部通车，98% 的乡镇和 89% 的行政村通了公路（不通公路的乡镇 460 个，不通公路的村 7.4 万个）。

2005 年年底，全国公路总里程达 193.05 万千米，全国县道、乡道里程达 147.57 万千米，总里程达 340.6 万千米。

2007 年年底，我国公路通车总里程达 357.3 万千米，其中高速公路总里程达 5.36 万千米。总规模约 3.5 万千米的"五纵七横"国道主干线系统全部贯通，比原规划提前 13 年。乡镇通公路率达 98.54%，建制村通公路率达 88.15%。

2015 年年末全国公路总里程 457.73 万千米。公路密度 47.68 千米/百平方千米。

全国农村公路（含县道、乡道、村道）里程 398.06 万千米，其中村道 231.31 万千米。全国通公路的乡（镇）占全国乡（镇）总数的 99.99%，其中通硬化路面的乡（镇）占全国乡（镇）总数的 98.62%；通公路的建制村占全国建制村总数的 99.87%，其中通硬化路面的建制村占全国建制村总数的 94.45%。

自 20 世纪 80 年代中期开始，中国大陆开始兴建高速公路，1988 年 10 月 1 日通车的全长 15.9 千米的上海至嘉定高速公路标志着我国高速公路的零突破。后来陆续投入运行的主要高速公路有京石、京津塘、沈大、合宁、济青、开洛、广深、太旧、合芜、成渝、沪宁、桂柳、呼包、哈大、泉厦、石安、安新等 20 余条线路，1998 年年底高速公路总里程为 8 733 千米。高速公路的建设和使用，为汽车快速、高效、安全、舒适地运行提供了良好的条件，标志着我国的公路运输事业和科学技术水平进入了一个崭新的时代。

到 2000 年年底，高速公路总里程达 1.6 万千米；到 2001 年年底，高速公路总里程达 1.9 万千米，超过加拿大（1.9 万千米）、仅次于美国（8.8 万千米），位居世界第二位；2015 年年末我国高速公路总里程达 12.35 万千米，居世界首位。

1.1.2 公路的分类与分级

1. 公路的分类

（1）按公路的功能分类。道路功能是指道路能为用路者提供交通服务的特性，它包括通过功能和通达功能。通过功能是道路能为用路者提供安全、快捷、大量交通的特性。通达功能是道路能为用路者提供与出行端点连接的特性。

公路按功能可划分为干线公路、集散公路和联络公路（支线公路、地方公路）三类。其中，干线公路分为主干线公路和次干线公路；集散公路分为主集散公路和次集散公路。

1）干线公路：为用路者提供高效的通过性，尽量减少或消除平面交叉、出入口和支路汇入。

2）集散公路：为干线公路与地方公路的连接公路，以汇集地方交通、疏散干线交通为主，控制平面交叉、出入口和支路汇入。

3）联络公路（支线公路、地方公路）：直接与用路者的出行端点连接，以提供通达性为主，开放平面交叉、出入口和支路汇入。

（2）按公路的行政管理属性分类。

1）国道（国家干线公路）：具有全国性政治、经济、国防意义的国家主要干线公路，包括重要的国际公路，国防公路，连接首都与各省省会、自治区首府和直辖市的公路，连接各大经济中心的交通枢纽、商品生产基地和战略要地的公路。

2）省道（省干线公路）：具有全省（自治区、直辖市）政治、经济意义，连接省内中心城市和主要经济区的干线公路，以及不属于国道的省际重要公路。

3）县道（县域公路）：具有全县（县级市）政治、经济意义、连接县城和县内主要乡（镇）、主要商品生产和集散地的公路，以及不属于国道、省道的县际公路。

4）乡道（乡村道路）：为乡（镇）的经济、文化、行政服务的公路，以及不属于县道以上公路的乡与乡之间及乡与外部联络的公路。

5）专用道路：如机场道路、港口道路、厂矿道路、林区道路等，因某种专门需要修建的道路。

国道的规划与变更由国家交通主管部门制定；省道及县、乡道由省级交通主管部门编制；专用公路，归属行业与主管部门规划管理。

2. 公路的分级

公路划分等级的目的是按需求建设公路；公路划分等级的依据是路网规划、公路功能，并结合交通量综合论证。交通运输部2014年颁布的《公路工程技术标准》（JTG B01—2014）将公路分为高速公路、一级公路、二级公路、三级公路、四级公路五个等级。

（1）高速公路为专供汽车分向、分车道行驶并应全部控制出入的多车道公路。高速公路的年平均日设计交通量宜在15 000辆小客车以上。

功能：专供汽车分方向、分车道行驶的干线公路。

（2）一级公路为供汽车分向、分车道行驶并可根据需要控制出入的多车道公路。一级公路的年平均日设计交通量宜在15 000辆小客车以上。

功能：一级公路是连接高速公路或是某些大城市的城乡接合部、开发区经济带及人烟稀少地区的干线公路。干线功能，应根据需要采取控制出入的措施；集散功能，为保证供汽车行驶可设慢车道供非机动车行驶。

（3）二级公路为供汽车行驶的双车道公路。二级公路的年平均日设计交通量宜为5 000~15 000辆小客车。

功能：二级公路为中等以上城市的干线公路或者是通往大工矿区、港口的公路，在混合交通量大的路段，可设置慢车道供非汽车交通行驶。

（4）三级公路为主要供汽车、非汽车交通混合行驶的双车道公路。三级公路的年平均日设计交通量宜为2 000~6 000辆小客车。

功能：为沟通县、城镇之间的集散公路。

（5）四级公路为主要供汽车、非汽车交通混合行驶的双车道或单车道公路。

双车道四级公路年平均日设计交通量宜在2 000辆小客车以下。单车道四级公路年平均日设计交通量宜在400辆小客车以下。

功能：为沟通乡、村等地的地方公路。

确定一条公路的等级，应首先确定该公路的功能（干线公路或集散公路），然后根据预测交通量初拟公路等级确定具体技术指标。

公路技术等级的选用原则是公路等级的选用应根据路网规划、公路功能,并结合交通量论证确定。一条公路可分段选用不同的公路等级。同一公路等级可分段选用不同的设计速度。不同公路等级、不同设计速度的路段之间的过渡应顺适,衔接应协调。主要干线公路应选用高速公路;次要干线公路应选用二级及二级以上公路。主要集散公路宜选用一级、二级公路;次要集散公路宜选用二、三级公路。支线公路宜选用三级公路、四级公路。

各级公路设计交通量的预测年限是:高速公路和具干线功能的一级公路的设计交通量应按20年预测;具集散功能的一级公路,以及二级、三级公路的设计交通量应按15年预测;四级公路可根据实际情况确定。

公路设计路段长度确定为:高速公路设计路段长度不宜小于15 km;一级、二级公路设计路段不宜小于10 km;不同设计速度的设计路段之间必须设置过渡段。

1.1.3 城市道路的分类与分级

1. 城市道路的分类

按照道路在城市道路网中的地位、交通功能以及对沿线建筑物的服务功能,城市道路分为以下四类:

(1) 快速路:快速路为城市中大量、长距离、快速交通服务。快速路对向行车道之间应设中间分车带,其进出口应采用全控制或部分控制。

(2) 主干路:主干路为连接城市各主要分区的干路,以交通功能为主。自行车交通量大时,宜采用机动车与非机动车分隔形式,如三幅路或四幅路。主干路两侧不应设置吸引大量车流、人流的公共建筑物的进出口。

(3) 次干路:次干路与主干路结合组成城市道路网,起集散交通作用,兼有服务功能。

(4) 支路:支路为次干路与街坊路的连接线,解决局部地区交通,以服务功能为主。

2. 城市道路的分级

除快速路外,各类道路按照所在城市的规模、设计交通量、地形等分为:Ⅰ级、Ⅱ级、Ⅲ级。大城市(人口为50万以上)应采用各类道路中的Ⅰ级标准;中等城市(人口为20万~50万)应采用Ⅱ级标准;小城市(人口为20万以下)应采用Ⅲ级标准。

各类各级城市道路主要技术指标如表1-1所示。

表1-1 各类各级城市道路主要技术指标

项目类别	级别	设计车速 /(km·h⁻¹)	双向机动车道数/条	机动车道宽度/m	分隔带设置	横断面采用形式
快速路		80, 60	≥4	3.75	必须设	双、四幅
主干路	Ⅰ	60, 50	≥4	3.75	应设	单、双、三、四
	Ⅱ	50, 40	3~4	3.75	应设	单、双、三
	Ⅲ	40, 30	2~4	3.75~3.5	可设	单、双、三
次干路	Ⅰ	50, 40	2~4	3.75	可设	单、双、三
	Ⅱ	40, 30	2~4	3.75~3.5	不设	单
	Ⅲ	30, 20	2	3.5	不设	单
支路	Ⅰ	40, 30	2	3.5	不设	单
	Ⅱ	30, 20	2	3.5	不设	单
	Ⅲ	20	2	3.5	不设	单

1.2　道路路基的稳定性

1.2.1　道路路基工程的基本要求

路基是天然地表面按照道路的设计线（位置）和横断面（几何尺寸）的要求开挖或堆填而成的岩土结构物。道路路基的功能：一是路基是路面结构的基础；二是路基承受力的作用（行车荷载和自然气候的影响）。坚实而又稳定路基为路面结构长期承受汽车荷载提供了重要的保证，而路面结构层也保护了路基，使之避免了直接承受车辆和大气的破坏作用，长期处于稳定状态。

路基应根据公路功能、技术等级、交通量，结合沿线地形、地质及路用材料、气候等自然条件进行设计，保证其具有足够的强度、稳定性和耐久性。路基应设置排水设施与防护设施，取土、弃土应进行专门设计，防止水土流失、堵塞河道和诱发路基病害；应进行路基表土综合利用方案设计，充分利用资源。

路基设计应因地制宜、统筹考虑安全、环境、土地、经济等因素，选择合理的路基断面形式；通过特殊地质和水文条件的路段，必须查明其规模及其对公路的危害程度，采取综合治理措施，增强公路防灾、抗灾能力。

路基除具备足够的外形和尺寸外，还应具备足够的强度和刚度、整体稳定性和水文稳定性。

1. 足够的强度和刚度

路基的强度是指在行车荷载作用下路基抵抗变形的能力。行驶在路面上的车辆，通过车轮把荷载传递给路面，由路面传递给路基，在路基路面结构内部产生应力、应变及位移。如果路基路面结构整体或某一组成部分的强度或抗变形能力不足以抵抗这些应力、应变及位移，则路面会出现断裂，路基路面结构会出现沉陷，路面表面会出现波浪或车辙，使路况恶化，服务水平下降，因此，要求路基路面结构整体及其各组成部分都具有与行车荷载相适应的承载能力。

结构承载能力包括强度与刚度两个方面。路面结构应具有足够的强度以抵抗车轮荷载引起的各个部位的各种应力，如压力、拉应力、剪应力等，保证不发生压碎、拉断、剪切等各种破坏。路基路面整体结构和各个结构层应具有足够的刚度，使其在车轮荷载作用下不发生过量的变形，保证不出现车辙、沉陷或波浪等各种病害。

2. 足够的整体稳定性和水文稳定性

路基的稳定性是指在自然气候影响下，路基强度发生变化的性能。在天然地表面建造的道路结构物被改变了自然的平衡，在达到新的平衡状态之前，道路结构物处于一种暂时的不稳定状态。新建的路基路面结构暴露在大气之中，经常受到大气温度、降水与湿度变化的影响，结构的物理、力学性质将随之发生变化，处于另外一种不稳定状态。为避免路基的不稳定状态产生的危害，保持工程设计所要求的几何形态及物理力学性质，要求路基结构必须具有足够的稳定性。

1.2.2　道路路基稳定性的影响因素

路基路面裸露在大气中，其稳定性在很大程度上由当地自然条件所决定。路基的稳定性与下列因素有关。

1. 地理条件

公路沿线的地形、地貌和海拔高度不仅影响路线的选定，也会影响路基与路面的稳定性。平原、丘陵、山岭各区地势不同，路基的水文状况也不同。平原区地势平坦，排水困难，地表易积水，地下水水位相应较高，因而，路基需要保持一定的最小填土高度，路面结构层应选择水稳定性良好的材料，并采用一定结构的排水设施；丘陵区和山岭区，地势起伏较大，路基路面排水设计至关重要，否则会导致其稳定性下降，出现破坏。

2. 地质条件

沿线的地质条件，如岩石的种类、成因、节理、风化程度和裂隙情况，岩石走向、倾向、倾角、层理和岩层厚度有无夹层或遇水软化的夹层，以及有无断层或其他不良地质现象（岩溶、冰川、泥石流、地震等）都对路基路面的稳定性有一定的影响。

3. 气候条件

气候条件如气温、降水、湿度、冰冻深度、日照、蒸发量、风向、风力等都会影响公路沿线地面水和地下水的状况，并且影响路基路面的水文状况。

一年之中，气候有季节性的变化，因此，路基路面的水文状况也随之变化。气候还受地形的影响，如山顶与山脚，山南坡与山北坡气候有很大的差别，这些因素都会严重影响路基路面的稳定性。

4. 水文和水文地质条件

水文条件包括公路沿线地表水的排泄、河流洪水位、常水位、有无地表积水和积水时期的长短，河岸的淤积情况等；水文地质条件包括地下水水位、地下水移动的规律，有无层间水、裂隙水、泉水等。所有这些地面水及地下水都会影响路基路面的稳定性，如果处理不当，常会引发各种病害。

5. 土的类别

土是建筑路基和路面的基本材料，不同的土具有不同的工程性质，因而将直接影响路基和路面的强度与稳定性。

不同的土含有不同粒径的土颗粒。砂粒成分多的土，强度构成以内摩擦力为主，强度高，受水的影响小，但施工时不易压实。较细的砂，在渗流情况下，容易流动，形成流砂。黏粒成分多的土，强度形成以黏聚力为主，其强度随密实程度的不同，变化较大，并随湿度的增大而降低。粉土类土毛细现象强烈，路基路面的强度和承载力随着毛细水上升，湿度增大而下降。在负温度坡差作用下，水分通过毛细作用移动并积聚，使局部土层湿度大幅度增加，造成路基冻胀，最后导致路基翻浆，路面结构层断裂等各种破坏。

1.2.3　中国公路自然区划

我国地域辽阔，又是一个多山国家，从北向南分别处于寒带、温带和热带。从青藏高原到东部沿海高程相差 4 000 m 以上，自然因素变化极为复杂。不同地区自然条件的差异同公路建设有密切关系。

为了区分各地自然区域的筑路特性，经过长期研究，我国制定了《公路自然区划标准》（JTJ 003—1986）。该标准是根据以下三原则制定的：第一是道路工程特征相似的原则，即在同一区划内，在同样的自然因素下筑路具有相似性。例如，北方不利季节主要是春融时期，有翻浆病害；南方不利季节在雨季，有冲刷、水毁等病害。第二是地表气候区划差异性的原则，即地表气候是地带性差异与非地带性差异的综合结果。通常，地表气候随着当地纬度而变，如北半球，北方寒冷，南方温暖，这称为地带性差异。除此之外，还与高程的变化有关，即沿垂直方向的变化，如青藏高原，由于海拔高，与纬度相同的其他地区相比，气候更加寒冷，即称为非地带性差异。第三是自然气候因素既有综合作用又有主导因素的原则，即自然气候的变化是各种因素综合作用的结果，但其中又有某种因素起着主导作用。例如，道路冻害是水和热综合作用的结果。但是在南方，只有水而没有寒冷气候的影响，不会有冻害，说明温度起主导作用；西北干旱区与东北潮湿区，同样都有负温度，但前者冻害轻于后者，说明水起主导作用。

1. **公路自然区划的方法**

一级区划是首先将全国划分为多年冻土、季节冻土和全年不冻土三大地带，然后根据水热平衡和地理位置，划分为冻土、温润、干湿过度、湿热、潮暖和高寒7个一级大区：Ⅰ区为北部多年冻土区；Ⅱ区为东部温润季冻区；Ⅲ区为黄土高原干湿过渡区；Ⅳ区为东南湿热区；Ⅴ区为西南潮暖区；Ⅵ区为西北干旱区；Ⅶ区为青藏高寒区。

二级区划是在每一个一级区内，再以潮湿系数为依据，分为6个等级。潮湿系数 K 为年降雨量 R 与年蒸发量 Z 之比，即：$K = R/Z$：$K > 2.0$ 为1级过湿；$2.0 > K > 1.5$ 为2级中湿；$1.5 > K > 1.0$ 为3级润湿；$1.0 > K > 0.5$ 为4级润干；$0.5 > K > 0.25$ 为5级中干；$0.25 > K$ 为6级过干。除了这6个潮湿等级外，还结合各个大区的地理、气候特征（如雨季、冰冻深度）、地貌类型、自然病害等因素，将全国分为33个二级区和19个二级副区，共52个二级区。

三级区划是二级区划的具体化，划分的方法有两种：一种以水热、地理和地貌为依据；另一种以地表的地貌、水文和土质为依据，由各省、自治区自行规定。

2. **公路自然区划的特点**

我国7个一级自然区的路基路面结构设计注重的特点各有不同，根据各地区经验，可大致归纳如下：

（1）Ⅰ区（北部多年冻土区）。该区北部为 I_1—连续分布多年冻土区，南部为 I_2—岛状分布多年冻土区。对于泥沼地多年冻土层，最重要的道路设计原理是保温，不可轻易挖去覆盖层，使路堤下保持冻结状态，若受大气热量影响融化，后患无穷。对于非多年冻土层的处理方法则不同，需将泥炭层全部或局部挖去，排干水分，然后填筑路堤。其中林区山地道路，因表土湿度大，地面径流大，最易翻浆，应采用取换土、稳定土、砂垫层等处理方法。

（2）Ⅱ区（东部温润季冻区）。该区的二级区分为 II_1—东北东部山地湿冻区，II_{1a}—三江平原副区，II_2—东北中部山前平原重冻区，II_{2a}—辽河平原冻融交替区，II_3—东北西部干冻区，II_4—海滦中冻区，II_{4a}—冀辽山地副区，II_{4b}—旅大丘陵副区，II_5—鲁豫轻冻区，II_{5a}—山东丘陵副区。该区路面结构突出的问题是防止翻浆和冻胀。翻浆的轻重程度取决于路基的潮湿状态，可根据不同的路基潮湿状态采取措施。该区缺乏砂石材料，采用稳定土基层已取得一定的经验。

（3）Ⅲ区（黄土高原干湿过渡区）。该区的二级区分为 III_1—山西山地盆地中冻区，III_{1a}—雁北张宣副区，III_2—陕北典型黄土高原中冻区，III_{2a}—榆林副区，III_3—陇东黄土山地区，III_4—黄渭间山地、盆地轻冻区。该区特点是黄土对水分的敏感性，干燥土基强度高、稳定性好。在河谷盆地的潮湿路段以及灌区耕地，土基稳定性差，强度低，必须认真处理。

（4）Ⅳ区（东南湿热区）。该区的二级区分为 IV_1—长江下游平原潮湿区，IV_2—江淮丘陵潮湿区，IV_3—长江中游平原中湿区，IV_4—浙闽沿海山地中湿区，IV_5—江南丘陵过湿区，IV_6—武夷南岭山地过湿区，IV_{6a}—武夷副区，IV_7—华南沿海台风雨区，IV_{7a}—台湾山地过湿副区，IV_{7b}—海南岛西部干润副区，IV_{7c}—南海诸岛副区。该区雨量充沛集中，季节性强，台风、暴雨多，水毁、冲刷、滑坡是道路的主要病害，路面结构应结合排水系统进行设计。该区土基湿软，强度低，必须认真处理。由于气温高、热季长，要注意面层材料的热稳定性和防透水性。

（5）Ⅴ区（西南潮暖区）。该区的二级区分为 V_1—秦巴山地潮湿区，V_2—四川盆地中湿区，V_{2a}—雅乐过湿副区，V_3—三西、贵州山地过湿区，V_{3a}—滇南桂西潮湿副区，V_4—川、滇、黔高原干湿交替区，V_5—滇西横断山地区，V_{5a}—大理副区。该区山多，筑路材料丰富，应充分利用当地材料筑路，对于水文不良路段，必须采取措施，稳定路基。

（6）Ⅵ区（西北干旱区）。该区的二级区分为 VI_1—内蒙古草原区，VI_{1a}—河套副区，VI_2—绿洲—荒漠区，VI_3—阿尔泰山地冻土区，VI_4—天山—界山山地区，VI_{4a}—塔城副区，VI_{4b}—伊犁河谷副区。该区大部分地下水水位很低，虽然冻深多在100 cm以上，但一般道路冻害较轻。个别地区，如河套灌区、内蒙古草原洼地，地下水水位高，翻浆严重。丘陵区 1.5 m 以上的深路堑冬季积雪厚，雪水浸入路面造成危害，沥青面层材料应具有良好的防透水性，路肩也应做防水处理。由于气候干燥，砂石路面经常出现松散、搓板和波浪现象。

（7）Ⅶ区（青藏高寒区）。该区的二级区分为Ⅶ₁——祁连—昆仑山地区，Ⅶ₂—柴达木荒漠区，Ⅶ₃—河源山原草甸润湿区，Ⅶ₄—羌塘高山冻土区，Ⅶ₅—川藏高山峡谷区，Ⅶ₆—藏南高山台地区，Ⅶ₆ₐ—拉萨副区。该区局部路段有多年冻土，须按保温原则设计。由于地处高原，气候寒冷，昼夜气温相差很大，日照时间长，沥青老化很快，又因为年平均气温相对偏低，路面易遭受冬季雪水渗入而被破坏。

1.2.4　道路路基的平衡湿度

1. 路基的湿度来源

路基的强度与稳定性在很大程度上与路基的湿度以及大气温度引起的路基的水文状况有密切关系。路基在使用过程中，受到各种外界因素的影响，使湿度发生变化。路基湿度的水源可分为以下几方面：

（1）大气降水——大气降水通过路面、路肩边坡和边沟渗入路基；

（2）地面水——边沟的流水、地表径流水因排水不良，形成积水渗入路基；

（3）地下水——路基下面一定范围内的地下水浸入路基；

（4）毛细水——路基下的地下水，通过毛细管作用，上升到路基；

（5）水蒸气凝结水——在土的空隙中流动的水蒸气，遇冷凝结成水；

（6）薄膜移动水——在土的结构中水以薄膜的形式从含水率较高处向低处流动，或由温度较高处向冻结中心周围流动。

上述各种导致路基湿度变化的水源，其影响程度随当地自然条件和气候特点以及所采取的工程措施等而不同。

2. 路基的平衡湿度状况

路基的强度与稳定性同路基的干湿状态有密切关系，并在很大程度上影响路面结构设计。路基平衡湿度是指公路建成通车后，路基在地下水、降雨、蒸发、冻结和融化等因素作用下，湿度达到相对稳定的平衡状态，此时湿度称为平衡湿度。路基平衡湿度状况可依据路基的湿度来源分为干燥、中湿和潮湿 3 类，并按下列条件判别路基湿度状态。

（1）地下水控制类的路基——地下水或地表长期积水的水位高，路基工作区处于地下水毛细润湿区影响范围内，路基平衡湿度由地下水或地表长期积水的水位升降所控制。此种路基湿度状态定义为潮湿状态。

（2）气候因素控制类的路基——地下水水位很低，路基工作区处于地下水毛细润湿区之上，路基平衡湿度由气候因素变化所控制。此种路基湿度状态定义为干燥状态。

（3）兼受地下水和气候因素影响的路基——地下水水位较高，路基工作区下部处于地下水毛细润湿区影响范围内，而其上部则受气候因素影响，路基平衡湿度兼受地下水和气候两方面的影响。此种路基湿度状态定义为中湿状态。

采用饱和度来表征路基土的湿度状态。土的饱和度既反映了含水率，也包含了密实度的影响。新建公路路床应处于干燥或中湿状态（图 1-1）。路基设计可按下列方法预估湿度状态，确定回弹模量湿度调整系数：根据路基相对高度、路基土组类别及其毛细水上升高度，确定路基干湿类型，并预估路基结构的平衡湿度。

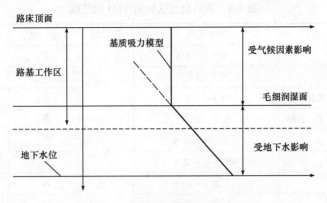

图1-1 中湿类路基的湿度状况

路基平衡湿度的预估主要基于非饱和土力学的土-水特征曲线（饱和度或含水率-基质吸力关系曲线）。受地下水控制的，采用地下水水位模型预估路基基质吸力；受气候因素控制的，采用湿度指数 TMI 模型预估路基基质吸力，根据不同自然区划的 TMI 值是由全国 400 多个气象观测站的气象资料计算、统计和归并后得到的。考虑到理论计算相对复杂，给出了如下的查表法。

潮湿类路基的平衡湿度可根据路基土组类别及地下水水位高度，按表1-2确定距地下水水位不同高度处的饱和度。

表1-2 各路基土组距地下水水位不同高度处的饱和度 %

土　　组	计算点距地下水或地表长期积水水位的距离/m						
	0.3	1.0	1.5	2.0	2.5	3.0	4.0
粉土质砾（GM）	69~84	55~69	50~65	49~62	45~59	43~57	—
黏土质砾（CC）	79~96	64~83	60~79	56~75	54~73	52~71	—
砂（S）	80~95	50~70	—	—	—	—	—
粉土质砂（SM）	79~93	64~77	60~72	56~68	54~66	52~64	—
黏土质砂（SC）	90~99	77~87	72~83	68~80	66~78	64~76	—
低液限粉土（ML）	94~100	80~90	76~86	83~73	71~81	69~80	—
低液限黏土（CL）	93~100	80~93	76~90	73~88	70~86	68~85	66~83
高液限粉土（MH）	100	90~95	86~92	83~90	81~89	80~87	—
高液限黏土（CH）	100	93~97	90~93	88~91	86~90	85~89	83~87

注：1. 对于砂（SW、SP），D_{60} 大时平衡湿度取低值，D_{60} 小时平衡湿度取高值。

2. 对于其他含细粒的土组，通过 0.075 mm 筛的颗粒含量大和塑性指数高时，取高值，反之，取低值。

干燥类路基的平衡湿度可根据路基所在自然区划的湿度指标 TMI 和土组类别确定，并应符合下列规定：不同自然区划的 TMI 值可参照表 1-3 查取。

表 1-3 不同自然区划的 TMI 值范围

区划	亚 区		TMI 范围	区 划	亚 区	TMI 范围
I	I₁		−5.0 ~ −8.1		IV₁	21.8 ~ 25.1
	I₂		0.5 ~ 9.7		IV₁ₐ	23.2
II	II₁	黑龙江	−0.1 ~ −8.1	IV	IV₂	−6.0 ~ 34.8
		辽宁、吉林	8.7 ~ 35.1		IV₃	34.3 ~ 40.4
	II₁ₐ		−3.6 ~ −10.8		IV₄	32.0 ~ 67.9
	II₂		−7.2 ~ −12.1		IV₅	45.2 ~ 89.3
	II₂ₐ		−1.2 ~ −10.6		IV₆	27.0 ~ 64.7
	II₃		−9.3 ~ −26.9		IV₆ₐ	41.2 ~ 97.4
	II₄		−10.7 ~ −22.6		IV₇	16.0 ~ 69.3
	II₄ₐ		−15.5 ~ 17.3		IV₇ᵦ	−5.4 ~ 23.0
	II₄ᵦ		−7.9 ~ 9.9		V₁	−25.1 ~ 6.9
	II₅		−1.7 ~ −15.6		V₂	0.9 ~ 30.1
	II₅ₐ		−1.0 ~ −15.6		V₂ₐ	39.6 ~ 43.7
III	III₁		−21.2 ~ −25.7		V₃	12.0 ~ 88.3
	III₁ₐ		−12.6 ~ −29.1	V	V₃ₐ	−7.6 ~ 47.2
	III₂		−9.7 ~ −17.5		V₄	−2.6 ~ 50.9
	III₂ₐ		−19.6		V₅	39.8 ~ 100.6
	III₃		−19.1 ~ −26.1		V₅ₐ	24.4 ~ 39.2
	III₄		−10.8 ~ −24.1		—	—
VI	VI₁		−15.3 ~ −46.3		VII₁	−3.1 ~ −56.3
	VI₁ₐ		−40.5 ~ −47.2		VII₂	−49.4 ~ −58.1
	VI₂		−39.5 ~ −59.2		VII₃	−22.5 ~ 82.8
	VI₃		−41.6	VII	VII₄	−5.1 ~ −5.7
	VI₄		−19.3 ~ −57.2		VII₅	−20.3 ~ 91.4
	VI₄ₐ		−34.5 ~ −37.1		VII₆ₐ	−10.6 ~ −25.8
	VI₄ᵦ		−2.6 ~ −37.2		—	—

按路基所在地区的 TMI 值和路基土组类别，根据表 1-4 插值查取该地区相应的路基饱和度。

表 1-4 各路基土组在不同 TMI 值时的饱和度　　　　　　　　　%

土组	TMI					
	−50	−30	−10	10	30	50
砂（S）	20 ~ 50	25 ~ 55	27 ~ 60	30 ~ 65	32 ~ 67	35 ~ 70
粉土质砂（SM）	45 ~ 48	62 ~ 68	73 ~ 80	80 ~ 86	84 ~ 89	87 ~ 90
黏土质砂（SC）						
低液限粉土（ML）	41 ~ 46	59 ~ 64	75 ~ 77	84 ~ 86	91 ~ 92	92 ~ 93
低液限黏土（CL）	39 ~ 41	57 ~ 64	75 ~ 76	86	91	92 ~ 94

土组	TMI					
	−50	−30	−10	10	30	50
高液限粉土（MH）	4 1～42	61～62	76～79	85～88	90～92	92～95
高液限黏土（CH）	39～51	58～69	85～74	86～92	91～95	94～97

注：1. 砂的饱和度取值与 D_{60} 相关，D_{60} 大时（接近 2 mm）取低值，D_{60} 小时（接近 0.25 mm）取高值。

　　2. 粉土质砂、黏土质砂或细粒土的饱和度取值与细粒土含量和塑性指数相关，细粒土含量高、塑性指数大时取低值，反之取高值。

中湿类路基的平衡湿度可参照图 1-2，先分路基工作区上部和下部分别确定其平衡湿度，再以厚度加权平均计算路基的平衡湿度。地下水毛细润湿面以上的路基工作区上部，按路基土组类别和 TMI 值确定其平衡湿度；地下水毛细润湿面以下的路基工作区下部，则按路基土组类别和距地下水水位的距离确定其平衡湿度。

1.3　道路路基土的分类、分级与工程性质

1.3.1　道路路基土的分类

世界各国公路用土的分类方法虽然不尽相同，但是分类的依据大致相近，一般都根据土颗粒的粒径组成，土颗粒的矿物成分或其余物质的含量、土的塑性指标进行区划。我国公路用土依据土的颗粒组成特性、土的塑性指标和土中有机质存在的情况，分为巨粒土、粗粒土、细粒土和特殊土类，并进一步细分为 11 种土。土的颗粒组成特征用不同粒径粒组在土中的百分含量表示。表 1-5 所列为不同粒组的划分界限及范围。

表 1-5　粒组划分表

200		60	20	5	2	0.5	0.25	0.074	0.000 2/mm		
巨粒组			粗粒组							细粒组	
漂石 块石		卵石 小块石	砾（角砾）			砂				粉粒	黏粒
			粗	中	细	粗	中	细			

土的总体分类有 4 类，并且细分为 11 种：第一类巨粒土，包括漂石土和卵石土；第二类粗粒土，包括砾类土和砂类土；第三类细粒土，包括粉质土、黏质土和有机质土；第四类特殊土，包括黄土、膨胀土、红黏土和盐渍质土。

巨粒组（大于 60 mm 的颗粒）质量多于总质量 50% 的土称为巨粒土。巨粒土分类如表 1-6 所示。

表 1-6　巨粒土分类

土　　组		土组代号	漂石粒（>200 mm）含量/%
漂（卵）石（大于 60 mm 颗粒 >75%）	漂石	B	>50
	卵石	Cb	≤50

土　组		土组代号	漂石粒（>200 mm）含量/%
漂（卵）石夹土（大于 60 mm 颗粒占 75%～50%）	漂石夹土	BSI	>50
	卵石夹土	ChSI	≤50
漂（卵）石夹土（大于 60 mm 颗粒占 50%～15%）	漂石质土	SIB	>卵石粒含量
	卵石质土	SICb	<卵石粒含量

　　粗粒土分砾类土和砂类土两种，砾粒组（2～60 mm 的颗粒）质量多于总质量50%的土称为砾类土，如表 1-7 所示。砾类土质量小于或等于50%的土称为砂类土，如表 1-8 所示。

表 1-7　砾类土分类

土　组		土组代号	细粒组（<0.074 mm 颗粒）含量/%
砾	级配良好砾	CW	<5
	级配不良砾	CP	
含细粒土砾		CP	5～15
细粒土质砾	粉土质砾	CM	15～50
	黏土质砾	CC	

表 1-8　砂类土分类

土　组		土组代号	细粒组（<0.074 mm 颗粒）含量/%
砾	级配良好砾	SW	<5
	级配不良砾	SP	
含细粒土砾		SF	5～15
细粒土质砾	粉土质砾	SM	15～50
	黏土质砾	SC	

　　细粒组（小于0.074 mm 的颗粒）质量多于总质量50%的土总称为细粒土。细粒土中粗粒组（2～60 mm 颗粒）质量小于总质量的25%的土称为细粒土，粗粒组质量为总质量25%～50%的土称为含粗粒的细粒土，含有机质的细粒土称为有机质土。一般将细粒土分为黏质土、粉质土、有机质土和特殊土等。特殊土主要包括黄土、膨胀土、红黏土和盐渍土等。

1.3.2　道路路基土的分级

　　在施工中，路基土石按其开挖难易程度，可分为 6 级，用罗马数字表示。

　　Ⅰ松土——砂类土、腐殖土、种植土及中密的黏性土、砂性土等，用铁锹挖，脚蹬一下到底的松散土层；

　　Ⅱ普通土——密实的黏性土及砂性土、黄土含有 30 mm 以上的树根的泥炭土、碎石类土，部分用镐刨松，再用铁锹挖，连蹬数次才能挖动的土；

　　Ⅲ硬土——硬黏土、漂石土及各种风化土块的岩石等，必须用镐整个刨过才能用铁锹挖；

　　Ⅳ软石——各种松软岩石、泥岩页岩、砂岩、煤等，部分用十字镐及大锤开挖，部分用爆破法开挖；

　　Ⅴ次坚石——白云岩、石灰岩、泥灰岩和软玄武岩、花岗岩等，用爆破法开挖；

Ⅵ坚石——玄武岩、大理岩、石英岩、正长岩等，用爆破法开挖。

1.3.3　道路路基土的工程性质

各类公路用土具有不同的工程性质，在选择路基填筑材料，以及修筑稳定土路面结构层时，应根据不同的土类分别采取不同的工程技术措施。

巨粒土包括漂石（块石）和卵石（块石），有很高的强度和稳定性，是填筑路基的良好材料，亦可用于砌筑边坡。

级配良好的砾石混合料，密实程度好，强度和稳定性均能满足要求。除了填筑路基之外，砾石混合料可以用于铺筑中级路面，经适当处理后，可以铺筑高级路面的基层、底基层。

砂土无塑性，透水性强，毛细上升高度小，具有较大的内摩擦系数，强度和水稳定性均好，但砂土黏结性小，易于松散，压实困难，但是经充分压实的砂土路基，压缩变形小，稳定性好。为了加强压实和提高稳定性，可以采用振动法压实，并可掺加少量黏土，以改善级配组成。

砂性土含有一定数量的粗颗粒，又含有一定数量的细颗粒，级配适宜，强度、稳定性等都能满足要求，是理想的路基填筑材料。如细粒土质砂土，其粒径组成接近最佳级配，遇水不黏着，不膨胀，雨天不泥泞，晴天不扬尘，便于施工。

粉性土含有较多的粉土颗粒，干时虽有黏性，但易于破碎，浸水时容易成为流动状态。粉性土毛细作用强烈，毛细上升高度大（可达 1.5 m），在季节性冰冻地区容易造成冻胀、翻浆等病害。粉性土属于不良的公路用土，如必须用粉性土填筑路基，则应采取技术措施改良土质并加强排水、采取隔离水等措施。

黏性土中细颗粒含量多，土的内摩擦系数小而黏聚力大，透水性小而吸水能力强，毛细现象显著，有较大的可塑性。黏性土干燥时较坚硬，施工时不易破碎，浸湿后能长期保持水分，不易挥发，因而承载力小。黏性土在适当含水率时加以充分压实和设置良好的排水设施，筑成的路基也能获得稳定。

重黏土工程性质与黏性土相似，但其含黏土矿物成分不同时，性质有很大差别。黏土矿物主要包括蒙脱土、伊利土、高岭土。蒙脱土主要分布在东北地区，其塑性大，吸湿后膨胀强烈，干燥时收缩大，透水性极低，压缩性大，抗剪强度低。高岭土分布在南方地区，其塑性较低，有较高的抗剪强度和透水性，吸水和膨胀量较小。伊利土分布在华中和华北地区，其性质介于上述两者之间。重黏土不透水，黏聚力特强，塑性很大，干燥时很坚硬，施工时难以挖掘与破碎。

总之，土作为路基建筑材料，砂性土最优，黏性土次之，粉性土属不良材料，最容易引起路基病害。重黏土（特别是蒙脱土）也是不良的路基土。此外，还有一些特殊土类，如有特殊结构的土（黄土）、含有机质的土（腐殖土）以及含易溶盐的土（盐渍土）等，用以填筑路基时必须采取相应的技术措施。

1.4　道路路基的受力与设计

1.4.1　路基的受力状况

路基承受着路基自重和汽车轮重两种荷载。在这两种荷载共同作用下，在一定深度范围内，路基土处于受力状态。正确的设计应使得路基所受的力在路基弹性限度范围内，而当车辆驶过后，路基能恢复原状，以保证路基相对稳定，路面不致引起破坏。

路基土在车轮荷载作用下所引起的垂直应力 σ_Z 可以用近似公式 (1-1) 计算。计算时，假定车轮荷载为一圆形均布垂直荷载，路基为一弹性均质半空间体（图1-2），则：

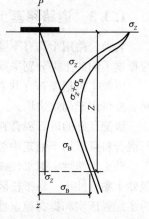

$$\sigma_Z = \frac{p}{1 + 2.5\left(\dfrac{Z}{D}\right)^2} \qquad (1\text{-}1)$$

式中 p——车轮荷载换算的均布荷载（kN/m^2）；

D——圆形均布荷载作用面积的直径（m）；

Z——圆形均布荷载中心下应力作用点的深度（m）。

路基土本身自重在路基内深度为 Z 处所引起的垂直压应力 σ_c 按式 (1-2) 计算。

$$\sigma_c = rZ \qquad (1\text{-}2)$$

图1-2 土基中应力分布图

式中 r——土的重度（kN/m^3）；

Z——应力作用点深度（m）。

虽然路面结构材料的重度比路基土的重度略大，但是结构层的厚度相对于路基某一深度而言，差别可以忽略，仍可视作为均质土体。

路基内任一点处的垂直应力包括由车轮荷载引起的 σ_Z 和由土基自重引起的 σ_c，两者的共同作用，如图1-3所示。

1.4.2 道路的路基工作区与路床设计

在路基某一深变度 Z_a 处当车轮荷载引起的垂直应力 σ_Z 与路基土自重引起的垂直应力 σ_B 相比所占比例很小，仅为 $1/10 \sim 1/5$ 时，该深度 Z 范围内的路基称为路基工作区。在工作区范围内的路基，对于支承路面结构和车轮荷载影响较大，在工作区范围以外的路基，影响逐渐减少。表1-9列出了与各种型号的汽车对应的路基工作区深度。

表1-9　与各种型号的汽车对应的路基工作区深度

汽车型号	路基工作区深度 Z_a/m	
	$1/n = 1/5$	$1/n = 1/10$
解放 CA10B	1.6	2.0
交通 SH141	1.6	2.0
北京 BJ130	1.2	1.6
上海 SH130	1.2	1.5
跃进 NJ130	1.4	1.7
黄河 JN150	1.9	2.4
红旗 CA773	1.0	1.3

路基工作区中土的强度和稳定性对保证路面结构的强度和稳定性极为重要，对深度范围内的土质、路基的压实度应提出较高的要求。

当工作区深度大于路基土高度时，行车荷载的作用不仅施加于路堤，而且施加于天然地基的上部土层，因此，天然地基上部土层和路堤应同时满足工作区的要求，均应充分压实。

　　路基结构与路床的范围基本一致，均以路基工作区深度为确定依据。路床厚度应根据交通量及其轴载组成确定。对于路床的层位划分，从工程经济性考虑，上路床仍取为 $0 \sim 0.3$ m；下路床则按照交通荷载等级进行划分，对于轻、中、重交通公路为 $0.3 \sim 0.8$ m，对于特重、极重交通公路则为 $0.3 \sim 1.2$ m。特种轴载的公路是指以运煤或运建筑材料等大型载重车为主的公路，需根据实际情况，经调查论证后单独选用轴载计算参数，计算确定路床厚度。

　　当路基湿度状态、路基填料 CBR、路床回弹模量和竖向压应变等不能满足要求时，应根据气候、土质、地下水赋存和料源等条件，经技术经济比选后，对路床采取下列处理措施：①可采用粗粒土或低剂量无机结合料稳定土等进行换填，并合理确定换填深度。②对细粒土可采用砂、砾石、碎石等进行掺和处治，或采用无机结合料进行稳定处治。细粒土处治设计应通过物理力学试验，确定处治材料及其掺量、处治后的路基性能指标等。③水文地质条件不良的土质挖方路基或者潮湿状态填方路基，应采取设置排水垫层、毛细水隔离层、地下排水渗沟等措施。④季节冻土地区各级公路的中湿、潮湿路段，应结合路面结构进行路基结构的防冻验算。必要时，应设置防冻垫层或保温层。

　　路床（路基结构）设计的步骤如下：

　　(1) 收集并分析沿线的气候、水文、地质资料，交通量资料，路基平纵横设计图，岩土和其他筑路材料的来源、数量及物理力学性质试验资料，以及拟建路面方案（沥青路面或水泥混凝土路面）等。

　　(2) 按照《公路沥青路面设计规范》（JTG D50—2017）或《公路水泥混凝土路面设计规范》（JTG D40—2011）的有关规定，计算路面使用年限内当量轴载累计作用次数，确定交通等级（轻、中、重、特重、极重）。

　　(3) 根据交通等级确定路床厚度，确定路基在平衡湿度状态下的路床顶面回弹模量与竖向压应变的控制标准。

　　(4) 根据沿线气候、水文、地形、地质资料，路基填挖情况与路基平、纵、横断面设计图，分路段确定路床的湿度状态（干燥、中湿、潮湿）。

　　(5) 根据挖方路段岩土土质情况及其他筑路材料，拟定路基各部位的填料，并依据路基各部位的湿度状态和规范的规定，将拟定的填料（土质）在标准湿度状态下的回弹模量转换为平衡湿度状态下回弹模量。

　　(6) 根据路面多层弹性层状地基理论，按照弯沉等效的原则，将多层结构转化成当量单层结构后，再计算平衡湿度状态下路床基顶面当量回弹模量值。

　　1) 计算时，可将地基土、下路堤和上路堤填土的回弹模量一起等效为上路堤的回弹模量（上、下路堤土质差异不大时，可按厚度加权平均法计算），作为地基 E_0，再与下路床、上路床一起，按三层结构体系计算路床顶面当量回弹模量值。

　　2) 当计算的路床顶面当量回弹模量值不能满足要求时，应结合沿线土质和筑路材料，拟定路床换填材料（如砂砾、碎石土或无机结合料处治土等），并将其标准湿度状态下回弹模量转换为平衡湿度状态下的回弹模量，再按平衡湿度状态下的路床顶面回弹模量控制标准，求换填材料层的厚度。

　　(7) 对符合回弹模量控制标准要求的路床设计方案，进行路床顶面的竖向压应变验算。若压应变不符合压应变控制标准，需调整路床处理设计，直至同时满足回弹模量与竖向压应变的控制标准要求。

　　(8) 对最终确定的路床设计方案，采用标准湿度状态下回弹模量，计算确定路基施工质量控制所需要的路床顶面弯沉或当量回弹模量值。

（9）以最终路床设计方案的平衡湿度状态下路床顶面回弹模量设计值，进行路面结构设计计算。路床设计流程见图1-3。

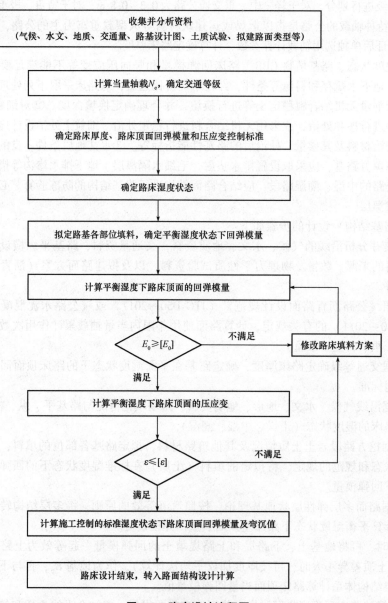

图1-3　路床设计流程图

1.4.3　道路路基的回弹模量

路基是路面结构的支承体，车轮荷载通过路面结构传至路基。所以，路基土的应力-应变特性对路基路面结构的整体强度和刚度有很大影响。路基的强度是指在行车荷载作用下，路基抵抗变形的能力。路面结构的损坏，除了本身的原因之外，路基的变形过大是重要原因之一。路基土的变形包括弹性变形和塑性变形两部分。过大的塑性变形将导致各种沥青路面产生车辙和纵向不平整，对于水泥混凝土路面，路基土的塑性变形将引起板块断裂。弹性变形过大将使得沥青面层和水泥混凝土面板产生疲劳开裂。在路面结构总变形中，土基的变形占很大部分，占70%~95%，所以提高路基土的抗变形能力是提高路基路面结构整体强度和刚度的重要方面。

柔性路面设计和刚性路面设计以不同的理论体系为基础，不同的设计方法有不同的假定前提，但是用于表征路基承载力的各种指标基本上是相同的，也就是土基在一定应力级位下的抗变形能力。用于表征土基承载力的参数指标有回弹模量、地基反应模量和加州承载比（CBR）等。

以回弹模量表征土基的承载能力，可以反映土基在瞬时荷载作用下的可恢复变形性质，因而可以应用弹性理论公式描述荷载与变形之间的关系。以回弹模量作为表征土基承载能力的参数，可以在以弹性理论为基本体系的各种设计方法中得到应用。

1. 路基回弹模量的要求值 $[E_0]$

路基应以路床顶面回弹模量为设计指标，以路床顶面竖向压应变为验算指标，并应符合下列要求：

（1）路基在平衡湿度状态下，路床顶面回弹模量不应低于《公路沥青路面设计规范》（JTG D50—2017）规定：

路床顶面回弹模量要求，轻交通荷载等级时不小于40 MPa，中等或重交通荷载等级时不小于60 MPa，特重交通荷载等级时不小于90 MPa，极重交通荷载等级时不小于120 MPa。

《公路水泥混凝土路面设计规范》（JTG D40—2011）规定：路床顶面的综合回弹模量值，轻交通荷载等级时不得低于40 MPa，中等或重交通荷载等级时不得低于60 MPa，特重或极重交通荷载等级时不得低于80 MPa。

（2）沥青路面路床顶面竖向压应变的计算值应满足沥青路面永久变形的控制要求。路基顶面最大竖向压应变不应大于由式（1-3）确定的容许压应变值。

$$\varepsilon_z = 1.25 \times 10^{4-0.1\beta}(\kappa_T N_e)^{-0.21} \tag{1-3}$$

式中　ε_z——路基顶面容许压应变（10^{-6}）；

N_e——设计期内设计车道上的当量轴载累计作用次数（次）；

β——可靠度指标；

κ_T——温度调整系数。

（3）水泥混凝土路面路床顶面竖向压应变可不做控制。

2. 平衡湿度状态下新建公路路基回弹模量设计值 E_0

$$E_0 = K_s K_\eta M_R \tag{1-4}$$

$$E_0 \geq [E_0] \tag{1-5}$$

式中　E_0——平衡湿度状态下路基回弹模量设计值（MPa）

$[E_0]$——路面结构设计的路基回弹模量要求值（MPa）；

M_R——标准状态下路基动态回弹模量值（MPa）（查表1-10、表1-11）；

K_s——路基回弹模量湿度调整系数，（查表1-12、表1-13）为平衡湿度（含水率）状态下的回弹模量与标准状态下的回弹模量之比；

K_η——干湿循环或冻融循环条件下路基土模量折减系数，通过试验确定。初步设计时，非冰冻地区可根据土质类型、失水率确定，季节冻土区可根据冻结温度、含水率确定，折减系数可取0.7~0.95。非冰冻区粉质土、黏质土，失水率大于30%，取小值，反之取较大值；粗粒土取大值。季节冻土地区粉质土、黏质土冻结温度低于-15℃，冻前含水率高，取小值，反之取较大值；粗粒土取大值。

表1-10　标准状态下路基土回弹模量 M_R 参考值

土　组	取值范围/MPa
砾（G）	110～135
含细粒土砾（GF）	100～130
粉土质砾（GM）	100～125
黏土质砾（GC）	95～120
砂（S）	95～125
含细粒土砂（SP）	80～115
粉土质砂（SM）	65～95
黏土质砂（SC）	60～90
低液限粉土（ML）	50～90
低液限黏土（CL）	50～85
高液限粉土（MH）	30～70
高液限黏土（CH）	20～50

注：1. 对砾和砂，D_{60}（通过率为60%时的颗粒粒径）大时，模量取高值，D_{60}小时，模量取低值。

2. 对其他含细粒的土组，小于0.075 mm颗粒含量大和塑性指数高时，模量取低值，反之，模量取高值。

3. 同等条件下，轻、中等及重交通荷载时路基土回弹模量取较小值，特重、极重交通条件下取较大值。

表1-11　标准状态下粒料回弹模量 M_R 参考值

粒料类型	取值范围/MPa
级配碎石	180～400
未筛分碎石	180～220
级配砾石	150～300
天然砂砾	100～140

以最佳含水率和最大干密度时的路基湿度作为标准状态，此时路基回弹模量作为设计值 M_R，并充分考虑湿度变化、干湿循环或冻融循环对路基回弹模量的影响，使平衡湿度状态下路床顶面回弹模量 E_0 不低于路面设计规范的规定要求 $[E_0]$。

3. 标准状态下路基回弹模量值 M_R 确定

（1）路基填料的回弹模量 M_R 通过试验获得。路基土动态回弹模量标准试验方法与要求如下：

1）试验要求：本试验方法适用于利用动三轴试验仪在规定的加载条件下测定路基土粒料的动态回弹模量。

2）动三轴试验仪装置应符合下列规定：三轴压力室应采用聚碳酸酯、丙烯酸或其他适宜的透明材料制成，宜采用空气作为测压流体。加载装置应采用能够产生重复循环半正矢脉冲荷载的顶部加载式、闭路电液压或电气压试验机。施加荷载的频率为0.1～25 Hz，且施加的最大轴向动应力水平应不小于150 kPa。数据测量及采集应采用计算机控制，能测量并记录试件在每个加载循环中所承受的荷载和产生的轴向变形。三轴室压力可采用压力表、压力计或压力传感器监测，量程不应小于200 kPa，精确不应低于1.0 kPa；轴向荷载传感器量程应小于25 kN，分辨力应不低于 5 N；位移传感器可采用 LVDT 或其他合适的设备，应具有良好的动态响应特性，量程应大于 6 mm，分辨力应不大于量程的 1%。

3）试验准备工作应符合下列规定：

①试件成型：现场取土应采用薄壁试管取样；最大粒径大于 19 mm 的路基土与粒料，应筛除大于 26.5 mm 的颗粒，采用振动或冲击压实成型；最大粒径不超过 9.5 mm，且 0.075 mm 筛通过百分率小于 10% 的路基土，应采用振动压实成型；最大粒径不超过 9.5 mm，且 0.075 mm 筛通过百分率不小于 10% 的路基土，应采用冲击或静压压实成型。

②试件尺寸：现场取土试样的长度应不小于试件直径的 2 倍；最大粒径大于 19 mm 的路基土与粒料，试件尺寸应符合直径 150 mm ± 2 mm、高 300 mm ± 2 mm 的要求；最大粒径不超过 19 mm 的路基土与粒料，试件尺寸应符合直径 100 mm ± 2 mm、高 200 mm ± 2 mm 的要求。

室内压实成型试件含水率应符合目标含水率值 ± 0.5%，压实度应符合目标压实度值 ± 1%。对于较硬的黏性试件（不排水抗剪强度大于 36 kPa，模量一般大于 70 MPa），可采用石膏浆调和端部的表面缺陷，处理厚度不应超过 3 mm。一组试验不应少于 3 个平行试件。

4）试验步骤应符合下列规定：

①在试件上套装橡皮膜，保证密封不透气。

②将试件放置在预浸的湿润多孔透水石和底部压盘上，并在顶部加放预浸的湿润透水石和顶部压盘。当存在透水石堵塞时，应在试件与透水石之间放置预浸的湿润滤纸。

③将组装好的试件置于三轴室基座的中心位置，并保证试件中心与加载架的中心对齐。

④安装位移传感器。当采用上下顶端式测量装置时，应将 LVDT 或位移传感器附于钢条或铝棒（介于试件顶盖与底部压盘之间）上；当采用光学变形测量仪时，应将 2 个指示标直接附于试件上，每个指示标至少采用 2 个小别针定位；当采用夹持式测量装置时，应将夹具置于试件 1/4 高度处。对不排水抗剪强度小于 36 kPa 的较软试件，不应采用置于试件上的夹持式测量装置。

⑤打开排水管阀门，连通围压供给管和三轴室，对试件施加 30.0 kPa，预载围压，并对试件施加至少 1 000 次、最大轴向应力为 66.0 kPa 的半正矢脉冲荷载。当试件总的垂直永久应变达到 5% 时，预载停止，应分析原因或重新制备试件。

⑥调整围压和半正矢脉冲荷载至目标设定值，以 10 Hz 的频率重复加载 100 次。试验采集最后 5 个波形的荷载及变形曲线，记录并计算试验施加荷载、试件轴向可恢复变形、动态回弹模量。加载过程中，若试件总的垂直永久应变超过 5%，应停止试验并记录结果。

5）试验成果计算应符合下列规定：

应力幅值 σ_0 计算确定：

$$\sigma_0 = \frac{P_i}{A} \tag{1-6}$$

式中　σ_0——轴向应力幅值（MPa）；

P_i——最后 5 次加载循环中轴向试验荷载平均幅值（N）；

A——试件径向横截面面积，可取试件上下端面面积平均值（mm²）。

应变幅值 ε_0 计算确定：

$$\varepsilon_0 = \frac{\Delta_i}{l_0} \tag{1-7}$$

式中　ε_0——可恢复轴向应变幅值（mm/mm）；

Δ_i——最后 5 次加载循环中可恢复轴向变形平均幅值（mm）；

L_0——位移传感器的量测间距（mm）。

路基土或粒料动态回弹模量 M_R（MPa）计算：

$$M_R = \frac{\sigma_0}{\varepsilon_0} \tag{1-8}$$

（2）路基填料的回弹模量 M_R 通过查表获得。受试验条件限制时，根据土组类别及粒料类型，查表1-10、表1-11得到回弹模量参考值。

（3）路基填料的回弹模量 M_R 通过填料的CBR估算获得。初步设计阶段，由填料的CBR估算标准状态下填料的回弹模量 M_R：

$$2 < \text{CBR} \leqslant 12 \qquad M_R = 17.6\text{CBR}^{0.64} \tag{1-9}$$

$$12 < \text{CBR} < 80 \qquad M_R = 22.1\text{CBR}^{0.55} \tag{1-10}$$

4. 路基回弹模量湿度调整系数 K_s 的取值范围

（1）潮湿类路基的回弹模量湿度调整系数 K_s 可按表1-12查取。

表1-12　潮湿类路基的回弹模量湿度调整系数 K_s

土质类型	砂	细粒土质砂	粉质土	黏质土
路基工作区顶面	0.8~0.9	0.5~0.6	0.5~0.7	0.6~1.0
路基工作区底面	0.5~0.6	0.4~0.5	0.4~0.6	0.5~0.9

注：1. 砂的回弹模量调整系数，D_{60} 大时取高值，D_{60} 小时取低值。
　　2. 细粒土质砂的回弹模量调整系数，细粒含量大、塑性指数高时取低值，反之取高值。
　　3. 粉质土和黏质土的回弹模量调整系数，路基高度低时取低值，反之取高值。

（2）干燥类路基的回弹模量湿度调整系数 K_s 可按表1-13查取。

表1-13　干燥类路基的回弹模量湿度调整系数 K_s

土　　组	TMI					
	-50	-30	-10	10	30	50
砂（S）	1.30~1.84	1.14~1.80	1.02~1.77	0.93~1.73	0.86~1.69	0.8~1.64
粉土质砂（SM）	1.59~1.65	1.10~1.26	0.83~0.97	0.73~0.83	0.70~0.76	0.70~0.76
黏土质砂（SC）						
低液限粉土（M1）	1.35~1.55	L.01~1.23	0.76~0.96	0.58~0.77	0.51~0.65	0.42~0.62
低液限黏土（CL）	1.22~1.71	0.73~1.52	0.57~1.24	0.51~1.02	0.49~0.88	0.48~0.81

注：1. 砂的回弹模量调整系数，D_{60} 大时（接近2 mm）取低值，D_{60} 小时（接近0.25 mm）取高值。
　　2. 粉土质砂、黏土质砂或细粒土的饱和度取值与细粒土含量和塑性指数相关，细粒土含量高、塑性指数大时取低值，反之取高值。

（3）中湿类路基的回弹模量湿度调整系数 K_s，可按路基工作区内两类湿度来源的上部和下部分别确定其湿度调整系数，并以路基工作区上、下部的厚度加权计算路基总的回弹模量湿度调整系数。

1.4.4　加州承载比（CBR）

加州承载比是早年由美国加利福尼亚州提出的一种评定土基及路面材料承载能力的指标。承载能力以材料抵抗局部荷载压入变形的能力表征，并采用高质量标准碎石为标准，以它们的相对比值表示 CBR。

试验时，用一个端部面积为 19.35 cm² 的标准压头，以 0.127 cm/min 的速度压入土中，记录每贯入 0.254 cm 时的单位压力，直至压入深度达到 1.27 cm 时为止。标准压力值是用高质量标准碎石由试验求得，其值如表 1-14 所示。CBR 按式（1-11）计算：

$$CBR = \frac{p}{p_s} \times 100 \qquad (1-11)$$

式中　p——对应于某一贯入度的土基单位压力（kPa）；

　　　p_s——相应贯入度的标准压力值（表 1-14）（kPa）。

表 1-14　标准压力值 p_s

贯入度/cm	0.254	0.508	0.762	1.016	1.270
标准压力/kPa	7 030	10 550	13 360	16 170	18 230

计算 CBR 时，取贯入度为 0.254 cm。但是当贯入度为 0.245 cm 时的 CBR 小于贯入度为 0.508 cm 时的 CBR 时，应采用后者为准。

CBR 试验设备有室内试验与室外试验两种。

室内试验是试件按路基施工时的含水率及压实度要求在试筒内制备，并在加载前在水中浸泡 4 天。为了模拟路面结构对土基的附加压力，在浸水过程中及压入试验时，试件顶面施加环形砝码，质量应根据预计的路面结构质量来确定。

CBR 测定野外试验方法基本与室内试验相同，但其压入试验直接在土基顶面进行。有时，野外试验结果与室内试验结果不完全相同，这主要是由于土壤含水率不同，室内试验时，试件处于饱水状态；野外试验时，土基处于施工时的湿度状态。所以，对野外试验结果必须加以修正，换算成饱水状态的 CBR。

1.5　道路路基的主要病害与防治

1.5.1　道路路基的主要病害

路基裸露在大气中，经受着土体自重、行车荷载和各种自然因素的作用，路基的各个部位会产生变形。路基的变形分为可恢复变形和不可恢复变形。路基的不可恢复变形将引起路基标高和边坡坡度、形状的改变。严重时，造成土体位移，危及路基的整体性和稳定性。路基的主要病害有以下几种。

1. 路基沉陷

路基沉陷是指路基表面在垂直方向产生较大的沉落，如图 1-4（a）所示。路基的沉陷有两种情况：一是路基本身的压缩沉降（路基沉缩）；二是路基下部天然地面承载能力不足，在路基自重的作用下引起沉陷或向两侧挤出而造成的（地基沉陷）。

路基沉陷是因路基填料选择不当，填筑方法不合理，压实度不足，在路基堤身内部形成过湿的夹层等因素，在荷载和水温综合作用之下，引起路基沉陷，如图 1-4（b）所示。

地基沉陷是指原天然地面有软土、泥沼或不密实的松土存在，承载能力极低，路基修筑前未经处理，在路基自重作用下，地基下沉或向两侧挤出，引起路基下陷，如图 1-4（c）所示。

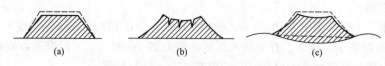

图 1-4　路基的沉陷

（a）路基沉陷；（b）路基沉缩；（c）地基沉陷

2. 路基边坡滑塌

路基边坡滑塌是最常见的路基病害，根据边坡土质类别、破坏原因和规模的不同，可分为溜方与滑坡两种情况。

（1）溜方：由少量土体沿土质边坡向下移动形成。溜方通常指的是边坡上表面薄层土体下溜，主要是由流动水冲刷边坡或施工不当而引起的，如图 1-5（a）、（b）所示。

（2）滑坡：一部分土体在重力作用下沿某一滑动面滑动。滑坡主要是由土体的稳定性不足所引起的，如图 1-5（c）所示。

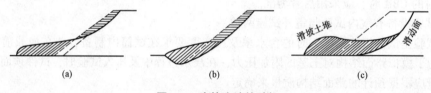

图 1-5　路基边坡的破坏

（a）、（b）溜方；（c）滑坡

路堤边坡坡度过陡，或边坡坡脚被冲刷淘空，或填土层次安排不当是路堤边坡发生滑坡的主要原因。

路堑边坡滑坡的主要原因是边坡高度与天然岩土层次的性质不相适应。黏性土层和蓄水的砂石层交替分布，特别是有倾向于路堑方向的斜坡层理存在时，容易造成滑动。

3. 路基边坡碎落和崩塌

碎落是指路堑边坡风化岩层表面，在大气温度与湿度的交替作用，以及雨水冲刷和动力作用之下，表层岩石从坡面上剥落下来，向下滚落；大块岩石脱离坡面沿边坡滚落称为崩塌。

4. 路基沿山坡滑动

在较陡的山坡填筑路基，若路基底部被水浸湿，形成滑动面，坡脚又未进行必要的支撑，在路基自重和行车荷载作用下，整个路基沿倾斜的原地面向下滑动，路基整体失去稳定。

5. 不良地质和水文条件造成的路基破坏

不良地质条件（如泥石流、溶洞等）和较大自然灾害（如大暴雨）地区，均可能导致路基的大规模毁坏。

1.5.2　道路路基病害的防治措施

为提高路基的稳定性，防治各种病害的产生，道路路基设计时常采用以下一些措施：

（1）正确设计路基横断面。

（2）选择良好的路基用土填筑路基，必要时对路基上层填土做稳定处理。

（3）采取正确的填筑方法，充分压实路基，保证达到规定的压实度。

（4）适当提高路基，防止水分从侧面渗入或因地下水水位上升进入路基工作区范围。

（5）正确进行排水设计（包括地面排水、地下排水、路面结构排水以及地基的特殊排水）。

（6）必要时设计隔离层隔绝毛细水上升，设置隔温层减少路基冰冻深度和水分累积，设置砂垫层以疏干土基。

（7）采取边坡加固、修筑挡土结构物、土体加筋等防护技术措施，以提高其整体稳定性。

以上各项技术措施的目的是限制水分浸入路基，或使已浸入路基的水分迅速排除，保持干燥，提高路基的整体强度与稳定性。

思考题

1. 道路的种类与等级是如何划分的？
2. 道路对路基的基本要求有哪些？
3. 简述公路自然区划的方法和特点。
4. 如何确定路基的平衡湿度类型？
5. 常见的路基用土有哪些？其各自的工程性质有什么特点？
6. 如何确定道路路基的回弹模量？
7. 什么是路基的强度和稳定性？路基病害的防治措施有哪些？
8. 什么是路基工作区？路床的设计要求不满足应采取的措施有哪些？并简述路床的设计步骤。

第 2 章

一般道路路基设计

2.1　一般道路路基的设计规定

　　一般路基是指一般地区的道路路基，指路基的填方高度或挖方深度均小于规范规定的高度和深度，且具有典型的横断面和成熟的设计规定。

　　一般路基通常指在良好的地质与水文等条件下，填方高度和挖方深度不大的路基。通常认为一般路基可以结合当地的地形、地质情况，直接选用典型断面图或设计规定，不必进行个别论证和验算。对于超过规范规定的高填、深挖路基，以及地质和水文等条件特殊的路基，为确保路基具有足够的强度与稳定性，需要进行个别设计和验算。

　　路基承受行车荷载作用，主要在应力作用区的范围之内，其深度一般在路基顶面以下 $0.8 \sim 1.2$ m 范围以内，此部分路基按其作用可视为路面结构的路床。为了确保路基的强度与稳定性，使路基在外界因素作用下，不致产生不允许的变形，路基的整体结构还必须包括其他各项设施，即路基排水，路基防护与加固，以及与路基工程直接相关的设施，如弃土堆、取土坑、护坡道、碎落台、堆料坪及错车道等。

2.1.1　道路路基的设计宽度

　　道路路基宽度为车道宽度与路肩宽度之和，当设有中间带、加（减）速车道、爬坡车道、紧急停车带、超车道、错车道、慢车道、侧分隔带、非机动车道、人行道等时，应计入这些部分的宽度。

　　1. 车道的宽度

　　一般每个车道宽度应与设计行车速度相适应，车道宽度应符合表 2-1 的规定。

表 2-1　车道宽度

设计速度/（km·h⁻¹）	120	100	80	60	40	30	20
车道宽度/m	3.75	3.75	3.75	3.50	3.50	3.25	3.00
注：高速公路为八车道，当设置左侧硬路肩时，内侧车道宽度可采用 3.50 m。							

八车道及以上公路在内侧车道（内侧第1、2车道）仅限小客车通行时，其车道宽度，可采用3.50 m。以通行中、小型客运车辆为主且设计速度为80 km/h及以上的公路，经论证车道宽度可采用3.50 m。四级公路采用单车道时，车道宽度应采用3.50 m。设置慢车道的二级公路，慢车道宽度应采用3.50 m。需要设置非机动车道和人行道的公路，非机动车道和人行道等的宽度，宜视实际情况确定。

各级公路车道数应符合表2-2的规定。高速公路和一级公路各路段车道数应根据设计交通量、设计通行能力确定，当车道数为双车道以上时应按双数增加。

表 2-2　设计速度与车道数

公路等级	高速公路			一级公路			二级公路		三级公路		四级公路	
设计速度/（km·h⁻¹）	120	100	80	100	80	60	80	60	40	30	30	20
车道数	≥4						2		2		2（1）	
注：四级公路应采用双车道，交通量小或困难路段可采用单车道。												

高速公路和作为干线的一级公路右侧硬路肩宽度小于2.50 m时，应设置紧急停车带。紧急停车带宽度应为3.50 m，有效长度不应小于40 m，间距不宜大于500 m。互通式立体交叉、服务区、停车区、公共汽车停靠站、管理设施等的出入口处，高速公路、一级公路应设置加（减）速车道，二级公路应设置过渡段。高速公路、一级公路以及二级公路的连续上坡路段，当通行能力、运行安全受到影响时，应设置爬坡车道。爬坡车道宽度不应小于3.50 m。六车道以上的高速公路，可不设置爬坡车道。连续长、陡下坡路段，应结合交通安全评价论证设置避险车道。二级公路货车比例较高时，可根据需要局部增设超车道。超车道宽度应按相应路段的车道宽度确定。

二级公路慢行车辆较多时，可根据需要采用加宽硬路肩的方式设置慢车道，并应增加必要的交通安全设施，加强交通组织管理。四级公路采用单车道时，应设置错车道。设置错车道路段的路基宽度不应小于双车道的路基宽度。非机动车、行人密集公路和城市出入口的公路，可根据需要设置侧分隔带、非机动车道和人行道。

2. 中间带的宽度

高速公路和一级公路整体式断面必须设置中间带。中间带由中央分隔带和两条左侧路缘带组成。高速公路和作为干线的一级公路，中央分隔带宽度应根据公路项目中央分隔带功能确定。作为集散的一级公路，中央分隔带宽度应根据中间隔离设施的宽度确定。左侧路缘带宽度不应小于表2-3的规定。设计速度为120 km/h、100 km/h，受地形、地物限制的路段或多车道公路内侧车道仅限小型车辆通行的路段，左侧路缘带可论证采用0.50 m。

表 2-3　左侧路缘带宽度

设计速度/（km·h⁻¹）	120	100	80	60
左侧路缘带宽度/m	0.75	0.75	0.50	0.50

中央分隔带宽度应从对向隔离、安全防护的主要功能出发，综合考虑中央分隔带护栏的防护形式和防护能力确定。

3. 路肩的宽度

路肩宽度除应符合表2-4的规定外，还应符合下列规定：高速公路和一级公路应在右侧硬路肩宽度内设右侧路缘带，其宽度为0.50 m。高速公路和一级公路采用分离式断面时，应设置左侧硬路肩，其宽度不应小于表2-5的规定。左侧硬路肩宽度包含左侧路缘带宽度。八车道及以上高速公路宜设置左侧硬路肩，其宽度应不小于2.5 m。左侧硬路肩宽度包含左侧路缘带宽度。

表2-4 路肩宽度

公路等级（功能）		高速公路			一级公路（干线功能）	
设计速度/（km·h⁻¹）		120	100	80	100	80
右侧硬路肩宽度/m	一般值	3.00 (2.50)	3.00 (2.50)	3.00 (2.50)	3.00 (2.50)	3.00 (2.50)
	最小值	1.50	1.50	1.50	1.50	1.50
土路肩宽度/m	一般值	0.75	0.75	0.75	0.75	0.75
	最小值	0.75	0.75	0.75	0.75	0.75
公路等级（功能）		一级公路（集散功能）和二级公路			三级公路、四级公路	
设计速度/（km·h⁻¹）		80	60	40	30	20
右侧硬路肩宽度/m	一般值	1.50	0.75	—	—	—
	最小值	0.75	0.25	—	—	—
土路肩宽度/m	一般值	0.75	0.75	0.75	0.50	0.25（双车道）
	最小值	0.50	0.50			0.50（单车道）

注：1. 正常情况下，应采用一般值；在设爬坡车道、变速车道及超车车道路段，受地形、地物等条件限制路段及多车道公路特大桥，可论证采用最小值。

2. 高速公路和作为干线的一级公路以通行小客车为主时，右侧硬路肩宽度可采用括号内数值。

表2-5 分离式断面高速公路、一级公路左侧路肩宽度

设计速度/（km·h⁻¹）	120	100	80	60
左侧硬路肩宽度/m	1.25	1.00	0.75	0.75
左侧土路肩宽度/m	0.75	0.75	0.75	0.50

取消对路基总宽度的指标规定，只规定公路路基横断面中各部分宽度，包括发挥各部分基本功能和与行车安全性密切关联的"最小值"指标，以鼓励根据公路项目综合建设条件，因地制宜地选用横断面布置形式和宽度。同时强调，公路路基横断面中各组成部分宽度应以满足行车安全要求为前提，根据项目交通功能、各组成部分所具备功能、设计交通量以及沿线地形等建设和通行条件综合确定。

公路横断面布置形式一般分为整体式断面形式和分离式断面形式（图2-1、图2-2）。根据相关专题研究，多车道公路当双向车道数达到10条及以上时，不宜采用整体式断面，推荐采用内、外幅分离的复合式断面布置形式（图2-3、图2-4）。

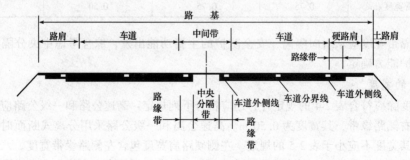

图2-1 高速公路、一级公路路基标准断面图（4车道）

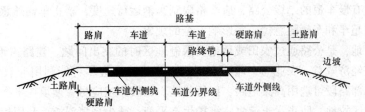

图 2-2　高速公路、一级公路分离式断面形式示意图（右幅断面）

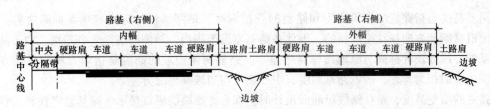

图 2-3　高速公路复合式断面典型形式示意图（12 车道右侧内、外幅分离式）

图 2-4　高速公路复合式断面形式示意图（12 车道右侧内、外幅整体式）

高速公路和一级公路应根据地形、地貌等实际条件，因地制宜地选用（或分段选用）整体式和分离式断面形式。在山岭、丘陵地段或地形受制约地段，采用整体式断面工程量过大时，宜采用分离式断面形式。在沙漠、戈壁和草原等地区，有条件时宜采用分离式断面形式或宽中央分隔带的整体式断面形式。

二、三、四级公路为典型的双车道公路（四级公路可能出现单车道的情况），采用无分隔的双向混合交通组织方式，一般应采用整体式断面形式（图 2-5）。

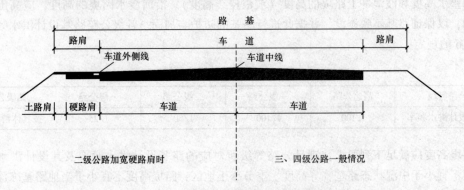

图 2-5　二、三、四级公路路基标准断面图（双车道）

二级公路作为城乡接合部、混合交通量大的集散公路，可根据实际需要加宽右侧硬路肩设置慢车道。设置有慢车道的二级公路，应严格限制车辆运行速度，禁止车辆随意穿越，以避免车辆占用对向车道超车和车辆随意掉头等影响安全的现象。

路基占用土地，是公路通过农田或用地受限制地区时的突出问题。建路占地必须综合规划，统筹兼顾，讲究经济效益，农业与交通相互促进。公路建设应尽可能利用非农业用地，少占农田。高速公路局部路段可选用高架道路，以桥代路。山坡路基应尽量使填挖平衡，扩大和改善林业用地，保护林区牧地，防止水土流失，维护生态平衡，减少高填深挖，利用植物防护，绿化与美化路基。所有这些，在路基设计与施工过程中，亦应予以综合考虑。

2.1.2 道路路基的设计高度

路基高度是指路堤的填筑高度和路堑的开挖深度，是路基设计标高和地面标高之差。由于原地面沿横断面方向往往是倾斜的，因此在路基宽度范围内，两侧的高差常有差别。中心高度是指路基中心线处设计标高与原地面标高之差。而路基两侧边坡的高度是指填方坡脚或挖方坡顶与路基边缘的相对高差，所以路基高度有中心高度与边坡高度之分。

路基的填挖高度，是在路线纵断面设计时，综合考虑路线纵坡要求、路基稳定性和工程经济等因素确定的。从路基的强度和稳定性要求出发，路基上部土层应处于干燥或中湿状态，路基高度应根据临界高度并结合公路沿线具体条件和排水及防护措施确定路堤的最小填土高度。

路堤填土的高矮和路堑挖方的深浅，可按《公路路基设计规范》（JTG D30—2015）的规定，使用常规的边坡高度值，作为划分高矮深浅的依据。通常将大于 20 m 的路堤视为高路堤；将大于 20 m 的土质路堑和大于 30 m 的石质路堑视为深路堑。

高路堤和深路堑的土石方数量大，占地多，施工困难，边坡稳定性差，行车不利，应尽量避免使用，当路基中心填方高度超过 20 m 或中心挖方深度超过 30 m 时，宜结合路线方案与桥梁、隧道等构造物或分离式路基做方案比较选择，一定要用时，应进行个别特殊设计。

为保证路基稳定，应尽量满足路基临界高度的要求，若路基高度低于按地下水水位或地面积水位计算的临界高度，可视为矮路堤。矮路堤通常处于行车荷载应力作用区范围内，同时经受着地面和地下水不利水文状况的影响。有时为了增强路基路面的综合强度与稳定性，需要另外增加投资加强路面结构或增设地下排水设施。合理确定路基的高度，需要进行综合比较后才可择优取用。

沿河及受水浸淹路段的路基边缘标高，应不低于路基设计洪水频率的水位的情形，再增加 0.5 m 的余量。如果河道因设置路堤而压缩过水面积，致使上游有壅水，或河面宽阔而有风浪，应增加壅水高度和波浪冲上路堤的高度（波浪侵袭高度）。沿河浸水路堤的高度，应高出上述各值之和，以保证路基不致淹没，并据此进行路基的防护与加固。各级公路路基设计洪水频率应符合表 2-6 的规定。

表 2-6　路基设计洪水频率

公路等级	高速公路	一级公路	二级公路	三级公路	四级公路
路基设计洪水频率	1/100	1/100	1/50	1/25	按具体情况确定

路堤高度应满足下列要求：满足公路等级所对应的路基设计洪水频率及其设计洪水位。路堤高度不宜小于中湿状态路基临界高度。季节冻土地区，路堤高度不宜小于当地路基冻深。路堤高度宜按式（2-1）计算确定：

$$H_{op} = \max\{ (h_{sw} - h_0) + h_w + h_{bw} + \Delta h,\ h_l + h_p,\ h_{wcl} + h_p,\ h_f + h_p \} \tag{2-1}$$

式中　H_{op}——路堤合理高度；

　　　h_{sw}——设计洪水位（m）；

　　　h_0——地面高程（m）；

　　　h_w——波浪侵袭高度（m）；

　　　h_{bw}——壅水高度（m）；

　　　Δh——安全高度（m）；

　　　h_l——中湿状态路基临界高度（m）

　　　h_p——路面厚度（m）；

　　　h_{wcl}——路基工作区深度（m）；

　　　h_f——季节冻土地区路基冻深（m）。

2.1.3　道路路基的边坡设计坡度

路基边坡坡度对路基稳定十分重要，确定路基边坡坡度是路基设计的重要任务。公路路基的边坡坡度，可用边坡高度 H 与边坡宽度 b 之比值表示，并取 $H=1$，$H:b = 1:0.5$（路堑边坡）或 $1:1.5$（路堤边坡），通常用 $1:n$（路堑）或 $1:m$（路堤）表示其坡率，称为边坡坡率，如图 2-6 所示。

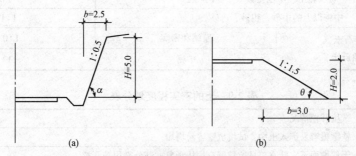

图 2-6　路基边坡坡度示意图
（a）路堑；（b）路堤

路基边坡坡度的大小，取决于边坡的土质、岩石的性质及水文地质条件等自然因素和边坡的高度。在陡坡或填挖较大的路段，边坡稳定不仅影响土石方工程量和施工的难易，而且是路基整体稳定性的关键。确定边坡坡度对于路基的稳定性和工程的经济合理性至关重要。一般路基的边坡坡度可根据多年工程实践经验和设计规范推荐的数值采用。

1.路堤的边坡

路堤边坡形式和坡率应根据填料的物理力学性质、边坡高度和工程地质条件确定。当地质条件良好，边坡高度不大于 20 m 时，其边坡坡率不宜大于表 2-7 的规定值。

表 2-7　路堤边坡坡率

填料类别	边坡坡率	
	上部高度（$H \leq 8$ m）	下部高度（$H \leq 12$ m）
细粒土	1:1.5	1:1.75
粗粒土	1:1.5	1:1.75
巨粒土	1:1.3	1:1.5

对边坡高度超过 20 m 的路堤，边坡形式宜采用阶梯形，其边坡坡率应由稳定性分析计算确定，并应进行个别设计。浸水路堤在设计水位以下的边坡坡率不宜大于 1：1.75。

2. 路堑边坡

路堑是从天然地层中开挖出来的路基结构物，设计路堑边坡时，首先应从地貌和地质构造上判断其整体稳定性。在遇到工程地质或水文地质条件不良的地层时，应尽量使路线避绕；而对于稳定的地层，则应考虑开挖后，是否会由于减少支承，坡面风化加剧而引起失稳。砌石顶宽不小于 0.8 m，基底面向路基内侧倾斜，砌石高度不宜超过 15 m。砌石内、外影响路堑边坡稳定的因素较为复杂，除了路堑深度和坡体土石的性质之外，地质构造特征、岩石的风化和破碎程度、土层的成因类型、地面水和地下水的影响、坡面的朝向以及当地的气候条件等都会影响路堑边坡的稳定性，在边坡设计时必须综合考虑。

土质路堑边坡形式及坡率应根据工程地质与水文地质条件、边坡高度、排水措施、施工方法，并结合自然稳定山坡和人工边坡的调查及力学分析综合确定。边坡高度不大于 20 m 时，边坡坡率不宜大于表 2-8 的规定值，土的密实程度见表 2-9。

表 2-8　土质路堑边坡坡率

土的类别		边坡坡率
黏土、粉质黏土、塑性指数大于 3 的粉土		1：1
中密以上的中砂、粗砂、砾砂		1：1.5
卵石土、碎石土、圆砾土、角砾土	胶结和密实	1：0.75
	中密	1：1

表 2-9　土的密实程度划分表

分级	试坑开挖情况
较松	铁锹很容易铲入土中，试坑坑壁容易坍塌
中密	天然坡面不宜陡立，试坑坑壁有掉块现象，部分需用镐开挖
密实	试坑坑壁稳定，开挖困难，土块用手使力才能破碎，从坑壁取出大颗粒处能保持凹面形状
胶结	细粒土密实度很高，粗颗粒之间呈弱胶结，试坑用镐开挖很困难，天然坡面可以陡立

岩质路堑边坡形式及坡率应根据工程地质与水文地质条件、边坡高度、施工方法，结合自然稳定边坡和人工边坡的调查综合确定。必要时可采用稳定性分析方法予以验算。边坡高度不大于 30 m 时，无外倾软弱结构面的边坡按表 2-10 和表 2-11 确定岩体类型，边坡坡率可按表 2-12 确定。

表 2-10　岩质边坡的岩体分类

边坡岩体类型	岩体完整程度	结构面结合程度	结构面产状	直立边坡自稳能力
I	完整	结构面结合良好或一般	外倾结构面或外倾不同结构面的组合线倾角大于 75°或小于 35°	30 m 高边坡长期稳定，偶有掉块
II	完整	结构面结合良好或一般	外倾结构面或外倾不同结构面的组合线倾角 35°~75°	15 m 高的边坡稳定，15~30 m 高的边坡欠稳定
	完整	结构面结合差	外倾结构面或外倾不同结构面的组合线倾角大于 75°或小于 35°	
	较完整	结构面结合良好或一般或差	外倾结构面或外倾不同结构面的组合线倾角小于 35°，有内倾结构面	边坡出现局部塌落

边坡岩体类型	岩体完整程度	结构面结合程度	结构面产状	直立边坡自稳能力
Ⅲ	完整	结构面结合差		8 m 高的边坡稳定，15 m 高的边坡欠稳定
	较完整	结构面结合良好或一般	外倾结构面或外倾不同结构面的组合线倾角 35°~75°	
	较完整	结构面结合差	外倾结构面或外倾不同结构面的组合线倾角大于 75°或小于 35°	
	较完整（碎裂镶嵌）	结构面结合良好或一般	结构面无明显规律	
Ⅳ	较完整	结构面结合差或很差	外倾结构面以层面为主，倾角多为 35°~75°	8 m 高的边坡不稳定
	不完整（散体、碎裂）	碎块间结合很差		

注：1. 边坡岩体分类中未含由软弱结构面控制的边坡和倾倒崩塌型破坏的边坡；

2. Ⅰ类岩体为软岩、较软岩时，应降为Ⅱ类岩体；

3. 当地下水发育时，Ⅱ、Ⅲ类岩体可视具体情况降低一档；

4. 强风化岩和极软岩可划为Ⅳ类岩体；

5. 表中外倾结构面系指倾向与坡向的夹角小于 30°的结构面；

6. 岩体完整程度按表 2-11 确定。

表 2-11 岩体完整程度划分

岩体完整程度	结构面发育程度	结构类型	完整性系数 K
完整	结构面 1~2 组，以构造节理或层面为主，密闭型	巨块状整体结构	>0.75
较完整	结构面 2~3 组，以构造节理或层面为主，裂隙多呈密闭型，部分为微张型，少有充填物	块状结构、层状结构、镶嵌碎裂结构	0.35~0.75
不完整	结构面大于 3 组，在断层附近受构造作用影响较大，裂隙以张开型为主，多有充填物，厚度较大	碎裂状结构、散体结构	<0.35

表 2-12 岩质路堑边坡坡率

边坡岩体类型	风化程度	边坡坡率	
		$H < 15\ m$	$15\ m \leqslant H < 30\ m$
Ⅰ类	未风化、微风化	1:0.1~1:0.3	1:0.1~1:0.3
	弱风化	1:0.1~1:0.3	1:0.3~1:0.5
Ⅱ类	未风化、微风化	1:0.1~1:0.3	1:0.3~1:0.5
	弱风化	1:0.3~1:0.5	1:0.5~1:0.75
Ⅲ类	未风化、微风化	1:0.5~1:0.5	
	弱风化	1:0.5~1:0.75	
Ⅳ类	弱风化	1:0.5~1:1	
	强风化	1:0.75~1:1	

由于地表岩层和自然条件，以及路基构造要求与形式变化极大，岩石路堑边坡率难以定型，表列数值为一般条件下的经验数值，运用时应结合当地的工程地质和水文条件，参考各地现有自然稳定的山坡和人工成型稳定的山坡，加以对比选用。必要时应进行个别设计和稳定性验算，还必须采用排水和护坡与加固等技术措施。

在地震地区的岩石路堑边坡坡率应参考《公路工程抗震规范》（JTG B02—2013）和《公路桥梁抗震设计规范》（JTG B02‑01—2008）的规定。当挖方边坡较高时，可根据不同的土质、岩石性质和稳定要求开挖成折线式或台阶式边坡，边沟外侧应设置碎落台，其宽度不宜小于1.0 m；台阶式边坡中部应设置边坡平台，边坡平台的宽度不宜小于2.0 m。

2.2 道路路基的典型横断面形式

根据公路路线设计确定的路基标高与天然地面标高是不同的，路基设计标高低于天然地面标高时，需进行挖掘；路基设计标高高于天然地面标高时，需进行填筑。由于填挖情况的不同，路基横断面的典型形式，可归纳为路堤、路堑和填挖结合三种类型。

2.2.1 路堤

路堤是指高于原地面的填方路基。图2-7所示为路堤的几种常见横断面形式。路堤按填土高度不同，划分为矮路堤、高路堤和一般路堤。填土高度小于1.5 m，属于矮路堤；填土高度大于20 m，属于高路堤；填土高度为1.5~20 m，属于一般路堤。随其所处的条件、加固类型和填筑材料的不同，路堤还有浸水路堤、护脚路堤、粉煤灰路堤及填石路堤等形式。

矮路堤常在平坦地区取土困难时选用。平坦地区地势低，水文条件较差，易受地面水和地下水的影响，设计时应注意满足最小填土高度的要求，路基两侧均应设边沟。

矮路堤的高度通常接近或小于路基工作区的深度，除填方路堤本身要求满足规定的施工要求外，天然地面也应按规定进行压实，达到规定的压实度，必要时进行换土或加固处理，以保证路基路面的强度和稳定性。

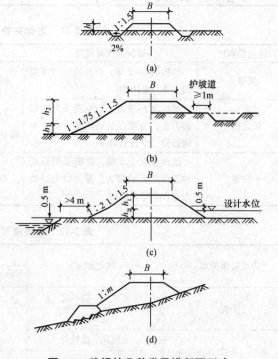

图2-7 路堤的几种常见横断面形式

（a）矮路堤；（b）一般路堤；（c）浸水路堤；（d）护脚路堤

填方高度不大，$h = 2 \sim 3$ m时，填方数量较少，全部或部分填方可以在路基两侧设置取土坑，使之与排水沟渠结合。为保护填方坡脚不受流水侵害，保证边坡稳定，可在坡脚与沟渠之间预留1~2 m甚至大于4 m宽度的护坡道。

高路堤的填方数量大，占地多，为使路基稳定和横断面经济合理，需进行个别设计。高路堤和浸水路堤的边坡可采用上陡下缓的折线形式或台阶形式，如在边坡中部设置护坡道。为防止水流侵蚀和冲刷坡面，高路堤和浸水路堤的边坡须采取适当的坡面防护和加固措施，如铺草皮、砌石等。

地面横坡陡于 1:5 时，为防止填方路堤沿山坡向下滑动，应将天然地面挖成台阶，台阶宽度不应小于 2 m，并向内倾斜，或设置石砌护脚。

粉煤灰路堤是指全部采用粉煤灰（纯灰）或部分采用粉煤灰（灰土间隔）填筑的公路路堤。用粉煤灰修筑公路路堤，应采取相应的技术措施，做好断面设计、结构设计和排水设计，保证粉煤灰路堤有足够的强度和稳定性。

2.2.2 路堑

低于天然地面的挖方路基称为路堑。图 2-8 所示是路堑的几种常见横断面形式，有全挖路基、台口式路基及半山洞路基。挖方边坡视高度可和岩土层情况设置成直线、折线或台阶式边坡的坡脚处设置边沟，以汇集和排除路基范围内的地表径流。路堑的上方应设置截水沟，以拦截和排除流向路基的地表径流，挖方弃土可堆放在路堑的下方。边坡坡面易风化时，在坡脚处设置 0.5～1.0 m 的碎落台，坡面可采用防护措施。

陡峻山坡上的半路堑，路中线宜向内侧移动，尽量采用台口式路基，如图 2-8（b）所示，避免路基外侧的少量填方。遇有整体性的坚硬岩层，为节省石方工程，可采用半山洞路基，如图 2-8（c）所示。

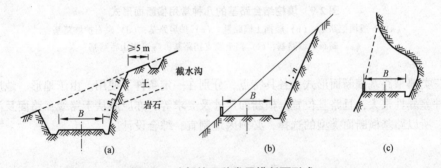

图 2-8 路堑的几种常用横断面形式

（a）全挖路基；（b）台口式路基；（c）半山洞路基

挖方路基处土层地下水文状况不良时，可能导致路面的破坏，所以对路堑以下的天然地基，要人工压实至规定的密实程度，必要时还应翻挖，重新分层填筑、换土或进行加固处理，采取加铺隔离层，设置必要的排水设施。

2.2.3 填挖结合路基

当天然地面横坡较大，且路基较宽，需要一侧开挖而另一侧填筑时，称为填挖结合路基，也称为半填半挖路基。在丘陵或山区公路上，填挖结合是路基横断面的主要形式。

图 2-9 所示是填挖结合路基的几种常见横断面形式。位于山坡上的路基，通常取路中心的标高接近原地面的标高，以便减少土石方数量，保持土石方数量横向平衡，形成半填半挖路基。若处理得当，路基稳定可靠，是比较经济的断面形式。

半填半挖路基兼有路堤和路堑两者的特点，上述对路堤和路堑的要求均应满足。填方部分的局部路段，如遇原地面的短缺口，可采用砌石护肩。如果填方量较大，也可就近利用废石方，砌筑护坡或护墙。石砌护坡和护墙相当于简易式挡土墙，承受一定的侧向压力。有时填方部分需要设置路肩（或路堤）式挡土墙，确保路基稳定，进一步压缩用地宽度。石砌护肩、护坡与护墙，以及挡土墙等路基，参阅图2-9（c）至图2-9（f）。如果填方部分悬空，而纵向又有适当的基岩时，则可以沿路基纵向建成半山桥路基，如图2-9（g）所示。

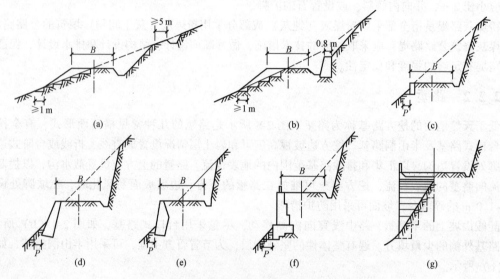

图2-9　填挖结合路基的几种常用横断面形式

（a）一般填挖路基；（b）矮挡土墙路基；（c）护肩路基；（d）砌石护坡路基；

（e）砌石护墙路基；（f）挡土墙支挡路基；（g）半山桥路基

　　上述三类典型路基横断面形式，各具特点，分别在一定条件下使用。由于地形、地质、水文等自然条件差异性很大，且路基位置、横断面尺寸及要求等，亦应服从于路线，路面及沿线结构物的要求，所以路基横断面类型的选择，必须因地制宜，综合设计。

2.3　路基工程的附属设施

　　为了确保路基的强度、稳定性和行车安全，与一般路基工程有关的附属设施有取土坑、弃土堆、护坡道、碎落台、堆料坪及错车道等。

2.3.1　取土坑与弃土堆

　　路基土石方的挖填平衡，是公路路线设计的基本原则，但往往难以做到完全平衡。土石方数量经过合理调配后，仍然会有部分借方和弃方（又称废方）。路基土石方的借弃，首先要合理选择地点，即确定取土坑或弃土堆的位置。选点时要兼顾土质、数量、用地及运输条件等因素，还必须结合沿线区域规划，因地制宜，综合考虑，维护自然平衡，防止水土流失，做到借之有利、弃之无害。借弃所形成的坑或堆，要求尽量结合当地地形，充分加以利用，并注意外形规整，弃堆稳固。对高等级公路或位于城郊附近的干线公路，尤应注意。

平坦地区，如果用土量较少，可以沿路两侧设置取土坑，取土坑应有统一规划，使之具有规则的形状和平整的底部，平原地区高速和一级公路不宜设路侧取土坑。路旁取土坑，大致如图 2-10 所示，取土坑应设置纵横坡度，纵坡坡度不宜小于 0.3%，横坡为 2%～3%，并向外倾斜，取土坑出水口应与路基排水系统衔接，取土坑的边坡坡度内侧不宜陡于 1∶1.5，外侧不宜陡于 1∶1.0。深度约为 1.0 m 或稍大一些，宽度依用土数量和用地允许而定。

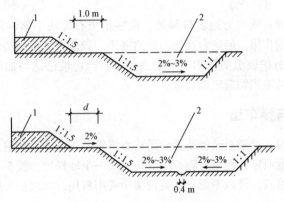

图 2-10　路旁取土坑示意图
1—路堤；2—取土坑

当地面横坡陡于 1∶1.0 时，取土坑应设在上方一侧，可兼作排水之用，但坑底标高应不低于桥涵进水口标高。

河水淹没地段的桥头引道近旁，一般不设取土坑，如设取土坑要距河流中水位边界 10 m 以外，并与导治结构物位置相适应。此类取土坑要求水流畅通，不得长期积水危及路基或构造物的稳定。

路基开挖的废方，应尽量加以利用，如用以加宽路基或加固路堤，填补坑洞或路旁洼地，亦可兼顾农田水利或基建等所需，做到变废为宝。

废方一般选择路旁低洼地，就近弃堆。原地面倾斜坡度小于 1∶5 时，路旁两侧均可设弃土堆，地面较陡时，宜设在路基下方。沿河路基爆破后的废石方，往往难以远运，条件许可时可以部分占用河道，但要注意河道压缩后，不致壅水危及上游路基及附近农田等。

图 2-11 所示为路旁弃土堆示意图。弃土堆一般为梯形断面，坡度不陡于 1∶1.5，顶部向路基外侧倾斜不小于 2%，高度不宜超过 3 m。要求堆弃整平，顶面具有适当横坡，并设平台、三角土块及排水沟，弃土堆内侧坡脚到堑顶之间的距离 d 与地面土质有关，干燥坚硬土不小于 3 m，潮湿软弱土可按路堑深度加 5.0 m，即 $d \geqslant H + 5$ m。积砂或积雪地段的弃土堆，有利于防砂防雪，可设在迎面一侧，并具有足够距离。

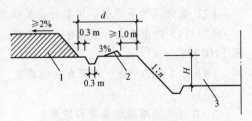

图 2-11　路旁弃土堆示意图
1—弃土堆；2—平台与三角土块；3—路堑

2.3.2　护坡道与碎落台

护坡道是保护路基边坡稳定性的措施之一，设置的目的是加宽边坡横向距离，减小边坡平均坡度。护坡越宽，越有利于边坡稳定，但最小为 1 m。宽度大，则工程量亦随之增大，设置时要兼顾边坡稳定性与经济合理性。

护坡道一般设在挖方坡脚处，边坡较高时亦可设在边坡上方及挖方边坡的变坡处。浸水路基的护坡道，可设在浸水线以上的边坡上。当路基边缘与路侧取土坑高差较大时，为了保证路堤的稳定需设置护坡道。当路肩边缘与取土坑底部高差小于等于2 m时，取土坑内侧坡顶可与路堤坡脚直接衔接，并采用路堤边坡坡度；大于2 m时，应设置宽1m护坡道；大于6 m时，应设置宽2 m护坡道。

碎落台设置于土质或石质挖方边坡坡脚处，供零星土石碎块下落时临时堆积，以保护边沟不致阻塞，亦有护坡道的作用。碎落台高度与路肩齐平，碎落台宽度视边坡高度和土质而定，一般为1.0~1.5 m，如兼有护坡道的作用，可适当放宽。当边坡已适当加固或边坡高度小于2 m时，可不设。碎落台上的堆积物应定期清理。

2.3.3 堆料坪与错车道

路面养护用矿质材料，可就近选择路旁合适地点堆置备用。亦可在路肩外缘设堆料坪，其面积可结合地形与材料数量而定，例如每隔50~100 m设一个堆料坪，长5~8 m，宽2 m。高级路面或采用机械化养路的路段，可以不设，或另设集中备用料场，以维护公路外形的视觉平顺和景观优美。

当四级公路采用4.5 m的单车道路基时，由于双向行车会车和相互避让的需要，应在适当距离内设置错车道。通常应每隔200~500 m设置一处错车道。按规定错车道的长度不得短于30 m，两端各有长度为10 m的出入过渡段，中间10 m供停车用。单车道的路基宽度为4.5 m，而错车道地段的路基宽度为6.5 m。错车道是单车道路基的一个组成部分，应与路基同时设计与施工。

思考题

1. 路基的典型横断面有哪几种？各有什么特点？
2. 路基的附属设施有哪些？各有哪些基本要求？
3. 路基的设计宽度是如何规定的？中间带、路肩宽度和行车道宽有哪些设计规定？
4. 用1:200的比例尺绘制某三级公路的下列路基横断面图（路基宽度为12 m）。
(1) 1:4的山坡上，用黏性土填筑高3 m的路堤，纵向取土。
(2) 在开阔的平原区，用黏性土填筑高4 m的路堤，横向取土。
(3) 1:5的山坡上，挖深6 m的路堑，地层为水平层状的云母片岩，纵向弃土（建议边坡采用1:0.25）。
(4) 1:4的山坡上，挖深8 m的路堑，地层为轻度风化的花岗岩，横向弃土（建议边坡采用1:0.25）。
5. 如何确定路堤的高度和坡度？

第 3 章

道路路基稳定性设计

道路路基边坡滑坍是公路上常见的破坏现象之一。例如，在岩质或土质山坡上开挖路堑，有可能因自然平衡条件被破坏或者因边坡过陡，使坡体沿某一滑动面产生滑坡。对河滩路堤、高路堤或软弱地基上的路堤，也可能因水流冲刷、边坡过陡或地基承载力过低而出现填方土体（或连同原地面土体）沿某一剪切面产生坍塌。为此，必须对可能出现失稳或已出现失稳的路基进行稳定性分析，保证路基设计既满足稳定性要求，又满足经济性要求。

3.1 道路路基边坡稳定性设计

3.1.1 路基边坡稳定性分析的计算参数

1. 土的计算参数

路基处在复杂的自然环境中，其稳定性随环境条件（特别是土的含水率）和时间的增长而变化。路堑是在天然土层中开挖而成，土石的性质、类别和分布是自然存在的。而路堤是由人工填筑而成，填料性质可由人为方法控制。因此，在边坡稳定性分析时，对于土的物理力学数据的选用，以及可能出现的最不利情况，应力求能与路基将来实际情况相一致。边坡稳定性分析所需土的试验资料如下：

（1）对于路堑或天然边坡取：原状土的重度 γ（kN/m^3）、内摩擦角 φ（°）和黏聚力 c（kPa）。

（2）对路堤边坡，应取与现场压实度一致的压实土的试验数据。数据包括压实后土的重度 γ（kN/m^3）、内摩擦角 φ（°）和黏聚力 c（kPa）。

土体力学参数宜采用原位剪切试验、原状土样室内剪切试验及反算分析等方法综合确定。

在边坡稳定性分析时，如边坡由多层土体所构成，所采用土的边坡稳定性分析参数 c、φ 和 γ 的值应根据边坡稳定性分析方法确定，对于直线法和圆弧法可通过合理分段，直接取用不同土层的参数值。如用综合土体边坡稳定性分析，可采用加权平均法求得。

$$c = \frac{c_1 h_1 + c_2 h_2 + \cdots + c_n h_n}{h_1 + h_2 + \cdots + h_n} = \frac{\sum\limits_{i=1}^{n} c_i h_i}{\sum\limits_{i=1}^{n} h_i} \tag{3-1}$$

$$\tan\varphi = \frac{h_1 \tan\varphi_1 + h_2 \tan\varphi_2 + \cdots + h_n \tan\varphi_n}{h_1 + h_2 + \cdots + h_n} = \frac{\sum\limits_{i=1}^{n} h_i \tan\varphi_i}{\sum\limits_{i=1}^{n} h_i} \tag{3-2}$$

$$\gamma = \frac{\gamma_1 h_1 + \gamma_2 h_2 + \cdots + \gamma_n h_n}{h_1 + h_2 + \cdots + h_n} = \frac{\sum\limits_{i=1}^{n} \gamma_i h_i}{\sum\limits_{i=1}^{n} h_i} \tag{3-3}$$

式中　c_i，φ_i，γ_i——i 土层的黏聚力、内摩擦角、重度；

h_i——i 土层的厚度。

2. 汽车荷载当量换算

路基除承受自重作用外，同时还承受行车荷载的作用。在边坡稳定性分析时，需要将车辆按最不利情况排列，并将车辆的设计荷载换算成当量土柱高（以相等压力的土层厚度来代替荷载），以 h_0 表示。当量土柱高度 h_0 的计算式为

$$h_0 = \frac{NQ}{\gamma BL} \tag{3-4}$$

式中　N——横向分布的车辆数，单车道 $N=1$，双车道 $N=2$；

Q——每一辆车的重力（kN）；

γ——路基填料的重度（kN/m³）；

L——汽车前后轴（或履带）的总距（m）；

B——横向分布车辆轮胎最外缘之间总距（m）；

$$B = Nb + (N-1)\ d \tag{3-5}$$

其中　b——每一车辆的轮胎外缘之间的距离（m）；

d——相邻两辆车轮胎（或履带）之间的净距（m）。

车辆荷载布置图如图 3-1、图 3-2 所示，其主要技术指标规定如表 3-1 所示。

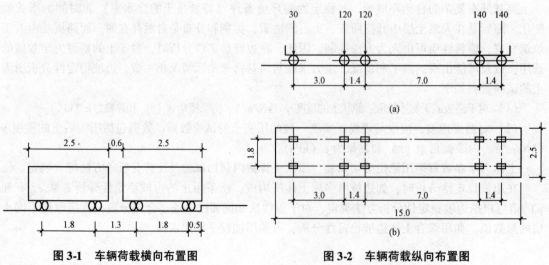

图 3-1　车辆荷载横向布置图　　　　图 3-2　车辆荷载纵向布置图

（a）立面；（b）平面

表 3-1　车辆荷载主要技术指标

项目	单位	技术指标
车辆重力标准值	kN	550
前轴重力标准值	kN	30
中轴重力标准值	kN	2×120
后轴重力标准值	kN	2×140
轴距	m	$3 + 1.4 + 7 + 1.4$
轮距	m	1.8
前轮着地宽度及长度	m	0.3×0.2
中、后轮着地宽度及长度	m	0.6×0.2
车辆外形尺寸（长 × 宽）	m	15×2.5

荷载可以分布在行车道（路面）的范围，考虑到实际行车可能有横向偏移或车辆停放在路肩上，也可认为 h_0 厚的当量土层分布在整个路基宽度上。

3.1.2　边坡稳定性分析方法

路基边坡稳定性分析方法可分为两类：力学分析法和工程地质法。

1. 力学分析法

（1）数解法：假定几个不同的滑动面，按力学平衡原理对每个滑动面进行边坡稳定性分析，从中找出极限滑动面，按此极限滑动面的稳定程度来判断边坡的稳定性。此法较精确，但计算较复杂，建议学生自编随机搜索计算机程序进行数值计算。

（2）图解或表解法：在计算机和图解分析的基础上，制定成图或表，用查图或查表法进行边坡稳定性分析。此法简单，但不如数解法精确。

2. 工程地质法

工程地质法是根据不同土类及其所处的状态，经过长期的生产实践和大量的资料调查，拟定边坡稳定值参考数据，在设计时，将影响边坡稳定的因素做比拟，采用类似条件下的稳定边坡值。

常用的工程地质类边坡稳定性分析方法，根据滑动面形状分为直线破裂面法和圆弧破裂面法，简称直线法和圆弧法。直线法适用于砂土和砂性土（两者合称砂类土），土的抗力以内摩擦力为主，黏聚力很小，边坡破坏时，破裂面近似平面；圆弧法适用于黏性土，土的抗力以黏聚力为主，内摩擦力较小，边坡破坏时，破裂面近似圆柱形。

3.1.3　道路路基边坡稳定性设计的直线法

如图 3-3（a）所示，路堤土楔 ABD 沿假设破裂面 AD 滑动，其稳定安全系数 F_s 按下式计算（按纵向长 1 m 计，下同）：

$$F_s = \frac{F}{T} = \frac{G\cos\omega\tan\varphi + cL}{G\sin\omega} \tag{3-6}$$

式中　F——沿破裂面的抗滑力（kN）；

T——沿破裂面的下滑力（kN）；

G——土楔重力及路基顶面换算土柱的荷载之和（kN）；

ω——破裂面对于水平面的倾斜角；

φ——路堤土体的内摩擦角；

c——路堤土体的单位黏聚力（kPa）；

L——破裂面 AD 的长度（m）。

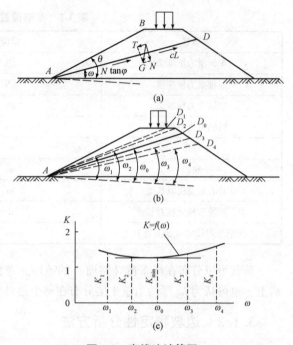

边坡稳定性分析时，先假定路堤边坡值，然后通过坡脚 A 点，假定 3～4 个可能的破裂面 ω_i，如图 3-3（b）所示，按式（3-6）求出相应的稳定安全系数 F_{si}，得出 F_{si} 与 ω_i 的关系曲线，如图 3-5（c）所示。在 $F_s = f(\omega)$ 关系曲线上找到最小稳定系数 $F_{s\,min}$，及对应的极限破裂面倾斜角 ω。

由于砂类土粘结力很小，一般可忽略不计，即取 $c = 0$，则式（3-7）可表达为

$$F_s = \frac{F}{T} = \frac{\tan\varphi}{\tan\omega} \qquad (3-7)$$

由公式（3-7）可知，当 $F_s = 1$ 时，$\tan\varphi = \tan\omega$，抗滑力等于下滑力，滑动面土体处于极限平衡状态，此时路堤的极限坡度等于砂类土的内摩擦角，该角相当于自然休止角。当 $F_s >$

图 3-3　直线法计算图

（a）F_s；（b）F_{si}；（c）$F_{si} - W_i$

1 时，路堤边坡处于稳定状态，且与边坡高度无关；当 $F_s < 1$ 时，则不论边坡高度多少，都不能保持稳定。

考虑到滑动面的近似假定，土工试验所得的 φ 与 c 的局限性以及气候环境条件的变异性的影响，为保证边坡稳定性有足够的完全储备，最小稳定安全系数应大于表 3-2 的规定，但也不宜过大，以免造成工程不经济。

表 3-2　高路堤与陡坡堤稳定安全系数

分析内容	地基强度指标	分析工况	稳定安全系数	
			二级及二级以上公路	三、四级公路
路堤的堤身稳定性、路堤和地基的整体稳定性	采用直剪的固结快剪或三轴固结不排水剪指标	正常工况	1.45	1.35
		非正常工况 I	1.35	1.25
	采用快剪指标	正常工况	1.35	1.30
		非正常工况 I	1.25	1.15
路堤沿斜坡地基或较弱层滑动的稳定性	—	正常工况	1.30	1.25
		非正常工况 I	1.20	1.15

注：1. 区域内唯一通道的三、四公路重要路段，高路堤与陡坡路堤稳定安全系数可采用二级公路的标准。

2. 正常工况：边坡处于天然状态下的工况；非正常工况 I：边坡处于暴雨或连续降雨状态下的工况；非正常工况 II：边坡处于地震等荷载作用状态下的工况。

3.1.4　道路路基边坡稳定性设计的圆弧法

1. 数解法

圆弧法假定滑动面为一圆弧，它适用于边坡有不同的土层、均质土边坡，部分被淹没、均质土坝，局部发生渗漏、边坡为折线或台阶形的黏性土的路堤与路堑，可以利用数解进行分析计算。

（1）基本原理与步骤。圆弧法是将圆弧滑动面上的土体划分为若干竖向土条，计算整个滑动土体的稳定性。

圆弧法的计算精度主要与分段数有关。分段越多则计算结果越精确，一般分 8～10 段。小段的划分，还可结合横断面特性，如划分在边坡或地面坡度变化之处，以便简化计算。

用圆弧法进行边坡稳定性分析时，一般假定土为均质和各向同性；滑动面通过坡脚；不考虑土体的内应力分布及各土条之间相互作用力的影响，土条不受侧向力作用，或虽有侧向力，但与滑动圆弧的切线方向平行。

圆弧法的基本步骤如下：

1）通过坡脚任意选定可能发生的圆弧滑动面 AB，其半径为 R，沿路线纵向取单位长度 1 m。将滑动土体分成若干个一定宽度的垂直土条，其宽一般为 2～4 m，如图 3-4 所示。

2）计算每个土条的土体重（包括小段土重和其上部换算为土柱的荷载在内）和 α_i（第 i 土条底滑面的倾角）。$\alpha_i = \sin^{-1} \dfrac{x_i}{R}$（其中 x_i 为圆弧中心点距圆心竖线的水平距离，R 为圆弧半径）。

3）求稳定安全系数 F_s。

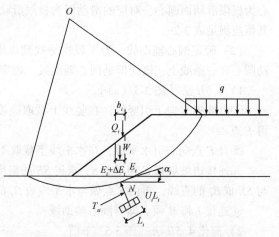

图 3-4　圆弧法边坡稳定性分析计算图

$$F_s = \frac{\sum K_i}{\sum (W_i + Q_i)\sin\alpha_i} \tag{3-8}$$

式中　W_i——第 i 土条重力；

α_i——第 i 土条底滑面的倾角；

Q_i——第 i 土条垂直方向外力；

K_i——系数，由土条滑弧所在位置分别按式（3-9）和式（3-10）计算。

当土条 i 滑弧位于地基中时

$$K_i = \frac{c_{di}b_i + W_{di}\tan\varphi_{di} + U(W_{ti} + Q_i)\tan\varphi_{di}}{m_{\alpha i}} \tag{3-9}$$

式中　W_{di}——第 i 土条地基部分的重力；

W_{ti}——第 i 土条路堤部分的重力；

b_i——第 i 土条宽度；

U——地基平均固结度；

c_{di}，φ_{di}——第 i 土条滑弧所在地基土层的粘结力和内摩擦角；

$m_{\alpha i}$——系数，由式（3-11）计算。

当土条 i 滑弧位于路堤中时

$$K_i = \frac{c_{ti}b_i + (W_{ti} + Q_i)\tan\varphi_{ti}}{m_{\alpha i}} \tag{3-10}$$

式中 c_{ti}、φ_{ti}——第 i 土条滑弧所在路堤土的粘结力和内摩擦角。

其余符号意义同前。

$$m_{\alpha i} = \cos\alpha_i + \frac{\sin\alpha_i\tan\varphi_i}{F_s} \tag{3-11}$$

式中 φ_i——第 i 土条滑弧所在土层的内摩擦角，滑弧位于地基中时取地基土的内摩擦角，位于路堤中时取路堤土的内摩擦角；

F_s——路堤稳定安全系数，按表 3-2 取值。

其余符号意义同前。

由于试算的滑动面是任意选的，故需再假定几个可能的滑动面，按上述步骤计算对应的稳定安全系数 F_s，在圆心辅助线 MI 上绘出，稳定安全系数 F_{s1}，F_{s2}，F_{sn} 对应于 O_1，O_2，O_n 的关系曲线 $F_s = f(O)$，该曲线最低点做圆心辅助线 MI 的平行线与曲线 $f(O)$ 相切的切点对应的圆心为极限滑动面圆心，对应的滑动面为极限滑动面，相应的稳定安全系数为极限稳定安全系数，其值应满足表 3-2。

（2）确定圆心辅助线。为了较快地找到极限滑动面，减少试算工作量，根据经验，极限滑动圆心在一条线上，该线即是圆心辅助线。确定圆心辅助线可以采用 $4.5H$ 法或 $36°$ 线法。

1）$4.5H$ 法［图 3-5（a）］。

①由坡脚 E 向下引竖线，在竖线上截取高度 $H = h + h_0$（边坡高度及荷载换算为土柱高度）得 F 点。

②自 F 点向右引水平线，在水平线上截取 $4.5H$，得 M 点。

③连接边坡坡脚 E 和顶点 S，求得 SE 的斜度 $i_0 = 1/m$，据此值查表 3-3 得 β_1 和 β_2。由 E 点做与 SE 成 β_1 的直线，再由 S 点做与水平线成 β_2 的直线，两线相交得 I 点。

④连接 I 和 M 两点即得圆心辅助线。

2）简化 $4.5H$ 法［图 3-5（b）］。

若不考虑荷载换算土层高度 h_0，则方法可以简化如图 3-5（b）所示，即 $H = h$，斜度 i_0 按边坡坡脚、坡顶的连线 AB 与水平线的夹角来计算，β_1 和 β_2 仍由 i_0 按表 3-3 查得。

由坡脚 A 向下引竖线，在竖线上截取高度 $H = h$（边坡高度）得 F 点。其他步骤同 1）。

表 3-3　黏土边坡

边坡斜度 i_0	边坡倾斜角 θ	α	ω	β_1	β_2
1:0.5	63°26′	33°15′	37°00′	29°30′	40°
1:0.75	53°08′	40°00′	32°15′	29°	39°
1:1	45°00′	45°00′	28°15′	28°	37°
1:1.25	38°40′	48°30′	25°00′	27°	35°30′
1:1.5	33°41′	51°15′	22°15′	26°	35°
1:1.75	29°41′	53°15′	20°00′	25°	35°
1:2.0	26°34′	55°00′	18°00′	25°	35°
1:2.25	23°58′	56°00′	16°30′	25°	35°
1:2.5	21°48′	57°00′	15°15′	25°	35°
1:3	18°26′	58°45′	13°15′	25°	35°
1:4	14°02′	60°45′	10°15′	25°	36°
1:5	11°19′	62°00′	8°15′	25°	37°

3）36°线法（荷载换算得到平行线）［图 3-5（c）］。

由荷载换算土柱高顶点做与水平线成 36°的线 EF，即得圆心辅助线。

4）36°线法（坡顶做水平线）［图 3-5（d）］。

由坡顶处作与水平线成 36°的线 EF，即为圆心辅助线。

为求解简便，一般用 36°线法。但方法 1）较精确，且求出的稳定安全系数 F_s 最小，故常用于边坡稳定性分析重要建筑物的稳定性。

（3）稳定安全系数 F_s 取值。稳定安全系数 F_s 应根据表 3-2 确定，当计算 F_s 小于容许值时，则应放缓边坡，重新拟定横截面，再按上述方法进行边坡稳定性分析。

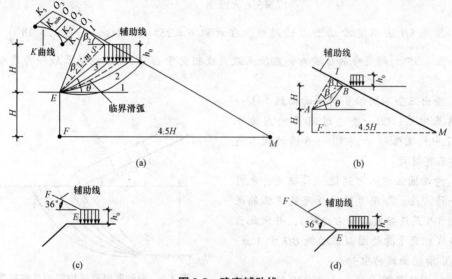

(a)　　　　　　　　　　　　　　　　　　(b)

(c)　　　　　　　　　　　　　　　　　　(d)

图 3-5　确定辅助线

例题 3-1　已知：路基高度为 13 m，顶宽为 10 m，其横截面初步拟定如图 3-6 所示。路基填土与地基土相同为粉质中液限粉质黏土，土的黏聚力 $c = 10$ kPa，内摩擦角 24°（$\tan\varphi = 0.45$），重度 $\gamma = 17$ kN/m³，地基土渗透性较好、排水条件良好，试分析其边坡稳定性。

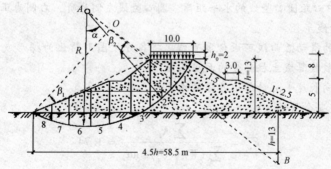

图 3-6　圆弧法边坡稳定性分析例题（单位：m）

解：（1）用方格纸以 1 : 50 比例绘出路堤横断面。

（2）将车辆荷载换算成土柱高（当量高度）。按式（3-4）换算土柱高为

$$h_0 = \frac{NQ}{\gamma BL}$$

式中 N——2 辆;

   Q——550 kN;

   B——横向分布车辆轮胎外缘间总距。

$$B = Nb + (N-1) d$$

式中 b——可近似地取车身宽度, $b = 2.5$ m;

   d——车身之间的净距取 0.6 m, 则 $B = 5.6$ m;

   L——汽车前后轴的总距取 12.8 m, 故

$$h_0 = \frac{2 \times 550}{17 \times 5.6 \times 12.8} = 0.9 \ (\text{m})$$

(3) 按 4.5H 法确定滑动圆心辅助线。在此取 $\theta = 25° \left(\theta = \arctan \frac{13}{27.5} = 25°18' \right)$, 由表得 $\beta_1 = 25°$, $\beta_2 = 35°$。两角分别自坡脚和左顶点做直线相交于 O 点, BO 的延长线即为滑动圆心辅助线。

(4) 绘出三条不同位置的滑动曲线: ①一条通过路基中线; ②一条通过路基的右边缘(如图 3-7 中的圆弧所示); ③一条通过距右边缘 1/4 路基宽度处。

(5) 滑动圆弧中心可通过试算确定, 也可采用另一种方法, 即用直线连接可能滑弧的两端点(图 3-6 是连接坡脚与右边缘), 并做此直线的中垂线相交于滑动圆心辅助线 BO 于 A 点。A 点即是该滑动曲线的中心。

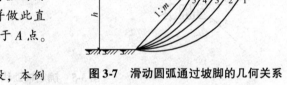

(6) 将圆弧范围土体分成 8~10 段, 本例采用 8 段, 先由坡脚起每 5 m 一段, 最后一段可能略少。

图 3-7 滑动圆弧通过坡脚的几何关系

(7) 算出滑动曲线每一分段中点与圆心竖线之间的偏角 α_i

$$\sin\alpha_i = \frac{X_i}{R}$$

式中 X_i——分段中心距圆心竖线的水平距离, 圆心竖线左侧为负, 右侧为正;

   R——滑动曲线半径。

(8) 每一分段的滑动弧曲线可近似取直线, 将各分段图形简化为梯形或三角形, 计算其面积 Ω_i, 其中包括荷载换算成土柱部分的面积在内。

(9) 以路堤纵向长度 1 m 计算出各分段的重力。

(10) 计算稳定安全系数

$$F_{s2} = \frac{\sum K_i}{\sum (W_i + Q_i) \sin\alpha_i} = 1.74$$

用同样的方法, 还可求得另两条滑动曲线的稳定安全系数:

$$F_{s1} = 1.75$$

$$F_{s3} = 1.58$$

由于第三条曲线(通过距右边缘 1/4 路基宽度)的稳定安全系数最小, 而又是在中间, 因此, 第三条曲线为极限的滑动面, 其稳定系数满足表要求, 因此本例所采用的边坡坡度足以满足边坡稳定的要求。圆弧法边坡稳定性分析计算结果见表 3-4。

表 3-4　计算结果列表

分段	$\sin\alpha_i$	α_i	$\cos\alpha_i$	W_{ti} /kN	Q_i /kN	W_{di} /kN	K_i /kN	$(W_i+Q_i)\sin\alpha_i$ /kN
1	0.85	58°00′	0.53	318.75	76.5		281	337
2	0.64	39°47′	0.77	807.5	76.5		456	566
3	0.47	28°02′	0.88	945.6		32	473	460
4	0.28	16°15′	0.96	680		190	419	244
5	0.11	6°18′	0.99	450.5		276	367	80
6	−0.07	−4°00′	0.99	340		276	338	−43
7	−0.27	−15°40′	0.96	170		170	231	−92
8	−0.37	−21°43′	0.93	29.75		45	91	−28
							$\sum K_i = 2\ 656$	$\sum(W_i+Q_i)\sin\alpha_i = 1\ 524$

2. 表解法

用圆弧法进行路基边坡稳定性分析，计算工作量较大，对于均质、直线形边坡路堤，滑动面通过坡脚，坡顶为水平并延伸至无限远，可按表解法进行边坡稳定性分析。

表解法是应用图解和分析计算的结果制成的一系列计算参数表的边坡稳定性分析方法。其计算公式为

$$F_s = fA + \frac{c}{\gamma H}B \tag{3-12}$$

式中　H——边坡高度（m）；

　　　c——土的黏聚力（kPa）；

　　　f——土的内摩擦系数，$f = \tan\varphi$，φ 为土的内摩擦角；

　　　A，B——取决于几何形状的系数，由表 3-5 可查得。

表 3-5　滑动圆弧通过坡脚的 A 和 B

边坡坡率	滑动圆弧的圆心								
	O_1		O_2		O_3		O_4		O_5	
$i_0 = 1:m$	A	B	A	B	A	B	A	B	A	B
1:1	2.34	5.75	1.87	6.00	1.57	6.57	1.40	7.50	1.24	8.80
1:1.25	2.64	6.05	2.16	6.35	1.82	7.03	1.66	8.03	1.48	9.65
1:1.5	3.04	6.25	2.54	6.50	2.15	7.15	1.90	8.33	1.71	10.10
1:1.75	3.44	6.35	2.87	6.58	2.50	7.22	2.18	8.50	1.96	10.41
1:2.0	3.84	6.50	3.23	6.70	2.80	7.26	2.45	8.45	2.21	10.10
1:2.25	4.25	6.64	3.58	6.80	3.19	7.27	2.84	8.30	2.53	9.80
1:2.5	4.67	6.65	3.98	6.78	3.53	7.30	3.21	8.15	2.85	9.50
1:2.75	4.99	6.04	4.33	6.78	3.86	7.24	3.59	8.02	3.20	9.21
1:3	5.23	6.60	4.69	6.75	4.24	7.23	3.97	7.87	3.59	8.81

例题 3-2 已知：路堑边坡高为 12 m，坡顶水平，边坡土黏聚力 $c = 10$ kPa，内摩擦角 $\varphi = 24°$（$\tan\varphi = 0.45$），重度 $\gamma = 16.8$ kN/m^3，边坡坡率 $i_0 = 1 : 1.5$，请用表解法分析其边坡稳定性。

解： 根据公式 $F_s = fA + \dfrac{c}{\gamma H}B$，不同圆心对应的 A，B 及 F_{si} 如表 3-6 所示。

表 3-6　计算结果表

	O_1	O_2	O_3	O_4	O_5
A	3.04	2.54	2.15	1.90	1.71
B	6.25	6.50	7.15	8.33	10.10
F_{si}	1.66	1.45	1.31	1.26	1.26

边坡稳定安全系数 $F_{smin} = 1.26$，满足稳定性要求。

3.2　浸水路堤边坡稳定性设计

3.2.1　浸水对路堤的影响

受到季节性或长期浸水的河滩路堤、沿河路堤和桥头引道等，其路堤下部每年遭受短期或长期的淹没，称为浸水路堤。河滩路堤除承受普通路堤所承受的外力及自重外，还要承受浮力及渗透动水压力的作用。当河中水位上升时，水从边坡的一侧或两侧渗入路堤内；当水位降落时，水又从堤身内向外渗出。由于在土体内渗水速度比河中水位升降速度慢，因此，当堤外水位升高时，堤内水位的比降曲线（浸润线）成凹形；当堤外水位下降时，堤内水位比降曲线成凸形。

当路堤一侧或两侧水位发生变化时，水的渗透速度与土的性质和时间有关。因此，当水位开始上升时，土体内的渗透浸润曲线比边坡外面水位低，经过一定时间后，才达到与外面水位齐平。如填土有毛细管作用，则土体内的浸湿曲线可继续上升至一定高度。在砂性土中，高度为 0.15 m 左右；在黏性土中，能达到 1.5 m 或更高。水位上升时，土体除承受竖向的向上浮力外，还承受渗透动水压力的作用，其作用方向指向土体内部。

用黏土填筑并经良好压实的路堤，透水性弱（$D = 0$），用砂砾石填筑的路堤，由于空隙大透水性强，堤外水位的升降对边坡的稳定性影响不大，而中等透水性的土，如含砂低液限黏土、黏土质砂、粉土质砂、粉质土在水位降落时，对边坡稳定性影响较大，需考虑渗透动水压力的作用。凡是用黏性土填筑的浸水路堤（不包括渗透性极小的纯黏土），都必须进行渗透动水压力的计算。

3.2.2　动水压力的计算

如图 3-8 所示，渗透动水压力可按下式计算：

$$D = I\Omega_B \gamma_0 \tag{3-13}$$

式中　D——浸润线下土体重心的渗透动水压力（kN），作用于浸润土体重心，方向平行与水力坡降；

$\quad\quad I$——水力坡降（取用浸润曲线的平均坡降）；

$\quad\quad \Omega_B$——浸润曲线与滑动圆弧间的面积（m^2）；

$\quad\quad \gamma_0$——水的重度（kN/m^3）。

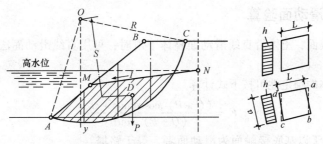

图 3-8　动水压力计算示意图

3.2.3　浸水路堤边坡稳定性验算方法

浸水路堤边坡的稳定性，应按路堤处于最不利情况进行边坡稳定性分析。其破坏一般发生在最高洪水位骤然降落时。边坡稳定性分析的原理和方法与普通路堤边坡稳定性的圆弧法基本相同。当路堤一侧浸水时，只要注意浸水土条与未浸水土条的基本参数的变化。采用圆弧法进行浸水路堤边坡的稳定性分析，其稳定安全系数 F_s 可按下式计算：

$$F_s = \frac{f_c \sum N_c + f_B \sum N_B + c_c L_c + c_B L_B}{\sum T_c + \sum T_B + D} \tag{3-14}$$

式中　F_s——稳定安全系数，应符合表 3-2；

$f_c \sum N_c$——浸润线以上部分沿滑动面的内摩擦力，$f_c = \tan\varphi_c$；

$f_B \sum N_B$——浸润线以下部分沿滑动面的内摩擦力，$f_B = \tan\varphi_B$；

c_c——浸润线以上部分沿滑动面的单位黏聚力（kPa）；

c_B——浸润线以下部分沿滑动面的单位黏聚力（kPa）；

L_c——浸润线以上部分沿滑动面的弧长（m）；

L_B——浸润线以下部分沿滑动面的弧长（m）；

$\sum T_c$——浸润线以上部分沿滑动面的下滑力；

$\sum T_B$——浸润线以下部分沿滑动面的下滑力；

D——渗透动水压力。

3.3　陡坡路堤滑动稳定性设计

当路堤修筑在陡坡上，地表斜坡陡于 1：2.5 或在不稳定山坡上时，不仅要分析路堤边坡稳定性，还要分析路堤沿陡坡或不稳定山坡下滑的稳定性。

陡坡路堤滑动有：由于基底接触面较陡或强度较弱，致使路堤整体沿基底接触面产生滑动；由于基底修筑在较厚的软弱土层上，致使路堤连同其下的软弱土层沿某一滑动面滑动；由于基底下岩层强度不均匀，例如泥质页岩，致使路堤沿某一最弱的层面滑动。

陡坡路堤边坡稳定性分析假定路堤整体沿滑动面下滑，因此，边坡稳定性分析方法可按滑动面形状的不同分为直线和折线两种。

3.3.1 直线滑动面验算

当基底为单一坡面，土体沿直线滑动面整体下滑时，可用直线滑动面法进行边坡稳定性分析，如图 3-9 所示。

滑动面以上土体的稳定性可按下式计算

$$F_s = \frac{(Q+P)\ \cos\alpha\tan\varphi + cL}{(Q+P)\ \sin\alpha} \tag{3-15}$$

式中 Q——对于以基底接触面为滑动面者，等于路堤自重；对于以基底以下软弱面为滑动面者，等于路堤连同其下不稳定土体的自重（kN）；

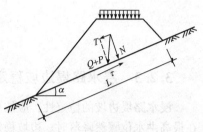

图 3-9   直线滑动面

        P——路堤顶面的换算土柱荷载（kN）；

        α——滑动面对水平面的倾斜角；

        φ——滑动面上软弱土体的内摩擦角；

        c——滑动面上软弱土体的单位黏聚力（kPa）；

        L——滑动面的全长（m）。

3.3.2 折线滑动面验算

当滑动面为多个坡度的折线倾斜面，如图 3-10 所示，可将滑动面上土体折线段划分为若干条块，自上而下分别计算，直到第 n 条的剩余推力为零，由此确定稳定安全系数 F_s。

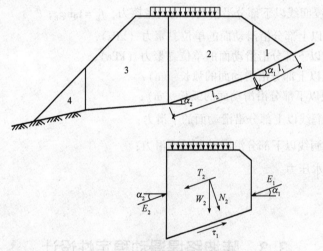

图 3-10   折线滑动面计算图示

$$E_i = W_{Qi}\sin\alpha_i - \frac{1}{F_s}\left[c_il_i + W_{Qi}\cos\alpha_i\tan\varphi_i\right] + E_{i-1}\psi_{i-1} \tag{3-16}$$

$$\psi_{i-1} = \cos\ (\alpha_{i-1} - \alpha_i)\ - \frac{\tan\varphi_i}{F_s}\sin\ (\alpha_{i-1} - \alpha_i) \tag{3-17}$$

式中 W_{Qi}——第 i 土条的重力与外加竖向荷载之和；

        α_{i-1}，α_i——第 i 土条底滑面的倾角；

        c_i，φ_i——第 i 土条底的黏聚力和内摩擦角；

l_i——第 i 土条底滑面的长度；

E_{i-1}——第 $i-1$ 土条传递给第 i 土条的下滑力；

F_s——路堤稳定安全系数。

当路堤稳定安全系数 F_s 不小于表 3-2 规定值时稳定，否则不稳定，必须采取稳定措施。

3.3.3 防止陡坡路堤滑动的措施

防止陡坡路堤滑动的措施主要有：

1. 改善基底状况，增大滑动面的摩擦力或减小滑动力

例如清除松软的表层覆盖土，夯实基底，使路堤置于坚实的硬层上；开挖台阶，放缓横坡，以减小滑动力；在路堤上侧开挖截水沟或边沟，以阻止地面水浸湿基底；受地下水影响时，则设置盲沟以疏干基底土层。

2. 改变填料及断面形式

例如采用大颗粒填料，嵌入地面；或放缓坡脚处的边坡，以增加抗滑力。

3. 在坡脚处设置支挡结构物

例如设置由石料填筑的护脚；设置干砌或浆砌挡土墙等，其尺寸由计算确定。

思考题

1. 为什么要进行路基稳定性设计？设计方法有哪些？

2. 采用路基稳定性分析的力学验算法时如何判别路基的稳定性？

3. 试述用圆弧法验算边坡稳定性的步骤。

4. 已知路堤高度为 12 m，边坡坡度上部为 1:1.5，下部为 1:1.75，顶宽为 10 m，填土为黏性土，土的黏聚力 $c=19.6$ kPa，内摩擦角为 25°，重度 $\gamma=18.6$ kN/m³，试验算其稳定性。

5. 已知碎石土路堑边坡，高度为 11 m，边坡坡度为 1:0.75，碎石土重度 $\gamma=22$ kN/m³，土的黏聚力 $c=12$ kPa，内摩擦角为 40°，试验算此边坡的稳定性。

6. 已知路堑边坡坡度为 1:1，坡顶水平，边坡土重度 $\gamma=16.9$ kN/m³，单位黏聚力 $c=10$ kPa，内摩擦角 $\varphi=30°$，当边坡稳定系数取 1.5 时，试用表解法确定边坡的极限高度。

7. 路堤边坡高度 $H=11.5$ m，填土重度 $\gamma=16.7$ kN/m³，单位黏聚力 $c=9.8$ kPa，内摩擦角 $\varphi=24°$，边坡坡度为 1:1.5，试用表解法验算边坡的稳定性。

第 4 章

道路路基工程排水设计

4.1　道路路基工程排水的目的与设计原则

根据水源的不同，影响路基路面的水流可分为地面水和地下水两大类，与此相适应的路基排水工程，则分为地面排水和地下排水。

地面水包括大气降水（雨和雪）以及海、河、湖、水渠及水库水。地面水对路基产生冲刷和渗透，冲刷可能导致路基整体稳定性受损害，形成水毁现象。渗入路基土体的水分，使土体过湿而降低路基强度。

地下水包括上层滞水、潜水及层间水等，它们对路基的危害程度，因条件不同而异。轻者能使路基湿软，降低路基强度；重者会引起冻胀、翻浆或边坡滑坍，甚至整个路基沿倾斜基底滑动。水还可能造成掺有膨胀土的路基工程毁灭性的破坏。

4.1.1　道路路基排水的目的

路基排水的目的，就是将路基范围内的土基湿度降低到一定的限度以内，保持路基常年处于干燥状态，确保路基及路面具有足够的强度与稳定性。

路基设计时，必须考虑影响路基稳定性的地面水，排除和拦截于路基用地范围以外，并防止地面水漫流、滞积或下渗。对于影响路基稳定性的地下水，则应予以隔断、疏干和降低，并引导至路基范围以外的适当地点。

路基施工中，首先应校核全线路基排水系统的设计是否完备和妥善，必要时应予以补充或修改，应重视排水工程的质量和使用效果。此外，应根据实际情况与需要，设置施工现场的临时性排水措施，以保证路基土石方及附属结构物在正常条件下进行施工作业，消除路基基底和土体内与水有关的隐患，保证路基工程质量，提高施工效率。

路基养护中，对排水设施应定期检查与维修，以保证排水设施正常使用，水流畅通，并根据实际情况不断改善路基排水条件。

4.1.2　道路路基路面排水的设计原则

（1）排水设施要因地制宜、全面规划、合理布局、综合治理、讲究实效、注重经济，并充分利用有利地形和自然水系。一般情况下，地面和地下设置的排水沟渠，宜短不宜长，以使水流不过于集中，做到及时疏散，就近分流。

（2）各种路基排水沟渠的设置，应注意与农田水利相配合，必要时可适当增设涵管或加大涵管孔径，以防农业用水影响路基稳定。路基边沟一般不应用作农田灌溉渠道，两者必须合并使用时，边沟的断面应加大，并予以加固，以防水流危害路基。

（3）设计前必须进行调查研究，查明水源与地质条件，重点路段要进行排水系统的全面规划，考虑路基排水与桥涵布置相配合，地下排水与地面排水相配合，各种排水沟渠的平面布置与竖向布置相配合，做到路基路面综合设计和分期修建。对于排水困难和地质不良的路段，还应与路基防护加固相配合，并进行特殊设计。

（4）路基排水要注意防止附近山坡的水土流失，尽量不破坏天然水系，不轻易合并自然沟溪和改变水流性质，尽量选择有利地质条件布设人工沟渠，减少排水沟渠的防护与加固工程。对于重点路段的主要排水设施，以及土质松软和纵坡较陡地段的排水沟渠，应注意必要的防护与加固。

（5）路基排水要结合当地水文条件和道路等级等具体情况，注意就地取材，以防为主，既要稳固适用，又要经济效益。

（6）为了减少水对路面的破坏作用，应尽量阻止水进入路面结构，并提供良好的排水措施以便迅速排除路面结构内的水，亦可建筑具有能承受荷载和雨水共同作用的路面结构。

4.2　道路路基地面排水设计

4.2.1　道路路基地面排水的设施

常用的路基地表排水设施包括边沟、截水沟（天沟）、排水沟、跌水与急流槽、蒸发池（积水池）、油水分离池、排水泵站等，应结合地形和天然水系进行布设，并做好进出口的位置选择和处理，防止出现堵塞、溢流、渗漏、淤积、冲刷和冻结等现象。

1. 边沟

设置在挖方路基的路肩外侧或低路堤的坡脚外侧，多与路中线平行，用以汇集和排除路基范围内和流向路基的少量地面水。

边沟的排水量不大，一般不需要进行水文和水力计算，依据沿线具体条件，选用标准横断面形式。边沟紧靠路基，通常不允许其他排水沟渠的水流引入，亦不能与其他人工沟渠合并使用。

边沟不宜过长，边沟出水口的间距，一般地区不宜超过 500 m，多雨地区不宜超过 300 m，三角形和碟形边沟不宜超过 200 m。边沟出口水的排放应结合地形、地质条件以及桥涵水道位置，排引到路基范围外，使之不冲刷路堤坡脚。尽量使沟内水流就近排至路旁自然水沟或低洼地带，必要时设置涵洞，将边沟水横穿路基从另一侧排出。

边沟的纵坡坡度应结合路线纵坡、地形、土质、出水口位置等情况选定，尽可能与路线纵坡坡度保持一致，且纵坡不宜小于 0.3%。局部地面平坦地带或反坡排水地段，边沟出水口较远，排水较困难时，可以减小至 0.1%。但应采取防止边沟淤塞的措施，边沟分水点的沟深可减少至 0.3 m，边沟口间距宜减短。在边沟出水口附近以及排水困难路段，如回头曲线和路基超高较大的平曲线等处，边沟应进行特殊设计。高速公路及一级公路的土质边沟，均应采取防护措施。

边沟的横断面形式如图 4-1 所示，有梯形、矩形（或带盖板矩形）、U 形、三角形、碟形横断面，以及暗埋式边沟，选择边沟断面形式既要考虑地形地质条件、边坡高度、汇水面积及排水功能，也要注意边沟形式对行车安全和环境景观的影响。挖方路段宜优先选用三角形、浅碟形、盖板矩形暗埋式边沟。高速公路及一级公路，宜采用三角形或碟形边沟；受条件限制而须采用矩形横断面时，应在顶面加带槽孔的混凝土盖板。二级及二级以下公路，可采用梯形横断面，边沟内侧边坡坡度按土质类别采用1:1.0~1:1.5；岩石挖方路段，可采用矩形横断面，其内侧坡面用浆砌片石砌筑以保持直立。矩形和梯形边沟的底宽和深度不应小于0.4 m。挖方路段边沟的外侧坡面与路堑下部坡面的坡度一致。

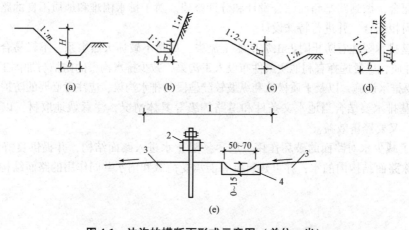

(a)，(b) 梯形；(c) 三角形；(d) 矩形；(e) 碟形混凝土浅沟
1—中央分隔带；2—护栏；3—铺面；4—碟形

图4-1 边沟的横断面形式示意图（单位：米）

图4-2是路堑与高路堤衔接处的边沟排水布置图。由于边沟泄出水流流向路堤坡脚处，两者高差大，必须因地制宜，根据地形与地质等具体条件，将出水口延伸至坡脚以外，以免边沟水冲刷填方坡脚。

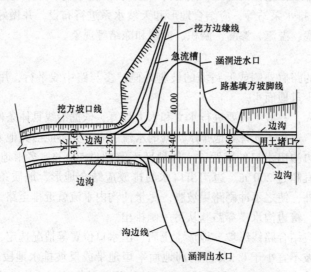

图4-2 路堑与高路堤衔接处的边沟排水布置图

边沟水流流向桥涵进水口时，为避免边沟流水产生冲刷，应做适当处置，图4-3是涵洞进口设置窨井的一例。此外，还应根据地形等条件，在桥涵进口前或在其他水流落差较大处，设置急

流槽与跌水等结构物，将水流引入桥涵或其他指定地点。

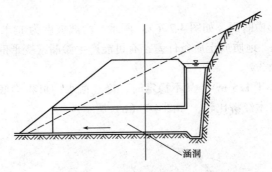

图 4-3　涵洞进口设置窨井剖面图（单级跌水）

2. 截水沟（天沟）

设置在挖方路基边坡坡顶以外，或山坡路堤上方的适当处，用于截引路基上方流向路基的地面径流，防止冲刷和侵蚀挖方边坡和路堤坡脚，并减轻边沟的泄水负担，保证挖方边坡和填方坡脚不受流水冲刷。降雨量较少、挖方路基边坡顶至分水岭的距离不长、植被茂密和边坡较低以致冲刷影响不大的路段，可不设截水沟；反之，如果降雨量较多，且暴雨频率较高，山坡覆盖层比较松软，坡面较高，水土流失比较严重的地段，根据当地情况可设一道，甚至几道平行的截水沟。截水沟应结合地形和地质条件沿等高线布置，将拦截的水顺畅地排向自然沟谷或水道。截水沟离开挖方坡顶的距离（图4-4），视土质而异，以不影响边坡稳定为原则。一般土 $d \geqslant 5$ m；土质不良 $d \geqslant H$（边坡高度）$+5$ m，且不应小于 10 m。如上方有弃土堆，截水沟应离开弃土堆坡脚1~5 m，弃土堆坡脚离开挖方坡顶不应小于 10 m（图4-5）。

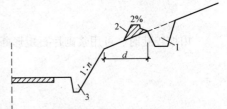

图 4-4　挖方路段截水沟示意图
1—截水沟；2—土台；3—边沟

山坡路堤可能遭到上方水流的破坏作用，此时必须设截水沟，以拦截山坡水流保护路堤（图4-6）。截水沟与坡脚之间，至少要有不小于 2 m 的间距，并用开挖截水沟的土在路堤与截水沟之间修成向沟倾斜2%的土台，确保路堤不受水害。

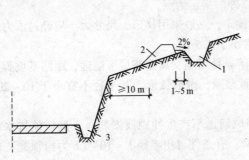

图 4-5　挖方路段弃土堆与截水沟关系图
1—截水沟；2—弃土堆；3—边沟

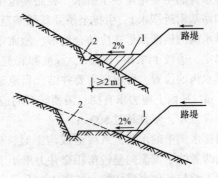

图 4-6　填方路段上的截水沟示意图
1—土台；2—截水沟

截水沟长度以 200～500 m 为宜；超过 500 m 时，可在中间适宜位置处增设泄水口，由急流槽或急流管分流排引。

截水沟一般采用梯形横断面，如图 4-7（a）所示，沟坡坡度为 1:1.0～1:1.5；沟底宽度和沟的深度不宜小于 0.5 m。地质或土质条件差，有可能产生渗漏或变形时，应采取相应的防护措施。沟底纵坡不宜小于 0.3%。

山坡覆盖层较薄（小于 1.5 m），又不稳定时，修建截水沟可将沟底设置在基岩上，必要时还应与沟身加固设计做技术经济比较，如图 4-7（b）所示。

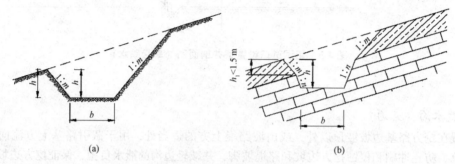

图 4-7 截水沟的横断面图例

（a）土沟；（b）石沟

山坡较陡时，可用浆砌片石矩形断面，如图 4-8 所示。

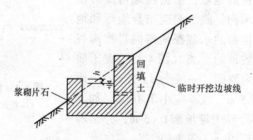

图 4-8 浆砌片石矩形截水沟

3. 排水沟

排水沟的主要用途在于引水，将路基范围内的各种水源的水流（如边沟、截水沟、取土坑、边坡和路基附近积水），引排至桥涵或路基范围以外的指定地点。

排水沟的横断面形式应结合地形、地质条件确定，一般采用梯形，尺寸大小应经过水力水文计算选定，边坡 1:1.0～1:1.5，深度和底宽不宜小于 0.5 m。

排水沟的位置，可根据需要并结合当地地形等条件而定，离路基尽可能远，距路基坡脚不宜小于 2 m，平面上应力求直捷，需要转弯时应尽量圆顺，做成弧形，其半径不宜小于 10～20 m，连续长度宜短，不宜超过 500 m。

当排水沟中的水流流入河道或沟渠时，应使原河道不产生冲刷或淤积。一般应使排水沟与原河道两者的水流流向呈锐角相交并力求小于 45°，有条件可用半径 $R = 10b$（b 为沟顶宽）的圆曲线朝下游与其他水道相接，如图 4-9 所示。

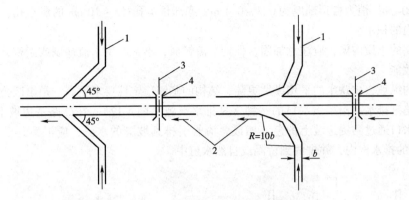

图 4-9　排水沟与水道衔接示意图
1—排水沟；2—其他渠道；3—路基中心线；4—桥涵

排水沟应具有合适的纵坡，以保证水流通畅，不致流速太大而产生冲刷，亦不可流速太小而形成淤积，为此宜通过水力、水文计算择优选定，一般情况下，可取 0.5%～1.0%，沟底纵坡不宜小于 0.3%。易受水流冲刷的排水沟应视实际情况采取防护、加固措施。

4. 跌水与急流槽

跌水与急流槽是路基地面排水沟渠的特殊形式，用于陡坡地段，沟底纵坡可达 45°。

由于纵坡陡、水流速度大、冲刷力大，要求跌水与急流槽的结构必须稳固耐久，通常应由浆砌块石或混凝土预制块砌筑，并具有相应的防护加固措施。

跌水的构造，有单级和多级之分，沟底有等宽和变宽之别。单级跌水适用于排水沟渠连接处，由于水位落差较大，需要消能或改变水流方向，图 4-10 表示路基边沟水流通过涵洞排泄时，采用单级跌水（相当于雨水井）的示例。较长陡坡地段的沟渠，为减缓水流速度，并予以消能，可采用多级跌水，如图 4-11 所示。

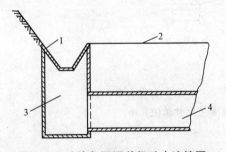

图 4-10　边沟与涵洞单级跌水连接图
1—边沟；2—路基；3—跌水井；4—涵洞

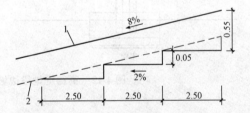

图 4-11　多级跌水纵剖面图（单位：m）
1—沟顶线；2—沟底线

按照水力计算特点，跌水的基本构造可分为进水口、消力池和出水口三个组成部分。各组成部分的尺寸，由水力计算而定。一般情况下，如果地质条件良好，地下水水位较低，设计流量小于 1.0～2.0 m^3/s，跌水台阶（护墙）高度 P，最大不超过 2 m。常用的简易多级跌水，台高 0.4～0.5 m，护墙用石砌或混凝土结构，墙基埋置深度为水深 a 的 1.0～1.2 倍，并不小于 1.0 m，且应埋入冰冻线以下，石砌墙厚 0.25～0.3 m。消力池起消能作用，要求坚固稳定，底部具有 1%～2% 的纵坡，底厚 0.35～0.3 m，壁高应比计算水深至少高 0.2 m，壁厚与护墙厚度相仿。消力池末端设有消力槛，槛高 c 依计算而定，要求低于池内水深，为护墙高度的 1/5～1/4，一般

取 c 为 15 ~ 20 cm。消力槛顶部厚为 0.3 ~ 0.4 m，底部预留孔径5 ~ 10 cm 的泄水孔，以利水流中断时排泄池内的积水。

跌水两端的土质沟渠，应注意加固，保持水流畅通，不致产生水流冲刷或淤积，以充分发挥跌水的排水效能。

急流槽的纵坡，比跌水的平均纵坡更陡，结构的坚固稳定性要求更高，是山区公路回头曲线沟通上下线路基排水及沟渠出水口的一种常见排水设施（图4-12）。在高路基边坡上亦常应用，由拦水带泄水口通过路堤边坡上的急流槽或急流管引排到坡脚的水流，应汇集到设在路堤坡脚外 1 ~ 2 m 处的排水沟内，并排放到桥涵或自然水道中。

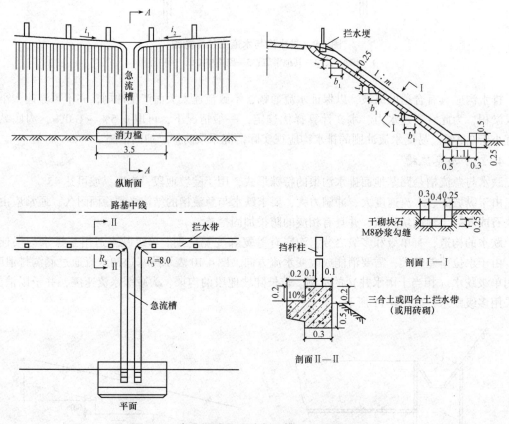

图4-12 高路堤地段边坡急流槽（尺寸单位：m）

深路堑或高路堤边坡设边坡平台时，在坡面径流量大的情况下可设置平台排水沟，以减少坡面冲刷。在路堤和路堑坡面或者坡面平台上从坡顶向下竖向集中排水时，或者在截水沟或排水沟纵坡度很大时，可设置急流槽或急流管。急流槽的构造按水力计算特点，亦由进口、槽身和出口三部分组成。急流槽可采用由浆砌片石铺砌的矩形横断面或者由水泥混凝土预制件铺筑的矩形横断面。浆砌片石急流槽的槽底厚度可为 0.2 ~ 0.4 m，槽壁厚0.3 ~ 0.4 m。混凝土急流槽的厚度可为 0.2 ~ 0.3 m。槽顶应与两侧斜坡表面齐平。槽深最小 0.2 m，槽底宽最小 0.25 m。槽底每隔2.5 ~ 5.0 m 应设置一个凸榫，嵌入坡体内0.3 ~ 0.5 m，以避免槽体顺坡下滑。

当急流槽纵坡陡于 1:1.5 时，宜采用金属管，管径至少 20 cm，各节急流管用管桩锚固在坡体上，其接口应作防水连接，以免管内水流渗漏而冲刷坡面。

5. 蒸发池（积水池）

气候干旱、排水困难地段，可利用沿线的集中取上坑或专门开挖的凹坑修筑蒸发池，以汇集路界地表水（图4-13），并通过蒸发和渗漏使之消散。

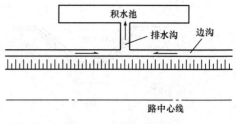

图 4-13　蒸发池平面布置

蒸发池边缘距路基边沟不应小于 5 m，面积较大的蒸发池不得小于 20 m。蒸发池与边沟或排水沟之间设排水沟相连，池中水位应低于排水沟沟底。蒸发池的容量应以一个月内地表水汇入池中的水量能及时完成渗透和蒸发作为依据，但每个池的容量不宜超过 300 m³，蓄水深度不应大于 2.0 m。

蒸发池应根据具体情况采取适当的防护加固措施，蒸发池的设置不应使附近地面盐渍化或沼泽化。

6. 油水分离池

一般情况下，路基地表排水沟应尽可能地将水引排至桥涵或自然排水沟渠中，不得已排入对水质特别敏感的水体（如饮用水源），且所排污水水质不满足《污水综合排放标准》（GB 8978—1996）中的规定时，可设置油水分离池。

7. 排水泵站

下穿公路的路基排水应尽量采用自流的排泄方式。在地下水水位较高的平原区，路基汇水无法自流排出时，可设置排水泵站。泵站配备两台水泵，可针对不同的排水量要求，分别使用。具体设计时，可参照《室外排水设计规范》（GB 50014—2006）（2014 年版），或执行《泵站设计规范》（GB 50265—2010）。排水泵站应有专人管养。

4.2.2　沟渠加固类型

路基沟渠的加固形式有多种，表4-1 为沟渠加固类型，图4-14 所示为沟渠加固横断面，设计时可结合当地条件，根据沟渠土质、水流速度、沟底纵坡和使用要求等而定。

表 4-1　沟渠加固类型

形式	名称	铺砌厚度/cm
简易式	平铺草皮	单层
	竖铺草皮	叠铺
	水泥砂浆抹平层	2～3
	石灰三合土抹平层	3～5
	黏土碎（砾）石加固层	10～15
	石灰三合土碎（砾）石加固层	10～15
干砌式	干砌片石	15～25
	干砌片石砂浆勾缝	15～25
	干砌片石砂浆抹平	20～25
浆砌式	浆砌片石	20～25
	混凝土预制块	
	砖砌水槽	6～10

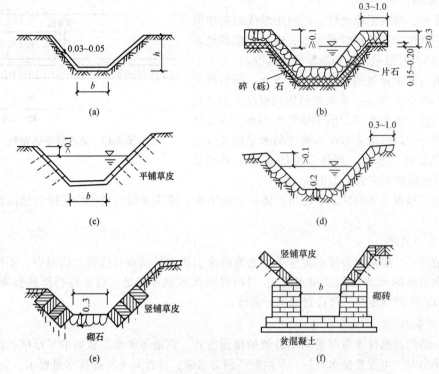

图 4-14　沟渠加固横断面（单位：m）
（a）石灰三合土抹平层；（b）干砌片石；（c）平铺草皮；（d）浆砌片石；（e）竖铺草皮；（f）砖砌水槽

沟渠加固类型与沟底纵坡有关，表 4-2 所列可供设计时参考使用。

表 4-2　沟渠加固类型与沟底纵坡关系

纵坡/%	<1	1~3	3~5	5~7	>7
加固类型	不加固	土质好，不加固；土质不好，简易加固	简易加固或干砌式加固	干砌式加固或浆砌式加固	浆砌式加固或改用跌水

4.2.3　明渠的水文水力计算

1. 水文计算

确定设计径流量的方法，可以采用推理法、（依据以往资料）统计分析法、地区分析法或现场评断法。其中推理法是应用最为广泛的一种方法。

路界内各项排水设施所需排泄的设计径流量按下式计算：

$$Q = 16.67\varphi qF \tag{4-1}$$

式中　Q——设计径流量（m^3/s）；

　　　q——设计重现期和降雨历时内的平均降雨强度（mm/min）；

　　　φ——径流系数；

　　　F——汇水面积（km^2）。

路基地表排水设施设计中，对于降雨的重现期，高速、一级公路应采用 15 年，其他等级公路可采用 10 年。

降雨历时一般应取设计控制点的汇流时间，其值为由汇水区最远点到排水设施处的坡面汇流历时与在沟或管内的沟管汇流历时之和。

2. 水力计算

各类地表排水设施的断面尺寸应满足设计排水流量的要求，沟顶应高出沟内设计水位 0.2 m 以上。要设计排水明沟，首先必须确定设计流量的大小，然后假定明沟的断面尺寸及纵坡等，进行验算。

（1）试算法。

1）常用沟渠横断面的水力要素。常用沟渠横断面有矩形和梯形（区分为对称与不对称两种）。梯形沟渠横断面如图 4-15 所示，其要素包括沟底宽 b、水深 h 及边坡坡度 m（不对称时为 m_1 与 m_2）；湿周 χ（是指水流与沟底及两侧在横断面上的接触长度），水力半径 R（水流横断面面积与湿周之比），据此可得到以下水力要素的关系式：

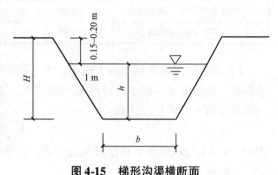

图 4-15　梯形沟渠横断面

①水流横断面面积。

$$\omega = (b + mh)\,h = bh + mh^2 \tag{4-2}$$

其中 m：矩形 $m = 0$；对称梯形 $m = m_1 = m_2$；不对称梯形 $m = \dfrac{1}{2}(m_1 + m_2)$。

②湿周。

$$\chi = b + Kh \tag{4-3}$$

其中 K 为横断面系数：对于矩形（$m = 0$），$K = 2$；对称梯形 $K = 2\sqrt{1 + m^2}$；不对称梯形 $K = \sqrt{1 + m_1^2} + \sqrt{1 + m_2^2}$。

③水力半径。

$$R = \frac{\omega}{\chi} \tag{4-4}$$

2）基本计算公式。对于形状规则，纵坡缓和，而且两者均无急剧变化的排水沟渠，流量和流速可按下式计算：

①流速：

$$v = c\sqrt{Ri} \tag{4-5}$$

式中　c——流速系数；

　　　R——水力半径（m）；

　　　i——水力坡降，在等流速的情况下，可认为与沟底纵坡相等，以小数表示。

②流速系数。流速系数 c 主要取决于水流条件（沟渠、管道或地表等以及其粗糙程度），在试验的基础上建立公式。对于路基排水而言，普遍采用下式计算：

$$c = \frac{1}{n} R^y \tag{4-6}$$

式中　n——沟渠表面的粗糙系数（表 4-3），与沟渠表层材料有关；

　　　y——与 R 及 n 有关的指数，三者关系如下：

$$y = 2.5\sqrt{n} - 0.13 - 0.75\sqrt{R}\,(\sqrt{n} - 0.10) \tag{4-7}$$

指数 y 的近似公式为：当 $R \leqslant 1.0$ 时，用 $1.5\sqrt{n}$；当 $R > 1.0$ 时，用 $1.3\sqrt{n}$。为简化计算，对

加固的沟渠，取 1/6；对无加固的沟渠取 1/4。

③实际流量 $Q_{实}$（m^3/s）：

$$Q_{实} = \omega v \tag{4-8}$$

表4-3　粗糙系数表

沟渠表面铺砌种类	n	$1/n$	沟渠表面铺砌种类	n	$1/n$
不整齐土方边沟、整齐石方边沟	0.027 5	36.5	干砌块石铺砌	0.020	50
整齐土方边沟、草皮铺砌	0.025	40	浆砌块石铺砌/粗糙混凝土铺砌	0.017	59
不整齐石方边沟	0.030	33.3	整齐混凝土铺砌	0.014	71

3）容许的最小流速与最大流速。为了使沟渠不致产生泥砂淤积，设计时应保证沟渠内的水流具有一定的流速。沟渠的容许最小流速 V_{min}（m/s）同水中所含土质沉淀所容许的淤积有关，一般可按如下经验公式计算：

$$V_{min} = \alpha R^{\pm} \tag{4-9}$$

式中 　α——与水中含土粒径有关的系数，参见表4-4；

　　　R——水力半径（m）。

表4-4　淤积系数表

土的类别	α	土的类别	α
粗砂	0.65~0.77	细砂	0.41~0.45
中砂	0.58~0.64	极细砂	0.37~0.41

为了使沟渠不被冲刷，应限制设计流速。各种明渠的允许最大设计流速，由试验结果而定，一般可参考表4-5。表列数值适用于水流深度 $h = 0.4~1.0$ m，超过此值时应乘以下列修正系数：$h < 0.4$ m，0.85；$h > 1.0$ m，1.25；$h \geqslant 2.0$ m，1.40。

表4-5　明渠容许最大流速

明渠类别	$V_{max}/$（$m \cdot s^{-1}$）	明渠类别	$V_{max}/$（$m \cdot s^{-1}$）
粗砂及粉质砂土	0.8	干砌片石	2.0
粉质黏土	1.0	浆砌片石及浆砌砖	3.0
黏土	1.2	石灰岩、砂岩及混凝土	4.0
草皮护面	1.6		

4）验算。

①流量验算：

$$\frac{Q_{实} - Q_s}{Q_s} \leqslant 10\%$$

设计流量与实际流量两者相差小于 10%，符合要求。如相差超过 10%，则重新假定横断面尺寸（亦可调整纵坡），直到符合要求为止。

②流速验算：

$$V_{min} < V < V_{容}$$

5）最佳水力横断面的水力要素。最佳水力横断面又称经济横断面，是指在既定的设计流量的条件下，与允许最大流量相对应的水流最小横断面面积。分析上述公式得出，在固定条件下（Q_s，V，C 与 m 等参数不变），如果使设计的沟渠横断面具有最小的湿周，则可达到此目的。现以对称梯形沟渠为例，将最佳水力横断面的水力要素计算式推导如下：

$$\chi = b + 2\sqrt{1 + m^2}\, h \tag{4-10}$$

$$\omega = hb + mh^2 \Rightarrow b = \frac{\omega}{h} - mh \tag{4-11}$$

将式（4-11）代入式（4-10）

$$\chi = \frac{\omega}{h} - mh + 2\sqrt{1 + m^2}\, h = \frac{\omega}{h} + \left(2\sqrt{1 + m^2} - m\right) h \tag{4-12}$$

由此可知，χ 随 h 而变，欲使 χ 最小，取 $\dfrac{\mathrm{d}\chi}{\mathrm{d}h} = 0$，则 $\dfrac{\mathrm{d}\chi}{\mathrm{d}h} = -\dfrac{\omega}{h^2} + 2\sqrt{1 + m^2} - m = 0$，将 $\omega = bh + mh^2$ 代入得：

$$\frac{b}{h} = 2\sqrt{1 + m^2} - 2\,m \tag{4-13}$$

利用式（4-13），得到不同边坡坡度 m 对称梯形沟渠的最佳宽深比，如表4-6所列，可供设计时选用。

表 4-6　沟渠断面最佳比值

m	0	1/4	1/2	3/4	1	5/4	3/2	7/4	2	3
b/h	2.00	1.56	1.24	1.00	0.83	0.70	0.61	0.53	0.47	0.32

（2）分析法——水力最佳断面法。

1）计算水力最佳断面面积 $\omega_{佳}$，推导过程略。

$$\omega_{佳} = \left(\frac{nQ_{设}}{a^{\gamma + 0.5}\, i^{0.5}}\right)^{\frac{1}{0.5\gamma + 1.25}} \tag{4-14}$$

$$a = \frac{1}{2\sqrt{k - m}} \tag{4-15}$$

$$k = 2\sqrt{1 + m^2}$$

2）计算设计水流深度。

$$h = \sqrt{\frac{\omega_{佳}}{k - m}} \tag{4-16}$$

沟底宽度：

$$b = \frac{\omega_{佳}}{h} - mh \tag{4-17}$$

3）计算水流速度。

$$v = c\sqrt{Ri}$$

4）计算水力半径。

$$R = \frac{h}{2} \tag{4-18}$$

推导：

$$R = \frac{\omega}{\chi} = \frac{\omega}{b + 2\sqrt{1 + m^2}\, h} = \frac{\omega}{\dfrac{\omega}{h} - mh + 2\sqrt{1 + m^2}\, h} = \frac{\omega}{\dfrac{\omega}{h} + (k - m)\, h}$$

$$= \frac{\omega h}{\omega + (k - m)\, h^2} = \frac{\omega h}{\omega + (k - m)\, \dfrac{\omega}{k - m}} = \frac{h}{2}$$

5）计算通过流量。

6）验算。

3. 计算示例

例题 4-1 新沟渠的设计（用于已知 Q_s、i 与 n，求 b 与 h）。

某对称梯形边沟，已知设计流量 $Q_s = 1.10$ m³/s，沟底纵坡 $i = 0.005$，沟渠的边坡坡度 $m = 1.5$，重砂质黏土的粗糙系数 $n = 0.025$（夯实平整土沟，不铺砌），试确定沟底宽度 b 和沟深 H。

解： 按试算法：假定 b、h——确定 ω、χ、R，对于对称梯形

（1）假定 $b = 0.4$ m，则 $b/h = 0.61$，因此 $h = 0.66$ m；

（2）计算各水力要素：$\omega = 0.92$ m²，$\chi = 2.78$ m，$R = 0.33$ m，$c = 30.3$；

（3）计算流速：$V = 1.23$ m/s；

（4）计算实际流量：$Q_实 = 1.13$ m³/s；

（5）计算允许流速：

$V_{min} = 0.45\sqrt{R} = 0.26$ m/s；

$V_{max} = 1.4$ m/s；

（6）验算 $\dfrac{Q_实 - Q_设}{Q_设} = 2.7\% \leqslant 10\%$；

（7）流速验算 $V_{min} < V < V_容$。

通过上述验算，实际流量和流速均符合要求，原假定尺寸合理，故采用 $b = 0.4$ m，$H = h + 0.20$ m $= 0.86$ m。

4.3 道路路基地下排水设计

4.3.1 道路路基地下排水设施

路基地下排水设施包括暗沟（管）、渗沟、渗井、仰斜式排水孔、检查疏通井等。地下排水设施的类型、位置及尺寸应根据工程地质和水文地质条件确定，并与地表排水设施相协调。

1. 暗沟（管）

暗沟（管）用于排除泉水或地下集中水流（图 4-16）。暗沟是设在地面以下引导水流的沟道，无渗水和汇水的功能，当路基范围内遇有泉水或集中水流时，采用暗沟将水流排出路基范围以外。

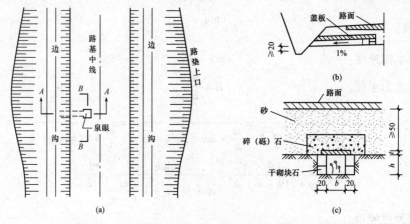

图 4-16 疏导路基泉水的暗沟构造图（单位：cm）

（a）平面；（b）剖面 A—A；（c）剖面 B—B；

暗沟横断面一般为矩形，泉井壁和沟底、沟壁用浆砌片石或水泥混凝土预制块砌筑，沟顶设置混凝土或石盖板，盖板顶面上的填土厚度不应小于 0.50 m。各部位尺寸大小应根据排出水量及地形、地质条件确定，设计暗沟时应注意防止淤塞。

暗沟沟底的纵坡不宜小于 1%，条件困难时亦不得小于 0.5%，出水口处应加大纵坡，并应高出地表排水沟常水位 0.2 m。寒冷地区的暗沟，应做防冻保温处理或将暗沟设在冻结深度以下。

2. 渗沟

渗沟及渗井用于降低地下水水位或拦截地下水。当地下水埋藏较浅或无固定含水层时，宜采用渗沟，如图 4-17、图 4-18 所示。

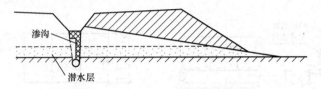

图 4-17　拦截潜水流向路堤的渗沟

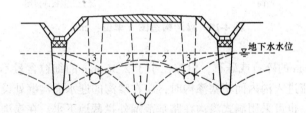

图 4-18　降低地下水水位的渗沟

1—边沟处下方设置渗沟降低的地下水水位线；2—路肩处下方设置渗沟降低的地下水水位线；
3—路中处下方设置渗沟降低的地下水水位线

渗沟的埋置深度按地下水水位的高程、地下水水位需下降的深度以及含水层介质的渗透系数等因素确定。根据使用部位、结构形式，渗沟可分为填石渗沟、管式渗沟、洞式渗沟、边坡渗沟、支撑渗沟、无砂混凝土渗沟。

填石渗沟，如图 4-19 所示，也称为盲沟，一般适用于地下水流量不大、渗沟不长的地段，填石渗沟较易淤塞。洞式及管式渗沟一般适用于地下水流量较大、引水较长的地段，条件允许时，应优先采用管式渗沟。洞式渗沟施工麻烦，质量不易保证。目前多采用管式渗沟代替填石渗沟和洞式渗沟。随着我国建筑材料工业的发展，渗沟透水管和反滤层材料也有多种新材料可供选择。

边坡渗沟、支撑渗沟则主要用于疏干潮湿的土质路堑边坡坡体和引排边坡上局部出露的上层滞水或泉水，坡面采用干砌片石覆盖，以确保边坡干燥、稳定。

为拦截含水层的地下水或降低地下水水位，可设置管式渗沟，如图 4-18 所示，渗沟的埋置深度按地下水水位的高程（为保证路基或坡体稳定）、地下水水位需下降的深度以及含水层介质的渗透系数等因素考虑确定。排水管可采用带槽孔的塑料管或水泥混凝土管。管径按设计渗流量确定，但最小内径宜为 15 cm（渗沟长度不大于 150 m 时）或 20 cm（渗沟长度大于 150 m 时）。排水管周围回填透水性材料，管底回填料的厚度为 15 cm，管两侧的回填料宽度不宜小于 30 cm。渗沟位于路基范围外时，透水性回填料顶部应覆盖 15 cm 厚的不透水填料。透水性回填

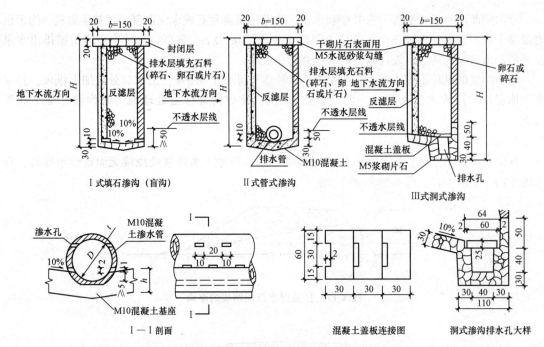

图 4-19　渗沟构造图（单位：cm）

料可采用粒径 5～40 mm 的碎石或砾石，但粒径小于 2.36 mm 的细粒含量不得大于 5%。含水层内的细粒有可能随渗流进入沟内而堵塞渗沟时，应在渗沟的迎水面沟壁处设置反滤织物。

在盛产石料地区，也可采用洞式渗沟在路基范围外拦截地下水。在渗沟底部，以片石浆砌成矩形排水槽，槽顶覆盖水泥混凝土条形盖板，形成排水洞，其横断面尺寸按设计渗流量的要求确定。板条间留有宽 20 mm 的缝隙，间距不超过 300 mm。在盖板顶面铺以透水的水工织物，沟内回填透水性填料，沟顶覆盖 20 cm 厚的不透水封闭层。含水层内的细粒有可能随渗流进入沟内而堵塞渗沟时，应在渗沟的迎水面沟壁处按渗滤要求设置若干层粒料反滤层；每层反滤层由厚度为 15～25 cm 的粒料组成，其级配组成按要求设计。

为疏干潮湿的土质路堑边坡坡体和引排边坡上局部出露的上层滞水或泉水，可采用边坡渗沟。修建边坡渗沟的边坡坡度不应陡于 1∶1。

用于渗沟的反滤土工布及防渗土工布（又称复合土工膜），设计时应根据水文地质条件、使用部位等按《土工合成材料》选用。防渗土工布也可采用喷涂热沥青的土工布。

无砂混凝土既可作为反滤层，也可作为渗沟，是近几年在公路地下排水设施中应用的新型排水设施，用无砂混凝土作为透水的井壁和沟壁以替代施工较复杂的反滤层和渗水孔设备，并可承受适当的荷载，具有透水性和过滤性好、施工简便、省料等优点，值得推广应用。预制无砂混凝土板块作为反滤层，用卵砾石、粗中砂含水层中效果良好；如用于细颗粒土地层，应在无砂混凝土板块外侧铺设土工织物作为反滤层，以防止细颗粒土堵塞无砂混凝土块的孔隙。

渗沟的排水孔（管），应设在冻结深度以下不小于 0.25 m 处。截水渗沟的基底宜埋入隔水层内不小于 0.5 m。边坡渗沟、支承渗沟的基底，宜设置在含水层以下较坚实的土层上。寒冷地区的渗沟出口，应采取防冻措施。渗沟、渗井的断面尺寸，应根据构造类型、埋设位置、渗水量、施工和维修条件等确定。渗沟侧壁及顶部应设置反滤层，底部应设置封闭层。

填石渗沟最小纵坡不宜小于 1%，无砂混凝土渗沟、管式及洞式渗沟最小纵坡不宜小于

0.5%。渗沟出口段宜加大纵坡，出口处宜设置栅板或端墙，出水口应高出地表排水沟槽常水位 0.2 m。

3. 渗井

当地下存在多层含水层，其中影响路基的上部含水层较薄，排水量不大，且平式渗沟难以布置，可设置渗井。穿过不透水层，将路基范围的上层地下水，引入更深的含水层中，以降低上层的地下水水位或全部予以排除，如图 4-20 所示。

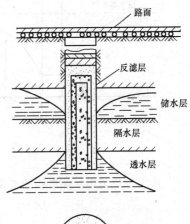

渗井的平面布置，以及孔径与渗水量，按水力计算而定，一般为直径 1.0 ~ 1.5 m 的圆柱形。亦可是边长为 1.0 ~ 1.5 m 的正方形。井深视地层构造情况而定，井内由中心向四周按层次，分别填入由粗至细的砂石材料，粗料渗水，细料反滤。填充料要求筛分冲洗，施工时需用薄钢板套筒分隔填入不同粒径的材料，要求层次分明，不得粗细材料混杂，以保证渗井达到预期排水效果。

4. 检查、疏通井

深而长的暗沟（管）、渗沟及渗水隧洞，在直线段每隔一定距离及平面转弯、纵坡变坡点等处，宜设置检查、疏通井。

图 4-20　渗井结构与布置图例

兼起渗井作用的检查井的井壁，应设置反滤层。检查井直径不宜小于 1 m，井内应设检查梯，井口应设井盖，当深度大于 20 m 时，应增设护栏等安全设施。

5. 仰斜式排水孔

仰斜式排水孔、无砂混凝土渗沟是排泄挖方路基边坡上地下水的有效措施，当坡面上有集中地下水时，采用仰斜式排水孔排泄，且成群布置，能取得较好的效果；当坡面上无集中地下水，但土质潮湿、含水率高，尤其是高液限土、红黏土、膨胀土边坡，在坡面中设置支承渗沟，能有效排泄坡体中的地下水。

仰斜式排水孔是采用小直径的排水管在边坡体内排除深层地下水的一种有效方法，它可以快速疏干地下水，提高岩土体抗剪强度，防止边坡失稳，并减少对岩（土）体的开挖，加快工程进度和降低造价，因而在国内外山区公路中得到广泛应用。近年来在广东、福建、四川等省都取得了良好的应用效果，最长排水孔已达 50m。

仰斜式排水孔钻孔直径一般为 75 ~ 150 mm，仰角不小于 6°，长度应伸至地下水富集或潜在滑动面。孔内透水管直径一般为 50 ~ 100 mm。透水管应外包 1 ~ 2 层渗水土工布，防止泥土将渗水孔堵塞，管体四周宜用透水土工布作为反滤层。仰斜式排水孔排出的水宜引入路堑边沟排除。

4.3.2　道路路基渗沟的流量计算

地下水的流量计算，较为复杂，其储量有无限和有限之分，按水力性质则有无压和有压之分，按渗沟埋置情况又有完整式渗沟（沟底位于不含水地层）和不完整式渗沟（沟底位于含水地层）之分，而按水流特征则分为层流和紊流。上述条件不同，计算方法相应有所差异，就路基地下排水的渗沟而言，一般可认为储水层（厚度与宽度）为有限与无压，并假定土质均匀和含有细小孔隙，多属完整式渗沟，按层流渗透规律，在此条件下建立有关水力、水文计算方法（图 4-21）。

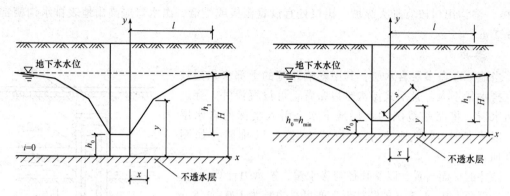

图 4-21　完整式渗沟流量计算图

欲求单位长度一侧渗沟的流量 q：

$$q = \frac{k(H^2 - h_0^2)}{2l} = \frac{k(H + h_0)}{2} \cdot I_0 \qquad (4-19)$$

式中　l——水力影响半径（m）；

　　　　I_0——平均水力坡度，近似取 $I_0 = \dfrac{H - h_0}{l}$；

　　　　H——地下水水位与不透水层的高差（m）；

　　　　h_0——地下水降落曲线与沟壁接触处的有效高度（m）。

在地下排水设计中，渗透系数是重要参数，其大小随土的颗粒组成、粒径及形状，以及土的结构与温度等因素而变化。通常土的颗粒越粗，组成越匀和温度越高，渗透系数越大，反之越小。各种含水层的渗透系数 K，可通过实验确定，一般如表 4-7 所列。

表 4-7　土的渗透系数

土　类	渗透系数 K/（m·d^{-1}）	土　类	渗透系数 K/（m·d^{-1}）
黏　土	<0.001	细　砂	1～5
重粉质黏土	0.001～0.050	中　砂	5～20
轻粉质黏土	0.05～0.10	粗　砂	20～50
粉质砂土	0.10～0.50	砾　石	50～150
黄　土	0.25～0.50	卵　石	100～500
粉　砂	0.50～1.00	漂　石（石质充填）	500～1 000

各种水力计算中的地下水渗透的平均坡降 I_0，可近似取降落曲线高差 h 和影响半径 R 之比（$I_0 = h/R$）。h 和 R 数值，由钻孔不同土质的 I_0 与 R 的大致关系值，如表 4-8 所列，而 I_0 与 K 的近似关系值，参见表 4-9。

表 4-8　地下水降落曲线 I_0 与 R 概略表

土　类	I_0	R/m	土　类	I_0	R/m
卵石、粗砂	0.002 5～0.005	300～200	粉质黏土	0.05～0.12	20～10
中砂	0.005～0.015	200～50	黏　土	0.12～0.15	10～6
细砂	0.015～0.05	—	重黏土	0.15～0.20	6～5

续表

土 类	I_0	R/m	土 类	I_0	R/m
粉砂	0.015~0.05	50~20	泥 炭	0.02~0.11	—
粉质砂土	0.02~0.05	—			

表4-9 土的渗透系数与平均坡度表

土 类	渗透系数 $K/(cm \cdot s^{-1})$	渗透平均坡度 I
粗 砂	$1 \times 10^{-2} \sim 1 \times 10^{-1}$	0.003~0.006
砂 土	$1 \times 10^{-4} \sim 1 \times 10^{-2}$	0.006~0.020
泥 炭	$1 \times 10^{-4} \sim 1 \times 10^{-3}$	0.020~0.120
粉质砂土	$1 \times 10^{-5} \sim 1 \times 10^{-3}$	0.020~0.050
粉质黏土	$1 \times 10^{-6} \sim 1 \times 10^{-3}$	0.050~0.100
黏 土	$1 \times 10^{-6} \sim 1 \times 10^{-5}$	0.100~0.150
重黏土	$\leqslant 1 \times 10^{-7}$	0.150~0.200

4.4 道路工程排水系统的综合设计

路基排水的设计，必须区分不同情况，因地制宜。有些路段，如回头弯、地质不良或高填深挖等处，还应对路基排水系统进行整体规划、综合设计。

照顾当地农田水利规划是路基排水综合设计的一项重要原则。为此，必须事先清楚路基附近的农田排灌现状及其规划意图，以便在防范路基水害的同时，不致损害农田水利。

在综合设计中，对于地面水的排除可利用边沟、截水沟等排水设备，将流向路基的山坡水和路基表面水分段截留，引入自然沟谷、荒地、取土坑或低洼处，排出路基范围之外。自然沟谷及沟渠与涵洞等排水设备，既密切配合，又各自分工，充分发挥其效用，使排水顺畅，避免对路基的冲刷，又不致形成淤积而危害路基。一条路线的勘测在纵断面设计完成后，就需考虑该路线各路段排水系统的总体规划。在平原地区尤其是水田地区，如果路堤低矮，路基强度受毛细水影响时，边沟排水是影响路基稳定的一项主要因素，务必开挖边沟，将边沟水引出路基范围，以免渗入路堤降低路基承载能力，而导致道路破坏。

丘陵及山岭地区除边沟排水外，还须注意挖方边坡上方水流下泄，影响路基边坡稳定，造成边沟淤塞。这时就需根据流量大小来决定边坡上方是否设置截水沟，引导水流离开路基。有关路段综合排水系统示例如图4-22所示。

为落实路基综合排水系统规划，除在一般的路线平面图和纵面图上分别标明排水建筑物的名称、地点、中心里程桩号、沟底纵坡、跨径或宽度、长度、流向、挡水结构等有关事项外，特殊复杂的排水地段应绘制细部设计。

地下水的处理应与地面水的排除统一考虑，因地制宜。设置必要的地下排水设备，充分利用地面排水沟渠，将危及路基的地下渗水、泉水予以排除。

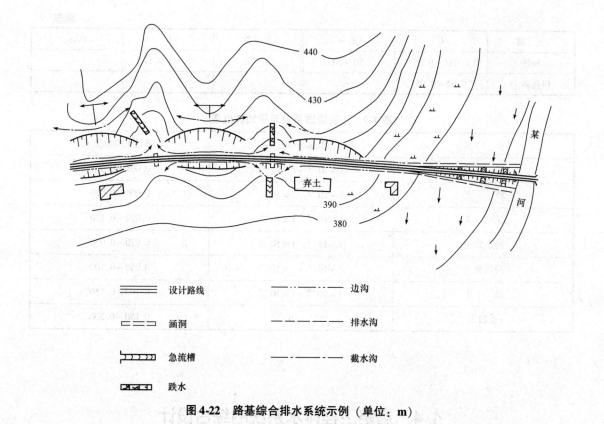

图 4-22 路基综合排水系统示例（单位：m）

排水系统综合设计，应合理选定各种排水设备的类型和位置，恰当确定排水功能。此外，还应密切注意各种排水设备的衔接，使之构成统一的、完整的排水系统。

思考题

1. 为什么要进行路基排水？危害路基的水源有哪些？

2. 路基地面排水的设施有哪些？各有什么功能和要求？

3. 常见的沟渠加固类型有哪些？与沟底纵坡有何关系？

4. 已知某沟渠设计流量 $Q_s = 1.3 \text{ m}^3/\text{s}$，沟底纵坡 $i = 0.006$，沟渠底采用干砌块石铺砌，容许不冲刷流速 $v = 2.0 \text{ m/s}$，沟渠的粗糙系数 $n = 0.02$，边坡坡度 $m = 1.25$，试确定沟底宽度和沟深 H，并验算水流速度。

第 5 章

道路路基防护与加固

5.1 道路路基防护与加固概述

合理的路基设计，应在路基位置、横断面尺寸、岩土组成等方面综合考虑，为确保路基的强度与稳定性，路基的防护与加固，也是不可缺少的工程技术措施。随着公路等级的提高，为维护正常的汽车运输，减少公路灾害，确保行车安全，保持公路与自然环境相协调，路基的防护和加固更具有重要的意义。防护工程是指防止冲刷和风化，主要起隔离作用的措施；加固工程是指防止路基或山体因重力作用而坍塌，主要起支撑作用的结构物。实践经验证明，在高等级公路建设中，防护工程对保证公路使用品质，提高投资效益均具有重要的意义。

路基防护与加固措施，主要有边坡坡面防护、沿河路堤河岸冲刷防护与加固，以及湿软地基的加固自治。

坡面防护，主要是保护路基边坡表面免受雨水冲刷，减缓温差及温度变化的影响，防止和延缓软弱岩土表面的风化、碎裂、剥蚀演变进程，从而保护路基边坡的整体稳定性，在一定程度上还可兼顾路基美化和协调自然环境。坡面防护设施，不承受外力作用，必须要求坡面岩土整体稳定牢固。常用的坡面防护措施有植物防护（种草、铺草皮、植树等）和工程防护（抹面、喷浆、勾缝和石砌护面等）。前者可视为有"生命"（成活）防护；后者属无机物防护。有"生命"防护以土质边坡为主，无机物防护以石质路堑边坡为主。在一定程度上，有"生命"防护在边坡稳定和改善路容方面，优于无机物防护。

堤岸防护与加固主要包括沿河滨海路堤、河滩路堤及水泽区路基，亦包括桥头引道，以及路基旁边的防护堤等。此类堤岸常年或季节性浸水，受流水冲刷、拍击和淘洗，造成路基浸湿，边坡淘空，或水位骤降时路基内细粒填料流失，致使路基失稳，边坡崩塌。堤岸防护与加固，主要针对水流的破坏作用而设，起防水治害和加固堤岸双重功效。

堤岸防护与加固设施，有直接和间接两类。直接防护与加固设施中包括植物防护和石砌防护与加固两种，常用的有植树、铺石、抛石或石笼等。间接防护主要是指导治结构物，如丁坝、顺坝、防洪堤、拦水坝等；必要时进行疏浚河床，改变河道，目的是改变流水方向，避免或缓和水流对路基的直接破坏作用。改变水流流速、流向和原来的状态，可能导致堤岸对面及路基附近上下游遭害，必须慎重对待，掌握流水运动规律，因势利导，防治结合，综合治理。

湿软地基的承载能力较差，如沼泽与软土，低洼的湖（海）相沉土层，人为垃圾填土等。填筑路基前必须予以加固，以防路基沉陷，滑移或产生其他病害。湿软地基加固，规模大，造价高，应注意方案比较，研究技术和经济方面的可行性，力求从简，尽量就地取材。地基加固是路基主体工程的一部分，要结合路基设计（确定路基标高，选择横断面，决定设施等）综合处置。

湿软地区修筑路基时，地基加固关键在于治水和固结。各种加固方法可归纳成碾压夯实、排水固结、振动挤密、土工格栅加筋和化学加固五类。加筋土中加入某种能承受一定拉力的筋条或化学纤维，凭借筋条与填土之间的摩擦作用，提高土的抗减强度，改善路基土层，亦能收到良好的效果。其他还有石灰桩、砂桩和砂井等。

路基坡面防护工程应在稳定的边坡上设置，防护类型的选择应综合考虑工程地质、水文地质、边坡高度、环境条件、施工条件和工期等因素的影响，对于路基稳定性不足和存在不良地质因素的路段，应注意路基边坡防护与支挡加固的综合设计。路基支挡结构实际应满足在各种设计荷载组合下支挡结构的稳定、坚固和耐久；结构类型选择及设置位置的确定应安全可靠、经济合理、便于施工养护；结构材料应符合耐久、耐腐蚀的要求。

5.2　道路路基坡面防护

5.2.1　道路路基的植物防护措施

植物防护，可美化路容，协调环境，协调边坡上的湿温，起到固结和稳定边坡的作用。它对于坡高不大，边坡比较平缓的土质坡面是一种简易有效的防护措施，其方法有种草、铺草皮和植树。土质边坡防护也可以采用拉伸网草皮，固定草种布或网格固定撒种，用土工合成材料进行土质边坡防护的边坡坡度宜为 1:1.0 ~ 1:2.0。

拉伸网草皮是在土工网或土工合成材料上铺设 3 ~ 5 cm 的种植土层，经过撒种，养护后形成人工草。固定草种布（也可称植生带）是在土工织物纺织时将草种固定于土工织物中，然后到现场铺筑以促使草皮生长的一种土工合成材料草皮制品。网格固定撒种是先将土工网固定于需防护的边坡上，然后撒播草种形成草皮的一种边坡的防护方法。

种草，适合于边坡坡度不大于 1:1，土质适合种草不浸水或短期浸水但地面径流速度不超过 0.6 m/s 的边坡。草种选用应根据防护目的、气候、土质、施工季节等确定，宜采用易成活、生长快、根系发达、叶茎矮或有匍匐茎的多年生草种，种子的配合、播种量等的设计应根据选用植物的生长特点、防护地点及施工方法确定。不宜种草的坡面，可以铺 5 ~ 10 cm 厚的种植土层，土层与原坡面结合稳定。

铺草皮，当坡面冲刷比较严重，边坡较陡，径流速度大于 0.6 m/s，容许最大速度为 1.8 m/s 时，应根据具体条件（坡度与流速），分别采用平铺（平行于坡面）水平叠置，垂直坡面与坡面成一半坡角的倾斜置草皮，还可采用片石铺砌成方格或拱式边框，方格或框内再植草皮，如图 5-1 所示。

铺草皮适用于需要快速绿化，且坡率缓于 1:1 的土质边坡和严重风化的软质岩石边坡。草皮应选择根系发达、茎矮叶茂、耐旱草种，不宜采用喜水草种，严禁采用生长在泥沼地的草皮。铺草皮应预先备料，草皮可就近培育，切成整齐块状，然后移铺在坡面上。铺时应自下而上，并用竹木小桩将草皮钉在坡面上，使之稳固。草皮根部土应随草切割，坡面要预先整平，必要时还

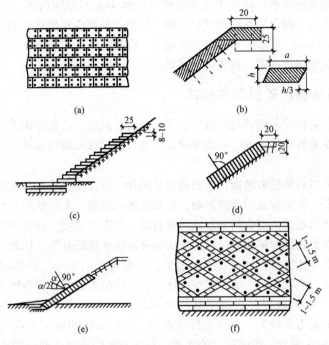

图 5-1　草皮防护示意图（除以注明尺寸外，其余单位为 cm）

（a）平铺平面；（b）平铺剖面；（c）水平叠铺；（d）垂直叠铺；（e）斜交叠铺；（f）网格式

（图中 h 为草皮厚度，为 5~8 cm；a 为草皮边长，为 20~25 cm）

应加铺种植土，草皮应随挖随铺，注意相互贴紧。

　　植树，主要是用在堤岸边的河滩上，用来降低流速，促使泥砂淤积，防止水直接冲刷路堤。植树适用于坡率缓于1:1.5的边坡，或在边坡以外的河岸及漫滩外。树种应选用能迅速生长且根深枝密的低矮灌木类。公路弯道内侧边坡严禁栽植高大树木。多排林堤岸与流水方向斜交，还可以起挑水改变水流方向的作用。沙漠与雪害地区，防护林带还起阻沙防雪的作用。树木的品种与种植位置及宽度，应根据防护要求、流水速度等因素，参见有关设计手册，结合当地经验而定，城市或风景区的植物防护，应与有关部门协调配合。

　　三维植被网适用于砂性土、土夹石及风化岩石，且坡率缓于1:0.75的边坡防护；三维植被网中的回填土采用客土或土、肥料及腐殖质土的混合物。

　　湿法喷播适用于土质边坡、土夹石边坡、严重风化岩石且坡率缓于1:0.5的路堑和路堤边坡及中央分隔带、立交区、服务区与弃土堆绿化防护。

　　客土喷播适用于风化岩石、土壤较少的软质岩石、养分较少的土壤、硬质土壤、植物立地条件差的高大陡坡面和受侵蚀显著的坡面。当坡率陡于1:1时，宜设置挂网或混凝土框架。

　　骨架植物防护，浆砌片石或水泥能够土骨架植草护坡，适用于缓于1:0.75的土质和全风化岩石边坡。当坡面受雨水冲刷严重或潮湿时，坡度应缓于1:1。应视边坡坡率、土质和当地情况确定骨架形式，并于周围景观相协调。框架内应采用植物或其他辅助措施。当降雨量较大且集中的地区，骨架宜做成截水沟型。截水沟断面尺寸由降雨强度计算确定。

　　多边形水泥混凝土空心块植物护坡，适用于坡度缓于1:0.75的土质边坡和全风化、强风化的岩石路堑边坡，并视需要设置浆砌片石或混凝土骨架。多边形空心预制块的混凝土强度不应低于 C20，厚度不应小于 150 mm。空心预制块内应填充植土，喷播植草。

锚杆混凝土框架植物防护，适用于土质边坡和坡体中无不良结构面、风化破碎的岩石路堑边坡。锚杆采用非预应力的全厂粘结型锚杆，锚杆间距、长度应根据边坡地质情况确定。锚杆保护层厚度不应小于 20 mm。框架应采用钢筋混凝土，混凝土强度不应低于 C25，框架集合尺寸应根据边坡高度和地层情况等确定，框架内宜植草。

5.2.2　道路路基的矿料防护措施

当不宜使用植物防护或考虑就地取材时，采用砂石、水泥、石灰等矿质材料进行坡面防护是常用的防护形式，主要有砂浆抹面、勾缝或喷涂以及石砌护坡或坡面墙等。这些形式各自使用于一定条件。

抹面防护，适用于石质挖方坡面，岩石表面易风化，但比较完整，尚未剥落，如页岩、泥砂岩、千枚岩的新坡面。对此应及时予以封面，以预防风化成害。常用的抹面材料有石灰浆等，其中石灰为胶结料，要求精选。混合料如加纸筋或竹筋，可提高强度，防止开裂；如掺加适量制盐副产品卤水，因含有氯化钙与氯化镁，可使抹面加速硬化和预防开裂。抹面用料的配合比与用量参见有关手册。抹面厚度视材料和坡面状况而定，一般为 2～10 cm。操作前，应清理坡面风化层，浮土与松动碎块，填坑补洞，洒水润湿。抹面后，应拍浆、抹平和养生。

喷浆施工简便，效果较好，适用于易风化而坡面不平整的岩石挖方边坡，厚度一般为5～10 cm。喷浆的水泥用量较大，重点工程可选用。比较经济的砂浆是用水泥、石灰、河砂及水，按质量比 1:1:6:3 配合。喷浆前后的处置，与抹面相同。对坡面较陡或易风化的坡面，还可以在喷浆前先铺设加筋材料，加筋材料可以用铁丝网或土工格栅，喷浆坡面应设置排水孔。

喷护适用于坡率缓于 1:0.5 易风化但未遭强风化的岩石边坡。喷浆防护厚度不宜小于50 mm，采用的砂浆强度不应低于 M10。喷射混凝土防护厚度不宜小于 80 mm，混凝土强度不应低于 C15。喷护坡面应设置泄水孔和伸缩缝。

锚杆挂网喷浆（混凝土），适用于坡面为碎裂结构的硬质岩石或层状结构的不连续地区以及坡面岩石于基岩分开并有可能下滑的挖方边坡。锚杆应嵌入稳固基岩内，锚固深度应根据岩体性质确定。钢筋网喷射混凝土支护厚度不应小于 100 mm，亦不应大于 250 mm。钢筋保护层厚度不应小于 20 mm。

比较坚硬的岩石坡面，为防水渗入缝隙成害，视缝隙深浅与大小，分别予以灌浆、勾缝或嵌补等。

上述防护方法，可以局部处置，综合使用，并与放缓边坡等方法加以比较，力求实用和经济。如果在坡面防护时着色或修饰，还有助于改善路容。

护坡，干砌片石护坡适用于坡度缓于 1:1.25 的土（石）质路堑边坡。干砌片石护坡厚度不宜小于 250 mm。浆砌片（卵）石护坡适用于坡度缓于 1:1 的易风化岩石和土质路堑边坡。浆砌片（卵）石护坡的厚度不宜小于 250 mm，砂浆强度不应低于 M15，护坡应设置伸缩缝和泄水孔。水泥混凝土预制块护坡适用于石料缺乏地区的路基边坡防护。预制块的混凝土强度不应低于C15，在严寒地区不应低于 C20。铺砌层下应设置碎石或砂粒垫层，厚度不宜小于 100 mm。

护面墙，适用于防护易风化或风化严重的软质岩石或较碎岩石的挖方边坡以及坡面易受侵蚀的土质边坡，边坡不宜陡于 1:0.5。护面墙类型应根据边坡地质条件确定，窗孔式护面墙防护的边坡不应陡于 1:0.75；拱式护面墙适用于边坡下部岩层较完整而上部须防护的路段，边坡应缓于 1:0.5。单级护面墙的高度不宜超过 10 m，并应设置伸缩缝和泄水孔。护面墙基础应设置在稳定的地基上，埋置深度应根据地质条件确定；冰冻地区，应埋置在冰冻深度以下不小于250 mm。护面墙前趾应低于边沟铺砌的底面。

护面墙视浆砌片石的坡面厚度可不一，护面石料应符合规格。护面墙除自重外，不承受其他荷重，亦不承受墙背土压力。其构造与布置，如图 5-2 所示。墙高与厚度及路堑边坡的关系，参见表 5-1。

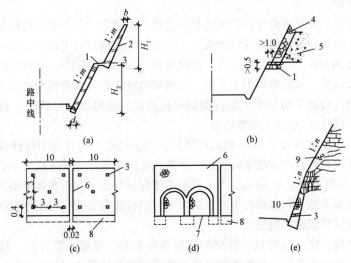

图 5-2　护面墙示意图（单位：m）

（a）双层式；（b）单层式；（c）墙面；（d）拱式；（e）混合式

1—平台；2—耳墙；3—泄水孔；4—封顶；5—松散夹层；6—伸缩缝；
7—软地基；8—基础；9—支补墙；10—护面墙

表 5-1　护面墙厚度

护面墙高度 H/m	路堑边坡	护面墙厚度/m	
		顶部 b	底宽 d
≤2	1：0.5	0.40	0.40
≤6	陡于 1：0.5	0.40	0.40 + 0.10H
6 < H ≤10	1：0.5 ~ 1：0.75	0.40	0.40 + 0.05H
10 < H < 15	1：0.75 ~ 1：1	0.60	0.60 + 0.05H

护面墙高一般不超过 10 m，可以分级中间设平台，墙背可设耳墙，纵向每 10 m 设一条伸缩缝，墙身应预留泄水孔，基础要求稳固，顶部应封闭。墙基软硬不均，可设拱跨过软弱地基。墙面常有各种不同地质现象，开挖后形成凹陷，应以石砌圬工填塞平整，称为支补墙。以上构造的具体尺寸，均可参考有关设计手册。

封面适用于坡面较干燥，未经严重风化的各种液风化岩石边坡，但不适用于由煤系岩层及成岩作用很差的红色黏土岩组成的边坡。抹面防护使用年限为 8 ~ 10 年，高速公路路基边坡不宜采用抹面防护。封面厚度不宜小于 30 mm，表层可涂软化点稍高于当地气温的沥青保护层。

捶面适用于边坡坡率缓于 1：0.5、易受冲刷的土质边坡或易风化剥落的岩石边坡，使用年限为 10 ~ 15 年。高速公路路基边坡不宜采用捶面防护。捶面宜采用等厚截面，其厚度不宜小于 100 mm。

土钉支护适用于硬塑或坚硬的黏性土、胶结或弱胶结的粉土、砂土、砾石、软岩和风化岩层等挖方边坡的临时支护和永久支护。土钉支护的设计应特别重视水的作用与影响，必须在地表和支护内部设置完善的排水系统以疏导地表径流和地下水。对于永久性土钉支护的设计，应考虑长期使用过程中土体含水率的变化对土体抗剪强度的影响。边坡地下水较发达的挖方边坡不宜设置永久土钉支护。

土钉支护设计前，应对土钉支护边坡进行综合地质勘察实验，查明边坡地层、构造、岩土物理力学性质、水文地质条件及其潜在腐蚀性。土钉支护工程应进行土钉的基本抗拔性实验，试验数为工作土钉总数的 1%，且不少于 3 根。塑性指数 $I_P \geqslant 20$ 和液限 $\omega_L \geqslant 50\%$ 的黏土中的永久土钉支护应进行蠕变试验，试验数不少于 3 根。应根据边坡工程的重要性和实际条件，对土钉的工作状态和支护效果进行施工期和永久运行期的原位监测，监测项目可按要求选定。土钉支护边坡的水平位移不得超过 $0.3\%H$（边坡高度）。

土钉支护宜用于高度不大于 18 m 的边坡防护，当土钉支护与预应力锚杆联合使用时，边坡高度可增加。边坡较高时宜设多级土钉支护。多级边坡的上下级之间应设置平台，平台高度不宜小于 2.0 m，每级坡高不宜大于 10 m。当土钉被用于腐蚀性土质、雨水较多地区的边坡支护，或土钉不可避免地要深入地下水水位以下时，应对土钉进行防腐处理，可根据情况选用聚乙烯、聚丙烯塑料波纹套管或环氧涂层钢筋。

抗滑桩设计之前，应对边坡进行详细的工程地质勘察，确定主滑方向、滑面位置、边界条件、岩土性质及水文地质条件。抗滑桩的设置必须保证滑坡体不越过桩顶或从桩间滑动，不产生新的滑坡。抗滑桩宜设置滑坡厚度较薄、推力较小、锚固段地基强度较高的地段，确定桩的平面布置、桩间距、桩长和截面尺寸时，应综合考虑，以达到经济合理，并与周围景观相协调。可采用预应力锚索抗滑桩，或抗滑桩与明洞、排桩等组合使用。

5.3 道路路基冲刷防护

沿河地段路基当受水流冲刷时，应根据河流特性、水流性质、河道地貌、地质等因素，结合路基位置，选用适宜的防护工程、导流或改河工程。

冲刷防护工程顶面工程，应为设计水位加上波浪侵袭、壅水高度及安全高度。基底埋设在冲刷深度以下不小于 1 m 或嵌入基岩内。当冲刷深度较深、水下施工困难时，可采用桩基、沉井基础或适宜的平面防护。

设置导流建筑物时，应根据河道地貌、地质、水流特性、河道演变规律和防护要求等设计导治线，并应避免农田、村庄、公路和下游路基的冲刷加剧。在山区河谷地段，不宜设置挑式导流建筑物。

5.3.1 道路路基直接冲刷防护

为了防止流水直接危害原河、滨海路堤以及有关海、河堤坝的堤岸边坡和坡脚，必须采取一定的防止冲刷的措施。

堤岸防护直接措施，包括植物防护、石砌防护或抛石与石笼防护，以及必要时设置的支挡（驳岸等）。其中植物防护与石砌防护，同坡面防护所述基本类同，但堤岸的防护冲刷主要原因是洪水急流，水位变迁不定，水流速度较大，相应要求更高。盛产石料的地区，当水流速度达到 3.0 m/s 或更高时，植树与石砌防护无效时，可采用抛石防护。当水流速度达到或超过 5.0 m/s 时，则改用石笼防护，也可就地取材，用竹笼或梢料防护，必要时可以采用土工织物软体沉排护坡。

植物防护适用于允许流速小于 1.8 m/s 的季节性水流冲刷，用于冲刷防护的植物防护应符合有关规定。经常浸水的路基边坡，不宜采用种草防护。在沿河路基外的河滩上植造防护林带，树种应具有喜水性。

砌石或混凝土护坡适用于允许流速为 2~8 m/s 的路堤边坡。用于冲刷防护的干（浆）砌片石（混凝土块）护坡应符合有关规定。浆砌片（卵）石护坡厚度应按流速和波浪的大小等因素确定，并应不小于 350 mm。护坡底面应设厚度不小于 100 mm 的反滤层。

抛石防护，类似在坡脚处设置护脚，亦称抛石垛，抛石适用于经常浸水且水深较大的路基边坡或坡脚以及挡土墙、护坡的基础防护。抛石一般多用于抢修工程，如图 5-3 所示。抛石不受气候条件限制，路基沉实以前均可施工，季节性浸水或长期浸水亦均可用。抛石垛的边坡坡度，不应陡于抛石浸水后的天然休止角，边坡率 m_1 一般为 1.5~2.0，m_2 为 1.25~2.0；石料粒径视水深与流速而定，一般大于 300 mm，为 300~500 mm。厚度不应小于所用最小石料粒径的两倍。

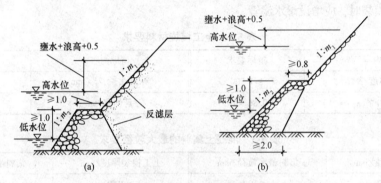

图 5-3　抛石防护示意图（单位：cm）
（a）新堤石垛；（b）旧堤石垛

石笼防护适用于受水流冲刷和风浪侵袭，且防护工程不易处理或沿河挡土墙、护坡基础局部冲刷深度过大的沿河路堤坡脚或河岸。石笼是用铁丝编织成框架，内有石料，石笼内所填石料，应采用重度大、浸水不崩解、坚硬且未风化石块设在坡脚处以防急流和大风浪破坏堤岸，也可用来加固河床，防止淘刷。铁丝框架可以用箱形或圆形，如图 5-4（a）、（b）所示。笼内填石的粒径，应大于石笼的网孔，最小不小于 4.0 cm，一般为 5~20 cm，外层应用大且棱角突出石料，内层可用较小石块填充。石笼在坡脚处排列，用于防止冲刷淘底时，应平铺并与坡脚线垂直，而且堤岸一端固定，另一端不必固定，淘刷后可以向下沉落贴于底面；用于防止堤岸边坡冲刷时，则平铺成梯形，如图 5-4（c）、（d）所示。单个石笼的大小，以不被相应速度的水流冲动为宜，铺设时需用碎（砾）石垫层铺平，底层各角可用铁棒固定基底。

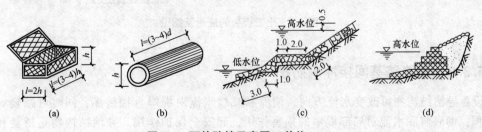

图 5-4　石笼防护示意图（单位：m）
（a）箱形笼；（b）圆柱形笼；（c）防止淘底；（d）防护岸坡

浸水挡土墙适用于允许流速为 5~8 m/s 的峡谷急流和水流冲刷严重的河段。浸水挡土墙设计应符合有关规定，并应和岸坡衔接。

土工织物软体沉排是在土工织物土以块石预制混凝土块体为压重的护坡结构。土工织物软体沉排一般适用于水下工程及预计可能发生冲刷的河床和岸坡。

土工织物软体沉排、土工模袋适用于允许流速为 2~3 m/s 的沿河路基冲刷防护。土工模袋可用于替代干砌块石、砂浆块石等修建堤坡、堤脚，构筑丁坝、堤坝主体，还可用于堤坝崩塌、江河崩岸险情的抢护。土工模袋是一种双层织物袋，袋中充填流动性混凝土或水泥砂浆或稀石混凝土，凝固后形成高强度和高刚度的硬结板块。其主要应用场合及铺设形式如图 5-5 所示。土工模袋材料应满足表 5-2 的技术要求，袋内可充填混凝土或砂浆。充填混凝土时，粗集料最大粒径应符合表 5-3 的要求，坍落度不宜小于 20 mm，强度不低于 C10；充填砂浆时，其强度等级不低于 M2.5。采用土工模袋护坡的坡度不得陡于 1:1。如在水下施工，水流速度不宜大于 1.5 m/s。模袋选型应根据工程要求和地质、地形、水文、经济与施工条件等确定。应根据水流量选定模袋滤水点分布数量，当选用无滤水袋点模袋时，应增设渗水滤管。

表 5-2 土工模袋材料要求

指标内容	指标要求	指标内容	指标要求
顶破强度/N	≥1 500	等效孔径 O_{95}/mm	0.07~0.15
渗透系数/ (10^{-3} cm·s^{-1})	0.86~10	延伸率/%	≤15

表 5-3 混凝土集料的最大粒径要求

土工模袋厚度/mm	集料最大粒径/mm	土工模袋厚度/mm	集料最大粒径/mm
150~250	≤20	≥250	≤40

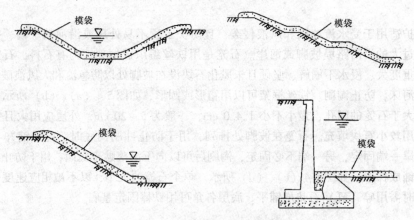

图 5-5 土工模袋的应用及铺设

5.3.2 道路路基间接冲刷防护

设置导治结构物可改变水流方向，消除和减缓水流对堤岸直接破坏，同时可减轻堤岸近旁淤积，彻底解除水流对局部堤岸的损害作用，起安全保护作用。导治结构物是桥涵和路基的重要附属工程，由于涉及水流改向，影响范围较大，工程费用亦较高，务必慎重。用于防护堤岸的改河工程，一般限于小型工程，如裁弯取直、挖滩改道、清除孤石，可在小河的局部段落上进行。

导治结构物主要是设坝，按其与河道的相对位置，一般可分为丁坝、顺坝和格坝。图5-6是桥梁附近设置导治结构物的总体布置示例之一。导治结构物的布置，应综合考虑河道宽窄、水流方向、地质条件、防护要求、材料来源、施工条件和工程经济等，要综合考虑，全面治理，要避免河床更多压缩，后因水位提高和水流改向，而危害河对岸或附近地段的农田水利、地面建筑及堤岸等。

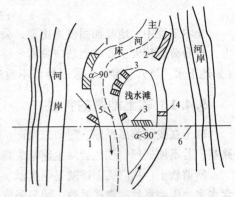

图5-6　导治结构物综合布置
1—顺坝；2—格坝；3—丁坝；4—拦水坝；
5—导流墩；6—河床横截面河理线

顺坝大致与堤岸平行，主要作用为导流、束水、调整流水曲度、改善流态。格坝在平面上成网格状，设于顺坝与堤岸之间，防止高水位时水流溢出冲刷内岸坡和坡脚，并促进格间的淤积。丁坝大致与堤岸垂直或斜交，将水流挑离堤岸，束河归槽，改善流态。顺坝亦称导流坝，丁坝亦称挑水坝。

丁坝应适用于宽浅变迁性河段，用以挑流或减低流速，减轻水流对河岸或路基的冲刷。丁坝长度应根据防护的长度、与水流方向的交角、河段地形、水文条件及河床地质情况等确定，垂直于水流方向上的投影长度不宜超过稳定河床宽度的1/4。用于路基防护的丁坝宜采用漫水坝或潜坝，丁坝与水流方向的交角以小于或等于90°为宜。当设置群坝时，坝间距离不应大于前坝的反滤长度。丁坝间的河岸或路基的边坡所能承受的允许流速小于水流靠岸回流流速时，应缩短坝距，或对河岸及路基边坡采取防护措施。丁坝的横断面形式和尺寸应根据材料种类、河流的水文特性等确定，坝顶宽度根据稳定计算确定。

顺坝适用于河床端面较窄、基础地质条件较差的河岸或沿河路基防护，用于调整流水曲度和改善流态。顺坝与上、下游河岸的衔接，应水流顺畅，起点应选择在水流匀、顺的过渡段，坝根位置宜设在主流转向点的上方。坝顶宽度应根据稳定计算确定，坝根应嵌入稳定河岸内不小于3 m。漫溢式顺坝，应在坝后设置格坝。

沿河路基受水流冲刷严重，后防护工程艰巨，以及路线在短距离内多次跨越弯曲河道时可改移河道。主河槽改动频繁的变迁性河流或支流较多的河段不宜改河。改河起点和终点的位置应于原河床顺接。为防止水流重归故道，宜在改河入口处加陡纵坡并设置拦河坝或顺坝。新河槽端面应按设计洪水频率的流量设计。改河河段的防护设计应参照有关规定进行。

公路工程中的改河，主要目的是：将直接冲刷路基的水流引向旁处；路基占用河道后，需要拓宽河道；挖滩改河，清除孤石，改移河道，以保护路基；裁弯取直，有利于布置路线或桥涵。这些措施，如经过论证可行，确有必要且效益高时，方可通过设计计算，最后实施。

导治结构物的布置是工程成败的关键。布置恰当能收到预期效果；布置不当反而恶化水流，造成水毁。关键在于合理设计导治线，符合预定的河轴线和河岸线要求，取决于选择导治水位，不致出现不利的冲刷情况。导治线与导治水位，应符合对于水流和河岸、河床地形、地质情况、水流对上下游对岸的影响等因素，综合分析和设计计算而定。

导治结构物的构造与要求，以及结构物与改河工程的具体设计计算方法，在路基设计手册等文献中已有详细规定与建议，可供查用。

5.4 软土地基加固

土木工程中，地基加固极为重要，公路工程范围的建筑物亦不例外。路基敷设于天然地基上，自身荷载较大，要求地基应具有足够的承载力，以保持地基稳定，另外，应使某些自然因素（如地下水、坑穴、湿陷、胀缩等）不致产生路基的有害变形。

5.4.1 软土地基的特性

软土在我国滨海平原、河口三角洲、湖盆地周围及山谷地均有广泛分布。在软土地基上修筑路基，若不加处理，往往会发生路基失稳或过量沉陷，导致公路破坏或不能正常使用。

所谓软土，从广义上讲就是强度低、压缩性高的软弱土层。根据孔隙比及有机质含量，结合含水率、压缩系数、渗透系数、快剪强度及天然重度等，可将软土划分为软黏性土、淤泥质土、淤泥、泥炭质土及泥炭五种类型。前三种天然重度为 $16 \sim 19\ kN/m^3$；后两种天然重度为 $10 \sim 16\ kN/m^3$。习惯上把淤泥、淤泥质土和软黏性土总称为软土，而把有机质含量很高的泥炭、泥炭质土称为泥沼。泥沼比软土具有更大的压缩性，但它的渗透性强，受荷后能够迅速固结，工程处理比较容易。这里主要讨论天然强度低、压缩性高且透水性小的软土上的路基施工问题。

我国各地的软土都有近于相同的共性，主要表现在：

（1）天然含水率高、孔隙比大。含水率为 34% ~ 72%，孔隙比为 1.0 ~ 1.9，饱和度一般大于 95%，液限一般为 35% ~ 60%，塑性指数为 13 ~ 30，天然重度为 15 ~ 19 kN/m^3。

（2）透水性差。大部分软土的渗透系数为 $10^{-8} \sim 10^{-7}\ cm/s$。

（3）压缩性高。压缩系数为 0.3 ~ 0.5，属高压缩性土。

（4）抗剪强度低。其快剪黏聚力在 10 kPa 左右，快剪内摩擦角为 0° ~ 5°。

（5）具有触变性。一旦受到扰动，土的强度明显下降，甚至呈流动状态。

（6）流变性显著。其长期抗剪强度只有一般抗剪强度的 40% ~ 80%。

应调查收集沿线的地形、地貌、工程地质、水文地质、气象等资料，按照《公路工程地质勘察规范》（JTG C20—2011）的有关规定，采用适宜的勘探方法进行综合勘探试验和现场原位测试，并进行统计与分析，为设计提供可靠的软土物理力学性质指标。

软土地基上公路路基的设计包括沉降计算、稳定验算及其相应的处治方法的设计；施工中的沉降与侧向位移（稳定）观测的技术要求应作为设计内容。软土的鉴别指标见表5-4。

表5-4　软土的鉴别指标

土类	天然含水率 /%	天然 孔隙比	直剪内摩 擦角/°	十字板剪切 强度/kPa	压缩系数 $A_{0.1-0.2}$/MPa
黏质土、有机质土	≥35	≥1.0	<5	<35	>0.5
粉质土	≥30	≥液限 ≥0.90	<8		>0.3

在未经处治的天然软土地基单位面积荷重达到天然地基极限承载力时，能够填筑的路堤高度称为极限高度。路堤超过极限高度后，必然发生大量的沉陷、坍滑，必须采取加固措施，才能保证路堤的稳定与正常施工。

在软土上修筑路堤或建造人工构造物时，会产生较大的沉降及侧向变形，这种沉降及变形必须控制在容许范围之内。容许工后沉降即路面设计使用年限内的剩余沉降，我国的容许工后沉降标准见表 5-5。

表 5-5　容许工后沉降标准　　　　　　　　　　　　　　　　　　　　　m

道路等级	桥台与路堤相邻处	涵洞、通道处	一般路段
高速公路、一级公路	≤ 0.10	≤ 0.20	≤ 0.30
二级公路	≤ 0.20	≤ 0.30	≤ 0.50

地基稳定性与工后沉降控制标准,软土地基处治设计包括稳定处治设计和沉降处治设计。当路面设计使用年限(沥青路面 15 年、水泥混凝土路面 30 年)内的残余沉降(简称工后沉降)不满足表 5-5 的要求时,应针对沉降进行处治设计。

5.4.2　软土地基的加固措施

软基上路基的整体稳定性必须等于或大于容许稳定安全系数,而沉降量则要求在路面设计使用年限内的工后沉降必须小于容许工后沉降,否则应进行地基处理。软土地基处治时应遵循以下原则:投资少、效益高、少占农田和安全实用的技术经济政策;密切结合当地工程地质条件、材料供应、施工力量和工期要求,因地制宜,达到技术上先进、经济上合理。软基的处理方法多种多样,主要的处理方法有下述几种:

1. 换填土层法

换填土层法,即将基底下一定深度范围内的湿软土层挖去,换成强度较大的砂、碎(砾)石、灰土或素土,以及其他性能稳定、无侵蚀性的土类,并予以压实。换填材料的不同,其应力分布虽有所差异,但其极限承载力比较接近,而且沉降特点亦基本相似,因此大致按砂垫层的计算方法,结果相差不大。

砂垫层的作用,可提高承载力,减少沉降量,加速软弱土层的排水固结,防止冻胀,消除膨胀土的胀缩作用,亦可处理暗穴。砂垫层的作用,因工程性质而有所不同,对路基而言,主要是排水固结;素土(或灰土)垫层,可以消除湿陷性黄土 3.0 m 深度范围内的湿陷性。

砂垫层厚度一般为 0.6~1.0 m,太厚施工太难,太薄效果差。砂料以中粗砂为宜,要求级配良好,颗粒的不匀系数不大于 5,含泥量不超过 5%。

软土地基上修筑的路堤底部均宜设置透水性水平垫层,厚度以 0.50 m 为宜。对于缺少砂砾的地区,可以将土工合成材料和砂砾垫层配合使用,以减小砂砾垫层的厚度。

轻质路堤可采用粉煤灰、泡沫聚苯乙烯(EPS)块等轻质材料填筑。采用粉煤灰填筑路堤时,有关技术要求按有关规定执行。采用 EPS 路堤时,应计算路堤的压缩变形和抗浮稳定性。

路堤加筋应采用强度高、变形小、耐老化的土工合成材料作为路堤的加筋材料。

2. 重锤夯实法

饱和软黏土地基中夹有多层粉砂或采用在夯坑中回填块石、碎砾石、卵石等粒料进行强夯置换时,可以采用强夯法处理。强夯施工前,必须在施工现场选择有代表性的路段进行试夯,以指导大面积施工。夯点的夯击数(最佳夯击能)应根据现场试夯确定,应满足下列条件:以夯坑的压缩量最大,夯坑周围地面隆起最小为原则,且最后两击或三击的平均夯沉量不大于 100 mm。夯点可采用正方形或等边三角形布置,间距以 5~7 m 为宜。夯击遍数通过试夯确定。

控制最佳含水率,对土基分层压实,提高强度和降低压缩性,符合路基施工的基本要求。如果使用压实功能较大的压实方法,还能处理杂填土和地表土的松散土。

对于非黏性土及松散杂填土而言,振动压实效果好,因土质和振动时间而不同,一般是振动时间长，效果越好，但时间过长会无效。对于主要由矿渣、碎砖、瓦块为主的建筑垃圾，时间约为 1 min；含细矿渣等细颗粒填土，振动时间为 3～5 min，有效深度为 1.2～1.5 m。

重锤夯实法加固地基，可提高地基上表层土的强度。对湿陷性黄土，可降低地表的湿陷性；对杂填土，可减少表层上的强度不均一性。重锤夯实法适用于地下水水位 0.8 m 以下稍湿的一般黏土、砂土、湿陷性黏土、杂填土等。重锤夯实法，一般以钢筋混凝土制成截头圆锥体（底部垫钢板），质量宜 1.5 t 或稍重，锤底的夯击遍数一般以最后两次的平均夯沉量不超过规定值来控制，即一般黏性土和湿陷性黄土为 1～2 cm，砂土为 0.5～1.0 cm。实践结果表明，一般是 8～12 遍，作用深度约为锤底直径的一倍。

在重锤夯实法的基础上，经过研究和实践，20 世纪 60 年代末期出现强夯法，亦称动力固结法，它是以 8～12 t（甚至 20 t）的重锤，8～20 m 落距（最高达 40 m），对土基进行强力夯击，利用冲击波和动应力，达到土基加固的目的。此项新技术出现，迅速在国内外得到广泛应用，效果十分显著。

时间证明强夯过程中，土体中因含可压缩的微气泡而产生几十厘米的沉降，土体产生液化，使土的结构破坏，强度下降至最小值，随后在夯实点周围出现径向裂隙，成为加速孔隙水压力消散的主要通道，继而因黏土的触变性，使土基的强度得到恢复和增强，这一过程无法用传统的固结理论解答，有饱和土可压缩的重要机理。现有研究成果表明，由于土中有机物的分布，第四纪土中多数含有以微气泡形式出现的气泡体，含气泡 1%～4%，强夯过程中气相体积被压缩，加上孔隙水被挤出，两者体积有降低，重复夯击作用，气体被压缩接近于零时，土体变成不可压缩性，相应的孔隙水压力上升到与覆盖压力相等的能量级时，土即产生液化，吸附水变成了自由水，土的强度达到最小值，继续施加外界能量对强度提高无效，需要停止夯击等待强度恢复。与此同时，夯点四周形成有规则垂直裂缝，出现涌水现象。当孔隙水压力消散到小于土粒间的侧向压力时，裂隙即自行闭合，土中水的运动又恢复常态，随着孔隙水压力的消散，土的抗剪强度和变形模量有了大幅度增长，这是由于土粒间紧密接触，以及新吸附水层逐渐固定所致，这是土的触变性所致。基于上述基本原理，按弹簧活塞模型，对动力固结（强夯）的机理作用做新的解释，以资与传统的静力固结理论相比较。

强夯法至今还没有一套成熟和完整的理论和设计方法，但实践证明，它具有施工简单、加固效果好、使用经济、运用面较广等优点。国外资料说明，经强夯法处理的地基，其承载力可提高 2～5 倍，压缩性降低 2～10 倍，广泛用于在填土及泥炭和沼泽土，不但陆地上使用，也可水下夯实。缺点是需要相应的机具设备，操作时噪声和振动较大，不宜在人口密集或附近防震要求高的地点使用。我国津、沪等地，不仅成功运用强夯法，而且在加固饱和软黏土地基方面，取得了新的成果与经验。

3. 排水固结法

采用排水固结法时应根据软土厚度与性质、路堤高度、路基稳定与工后沉降控制标准、施工工期等，综合分析确定软土地基采用砂垫层预压或袋装砂井（塑料排水板预压）或真空联合堆载预压的处理方案。

根据软土性质、筑路材料及施工工艺选定袋装砂井或塑料排水板或其他材料作为竖向排水体。竖向排水体宜按等边三角形布置，其长度由路基对地基的稳定性和变形要求确定，对于较薄的软土层，宜贯穿软土层。预压期不宜小于 6 个月。

根据预压期和营运期作用在地基荷载的大小，预压分为欠载预压、等载预压和超载预压。预压高度应根据软土的性质、路堤设计高度、填料情况及施工工期等确定，并应考虑路面结构层材料重度与填料重度不同的因素。超载预压高度应能满足施工期路基稳定性的要求。

预压期应根据要求的工后沉降量或要求的地基固结度确定。在预压期内地基应完成的沉降量不能小于路面设计使用年限末的沉降量与容许工后沉降之差，必要时，预压期末地基的固结度还应满足路堤稳定性的要求。

真空联合堆载预压适用于高填方路段和桥头路段的软土地基处理，采用真空联合堆载预压法应在地基中设置砂井或塑料排水板等竖向排水体，真空预压的密封膜下的真空度不宜小于 70 kPa。当表层存在良好的透气层以及在处理范围内存在水源补给充足的透水层等情况下，应采取切断透气层和透水层的措施。

饱和软土在荷载作用下，排水固结后，抗剪强度可得到提高，以达到加固的目的。此法在建筑工程中，常用于加固软弱地基，包括天然沉积层和人工充填的土层，如沼泽土、淤泥及淤泥质土、水力冲击土等。

排水固结法的实际效果，取决于土层固结特性、厚度、预压荷载和预压时间。厚度小于 5 m 的浅软土层，或固结系数较大的土层，较短时间预压即可。

排水固结时运用堆载预压，挤出土中的过多含水，达到挤紧土粒和提高强度的目的。为了缩短预压时间，加设砂井竖向排水通道或铺设砂垫层，效果很好。美国加州公路局曾采用砂井处理沼泽地段的路基，获得满意结果。利用路基填土自重压密地基，不用另备预压材料，所以砂井堆预制法，在路基工程中是一种经济有效的方法。

砂井堆预压，需进行地基固结计算，以确定加载以及砂井布置的有关数据。一般情况下，加载量大致和设计荷载接近，预压至 80% 固结度，砂井直径多为 8 ~ 10 cm，间距是井径的 6 ~ 8 倍。砂井长度应穿越地基可能的滑动面，井长如能穿透主要受压层，对沉降有利，如果软土层较浅，有透水性下卧层，则井长深入透水层，对排水固结更有利。为加速排水，缩短固结时间，在设置竖井的同时，可加设井顶砂垫层或横连通砂井的排水沙沟，砂垫层厚度为 0.5 ~ 1.0 m。

砂井成孔，有沉管法和水冲法两类沉管法是用锤击或振动方式将带靴的钢管沉入地基，管内灌砂，在振动作用下拔出钢管，最后在土中形成砂井。水冲法是利用高压水冲孔，孔内灌砂，此法施工速度快，但难以保证孔径均匀，质量较差。砂井的用砂，以中粗粒径为宜，含泥量不宜大于 3%，灌砂量（按质量计），大于井管外径所形成体积的 95%。

排水固结法中除砂井堆载预压外，还有降水预压和真空预压等。

4. 挤密法

土基中成孔后，在孔中灌以砂、石、土、灰土或石灰等材料，捣实而成直径较大的桩体，利用横向挤紧作用，使地基土粒彼此靠紧，孔隙减少，而且孔被填满和压紧，形成桩体，桩体具体较强的承载能力，群桩的面积约占松散土加固面积的 20%，以致桩和原土组成地基，达到加固的目的。

孔中灌砂形成砂桩，与上述砂井相比，形式相仿，但作用不同。井砂的作用是排水固结，井径较小而间距较大；砂桩的作用是将地基土挤紧，井径较大，而间距较小。砂井适合过湿软土层，而砂桩适用于处理松砂、杂填土和黏粒含量不大的普通黏性土，亦可有效防止砂土基地的振动液化。饱和软黏土的渗透性较小，灵敏度较大，夯击过程中土内产生的超孔隙压力不易迅速扩散，砂桩的挤密效果较差，甚至能破坏地基土的天然结构。

孔中填石灰而成灰桩，用于挤密软土地层，是近年来在国内外广泛应用的一种新方法。石灰桩主要作用是挤密，而生石灰的吸水、膨胀、发热及离子交换作用，使桩体硬化，改善了原地基土的性质，此外，还可减少因周围土的蠕变所引起的侧向位移。利用石灰桩加固软土地基，关键在于石灰桩在地下水中能否结硬，试验证明：水中含有酸根是石灰桩结硬的基本条件。由于石灰桩在水下结硬的速度比在空气中慢得多，所以将石灰和水就地拌合，增加石灰与外界的接触，结构条件比纯石灰桩好得多，可提高桩的早期强度。石灰桩吸水膨胀和对土体的挤压作用，是石灰桩加固地基的特殊功能。石灰桩施工的基本要求：生石灰必须密封储存，最好选用新鲜块灰；灰块必须粉碎至一定要求。

砂桩和石灰桩的布置尺寸，需通过设计计算而定，一般桩径为 20 ~ 30 cm，桩的间距约为桩径的 3.5 倍，可在平面上按梅花形布置，桩的长度与加固土层厚度及加固要求有关。桩孔的施工方法有冲击和振动力等。在湿陷性黄土中还可以爆扩成孔法，孔径约为 10 cm，孔内每隔 50 cm 置炸药筒，引爆扩孔挤压，再灌以黄土或灰土，分隔捣实，可以消除黄土的湿陷性。

振冲粒料桩适用于十字板抗剪强度大于 15 kPa 的地基土；沉管粒料桩适用于十字板抗剪强度大于 10 kPa 的地基土。粒料桩的直径及设置深度、间距应经稳定、沉降验算后确定，相邻桩净距不应大于 4 倍桩径。

加固土桩，采用深层拌合法加固软土地基的十字板抗剪强度不宜小于 10 kPa。采用粉喷桩法加固软土地基时，深度不应超过 15 m。加固土桩的直径及设置深度、间距应经稳定验算确定并应满足工后沉降的要求。相邻桩的净距不应大于 4 倍桩径。

振冲法是以起重机吊起振冲器、电动振冲器产生高频振动，水泵喷射高压水流，在振动和高压水的联合作用下，振冲器沉入土中预定深度，经过清孔用循环水带出孔中稠泥浆，向孔中逐段添加填料、予以振动挤密，在地基土中形成振冲桩。振冲器的起重能力为 10 ~ 15 t，水压力宜大于 500 kPa，供水量大于 20 m³/h，加料量的供应能力不小于 0.8 m³/min。

5. 化学加固法

利用化学溶液或胶结剂，采用压力灌注或搅拌混合等措施，使土颗粒胶结起来，达到对地基加固的目的，称为化学加固法，又称胶结法。此法加固效果取决于土的性质和所用化学剂，亦与施工工艺有关。

目前化学溶液主要有：①以水玻璃溶液为主的浆液，其配方较多，常用的水玻璃浆液和氯化钙浆液配合使用，价格很高，使用受到限制；②以丙烯酸氨为主的浆液，我国研制的丙强是其中一种，加固效果较好，因价高亦难以广泛采用；③水泥浆液，是由高强度的硅酸盐水泥，配以速凝剂而组成的浆液；④以纸浆溶液为主的浆液，如重铬酸盐木质素和木铵，加固效果好，但有毒性，且易污染地下水。以上四类，目前以水泥浆使用较多。今后发展的关键应是研制高效、无毒、易渗的化学浆液。

化学加固有注浆法、旋喷法和深层搅拌法。注浆法是利用机械压力将浆液通过注入管，均匀注入地层，浆液以填充和渗透方式，排挤土颗粒间或石隙中水分和空气，占据其位置，一定时间后，浆液凝固，可使原土层或缝隙固结成整体。其用途很广，路基中除用于防护坡面和堤岸处，亦可用于加固土基和整治滑坡等病害，用于加固流砂或流石地基，可以提高强度和不透水性，改善地下工程的开挖条件等。

注浆法所用的浆液，分为无机和有机两种。以水泥为主的浆液为无机类。其料源多、价格较低，但不宜灌入孔隙细微的土内，一般常用于砂卵石及岩石较大裂隙的地质条件中。水泥浆的水灰比为 0.8 ~ 1.0。为了改善浆液性能，可掺加外加剂。如速凝时，加水玻璃或氯化钙等；缓凝时，加岩粉或木质亚酸等。化学浆液的种类很多，以水玻璃和纸浆为主。水泥及化学浆液均属无机化学材料，其共同特点是速凝（几分钟）、强度高（水泥浆液 28 d 实验样品的抗压强度达 7.0 MPa 以上）、固结率高、可灌入性好，但抗折强度低（0.14 MPa 左右），适宜用于潮湿条件或水中（暴露空气中会龟裂剥落）、不耐冻、难注入细缝隙内。其他化学浆液中有木铵、丙烯胺及碱液，各自适用于一定条件。

旋喷法是在注浆法基础上发展起来的一项新技术。旋喷法是用钻机钻孔至设计深度，用高脉冲泵，通过安装在钻井下端的特殊喷射装置，向土中喷射化学浆液，在喷浆同时，钻杆以一定速度旋转并逐渐往上提升，高压射速流使一定范围的土体结构破坏，强制破坏的土体与化学浆液混合，胶结硬化后在土层中形成直径较均匀的圆柱体。旋喷的浆液以水泥浆液为主，如果土的渗水性较大或地下水流速较快，为防止浆液流失，浆液中应加速凝剂（如乙醇胺和氯化钙等）。

以上仅简略介绍已有的几种地基加固方法，有的已在国内公路路基工程中运用，有的（如土工布、土工格栅、强夯、水冲及旋喷法等）技术国内还在研讨，关键是机械设备和料源。可以预测，随着公路建设的高速发展，公路技术等级的提高，包括地基加固在内的路基防护与加固，在理论和实践上必将有新的发展与突破。

沉降与稳定观测设计：软土地基上的高填方路堤和桥头路堤应进行沉降与稳定观测设计，其设计内容包括沉降观测与侧向位移（稳定）测点位置、观测仪选型与布设、观测方法、观测频率。必要时，应进行软土地基深部位移观测。

路堤填土速率应满足下列要求：

（1）填筑时间不小于地基抗剪强度增长需要的固结时间。

（2）路堤中心沉降量每昼夜不得大于 15 mm，边桩位移量每昼夜不得大于 5 mm。软土地基上路堤宜结合工程实际，选择代表性地段提前填筑试路堤。

路面铺筑时间的确定，路面铺筑应在沉降稳定后进行，采用双标准控制：即要求推算的工后沉降量小于设计容许值，同时要求连续 2 个月观测的沉降量每月不超过 5 mm，方可卸载开挖路槽并开始路面铺筑。

思考题

1. 什么是路基防护与加固？其有何意义？
2. 什么是坡面防护？坡面防护的类型有哪些？
3. 什么是冲刷防护？冲刷防护的类型有哪些？
4. 什么是软土？软土的共性有哪些？软土地基的加固措施有哪些？

第 6 章

挡土墙设计

6.1 挡土墙概述

6.1.1 挡土墙的用途

挡土墙是用来支撑天然边坡或人工填土边坡以保持土体稳定的建筑物。在公路工程中广泛应用于支撑路堤或路堑边坡、隧道洞口、桥梁及河流岸壁等。

按照墙的设置位置，挡土墙可分为路肩墙、路堤墙、路堑墙和山坡墙等类型（图 6-1）。

路肩墙或路堤墙设置在高填路堤或陡坡路堤的下方，可以防止路基边坡或基底滑动，确保路基稳定，同时可收缩填土坡脚，减少填方数量，减少拆迁和占地面积，以及保护临近线路的重要建筑物。

路堑挡土墙设置在堑坡底部，主要用于支撑开挖后不能自行稳定的边坡，同时可减少挖方数量，降低边坡高度。山坡挡土墙设在堑坡上部，用于支撑山坡上可能坍塌的覆盖层，有的也兼有栏石作用。

此外，设置在隧道口或明洞口的挡土墙，可缩短隧道或明洞长度，降低工程造价。设置在桥梁两端的挡土墙，作为翼墙或桥台，起着护台的作用，而抗滑挡土墙则用于防治滑坡。

挡土墙各部分名称如图 6-1 （a）所示，靠填土（或山体）一侧为墙背，外露一侧为墙（也称墙胸），墙面与墙底的交线称为墙趾，墙背与墙底的交线称为墙踵，墙背与铅垂线的交角称为墙背倾角 α。

墙背的倾角方向比照面向外侧站立的人的俯仰情况，分俯斜、仰斜和垂直三种。墙背向外侧倾斜时，为俯斜墙背，如图 6-1 （a）所示的 α 为正，墙背铅垂时，为垂直墙背，如图 6-1 （b）所示的 α 为零，墙背向填土一侧倾斜时，为仰斜墙背，如图 6-1 （c）所示的 α 为负。如果墙背具有单一坡度，称为直线形墙背；若多于一个坡度，则称为折线形墙背。

选择挡土墙设计方案时，应与其他方案进行技术经济比较。例如，采用路堑或山坡挡土墙，常需与隧道、明洞或刷缓边坡的方案做比较；采用路堤或路肩挡土墙，有时需与栈桥或陡坡填方等项比较，以求工程经济合理。

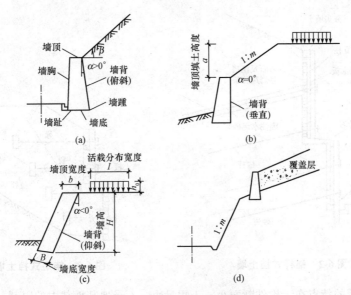

图6-1　挡土墙的各部分名称

（a）路堑挡土墙；（b）路堤挡土墙；（c）路肩挡土墙；（d）山坡挡土墙

6.1.2　挡土墙的类型

1. 重力式挡土墙

重力式挡土墙依靠墙身自重支撑压力来维持其稳定。一般多采用片（块）石砌筑，在缺乏石料的地区也有用混凝土修建。重力式挡土墙圬工量较大，但其形式简单，施工方便，可就地取材，适应性较强，故被广泛应用。

为适应不同地形、地质条件及经济要求，重力式挡土墙具有多种墙背形式。其中，墙背为直线形的是普通重力式挡土墙，其断面形式简单，土压力计算简便。带衡重台的挡土墙，称为衡重式挡土墙。其主要稳定条件仍凭借墙身自重，但由于衡重台上填土的重力使全墙重心后移，增加了墙身的稳定，且因其墙面胸坡，下墙墙背仰斜，以减少墙高度，减少开挖工作量，避免过分牵动山体的稳定，有时还可以利用台后净空拦截落石。衡重式挡土墙适用于在山区公路建设中采用，但由于其基底面积较小，对地基承载力要求较高，因此应设置在坚硬的地基上。不带衡重台的折线形墙背挡土墙，则介乎上述两者之间。

2. 锚定式挡土墙

锚定式挡土墙通常包括锚定杆式和锚定板式两种。

锚杆式挡土墙（图6-2）是一种轻型挡土墙，主要由预制的钢筋混凝土立柱、挡土板构成墙面，与水平或倾斜的钢板联合组成。锚杆的一端与立柱连接，另一端被锚固在山坡深处的稳定岩层或土层中。墙后侧压力由挡土板传递给立柱，由锚杆与岩体之间的锚固力，即锚杆的抗拔力，使墙获得稳定。它适应于墙高较大、石料缺乏或挖基困难地区，具有锚固条件的路基挡土墙，一般多用于路堑挡土墙。

锚定板式挡土墙（图6-3）的结构形式与锚杆式基本相同，只是锚杆的锚固端改用锚定板，入墙后填料内部的稳定层中，依靠锚定板产生的抗拔力抵抗侧压力，保持墙的稳定，主要适用于缺乏石料的地区，不适用于路堑挡土墙。

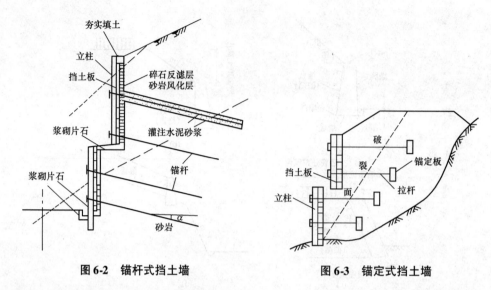

图 6-2　锚杆式挡土墙　　　　　　图 6-3　锚定式挡土墙

锚定式挡土墙的特点在于构件断面小，工程量小，不受地基承载力的限制，构件可预制，有利于实现结构轻化和施工机械化。

3. 薄壁式挡土墙

薄壁式挡土墙是钢筋混凝土结构，包括悬臂式和扶壁式两种主要形式。

悬臂式挡土墙如图 6-4 所示，由立壁和底板组成，具有三个悬臂：即立壁、趾板和踵板。当墙身较高时，沿墙长每隔一定距离筑肋板（扶壁）联结墙面板及踵板，称为扶壁式挡土墙，如图 6-5 所示。它们的共同特点是：墙身断面较小，结构的稳定性不是依靠本身的重力，而是主要依靠踵板上的填土重力来保证；自重小，圬工省，适用于墙高较大的情况，但需使用一定数量的钢材，经济效果较好。

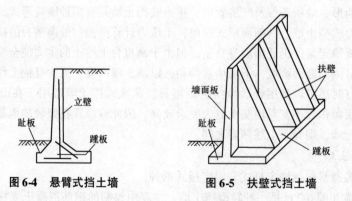

图 6-4　悬臂式挡土墙　　　　　　图 6-5　扶壁式挡土墙

4. 加筋土挡土墙

加筋土挡土墙出填土、填土中布置的拉筋条以及墙面板三部分组成（图 6-6）。在垂直于墙面的方向，按一定间隔和高度水平地放置拉筋材料，然后填土压实，通过填土与拉筋间的摩擦作用，把土的侧压力传递给拉筋，从而稳定土体。拉筋材料通常为镀锌薄钢带、铝合金、高强度塑料及合成纤维等。墙面板一般用混凝土预制，也可采用半圆形铝板。加筋土挡土墙为柔性结构，对地基变形适应性大，建筑高度大，适用于填土路基，结构简单，圬工量少，与其他类型挡土墙相比，可节省投资 30% ~ 70%，经济效益大。

此外，挡土墙还有柱板式挡土墙（图 6-7）、桩板式挡土墙（图 6-8）和垛式（又称框架式）挡土墙（图 6-9）等。挡土墙的类型应综合考虑工程地质、水文地质、冲刷深度、荷载作用情况、环境条件、施工条件、工程造价等因素，按表 6-1 的规定选用。

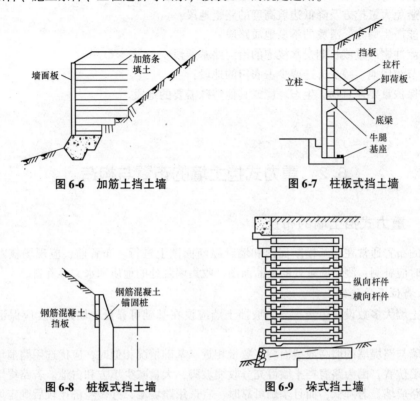

图 6-6　加筋土挡土墙　　　　　　图 6-7　柱板式挡土墙

图 6-8　桩板式挡土墙　　　　　　图 6-9　垛式挡土墙

表 6-1　各类挡土墙适用条件

挡土墙类型	适用条件
重力式挡土墙	适用于一般地区、浸水地区和地震地区的路肩、路堤和路堑等支挡工程。墙高不宜超过 12 m，干砌挡土墙的高度不宜超过 6 m。高速公路、一级公路不应采用干砌挡土墙
半重力式挡土墙	适用于不宜采用重力式挡土墙的地下水水位较高或较软弱的地基上，墙高不宜超过 8 m
悬臂式挡土墙	宜在石料缺乏、地基承载力较低的填方路段采用，墙高不宜超过 5 m
扶壁式挡土墙	宜在石料缺乏、地基承载力较低的填方路段采用，墙高不宜超过 15 m
锚杆式挡土墙	宜用于墙高较大的岩质路堑地段，可用作抗滑挡土墙，可采用肋柱式或板壁式单级墙或多级墙，每级墙高不宜大于 8 m，多级墙的上、下级墙体之间应设置宽度不小于 2 m 的平台
锚定式挡土墙	宜使用在缺少石料地区的路肩墙或路堤式挡土墙，但不应建筑于滑坡、坍塌、软土及膨胀土地区。可采用肋柱式或板壁式，墙高不宜超过 10 m。肋柱式锚定板挡土墙可采用单级或双级墙，每级墙高不宜大于 6 m，上、下级墙体之间应设置宽度不小于 2 m 的平台，上下两级墙的肋柱宜交错布置
加筋土挡土墙	用于一般地区的路肩式挡土墙、路堤式挡土墙，但不应修建在滑坡、水流冲刷、崩塌等不良地质地段。高速公路、一级公路墙高不宜大于 12 m，二级及二级以下公路不宜大于 20 m。当采用多级墙时，每级墙高不宜大于 10 m，上、下级墙体之间应设置宽度不小于 2 m 的平台
桩板式挡土墙	用于表土及强风化层较薄的均质岩石地基，挡土墙高度可较大，也可用于地震区的路堑或路堤支挡或滑坡等特殊地段的治理

6.1.3 路基考虑修建挡土墙的情况

（1）路基位于陡坡地段或岩石风化的路堑边缘地段；

（2）为避免大量挖方及降低边坡高度的路堑地段；

（3）可能产生塌方、滑坡的不良地质路段；

（4）水流冲刷严重或长期受水浸泡的沿河路基地段；

（5）为节约用地、减少拆迁或少占农田的地段；

（6）为保护重要建筑物、生态环境或其他特殊需要的地段。

6.2 重力式挡土墙的布置与构造

6.2.1 重力式挡土墙的布置

挡土墙的布置通常在路基横断面图和墙趾纵断面图上进行。布置前，应现场核对路基横断面图，不足时应补测；测绘墙趾处的纵断面图，收集墙趾处的地质和水文等资料。

1. 挡土墙位置的选定

路堑挡土墙大多数设在边沟等。山坡挡土墙应设在基础可靠处，墙的高度应保证墙后墙顶上边的稳定。

当路肩墙与路堤墙的墙高或截面圬工数量相近、基础情况相似时，应优选用路肩墙，按路基宽布置挡土墙位置，因为路肩挡土墙可充分收缩坡脚，大量减少填方和占地。若路堤墙的高度或圬工数量比路肩墙显著降低，而且基础可靠时，宜选用路堤墙，并做经济比较后确定墙的位置。

沿河路堤设置挡土墙时，应结合河流情况来布置，注意设墙后仍保持水流顺畅，不致挤压河道而引起局部冲刷。

2. 挡土墙的平面布置

对于个别复杂的挡土墙，如高、长的沿河曲线挡土墙，应做平面布置，绘制平面图，标明挡土墙与路线的平面位置及附近地貌与地物等情况，特别是与挡土墙有干扰的建筑物的情况。沿河挡土墙还应绘出河道及水流方向，防护与加固工程等。

3. 挡土墙的纵向布置

挡土墙纵向布置在墙趾纵断面图上进行，布置后绘成挡土墙正面图。布置的内容有：

（1）确定挡土墙的起讫点和墙长，选择挡土墙与路基或其他结构物的衔接方式。路肩挡土墙端部可嵌入石质路堑中，或采用锥坡与路堤衔接；与桥台连接时，为了防止墙后回填土从桥台尾端与挡墙连接处的空隙中溜出，需在台尾与挡土墙之间设置隔墙及接头墙。

路堑挡土墙在隧道洞口应结合隧道洞门、翼墙的设置做到平顺衔接；与路堑边坡衔接时，一般将墙高逐渐降低至 2 m 以下，使边坡坡脚不致伸入边沟内，有时也可与横向端墙连接。

（2）按地基及地形情况进行分段，确定伸缩缝与沉降缝的位置。

（3）布置各段挡土墙的基础。墙趾地面有纵坡时，挡土墙的基底宜做成不大于 5% 的纵坡。但地基为岩石时，为减少开挖，可沿纵向做成台阶。台阶尺寸视纵坡大小而定，但其高宽比不宜大于 1∶2。

（4）布置泄水孔的位置，包括数量、间隔和尺寸等。在布置图上注明各特征点的桩号，以及墙顶、基础顶面、基底、冲刷线、冰冻线、常水位线或设计洪水位的标高等，如图 6-10 所示。

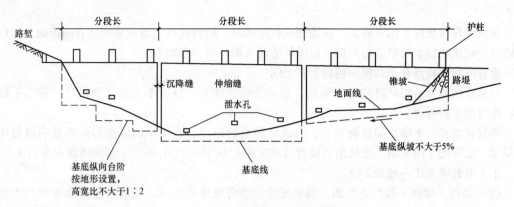

图 6-10 挡土墙纵向布置图

4. 挡土墙的横向布置

横向布置，选择在墙高最大处、墙身断面或基础形式有变化处，以及其他必须桩号处的横断面图上进行。根据墙型、墙高及地基与填料的物理力学指标等设计资料，进行挡土墙设计或套用标准图，确定墙身断面、基础形式和埋置深度，布置排水设施等，并绘制挡土墙横断面图。

以上设计图纸，可标写简要说明，必要时可另编设计说明书，说明选用挡土墙方案的理由、选用挡土墙结构类型和设计参数的依据、对材料和施工的要求、注意事项以及主要工程数量等，如采用标准图，应注明其编号。

6.2.2 重力式挡土墙的构造

挡土墙的构造必须满足强度和稳定性的要求，同时考虑就地取材、结构合理、断面经济、施工养护方便与安全。

常用的重力式挡土墙一般由墙身、基础、排水设施和伸缩缝等部分组成。

1. 墙身

（1）墙背。重力式挡土墙的墙背，可做成仰斜、垂直、俯斜、凸形折线和衡重式等形式（图 6-11）。

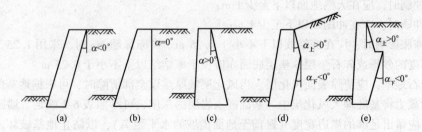

图 6-11 重力式挡土墙的断面形式

（a）仰斜；（b）垂直；（c）俯斜；（d）凸形折线；（e）衡重式

仰斜墙背所受的土压力小，故墙身断面较经济。用于路堑墙时，墙身与开挖面边坡较贴合，故开挖量与回填量均较小。但当墙趾处地面横坡较陡时，会使墙身增高，断面增大。故仰斜墙背适用于路堑墙及墙趾处地面平坦的路肩墙或路堤墙。仰斜墙背的坡度不宜缓于 1:0.3，以免施工困难。

俯斜墙背所受的土压力较大。在地面横坡陡峻时,俯斜式挡土墙可采用陡直的墙面,借以减小墙高。俯斜墙背也可做成台阶形,以增加墙背与填料间的摩擦力。

垂直墙背的特点介于仰斜和俯斜墙背之间。

凸形折线墙背是将仰斜式挡土墙的上部墙背改为俯斜,以减小上部断面尺寸,多用于路堑墙,也可用于路肩墙。

衡重式墙在上下墙之间设衡重台,并采用陡直的墙面。适用于山区地形陡峻处的路肩墙和路堤墙,也可用于路堑墙。上墙俯斜墙背的坡度为1:0.25~1:0.45,下墙仰斜墙背在1:0.25左右,上下墙的墙高比一般为2:3。

(2) 墙面。墙面一般均为平面,其坡度应与墙背坡度相协调。墙面坡度直接影响挡土墙的高度,因此,在地面横坡较陡时,墙面坡度一般为1:0.05~1:0.20,矮墙可用陡直墙面;地面平缓时,一般采用1:0.20~1:0.35较为经济。

(3) 墙顶。墙顶最小宽度,浆砌挡土墙不小于50 cm,干砌不小于60 cm。浆砌路肩墙墙顶一般采用粗石料或混凝土做成顶帽,厚为40 cm。做顶帽,对路堤墙和路堑墙,墙顶应以大块石砌筑,并用砂浆勾缝,或用M5砂浆抹平顶面,砂浆厚为2 cm。干砌挡土墙墙顶50 cm高度内,应用M25砂浆砌筑,以增加墙身稳定。干砌挡土墙的高度一般不宜大于6 m。

(4) 护栏。为保证交通安全,在地形险峻地段,或地高过长的路肩墙的墙顶应设置护栏。为保持土路肩最小宽度,护栏内侧边缘距路面边缘的距离,二、三级路不小于0.75 m,四级路不小于0.5 m。

2. 基础

地基不良和基础处理不当,往往会引起挡土墙的破坏,因此必须重视挡土墙的基础设计,事先应对地基的地质条件做详细调查,必要时须先做挖探或钻探,然后确定基础类型与埋置深度。

(1) 基础类型。绝大多数挡土墙,都直接修筑在天然基础上。

当地基承载度不足,地形平坦而墙身较高时,为了减少基底压应力和增加抗倾覆稳定性,常常采用扩大基础,将墙趾或墙踵部分加宽成台阶,或两侧同时加宽,以加大承压面积。加宽宽度视基底应力需要减少的程度和加宽后的合力偏心距的大小而定,一般不小于20 cm。

(2) 基础埋置深度。对于土质地基,基础埋置深度应符合下列要求:

1) 无冲刷时,应在天然地面以下至少1 m;

2) 有冲刷时,应在冲刷线以下至少1 m;

3) 受冻胀影响时,应在冻结线以下不小于0.25 m。当冻深超1m时,采用1.25,但基底应夯填一定厚度的砂砾或碎石垫层,垫层底面亦应位于冻结结以下不小于0.25 m。

对于岩石地基,应清除表面风化层。当风化层较厚难以全部清除时,可根据地基的风化程度及其容许承载力将基底埋入风化层中。基础嵌入岩层的深度,可参照表6-2确定。墙趾前地面横坡较大时,应留出足够的襟边宽度(趾前至地面横坡的水平距离),以防止地基破坏。当挡土墙位于地质不良地段,地基土内可能出现滑动面时,应进行地基抗滑稳定性验算,将基础底面埋置在滑动面下,或采用其他措施,以防止挡土墙滑动。

3. 排水设施

挡土墙应设置排水措施,以疏干墙后土体和防止地面水下渗,防止墙后积水形成静水压力,减少寒冷地区回填上的冻胀压力,消除黏性土填料浸水的膨胀压力。

表 6-2　基础嵌入岩层的深度

岩层种类	基础埋深 h /m	襟边宽度 L /m	嵌入示意图
较完整的坚硬岩石	0.25	0.25～0.5	
一般岩石（如砂页岩等）	0.6	0.6～1.5	
松散岩石（如千枚岩等）	1.0	1.0～2.0	
砂夹砾石	≥1.0	1.5～2.5	

排水措施主要包括：设置地面排水沟，引排地面水；夯实回填土顶面和地面松土，防止雨水及地面水下渗，必要时可加设铺砌；对路堑挡墙墙趾前的边沟应予以铺砌加固，以防边沟水渗入基础；设置墙身泄水孔，排除墙后水。

浆砌块（片）石墙身应在墙面地面以上设一排泄水孔（图 6-12）。墙高时，可在墙上部加设一排汇水孔。汇水孔的尺寸一般为 5 cm×10 cm、10 cm×10 cm、15 cm×20 cm 的方孔或直径为 5～10 cm 的圆孔。孔眼间距一般为 2～3 m，对于浸水挡土墙孔眼间距一般为 1.0～1.5 m，干旱地区可适当加大，孔眼上下错开布置。下排排水孔的出口应高出墙前地面 0.3 m；若为路堑墙，应高出边沟水位 0.3 m；若为浸水挡土墙，应高出常水位 0.3 m。为防止水分渗入地基，下排泄水孔进口的底部应铺设 30 cm 厚的黏土隔水层。泄水孔的进水口部分应设置粗粒料反滤层，以免孔的范围内铺设厚度不小于 0.3 m 的砂卵石排水层。干砌挡土墙因墙身透水，可不设泄水孔。

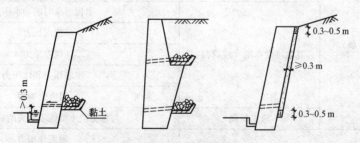

图 6-12　泄水孔及排水层

4. 沉降缝与伸缩缝

为避免因地基不均匀沉陷而引起墙身开裂，需根据地质条件的变异和墙高、墙身断面的变化情况设置沉降缝。为了防止圬工砌体因收缩硬化和温度变化而产生裂缝，应设置伸缩缝。设置时，一般将沉降缝与伸缩缝合并设置，沿路线方向每隔 10～15 m 设置一道，兼起两者的作用，缝宽为 2～3 cm，缝内一般可用胶泥填塞，但在渗水量大，填料容易流失或冻害严重地区，则宜用沥青麻筋或涂有沥青的木板等具有弹性的材料，沿内、外、顶三方填塞，填深不宜小于 0.15 m，当墙后为岩石路堑或填石路堤时，可设置空缝。干砌挡土墙，缝的两侧应选用平整石料砌筑，使成垂直通缝。

6.3 重力式挡土墙设计

6.3.1 挡土墙的荷载计算方法

1. 挡土墙的荷载

施加于挡土墙的作用（或荷载），按性质分列于表6-3中。

表6-3 荷载分类

作用（或荷载）		作用（或荷载）名称
永久作用（或荷载）		挡土墙结构重力
		填土（包括基础襟边以上土）重力
		填土侧压力
		墙顶上的有效永久荷载
		墙顶与第二破裂面之间的有效荷载
		计算水位的浮力及静水压力
		预加力
		混凝土收缩及徐变
		基础变位影响力
可变作用（或荷载）	基本可变作用（或荷载）	车辆荷载引起的土侧压力
		人群荷载引起的土侧压力
	其他可变作用（或荷载）	水位退落时的动水压力
		流水压力
		波浪压力
		冻胀压力和冰压力
		温度影响力
	施工荷载	与各类挡土墙施工有关的临时荷载
偶然作用（或荷载）		地震作用力
		滑坡、泥石流作用力
		作用于墙顶护栏上的车辆碰撞力

2. 荷载效应组合

作用在一般地区挡土墙上的力，只可计算永久作用（或荷载）和基本可变作用（或荷载），浸水地区、地震动峰值加速度为 $0.2g$ 及以上地区、产生冻胀力的地区，尚应计算其他可变作用（或荷载）和偶然作用（或荷载），作用（或荷载）组合可按表6-4进行。

挡土墙上受地震力作用时，应符合《公路工程抗震规范》（JTG B02—2013）的规定。

用于具有明显滑动面的抗滑挡土墙，荷载计算应符合有关规定。泥石流地段的路基挡土墙，应符合有关的规定。

浸水挡土墙墙背为岩块和粗粒土（粉砂除外）时，可不计墙身两侧静水压力和墙背动水压力。

表6-4 常用作用（或荷载）组合

组合	作用（或荷载）名称
I	挡土墙结构重力、墙顶上的有效永久荷载、填土重力、填土侧压力及其他永久荷载组合
II	组合 I 与基本可变荷载相结合
III	组合 II 与其他可变荷载、偶然荷载相组合

注：1. 洪水与地震力不同时考虑；
2. 冻胀力、冰压力与流水压力或波浪压力不同时考虑；
3. 车辆荷载与地震力不同时考虑。

墙身所受浮力应根据地基地层的浸水情况按下列原则确定：

（1）砂类土、碎石类土和节理发育的岩石地基，按计算水位的100%计算。

（2）岩石地基按计算水位的50%计算。

作用在墙背上的主动土压力，可按库仑理论计算。应进行墙后填料的土质试验，确定填料的物理力学指标。当缺乏可靠试验数据时，填料内摩擦角 φ 可参照表6-5选用。

表6-5 填料内摩擦角或综合内摩擦角

填料种类		综合内摩擦角 φ/°	内摩擦角 φ/°	重度/（$kN \cdot cm^{-3}$）
黏性土	墙高 $H \leq 6$ m	35 ~ 40	—	17 ~ 18
	墙高 $H > 6$ m	30 ~ 35	—	
碎石、不易风化的块石		—	45 ~ 50	18 ~ 19
大卵石、碎石类土、不易风化的岩石碎块		—	40 ~ 45	18 ~ 19
小卵石、砾石、粗砂、石屑		—	35 ~ 40	18 ~ 19
中砂、细砂、砂质土		—	30 ~ 35	17 ~ 18

注：填料重度可根据实测资料做适当修正，计算水位以下的填料重度采用浮重度。

3. 挡土墙的设计方法—极限状态设计的分项系数法

挡土墙构件承载能力极限状态设计采用的一般表达式：

$$\gamma_0 S \leq R(\cdot) \tag{6-1}$$

$$R(\cdot) = R\left(\frac{R_k}{\gamma_f}, \alpha_d\right) \tag{6-2}$$

式中 γ_0——结构重要性系数，按表6-6的规定选用；

S——作用（或荷载）效应的组合设计值；

$R(\cdot)$——挡土墙结构抗力函数；

R_k——抗力材料的强度标准值；

γ_f——结构材料、岩土性能的分项系数；

α_d——结构或结构构件几何参数的设计值，无可靠数据时，可采用几何参数标准值。

表6-6 结构重要性系数 γ_0

墙高/m	公路等级	
	高速公路、一级公路	二级及以下公路
≤5.0	1.0	0.95
>5.0	1.05	1.0

挡土墙前的被动土压力可不计算，当基础埋置较深且地层稳定、不受水流冲刷和扰动破坏时，可计入被动土压力，但应按表6-7的规定计入作用分项系数。

表6-7　承载能力极限状态作用（或荷载）分项系数

情况	荷载增大对挡土墙结构起有利作用时		荷载增大时对挡土墙结构起不利作用时	
组合	Ⅰ、Ⅱ	Ⅲ	Ⅰ、Ⅱ	Ⅲ
垂直恒载	0.90		1.20	
恒载或车辆荷载、人群荷载的主动土压力	1.00	0.95	1.40	1.30
被动土压力	0.30		0.50	
水浮力	0.95		1.10	
静水压力	0.95		1.05	
动水压力	0.95		1.20	

4. 挡土墙设计的极限状态

挡土墙设计按"分项安全系数极限状态"法进行。

挡土墙设计分承载力极限状态和正常使用极限状态。承载力极限状态是当挡土墙出现以下任何一种状态，即认为超过了承载力极限状态：

（1）整个挡土墙或挡土墙的一部分作为刚体失去平衡；

（2）挡土墙构件或连接部件因材料强度超过而破坏，或因过度塑性变形而不适于继续承载；

（3）挡土墙结构变为机动体系或局部失去平衡。

挡土墙构件承载能力极限状态采用下列表达式：

$$r_0(R_G S_{Gk} + r Q_I S_{Q,k} + \sum r_{Q_i} \Phi_{ci} S_{Q,k}) \geqslant R_k / r_k \tag{6-3}$$

式中　r_0——结构重要性系数，对高速公路和一级公路；墙高≤5 m时，$r_0 = 1.0$，墙高>5 m时，$r_0 = 1.05$。

r_G——垂直恒载引起的土压力效应分项系数；

r_{Q_I}——抗力安全系数；

S_{Gk}——恒载效应（包括挡土墙自重及踵板上或基础襟边以上的土重）

$S_{Q,k}$——恒载及汽车活载的土压力效应；

$S_{Q,k}$——其他荷载效应（$i \geqslant 2$）；

R_k——构件抗力标准值；

Φ_{c_i}——荷载效应组合系数；

r_{Q_i}——其他荷载效应分项系数（$i \geqslant 2$）；

承载能力极限状态分项荷载系数表6-7所示。

正常使用极限状态是挡土墙出现下列状态之一时，即认为超过了正常使用极限状态：

（1）影响正常使用或外观变形；

（2）影响正常使用或耐久性的局部破坏（包括裂缝）；

（3）影响正常使用的其他特定状态。

正常使用极限状态，除被动土压力用0.5外，其他全部荷载系数规定采用1.0。

当对挡土墙进行基础合力偏心跑和坵工结构合力偏心距计算时，除被动土压力用0.5外，其他全部荷载系数规定采用1.0。

6.3.2 挡土墙稳定性验算

1. 抗滑稳定性验算

为保证挡土墙抗滑稳定性，应验算在土压力及其他外力作用下，基底摩阻力抵抗挡土墙滑移的能力如图 6-13 所示。

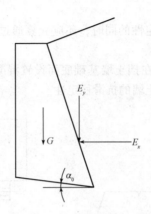

图 6-13 挡土墙的抗滑动稳定

挡土墙的滑动稳定方程与抗滑稳定系数按下式计算：

（1）滑动稳定方程：

$$[1.1G + \gamma_{Q_1}(E_y + E_x\tan\alpha_0) - \gamma_{Q_2}E_p\tan\alpha_0]\mu + (1.1G + \gamma_{Q_1}E_y)\tan\alpha_0 - \gamma_{Q_1}E_x + \gamma_{Q_1}E_p > 0$$

$$(6\text{-}4)$$

式中　G——作用于基底以上的重力（kN），浸水挡土墙的浸水部分应计入浮力；

　　　　E_y——墙后主动土压力的竖向分量（kN）；

　　　　E_y——墙后主动土压力的水平分量（kN）；

　　　　E_p——墙前被动土压力的水平分量（kN），当为浸水挡土墙时，$E_p = 0$；

　　　　μ——基底与基底土间的摩擦系数（表 6-8）；

　　　　α_0——基底倾斜角（度）基底为水平时，$\alpha_0 = 0$；

　　　　γ_{Q_1}，γ_{Q_2}——主动土压力分项系数。

表 6-8 基底与基底土间的摩擦系数 μ

地基土的分类	摩擦系数	地基土的分类	摩擦系数
软塑黏土	0.25	碎石类土	0.50
硬塑黏土	0.30	软质岩石	0.40 ~ 0.60
砂类土、黏砂土、半干硬的黏土	0.30 ~ 0.40	硬质岩石	0.60 ~ 0.70
砂类土	0.40		

（2）抗滑动稳定系数 K_c 按下式计算：

$$K_c = \frac{[N + (E_x - E_p')\tan\alpha_0]\mu + E_p'}{E_x - N\tan\alpha_0}$$

$$(6\text{-}5)$$

式中　N——作用于基底上合力的竖直分力（kN），浸水挡土墙应计浸水部分的浮力；

　　　　E_p'——墙前被动土压力水平分量的 30%（kN）。

其余符号意义同前。

（3）增加抗滑稳定性的方法。

1）设置倾斜基底（图6-14）。设置向内倾斜的基底，可以增加抗滑力和减少滑动力，从而增加抗滑稳定性。

基底倾角 α_0 越大，越有利于抗滑稳定性，但应考虑挡土墙连同地基土体一起滑动的可能性，因此对地基倾斜度应加以控制。通常，对土质地基，不陡于 $1:5$（$\alpha_0 \leq 110°10'$）；对岩石地基不陡于 $1:3$（$\alpha_0 \leq 16°42'$）。

此外，在验算沿基底的抗滑稳定性的同时，还应验算通过墙踵的地基水平面中的 I-I 水平面）的滑动稳定性。

2）采用凸榫基础（图6-15）。在挡土墙基础底面设置混凝土凸榫，与基础连成整体，利用榫前土体产生的被动土压力增加挡土墙的抗滑稳定性。

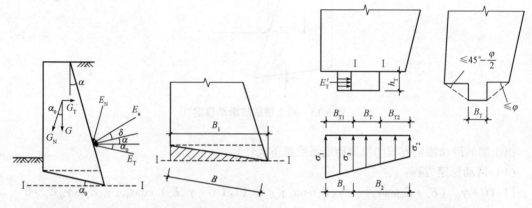

图6-14 倾斜基底增加挡土墙抗滑稳定性　　　　**图6-15 凸榫基础**

为了增加榫前被动阻力，应使榫前被动土楔不超过墙趾。同时，为了防止因设凸榫而增加墙背的主动土压力，应使凸榫后缘与墙踵的连线同水平线的夹角不超过 φ。因此应将整个凸榫置于通过墙趾并与水平线成 $45° - \varphi/2$ 线和通过墙踵并与水平线成 φ 线所形成的三角形范围内。

当 $\beta = 0°$（填土表面水平），$\alpha = 0°$（墙背垂直），$\delta = 0°$（墙光滑）时，榫前的单位被动土压力 σ_p，按朗肯（Rankine）理论计算。

$$\sigma = \gamma\, h \tan^2\left(45° + \varphi/2\right) \approx \frac{1}{2}\left(\sigma_1 + \sigma_3\right)\tan^2\left(45° + \varphi/2\right) \tag{6-6}$$

考虑到产生全部被动土压力所需要的墙身位移量大于墙身设计所允许的位移量，为工程安全所不允许，因此相关规范规定，凸榫前的被动土压力按朗肯被动土压力的 1/3 采用；

即

$$e_p = \frac{1}{3}\sigma_p = \frac{1}{3}\left[\frac{1}{2}\left(\sigma_1 + \sigma_3\right)\tan^2\left(45° + \varphi/2\right)\right]$$

$$E_p' = e_p \cdot h_T \tag{6-7}$$

在榫前 B_T 前宽度内，因已考虑了部分被动土压力，故未计其基底摩擦阻力。

按照抗滑稳定性的要求，令 $K_c = [K_c]$ 代入式（6-6），即可得出凸榫高度 h_T 的计算式

$$h_T = \frac{[K_c]K_x - \frac{1}{2}\left(\sigma_2 + \sigma_3\right)B_2 f}{e_p} \tag{6-8}$$

凸榫宽度 B_T 根据以下两方面的要求进行计算，取其大者。

2. 抗倾覆稳定性验算

为保证挡土墙抗倾覆稳定性，须验算抵抗墙身绕墙趾向外转动倾覆的能力，如图6-16所示。

挡土墙的倾覆稳定方程与抗倾覆稳定系数按下列公式计算：

(1) 倾覆稳定方程：

$$0.8GZ_G + \gamma_{Q_1}(E_yZ_x - E_xZ_y) + \gamma_{Q_2}E_PZ_P > 0 \qquad (6-9)$$

式中　Z_G——墙身重力、基础重力、基础上填土的重力及作用于墙顶的其他荷载的竖向力合力重心到墙趾的距离（m）；

　　　Z_x——墙后主动土压力的竖向分量到墙趾的距离（m）；

　　　Z_y——墙后主动土压力的水平分量到墙趾的距离（m）；

　　　Z_P——墙后被动土压力的水平分量到墙趾的距离（m）。

其余符号意义同前。

(2) 抗倾覆稳定系数 K_0 按下式计算：

$$K_0 = \frac{GZ_G + E_yZ_x + E'_PZ_P}{E_xZ_y} \qquad (6-10)$$

式中符号意义同前。

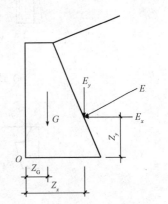

图 6-16　挡土墙的抗倾覆稳定

在规范规定的墙高范围内，验算挡土墙的抗滑动和抗倾覆稳定时，稳定系数不宜小于表6-9的规定值。

表 6-9　抗滑动和抗倾覆的稳定系数

荷载情况	验算项目	稳定系数	
荷载组合Ⅰ、Ⅱ	抗滑动	K_c	1.3
	抗倾覆	K_0	1.5
荷载组合Ⅲ	抗滑动	K_c	1.3
	抗倾覆	K_0	1.3
施工阶段验算	抗滑动	K_c	1.2
	抗倾覆	K_0	1.2

设置于不良土质地基、表土下为倾斜坡土的挡土墙，应对挡土墙地基及填土的整体稳定性进行验算，其稳定系数不应小于1.25。

(3) 增加抗倾覆稳定性的方法。为增加抗倾覆稳定性，应采取加大稳定力矩和减小倾覆力矩的办法。

1) 展宽墙趾。在墙趾处展宽基础以增加稳定力臂，是增加抗倾覆稳定性的常用方法，但在地面横坡较陡处，会由此引起墙高增加。

2) 改变墙面及墙背坡度。改缓墙面坡度可增加稳定力臂，如图6-17（a）所示，改陡俯斜墙背或改缓仰斜墙背可减少土压力，如图6-17（b）、（c）所示。在地面纵坡较陡处，均须注意对墙高的影响。

3) 改变墙身断面类型。当地面横坡较陡时，应使墙胸尽量陡立。这时可改变墙身断面类型，如改用衡重式墙或者墙后加设卸荷平台、卸荷板（图6-18），可减少土压力并增加稳定力矩。

3. 基底应力及合力偏心距验算

为了保证挡土墙基底应力不超过地基承载力，应进行基底应力验算，同时，为了避免挡土墙不均匀沉陷，应控制作用于挡土墙基底的合力偏心距。

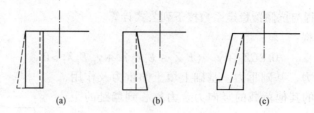

图 6-17 改变胸坡及背坡

（a）改变胸坡；（b）改陡俯斜墙背；（c）改为仰斜墙背

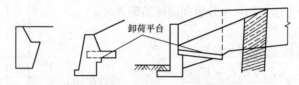

图 6-18 改变墙身类型措施

（1）基础地面的压应力。

1）轴心荷载作用时。

$$\sigma = \frac{N}{A} \tag{6-11}$$

式中　σ——基底平均压应力（kPa）；

　　　A——基础底面每延米的面积（m^2），即基础宽度，$B \times 1.0$；

　　　N——每延米作用于基底的总竖向力设计值（kN）；

$$N = (Gr_G + r_{Q_i}E_y - W) \cos\alpha_0 + r_{Q_i}E_y\sin\alpha_0$$

式中　E——墙背主动土压力（含附加荷载引起的）的垂直分力（kN）；

　　　E_x——墙背主动土压力（含附加荷载引起的）的水平分力（kN）；

　　　W——低水位浮力（指常年淹没水位）（kN）。

2）偏心荷载作用时。

作用于基底的合力偏心距 e 为

$$e = \frac{B}{2} - Z_N \tag{6-12}$$

式中，$Z_N = \dfrac{\sum M_y - \sum M_0}{\sum M} = \dfrac{GZ_G + E_yZ_x - E_xZ_y}{G + E_y}$。

或基底合力的偏心距 e_0 可按下式计算：

$$e_0 = \frac{M_d}{N_d} \tag{6-13}$$

式中　N_d——作用于基础上的垂直力组合设计值（kN/m）；

　　　M_d——作用于基础形心的弯矩组合设计值（MPa）。

计算挡土墙地基时，各类作用（或荷载）组合下，作用效应组合设计值计算式中的作用分项系数，除被动土压力分项系数 $\gamma_{Q_2} = 0.3$ 外，其余作用（或荷载）的分项系数规定均为 1。

基底压应力 σ 应按下式计算：

$$|e| \leqslant \frac{B}{6} \text{时，} \sigma_{1,2} = \frac{N_d}{A}\left(1 \pm \frac{6e}{B}\right) \tag{6-14}$$

位于岩石地基上的挡土墙的基底应力重分布如图 6-19 所示。

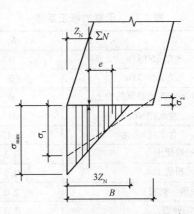

图 6-19　位于岩石地基上的挡土墙的基底应力重分布

$$e > \frac{B}{6}\text{时}, \quad \sigma_1 = \frac{2 N_d}{3\alpha_1}, \quad \sigma_2 = 0 \tag{6-15}$$

式中　σ_1——挡土墙趾部的压力（kPa）；

σ_2——挡土墙踵部的压力（kPa）；

b——基底宽度（m），倾斜基底为其斜宽；

A——基础底面每延米的面积（m^2），矩形基础为基础宽度 $B \times 1.0$。

其余符合意义同前。

基底合力的偏心距 e_0，对于土质地基不应大于 $B/6$；对于岩石地基不应大于 $B/4$。基底压应力不应大于的基底的容许承载力 $[\sigma_0]$；基底容许承载力值可按《公路桥涵地基与基础设计规范》（JTG D63—2007）的规定采用，当为作用（或荷载）组合 3 及施工荷载，且 $[\sigma_0]$ > 150 kPa 时，可提高 25%。

（2）地基承载力抗力值。地基应力的设计值应满足地基承载力的抗力值，且应满足以下格式。

1）当轴向荷载作用时。

$$\sigma \leqslant f \tag{6-16}$$

式中　σ——基础地面的压应力（kN）；

f——地基承载力抗力值（kPa）。

2）当偏心荷载作用时。

$$\sigma \leqslant 1.2 f \tag{6-17}$$

3）地基承载力抗力值的规定。当挡土墙的基础宽度大于 0.5 m 或埋置深度大于 0.5 m 时，除岩石地基外，地基承载应力抗力值按下式计算：

$$f = f_k + k_1 \gamma_1 (b - 3) + k_2 \gamma_2 (h - 0.5) \tag{6-18}$$

式中　f——地基承载应力抗力值；

f_k——地基承载应力标准值；

k_1、k_2——承载力修正系数，见表 6-10；

γ_1——基底下持力层上土的天然重度（kN/m^3），如在水面以下不透水者，应采用浮重度；

γ_2——基础地面以下各土层的加权平均重度，水面以下用有效浮重度（kN/m^3）；

b——基础底面宽度小于 3 m 时取 3 m，大于 6 m 时取 6 m；

h——基础底面的埋置深度（m），从天然地面算起；有水流冲刷时，从一般冲刷线算起。

表6-10　承载力修正系数

土的类别		K_1	K_2
淤泥和淤泥质土	$f_k < 50$ kPa	0	1.0
	$f_k \geqslant 50$ kPa	0	1.0
人工填土 e 或 $I_L \geqslant 0.85$、黏性土 $e \geqslant 0.85$ 或稍湿的粉土		0	1.1
红黏土	含水比 > 0.8	0	1.2
	含水比 $\leqslant 0.8$	0.15	1.4
e 或 I_L 均小于 0.85 的粉质土		0.3	1.6
$e < 0.85$ 及 $S_r \leqslant 0.5$ 的粉质土		0.5	2.2
粉砂、细砂（不包括很湿、稍密）		2.0	3.0
中砂、粗砂、砾砂的碎石		3.0	4.4

注：1. S_r 为土的饱和度，$S_r \leqslant 0.5$ 稍湿，$0.5 < S_r \leqslant 0.8$ 很湿，$S_r > 0.8$ 饱和；

2. 强风化岩石，可参照相应土的承载力取值；

3. I_l 为含水比；

4. e 为空隙比。

当不满足式（6-17）的计算条件或计算出的结果 $f < 1.1f_k$ 时，可按 $f = 1.1f_k$ 直接确定地基承载应力抗力值。f 值可以根据不同荷载组合予以提高；提高系数 K 的值：主要组合 $K = 1.0$；附加组合 $K = 1.3$；组合 $K = 1.5$。

4. 墙身截面强度验算

为了保证墙身具有足够的强度，应根据经验选择 $1 \sim 2$ 个控制断面进行墙身验算，如墙身底部、1/2 墙高处、上下墙（凸形及衡重式墙）交界处（图6-20、图6-21）。

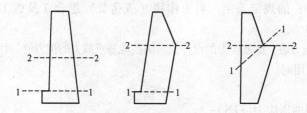

图6-20　验算断面的选择

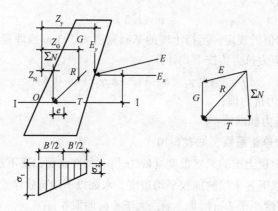

图6-21　墙身截面验算

　　根据《公路圬工桥涵设计规范》（JTG D61—2005）的规定，当构件采用分项安全系数的极限状态设计时，荷载效应不利组合的设计值，应小于或等于结构抗力效应的设计值。

　　重力式挡土墙按承载能力极限状态设计时，在某一类作用（或荷载）效应组合下，作用（或荷载）效应的组合设计值可按式（6-18）计算。圬工构件或材料的抗力分项系数 γ_1，按表6-11 采用。

表 6-11　圬工构件或材料的抗力分项系数 γ_f

圬工种类	受力情况	
	受压	受弯、剪、拉
石料	1.85	2.31
片石砌体、片石混凝土砌体	2.31	2.31
块石、粗料石、混凝土预制块、砖砌体	1.92	2.31
混凝土	1.54	2.31

$$S = \Psi_{ZL}\left(\gamma_G \sum S_{G,k} + \sum \gamma_{Q_i} S_{G,k}\right) \tag{6-19}$$

式中　S——作用（或荷载）效应的组合设计值；

　　　γ_G、γ_{Q_i}——作用（或荷载）的分项系数，按表6-11 采用；

　　　$S_{G,k}$——第 i 个垂直恒载的标准值效应；

　　　$S_{Q,k}$——土侧压力、水浮力、静水压力、其他可变作用（或荷载）的标准效应；

　　　Ψ_{ZL}——荷载效应组合系数，按表6-12 采用。

表 6-12　荷载效应组合系数 Ψ_{ZL}

荷载组合	Ψ_{ZL}	荷载组合	Ψ_{ZL}	荷载组合	Ψ_{ZL}
Ⅰ、Ⅱ	1.0	施工荷载	0.7	Ⅲ	0.8

　　（1）挡土墙构件轴心或偏心受压时，正截面强度和稳定按下式计算。

计算强度时：
$$\gamma_0 N_d \leqslant \frac{a_k A R_a}{\gamma_f} \tag{6-20}$$

计算稳定时：
$$\gamma_0 N_d \leqslant \frac{\Psi_k a_k A R_a}{\gamma_f} \tag{6-21}$$

式中　N_d——验算截面上的轴向力组合设计值（kN）；

　　　γ_0——重要性系数；

　　　γ_f——圬工构件或材料的抗力分项系数，按表6-11 取用；

　　　R_a——材料抗压极限强度（kN）；

　　　a——挡土墙构件的计算截面面积（m²）；

　　　α_k——轴向力偏心影响系数，按式（6-22）计算；

$$\alpha_k = \frac{1 - 256\left(\dfrac{e_0}{B}\right)^8}{1 + 12\left(\dfrac{e_0}{B}\right)^2} \tag{6-22}$$

　　　Ψ_k——轴心受压构件的纵向弯曲系数，可采用表6-13 的规定。

　　　e_0——轴向力的偏心距（m）；

B——挡土墙计算截面宽度（m）。

表 6-13　轴心受压构件纵向弯曲系数 Ψ_k

2H/B	混凝土构件	砌体砂浆强度等级	
		M10、M7.5、M5	M2.5
≤3	1.00	1.00	1.00
4	0.99	0.99	0.99
6	0.96	0.96	0.96
8	0.93	0.93	0.91
10	0.88	0.88	0.85
12	0.82	0.82	0.79
14	0.76	0.76	0.72
16	0.71	0.71	0.66
18	0.65	0.65	0.60
20	0.60	0.60	0.54
22	0.54	0.54	0.49
24	0.50	0.50	0.44
26	0.46	0.46	0.40
28	0.42	0.42	0.36
30	0.38	0.38	0.33

挡土墙墙身或基础为圬工截面时，其轴向力的偏心距 e_0 应符合表 6-14 的规定。

$$e_0 = \left| \frac{M_0}{N_0} \right| \tag{6-23}$$

表 6-14　圬工结构轴向力的容许偏心距 e_0

荷载组合	容许偏心距	荷载组合	容许偏心距
Ⅰ、Ⅱ	0.25B	施工荷载	0.33B
Ⅲ	0.3B		
注：b 为沿力矩转动方向的矩形计算截面宽度。			

式中　M_0——在某一类作用（或荷载）组合下，作用（或荷载）对计算截面形心的总力矩（kN·m）；

N_0——某一类作用（或荷载）组合下，作用于计算截面上的轴向力的合力（kN）。

$$\Psi_k = \frac{1}{1 + \alpha_s \beta_s (\beta_s - 3) \left[1 + 16 \left(\dfrac{e_0}{B} \right)^2 \right]} \tag{6-24}$$

$$\beta_s = \frac{2H}{B} \tag{6-25}$$

式中　H——墙高（m）；

α_s——与材料有关的系数，按表 6-15 采用。

其余符号意义同前。

表 6-15　α_s 取值

圬工名称	浆砌砌体采用以下砂浆强度等级			混凝土
	M10、M7.5、M5	M2.5	M1	
α_s	0.002	0.002 5	0.004	0.002

偏心受压构件除验算弯曲平面内的纵向稳定外，还应按轴心受压构件验算非弯曲平面内的稳定。重力式挡土墙轴向力的偏心距 e_0 应符合表 6-14 的规定。

混凝土截面在受拉一侧配有不小于截面面积 0.05% 的纵向钢筋时，表 6-14 中的容许规定值可增加 $0.05B$；当截面配筋率大于表 6-16 的规定时，按钢筋混凝土构件计算，偏心距不受限制。

表 6-16　按钢筋混凝土构件计算的受拉钢筋最小配筋率

钢筋型号（种类）	钢筋最小配筋率/%	
	截面一侧钢筋	全截面钢筋
HPB300 钢筋	0.20	0.50
HRB335、HRB400 钢筋	0.20	0.50
注：钢筋最小配筋率按构件的全截面计算。		

思考题

1. 什么是挡土墙？分析各类挡土墙的结构特点和使用条件？
2. 重力式挡土墙的基础类型是什么？对基础的埋置深度是如何要求的？
3. 重力式挡土墙的墙顶宽度和排水设施是如何规定的？
4. 重力式挡土墙为什么要设置沉降伸缩缝？如何要求？
5. 重力式挡土墙的设计验算项目有哪些？若不符合要求，应采取哪些措施？
6. 某二级公路路堤挡土墙，墙身采用浆砌片石重力式挡土墙，墙高 $H=7.8$ m，墙顶以上填土高 $h=2.0$ m，填土边坡坡度为 1:1.5，墙背倾斜角 $\alpha=14°02'$，墙背坡度 1:0.25，墙身分段长度 13 m，墙背填土为碎石土，取 $\varphi=45°$，$\gamma=19$ kN/m³，墙背与填土的摩擦角 $\delta=\varphi/2$，基底摩擦系数 $\mu=0.45$，地基承载能力 $f=205$ kPa，墙身砌体重度 $\gamma_a=24.5$ kN/m³，墙身材料的抗压极限强度 $R_a=399$ kPa。试按俯斜式挡土墙和仰斜式挡土墙分别进行设计验算。

第 7 章

道路土方路基施工技术

7.1 道路土方路基施工概述

7.1.1 路基施工的重要性

路基土方工程量大、分布不均匀，不仅与路基工程相关的设施，如路基排水、防护与加固等相互制约，而且同公路工程的其他工程项目，如桥涵、隧道、路面及附属设施相互交错。因此，路基施工在质量标准、技术操作、施工管理等方面具有特殊性，必须予以研究和不断改进，就整个公路工程的施工而言，路基施工往往是施工组织管理的关键。

路基工程的项目很多，如土方、石方及圬工砌体等，在施工方法与技术操作方面各具特点，本章以土质路基施工为主，阐明路基施工的全过程，包括施工准备及施工组织管理等。

土方路基包括路堤与路堑，基本操作是挖、运、填，工序比较简单，但条件比较复杂因而施工方法多样化，使得简单的工序中常常有极为复杂的技术和管理方面的难题。

为要确保工程质量，实现快速、高效、安全施工，必须重视施工技术与管理，就目前情况而言，首先要有一个稳定的专业施工队伍，配有相应的技术骨干和机具设备，建立和健全施工技术操作规程与质量检查验收制度，采用现代化的施工管理方法是实现"精心施工"的必由之路。

7.1.2 路基施工的基本方法

路基施工的基本方法，按其技术特点大致可分为人工施工及简易机械化、综合机械化、水力机械化和爆破方法等。

人力施工是传统方法，使用手工工具，劳动强度大、工效低、进度慢、工程质量难以保证，但限于具体条件，短期内还必然存在并适用于地方道路和某些辅助性工作。为了加快施工进度，提高劳动生产率，实现高标准高质量施工，对于劳动强度大和技术要求高的工序，应配以数量充足、配套齐全的施工机械。

机械化施工和综合机械化施工是保证高等级公路施工质量和施工进度的重要条件，对于路基石方工程来说，更具有迫切性。实现综合机械化施工，科学地严密组织施工，是路基施工现代化的重要途径。

水力机械化施工，也是机械化施工的方法之一，它是运用水泵、水枪等水力机械，喷射强力水流，冲散土层并流运至指定地点沉积，例如采集砂料或地基加固等。水利机械适用于电源和水源充足，挖掘比较松散的土质及地下钻孔等。对于砂砾填筑路堤或基坑回填，还可起到密实作用（称为水夯法）。

爆破法是石方路基开挖的基本方法，如果采用钻岩机钻孔与机械清理，也是岩石路基机械化施工的必备条件。除石质路堑开挖外，爆破法还可用于冻土、泥沼等特殊路基施工，以及清除路面、开石取料与石料加工等。

上述施工方法的选择，应根据工程性质、施工期限、现有条件等因素而定，而且应因地制宜和综合使用各种方法。

高速公路、一级公路以及在特殊地区或采用新技术、新工艺、新材料进行路基施工时，应采用不同的施工方案做试验路段，从中选出路基施工的最佳方案指导全线施工。试验路段应选择在地质条件、断面形式均具有代表性的地段，路段长度不宜小于 100 m。

7.1.3　施工前的准备工作

路基施工的主要内容，大致可归纳为施工前的准备工作和基本工作两大部分。土质路基的基本工作是路堑挖掘成型、土的移运、路堤填筑压实，以及与路基直接相关的各项附属工程。其工程量大、施工期长，且所需人力、物力资源较大，因而必须集中精力，认真对待。要保证正常施工，施工前的准备工作，极为重要，它是组织施工的第一步，无准备的施工或准备不充分的施工，均会使路基施工的基本工作难以顺利进行。

施工的准备工作，内容较多，大致可归纳为组织准备、技术准备和物质准备三个方面。

1. 组织准备工作

组织准备工作主要是建立和健全施工队伍和管理机构，明确施工任务，制定必要的规章制度，确立施工所应达到的目标等，组织准备亦是做好一切准备工作的前提。

2. 技术准备工作

路基开工前，施工单位应在全面熟悉设计文件和设计交底的基础上进行施工现场勘察，核对与必要时修改设计文件，发现问题应及时根据有关程序提出修改意见并报请变更设计，编制施工组织计划，恢复路线，施工放样与清除施工场地，搞好临时工程的各项改造等。

现场勘察与核对设计文件的目的是熟悉和掌握施工对象特点、要求和内容，是整个施工的重要步骤，舍此则其他一切工作就失去目标，难以着手。

施工组织计划是具有全局性的大事，其中包括选择施工方案、确定施工方法、布置施工现场（施工总平面布置）、编制施工进度计划、拟订关键工程的技术措施等，它是整个工程施工的指导性文件，亦是其他各项工作的依据。在当前强调加强施工管理，实现现代化科学管理的时期，抓住施工组织计划这一环节，更具有现实意义。

临时工程包括施工现场的供电、给水，修建便道、便桥，架设临时通信设施，设置施工用房（生活和生产所必需）等这些均为展开基本工作的必备条件。

路基恢复定线、清除路基用地范围内的一切障碍物等是施工前的技术准备工作（亦是基本工作）的一个组成部分，宜协调进行。

路基开工前应做好施工测量工作，其内容包括导线、中线、水准点复测、横断面检查与补测、增设水准点等。施工人员还应对路基工程范围内的地质、水文情况详细调查，通过取样、试验确定其性质和范围，并了解附近现有建筑物对特殊土的处理方法。

3. 物质准备工作

物质准备工作包括各种材料与机具设备的购置、采集、加工、调运与储存，以及生活后勤供应等。为使供应工作能适应基本工作的需要，物质准备工作必须制订具体计划，其中有的计划内容，如劳动力调配、机具配置及主要材料供应，必须服从于保证上述施工组织计划顺利实施，而且亦常被列为施工组织计划的一个组成部分。

土质路基施工，仅是整个道路工程中的一个工程项目，以上所述的准备工作，主要是对整个工程的施工而言，对于某一单项工程，如土质路基、石质路基、路基排水或防护加固，或路基工程以外的桥涵与路面等，准备工作的具体内容与要求，虽有差别，但基本项目不可缺少。

7.2 土方路基填挖技术

7.2.1 土方路基填挖的基本要求

土方路基的填挖，首先必须搞好施工排水，包括开挖地面临时排水沟槽及设法降低地下水水位，以便始终保持施工场地的干燥。这不仅因为土在干燥状态下易于操作，而且控制土的湿度是确保路堤填筑质量的关键。从有效控制土的含水率出发，土方路基的施工作业面不宜太大，以有利于组织快速施工，随挖随运，及时填筑压实成型，减少施工过程中的日晒、雨淋，尽量保持土的天然湿度，避免过干或过湿。一般条件下土的天然含水率，接近最佳值，必要时应考虑人工洒水或晾干措施。雨期施工，尤应按照施工技术细则的有关规定，加强临时排水，确保路基质量。如果填土的湿度较大，碾压后出现反弹现象，必须挖除重填，必要时可采取其他相应的加固措施。

路基填挖范围内的地表障碍物，事先应予以拆除，其中包括原有房屋的拆迁，树木和丛林径根的清除，以及表层种植土等的清除。在此前提下，必要时按设计要求对路床进行加固。

路基取土与填筑，必须有条不紊，有计划、有步骤地进行操作，这不仅是文明施工的需要，也是选土和合理利用填土的保证。不同性质的路基用土，除按规定予以废弃和适当处治外，一般不允许混填。

路堑开挖应在全横断面进行，自上而下一次成型，注意按设计要求准确放样，不断检查校正，边坡表面削齐拍平。路堑底面，如土质坚实，应尽量不扰动，予以整平压实；如果土质较差、水文条件不良，应根据路面强度设置要求，采取加深边沟、设置地下盲沟以及挖松表层一定深度原土层，重新分层填筑与压实或必要时予以换土和加固，以确保路堑底层土基的强度与稳定性，达到规定标准，这对于修筑沥青类路面尤为重要。

土方路堤应视路基高度及设计要求，先着手清理或加固地基。潮湿地基尽量疏干预压，如果地下水水位较高，因工期紧或其他原因无法疏干，第一层填土适当加厚或填以砂性土后再填土压实完毕，防止间隔期中雨淋或暴晒。分层厚度视压实工具而定，一般压实厚度为 20～25 cm。路堤加宽或新旧土层搭接处，原土层挖成台阶，逐层填新土，不允许将薄层新填土层贴在原路基的表面。

土方路堤分层填平压实，是确保施工质量的关键，任何填土和施工方法，均应按此要求组织施工。路基填方材料，应有一定的强度。经野外取土试验，符合表 7-1 的规定时才能使用。

表 7-1　路基填料最小承载比要求

路基部位（路面底面以下深度）		填料最小承载比 CBR/%			填料最大粒径/cm
		高速公路、一级公路	二级公路	三、四级公路	
上路床（0～30 cm）		8	6	5	10
下路床	轻、中等及重交通（30～80 cm）	5	4	3	10
	特重、极重交通（30～120 cm）	5	4	—	10
上路堤	轻、中等及重交通（80～150 cm）	4	3	3	15
	特重、极重交通（120～190 cm）	4	3	—	15
下路堤	轻、中等及重交通（＞150 cm）	3	2	2	15
	特重、极重交通（＞190 cm）				

注：1. 当路基填料 CBR 达不到表列要求时，可掺石灰或其他稳定材料处理。
　　2. 当三、四级公路铺筑沥青混凝土和水泥混凝土路面时，应采用二级公路的规定。

7.2.2　土方路基的填挖基本方案

1. 路堤填筑

稳定斜坡土地基表层的处理，应符合下列要求：地面横坡缓于 1:5 时，在清除地表草皮、腐殖土后，可直接在天然地面上填筑路堤。地面横坡为 1:5～1:2.5 时，原地面应挖台阶，台阶宽度不应小于 2 m。当基岩面上的覆盖层较薄时，宜先清除覆盖层再挖台阶；当覆盖层较厚且稳定时，可予保留。地面横坡陡于 1:2.5 地段的陡坡路堤，必须验算路堤整体沿基底及基底下软弱层滑动的稳定性，抗滑稳定系数不得小于规定值，否则应采取改善基底条件或设置支挡结构物等防滑措施。

当地下水影响路堤稳定时，应采取拦截引排地下水或在路堤底部填筑渗水性良好的材料等措施。应将地基表层碾压密实，在一般土质地段，高速公路、一级公路和二级公路基底的压实度（重型）不应小于 90%；三、四级的公路不应小于 85%。

路基填土高度小于路面和路床总厚度时，应将地基表层土进行超挖并分层回填压实，其处理深度不应小于重型汽车荷载作用的工作区深度。在稻田、湖塘等地段，应视具体情况采取排水、清淤、晾晒、换填、加筋、外掺无机结合料等处理措施。当为软土地基时，其处理措施应符合规定土质路堤（包括石质土），按填土顺序可分为分层平铺和竖向填筑两种方案。分层平铺是基本的方案，如符合分层填平和压实的要求，则效果较好，且质量有保证，有条件时应尽量采用。竖向填是特定条件下，局部路堤采用的方案。

分层平铺有利于压实，可以保证不同用土按规定层次填筑。如图 7-1 所示，为了不同用土的组合方案，其中正确方案要点是：不同用土水平分层，以保证强度均匀；透水性差的用土（如黏性土等），一般宜填于下层，表面成双向横坡，有利于排除积水，防止水害。

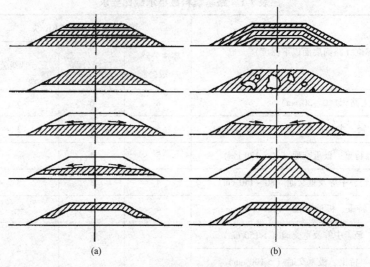

图 7-1　土路堤填筑方案示意图
(a) 正确；(b) 不正确

　　桥涵、挡土墙等结构物的回填土，以砂性土为宜，要防止不均匀沉降，并按有关操作进行堆积回填和夯实。

　　竖向填筑，指沿路中心线方向逐步向前深挖，如图 7-2 所示。路线跨越深谷或池塘时，地面高差大，填土面积小，难以水平分层卸土，以及陡坡地段上半填半挖路基，局部路段横坡较陡或难以分层填筑等，可采用竖向填筑方案。竖向填筑的质量在于密实程度，为此宜采用必要的技术措施。如选用振动式或锤式夯击机，选用沉陷量较小及粒径较均匀的砂石填料；路堤全宽一次成

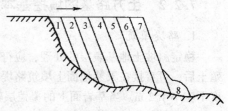

图 7-2　竖向填筑方案示意图

型；暂不修建较高级的路面，容许短期内自然沉落。此外，尽量采用混合填筑方案，即下层竖向填筑，上层水平分层，必要时可考虑参照地基加固的注入、扩孔或强夯等措施，以保证填土具有足够的密实度。

　　2. 路堑开挖

　　路堑开挖，按掘进方向可分为纵向全宽掘进和横向通道掘进两种。同时又可在高度上分单层或双层和纵横掘进混合等（以上掘进方向，依路线纵横方向命名）。

　　纵向全宽掘进是在路线一端或两端，沿路线纵向向前开挖，如图 7-3 所示。单层掘进的高度，即等于路堑设计深度。掘进时逐段成型向前推进，土由相反方向送出。单层纵向掘进的高度，受到人工操作安全及机械操作有效因素的限制，如果施工紧迫，对于较深路堑，可采用双层掘进法，上层在前，下层随后，下层施工面上留有上层操作的出土和排水通道。

　　横向通道掘进，是先在路堑纵向挖出通道，然后分段同时向横向掘进，如图 7-4 所示。此法为扩大施工面，加速施工进度，在开挖长而深的路堑时用。施工时可以分层和分段，层高和段长视施工方法而定。该法工作面多，但运土通道有限制，施工的干扰性增大，必须周密安排，以防在混乱中出现质量或安全事故。个别情况下，为了扩大施工面，加快施工进度，对土路堑的开挖，还可以考虑采用双层式纵横通道的混合掘进方案，同时沿纵横的正反方向，多施工面同时掘

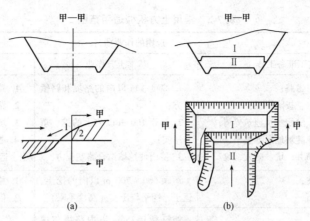

图7-3　纵向掘进示意图

（a）单层；（b）双层

进，如图7-4（b）所示。混合掘进方案的干扰性更大，一般仅限于人工施工，对于深路堑，如果挖方工程数量大及工期受到限制时可考虑采用。

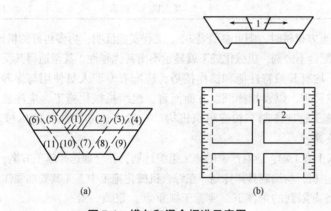

图7-4　横向和混合掘进示意图

（a）双层横向；（b）双层混合

1—横剖面；2—平面；（1），（2）…，（11）—掘进顺序

7.2.3　土方路基施工机械化

常用的路基土方机械有松土机、平地机、推土机、铲运机和挖掘机（配以汽车运土），此外还有压实机具及水力机械。各种土方机械可进行单机作业，如平地机、推土机及铲运机等；以挖掘机为代表的主机，需要配以松土、运土、平土及压实等相应机具，相互配套，综合完成路基施工任务。

各种土方机械，按其性能，可以完成路基土方的部分或全部工作。选择机械种类和操作方案，是组织施工的第一步，为能发挥机械的使用效率，必须根据工程性质、施工条件、机械性能及需要与可能，择优选用。

根据以往工程实践经验的总结，几种常用的土方机械适用范围，如表7-2所示。

表 7-2 常用土方机械适用范围

机械名称	选用的作业项目		
	施工准备工作	基本土方作业	施工辅助作业
推土机	1. 修筑临时道路； 2. 推倒树木，拔除树根； 3. 铲草皮，除积雪及建筑碎屑； 4. 推缓坡或陡坡地形，整平场地； 5. 翻挖回填井、坑、陷穴、坟	1. 高度 3 m 以内的路堤和路堑土方； 2. 运距 100 m 以内上的挖、填与压实； 3. 傍山坡挖填结合路基土方	1. 路基缺口土方的回填； 2. 路基粗平，土方的整平； 3. 填土压实，坡上挖台阶； 4. 配合挖掘机与铲运机松土、运土
铲运机	1. 铲运草皮； 2. 移运孤石	运距 600~700 m 以内的挖土、运土、铺平与压实（高度不限）	1. 路基粗平； 2. 借土坑与弃土堆整平
自动平地机	除草、除雪、松土	修筑高 0.75 m 以内路堤与深 0.6 m 以内路堑，以及填挖结合路基的挖、运、填土	开挖排水沟，平整路基，修整边坡
松土机	翻松旧路面、清除树根与废土层、翻松硬土		1. Ⅲ~Ⅳ类土的翻松； 2. 破碎 0.5 m 内的冻土层
挖掘机		1. 半径 7 m 以内的挖土与卸土； 2. 装土供汽车远运	1. 挖沟槽与基坑； 2. 水下捞土（反向铲土等）

按施工条件选择土方机械时，则可参照表7-3。工程实践证明，再多再好的机械设备，如果使用不当，组织管理不善，配合不协调，机械化施工就显示不出其优越性，甚至适得其反，造成浪费。

各种机具设备，均有其独特性能和操作技巧，应配有专职人员使用与保养，严格执行操作规程。从整个施工组织管理，以及指挥调度方面而言，组织机械化施工，应注意以下几点：

（1）建立健全施工管理体制与相应组织机构。一般宜成立专业化的机械施工队伍，以使经营管理，独立经济核算。

（2）对每项路基土方工程，应有严密的施工组织计划，并合理选择施工方案，在服从总的调度安排下，各作业班组或主机，均编制具体计划。在综合机械化施工中，尤其要加强作业计划工作。

（3）在机具设备有限制的条件下，要善于抓重点，兼顾一般。

表 7-3 选择土方机械的施工条件

路基形式及施工方法	填挖高度/m	土方移运水平直距/m	主要施工机械名称	辅助机械	机械施工运距/m	最小工段长度/m
（一）路堤						
路侧取土	<0.75	<15	自动平土机		—	300~500
路侧取土	<3.00	<40	80 马力推土机		10~40	—
路侧取土	<3.00	<60	100~140 马力推土机	80马力推土机	10~60	—
路侧取土	<6.00	20~100	6 m³ 拖式铲运机		80~250	50~80
路侧取土	<6.00	50~200	6 m³ 拖式铲运机		250~500	80~10
远运取土	不限	<500	6 m³ 拖式铲运机		<700	>50~80
远运取土	不限	500~700	9~12 m³ 拖式铲运机		<1 000	>50~80
远运取土	不限	>500	9 m³ 自动铲运机		>500	>50~80
远运取土	不限	>500	自卸汽车运土		>500	（5 000 m³）

路基形式 及施工方法	填挖 高度/m	土方移运 水平直距/m	主要施工 机械名称	辅助 机械	机械施工 运距/m	最小工段 长度/m
（二）路堑						
路侧弃土	<0.60	<15	自动平土机		—	300～500
路侧弃土	<3.00	<40	80 马力推土机		10～40	—
路侧下坡弃土	<4.00	<70	100～140 马力推主机		10～70	—
路侧弃土	<6.00	30～100	6 m³ 拖式铲运机	80 马 力 推 土 机	100～300	50～80
路侧弃土	<15.0	50～200	6 m³ 拖式铲运机		300～600	>100
路侧弃土	>15.0	>100	9～12 m³ 拖式铲运机		<1 000	>200
纵向利用	不限	20～70	80 马力推土机		20～70	—
纵向利用	不限	<100	100～140 马力推土机		<100	—
纵向利用	不限	40～60	6 m³ 拖式铲运机		80～700	>100
纵向利用	不限	<800	9～12 m³ 拖式铲运机		<1 000	>100
纵向利用	不限	>500	9 m³ 自动铲运机		>500	>100
纵向利用	不限	>500	自卸汽车运土		>500	(5 000 m³)
（三）半填半挖 横向利用	不限	<60	80～140 马力斜角推土机	1	10～60	

注：表中均指 1～11 类土，如土质坚硬时应先用松土机将土疏松；1 马力 =735.498 W。

（4）加强技术培训，坚持技术考核，开展劳动竞赛，鼓励技术革新，实行安全生产，文明施工，把提高劳动生产率，节省能源，减少开支等指标具体化、制度化。

7.3　土方路基压实技术

7.3.1　道路路基压实的意义

路基施工破坏土体的天然状态，致使结构松散，颗粒重新组合。为使路基具有足够的强度与稳定性，必须予以压实，以提高其密实程度，所以路基的压实工作，是路基施工过程中的一个重要工序，亦是提高路基强度与稳定性的根本技术措施之一。

土是三相体，土粒为骨架，颗粒之间的孔隙为水分和气体所占据。压实的目的是使土粒重新组合，彼此挤紧，孔隙缩小，土的单位质量提高，形成密实整体，最终使强度增加，稳定性提高，这一点已为无数试验与实践反复证明。

大量试验和工程实践证明：土基压实后，路基的塑性变形、渗透系数、毛细水作用及隔温性能等，均有明显改善。

7.3.2　影响路基压实效果的主要因素

对于细粒土的路基，影响压实效果的因素有内因和外因两方面。内因指土质和湿度；外因指后压实功能（如机械性能、压实时间与速度、土层厚度）及压实时的外界自然和人为的其他因素。

为了更简明直观阐述主要因素对压实的影响，以及为什么选用干重度作为表征土在密实程度的技术指标，可参见图 7-5 所示的关系曲线。

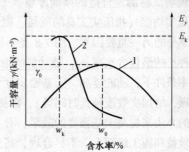

图 7-5　土基的 E、γ 与 w 关系示意图

1—γ 与 w 关系；2—E 与 w 关系

图 7-5 中曲线 1 的驼峰曲线，表明干重度 γ 随含水率 w 变化的规律性。在同等条件下，一定含水率之前，γ 随 w 增加而提高，主要原因是水起润滑作用，上粒间阻力减小，施加外力后，孔隙减小，土粒易于被挤紧，γ 得以提高。γ 至最大值后，w 再继续增大，土粒孔隙被水占据，而水一般不为外力所压缩，因而 w 增大，γ 随之降低。通常在一定压实条件下干重度的最大值，称为最大干重度 γ_0（驼峰曲线的最高点），相应的含水率称为最佳含水率 w_0。由此可见，压实时，如能控制土的湿度为最佳值 w_0，则压实效果最高，耗费的压实功最小。

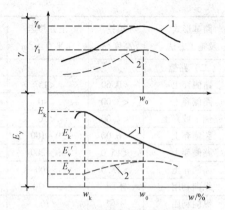

图 7-6 饱水前后压实指标对照示意图
1—饱水前；2—饱水后

现行路面设计方法是以回弹模量为土基的强度指标，不直接用模量来控制土基压实程度，而用干重度表示压实程度，可通过图 7-6 所示的试验来分析说明。图 7-6 是饱水前后压实试验结果对照曲线关系图，曲线 1（实线）表明，饱水后，γ 与 E 均有所降低，而在 w 时，两者的降低值均最小。换言之，控制最佳含水率 w_0 压实的土基，其强度和稳定性最好，如果以 w_k 为准，尽管相应的 E_k 最高，但饱水后的 E_1 却大大降低。水稳性极差。这就是选用 γ 及相应的 w 作为控制土基压实指标的原因。

土质对压实效果的影响亦很大。一般规律是：土质不同，γ_0 与 w_0 数值不一样，而且分散性（液限、黏性）较高的土，其 w_0 较高，γ_0 较低；砂性土的压实效果，优于黏性土，图 7-7 是一个示例。其机理在于土粒越细，比面积越大，土粒表面水膜所需湿度越多；砂土的颗粒粗，成松散状态，水分极易散失。最佳含水率的概念，没有多大的实际意义。

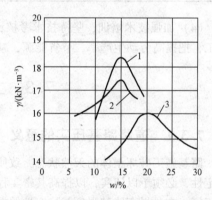

图 7-7 几种土质的压实曲线对照图
1—粉质砂土；2—粉质黏土；3—黏土

压实厚度对压实效果具有明显影响。相同压实条件下（土质、湿度与功能不变），根据实测土层不同深度的密实度（γ 或压实度）得知，密实度随深度递减，表层 5 cm 时最高。不同压实工具的有效压实深度有所差异。根据压实工具类型、土质及土基压实的基本要求，路基分层压实的厚度，有具体规定数值。一般情况下，夯实不宜超过 20 cm，12 ～ 15 t 光面压路机，不宜超过 25 cm，振动压路机或夯击机，以 50 cm 为限。实际施工时的压实厚度应通过现场试验确定合适的摊铺厚度。

压实功能（指压实工具的质量、碾压次数或锤落高度、作用时间等）对压实效果的影响，是除含水率外的另一重要因素。图 7-8 是不同压实功（综合因素）与压实效果的关系曲线，曲线表明：同一种土的最佳含水率 w_0，随功能的增大而减小，最大干重度 γ_0 则随功能的增大而提高；在相同含水率条件下，功能越高，土基密实度（γ）越高。据此规律，工程实践中可以增加压实功能（选用重碾，增加次数或延长时间等），以提高路基强度或降低最佳含水率。但必须指出，用增加压实功能的办法来提高土基强度的效果，有一定限度；功能增加到一定限度时，效果提高越发缓慢，在经济效益和施工组织上，不尽合理，甚至功能过大，破坏土基结构，效果适得其反。相比之下，严格控制最佳含水率，要比增加压实功能收效大得多。当含水率大，洒水有困难时，适当增大压实功能，可以收效，如果含水率过大，此时如果增大压实功能，必将出现"弹簧现象"，压实效果很差，造成返工浪费。所以，土基压实施工中，控制最佳含水率是首要关键，在此前提下采取分层填土，控制有效土层厚度，必要时适当增大压实功能，是土基压实工作的基本要领。

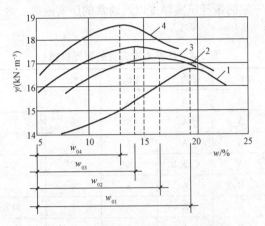

图 7-8　不同压实功的压实曲线对照图

1、2、3、4 曲线的功能分别为 600、1150、2300、3400（kN·m）

7.3.3　机具选择与操作

压实机具的选择，以及合理的操作，也是影响土基压实效果的因素。土基压实机具的类型较多，大致分为碾压式、夯击式和振动式三大类型。碾压式（又称静力碾压式），包括光面碾（普通的两轮和三轮压路机）、羊足碾和气胎碾等几种。夯击式中除人工使用的石硪、木夯外，机动设备中有夯锤、夯板、风动夯及蛙式夯机等。振动式中有振动器、振动压路机等。此外，运土工具中的汽车、拖拉机以及土方机械等，亦可用于路基压实。以下是 3 种常用压路机（图 7-9 ~ 图 7-11）。

图 7-9　轮胎压路机

图 7-10　光轮压路机

图 7-11　冲击式压路机

　　表7-4 所列是几种常用机具的一般技术特性。正常条件下，对于砂性上的压实效果，振动式较好，夯击式次之，碾压式较差；对于黏性土，则宜选用碾压式或夯击式。不同压实机具，在最佳含水率条件下，适应于一定的最佳压实厚度以及通常的压实遍数。表7-5 是各种土质适宜的碾压机械的建议。

表7-4　各种土质适宜的碾压机械

机械名称	细粒土	砂类土	砾石土	巨粒土	备　　注
6~8 t 两轮光轮压路机	A	A	A	A	用于预压整平
12~18 t 两轮光轮压路机	A	A	A	B	最常使用
25~50 t 轮胎压路机	A	A	A	A	最常使用
羊足碾	A	C 或 B	C	C	粉黏土、砂性土可用
振动压路机	B	A	A	A	最常使用
凸块式振动压路机	A	A	A	A	最宜使用含水率较高的细粒土
手扶式振动压路机	B	A	A	C	用于狭窄地点
振动平板夯	B	A	A	B 或 C	用于狭窄地点，机械质量 800 kN 的，可用于巨粒土
夯锤（板）	A	A	A	B	用于狭窄地点
推土机	A	A	A	A	夯击影响深度最大
铲运机	A	A	A	A	仅用于摊平土层和预压

　　注：1. 表中符号：A 代表适用；B 代表无适当机械时可用；C 代表不适用。
　　　　2. 土的类别按《公路土工试验规程》（JTG E40－2007）的规定划分。
　　　　3. 对特殊土和黄土（CLY）、膨胀土（CHE）、盐渍土等的压实机械选择可按细粒土考虑。
　　　　4. 自行式压路机宜用于一般路堤路堑基底的换填等的压实，宜采用直线式进退运行。
　　　　5. 羊足碾（包括凸块碾、条式碾）应有光轮压路机配合使用。

表7-5　压路机的技术性能

机具名称	最大有效压实度（实厚）/m	碾压行程次数				适宜的土类
		黏性土	粉质黏土	粉砂土	砂黏土	
人工夯实	0.10	3~4	3~4	2~3	2~3	黏性土与砂性土
牵引式光面碾	0.15	—	—	7	5	黏性土与砂性土
羊足碾（2个）	0.20	10	8	6	—	黏性土
自动式光面碾 5 t	0.15	12	10	7	—	黏性土与砂性土
自动式光面碾 10 t	0.25	10	8	6	—	黏性土与砂性土
气胎路碾 25 t	0.45	5~6	4~5	3~4	2~3	黏性土与砂性土
气胎路碾 50 t	0.70	5~6	4~5	3~4	2~3	黏性土与砂性土
夯击机 0.5 t	0.40	4	3	2	1	砂性土
夯击机 1.0 t	0.60	5	4	3	2	砂性土
夯板 1.5 t，落高 2 m	0.65	6	5	2	1	砂性土
履带式	0.25	6~8		6~8		黏性土与砂性土
振动式	0.40	—		2~3		砂性土

压实机具对土施加的外力应有所控制，以防功能太大，压实过度，并防失效、浪费或有害。一般认为，压实时的单位压力，不应超过土的强度极限。不同土的强度极限，与压实机具的质量、相互接触面积、施荷速度及作用时间（遍数）等因素有关。表 7-6 所列，是在最佳含水率条件下，土质在几类压实机具作用时的强度，仅供参考。

表 7-6　压实时土的强度极限

土　　类	土的极限强度/MPa		
	光面碾	气胎碾	夯板（直径 70 ~ 100 cm）
低黏性土（砂土、粉质砂土、粉土）	0.3 ~ 0.6	0.3 ~ 0.4	0.3 ~ 0.7
中等黏性土（粉质黏土）	0.6 ~ 1.0	0.4 ~ 0.6	0.7 ~ 1.2
高黏性土（重粉质黏土）	1.0 ~ 1.5	0.6 ~ 0.8	1.2 ~ 2.0
极黏土（黏土）	1.5 ~ 1.8	0.8 ~ 1.0	2.0 ~ 2.3

实践经验证明：土基压实时，在机具类型、土层厚度及行程遍数已经选定的条件下，压实操作时宜先轻后重、先慢后快、先边缘后中间（超高路段等需要时，则宜先低后高）。压实时，相邻两次的轮迹应重叠轮宽的 1/3，保持压实均匀，不漏压，对于压不到的边角，应辅以人力或小型机具夯实。在压实全过程中，经常检查含水率和密实度，以达到符合规定压实度的要求。

7.3.4　路基压实标准

压实度 K 是工地上路基土实际达到的干密度 ρ_d 与该土的最大干密度 ρ_{dmax} 比值，又称路基压实标准。

$$K = \frac{\rho_d}{\rho_{dmax}} \times 100\% \tag{7-1}$$

正确选定 K，关系到土路基受力状态、路基路面设计要求、施工条件，必须兼顾需要与可能，讲究实效与经济。

路基受力时，土中应力随深度变化的关系表明路基表层承受行车作用力最大，由顶部向下，受力急剧减小，在一般汽车荷载情况下，其影响深度在 1.0 ~ 2.0 m 范围内，因此，路基填土的压实度，应是由下而上逐渐提高标准。

路面等级越高，对路基强度要求相应增大；自然条件越差，对路基的强度与稳定性越不利；路基挖填不同，对于路基的强度与稳定性亦有关系。特殊干旱地区雨水较少，地下水水位也较低，压实度稍有降低不致影响路基的坚固、稳定和耐久性能，加之水量稀少，天然土的含水率大大低于土的压实最佳含水率，要加水到最佳含水率并压到规定值确有困难，因此，特殊干旱地区的压实度可降低 2% ~ 3%。

填石路堤包括分层填筑和倾填爆破石块的路堤，不能用土质路基的压实度来判定路基的密实程度。其判定方法目前国内外各国规范尚无统一规定。国外填石路堤有采用在振动压路机的驾驶台上装设的压实计反映的计数值来判定是否达到要求的紧密程度，但无定量值的规定，且只限于有此种装置的压路机。

《公路路基施工技术规范》（JTG F10—2006）参考了城市道路的方法，但将碾压后轮迹改为零作为密实状态的判定，这是因为石块本身是不能压缩的，若要石块之间大部分缝隙已紧密靠拢，则重型压路机进行压实时，路堤应可达到稳定，不能有下沉轮迹。故可判为密实状态。

土质路基的压实度试验方法可采用灌砂法、环刀法、灌水法（水袋法）或核子密度湿度仪法。采用核子密度湿度仪法时，应先对仪器进行校正并做对比试验。

7.4 土方路基质量控制与检查

在路基用地和取土坑范围内，应清除地表植被、杂物、积水、淤泥和表土，处理坑塘，并按规范和设计要求对基底进行压实。路基填料应符合相关规范和设计的规定，经认真调查、试验后合理选用。填方路基须分层填筑压实，每层表面平整，路拱合适，排水良好。施工临时排水系统应与设计排水系统结合，避免冲刷边坡，勿使路基附近积水。在设定取土区内合理取土，不得滥开滥挖。完工后应按要求对取土坑和弃土场进行修整，保持合理的几何外形。土方路基实测项目如表7-7所示。

表7-7 土方路基实测项目

项次	检查项目			规定值或允许偏差			检查方法和频率	权值
				高速、一级公路	其他公路			
					二级公路	三、四级公路		
1	压实度/%	上路床	0～30 cm	≥96	≥95	≥94	有关方法检查密度：每200 m 每压实层测4处	3
		下路床/cm	轻、中等及重交通30～80 cm	≥96	≥95	≥94		
			特重、极重交通 30～120 cm	≥96	≥95	—		
		上路堤/cm	轻、中等及重交通 80～150 cm	≥94	≥94	≥93		
			特重、极重交通 120～190 cm	≥94	≥94	—		
		下路堤/cm	轻、中等及重交通 >150 cm	≥93	≥92	≥90		
			特重、极重交通 >190 cm					
2	弯沉/（0.01 mm）			不大于设计计算值			按有关方法检查	3
3	纵断高程/mm			+10、-15	+10、-20		水准仪：每200 m 4个断面	2
4	中线偏位/mm			50	100		经纬仪：每200 m 4点；弯道加 HY、YH 2个点	2
5	宽度/mm			符合设计要求			米尺：每200 m 4处	2

续表

项次	检查项目	规定值或允许偏差			检查方法和频率	权值
		高速、一级公路	其他公路			
			二级公路	三、四级公路		
6	平整度/mm	15	20		3 m 直尺：每 200 m 4 处 ×3 尺	2
7	横坡/%	±0.3	±0.5		水准仪：每 200 m 4 个断面	1
8	边　坡	符合设计要求			抽查每 200 m 4 处	1

注：1. 三、四级公路铺筑沥青混凝土或水泥混凝土路面时，其路基压实度应采用二级公路标准。
　　2. 采用核子密度湿度仪检验压实度时应进行标定试验，确认其可靠性。
　　3. 表列压实度以重型击实试验法为准，评定路段内的压实度下置信界限不得小于规定标准，单个测定值不得小于极值（表列规定值减 5 个百分点）。小于表列规定值 2 个百分点的测点，按其数量占总检查点的百分率计算减分值。
　　4. 特殊干旱、特殊潮湿地区或过湿土，以及铺筑砂石路面的三、四级公路路基，可按交通部颁发的路基设计、施工规范所规定的压实度标准进行评定。

　　土方路基的外观要求：路基表面平整，边线直顺；路基边坡坡面平顺稳定、不得亏坡，曲线圆滑；取土坑、弃土堆、护坡道、碎落台的位置适当，外形整齐、美观，防止水土流失；设计植草的路段，无明显缺陷。

思考题

1. 在路基施工前，应进行哪些准备工作？
2. 如何选择路基的填筑方案？路堤在填筑前，基底要如何处理？
3. 影响路基压实效果的因素有哪些？什么情况下压实效果最佳？
4. 路堤为什么要分层填筑？有不分层填筑的吗？
5. 常见的土方施工机械有哪些？各适用什么范围？
6. 什么是压实度？检查压实度的方法有哪些？
7. 用不同性质的土填筑路堤要注意哪些问题？
8. 开挖路堑有哪些方式？各适用于哪些场合？
9. 开挖路堑要注意处理好哪些问题？
10. 土方路基质量控制与检查的内容有哪些？

第 8 章

道路石方路基施工技术

8.1 炸药、起爆器材及起爆方法

8.1.1 爆炸的类型

爆炸是某一物质系统在发生迅速的物理变化和化学变化时，系统本身的能量借助于气体的急剧膨胀而转化为对周围介质做机械功，同时伴随有强烈放热、发光和声响等效应。

爆炸是一种常见的现象。例如，锅炉爆炸、汽车或自行车的轮胎"放炮"，原子弹、氢弹的爆炸和燃放鞭炮等。分析各种爆炸现象，大致可以将其归纳为三大类。

1. 物理爆炸

经验表明，自行车轮胎由于打气过多，内部压力过大，超过了内胎的强度，使内胎突然破裂，以致发出大的响声。这种仅仅是物质形态发生变化，而化学成分和性质没有改变的爆炸现象叫作物理爆炸。

2. 核爆炸

由于核裂变（如 U235 的裂变）或核聚变（如氘、氚的聚变）反应放出巨大的能量，使核裂变或核聚变释放出巨大能量所引起的爆炸现象叫作核爆炸。

3. 化学爆炸

燃放鞭炮所引起的强烈响声或矿山爆破所引起的岩石破裂、位移和气浪等，都是由于炸药获得一定的起爆能量后，迅速发生化学反应，放出足够的热能，形成高温高压气体，并对外界膨胀做功的缘故。这种爆炸现象叫作化学爆炸。化学爆炸不仅是物质的形态发生了变化，而且成分和性质也发生了变化。在工程爆破中应用最广泛的是化学爆炸。

8.1.2 炸药的种类

炸药的种类繁多，爆破工程中常用的可分为以下两类。

1. 起爆炸药

起爆炸药是一种爆炸速度极高的烈性炸药，爆速为 80 ~ 2 000 m/s，用于制造雷管。起爆炸药又可分为正起炸药和副起炸药。正起炸药对热能和机械冲击能均具有强烈的敏感性，如雷汞、叠氮铅、黑索金等；副起炸药须由正起炸药起爆，其爆速很高，可加强雷管的起爆能量，如三硝基甲硝胺、四硝化戊四醇等。

2. 主要工程炸药

用以对岩石或其他介质进行爆炸的炸药称为主要工程炸药，它的敏感性较低，要在起爆炸药强力的冲击下才能爆炸，可分为缓性炸药（爆速为 1 000 ~ 3 500 m/s，如硝铵炸药、铵油炸药等）、粉碎性炸药（爆速为 3 500 ~ 7 000 m/s，如梯恩梯、胶质炸药等）等。

（1）黑色炸药。是由硝酸钾（或硝酸钠）、硫黄及木炭所组成的混合物，其配合比以 75：10：15 为最佳。好的黑色炸药为深灰色的颗粒，不沾污手。对火星和碰击极敏感，易燃烧爆炸，怕潮湿，威力低，适用于开采石料。

（2）梯恩梯（三硝基甲苯）。呈结晶粉末状，淡黄色，压制后呈黄色，熔铸块呈褐色，不吸湿，爆炸威力大。由于本身含氧不足，爆炸时能产生有毒的一氧化碳（CO）气体，所以不宜用于地下作业。

（3）胶质炸药。是由硝化甘油和硝酸铵（有时用硝酸钾或硝酸钠）组成的混合物，另加入一些木屑和稳定剂制成。可分为耐冻、非耐冻两种。工业上常用的是硝化甘油及二硝化乙二醇含量各为 62% 和 35% 的耐冻胶质炸药。对冲击、摩擦和火星都很敏感，如果湿度较高或储存时间过久，容易分解、渗油和挥发。此时其对外界的作用更敏感，受冻后尤其危险，是一种危险性较大的炸药。胶质炸药因威力大，不吸湿，有较大密度和可塑性，适合于水下和坚石中使用。

（4）硝铵炸药。是硝酸铵、梯恩梯和少量木粉的混合物。道路工程中常用的 2 号岩石硝铵炸药其配合比例为 85：11：4，具有中等威力和一定的敏感性，在 8 号雷管的作用下可以充分起爆，是安全的炸药。其有吸湿性与结块性，受潮后敏感性和威力显著降低，同时产生毒气。规程中规定，用于地下爆破时其含水率应小于 0.5%，露天应小于 1.5%，若含水率超过 3%，则可能拒爆。

（5）铵油炸药。是硝酸铵和柴油（或加木粉）的混合物，通常两者的比例为 94.5：5.5，当加木粉时，其比例为 92：4：4。这是一种廉价、安全、制造简单、威力比硝铵炸药略低、敏感性低的炸药。其具有结块性和吸湿性，使用时不能直接以 8 号雷管起爆，须同时用 10% 的硝铵炸药做起爆体，才能使其充分起爆。工地就地拌制的铵油炸药，单价较便宜，目前在爆破中应用较多。

（6）浆状炸药。是以硝酸铵、梯恩梯（或铝、镁粉）和水为主混合而成的一种糨糊状炸药，威力大，抗水性强，适用于深孔爆破，但需烈性炸药起爆。

（7）乳化油炸药。是以硝酸铵、硝酸钠、高氯酸钠等水溶液，石蜡、柴油和失水山梨醇单油酸酯的乳化剂，以及含有微小气泡的物质（如空心玻璃微球或膨胀珍珠岩等）混合而成的一种乳胶状抗水炸药，具有中等威力，8 号雷管可以直接起爆。

8.1.3　起爆器材

1. 雷管

雷管是常用的起爆材料，按照引爆方式分为火雷管和电雷管两种。电雷管又分为即发、延期及毫秒雷管。雷管外壳有纸、钢、铁等几种。工业上按雷管内起爆药量多少，分成 10 种号码，通常使用 6 号和 8 号两种。6 号雷管相当于 1 g 雷汞的装药量，8 号相当于 2 g 雷汞的装药量。

（1）雷管的构造。雷管由雷管壳、正副装药、加强帽三部分组成，如图 8-1 所示。

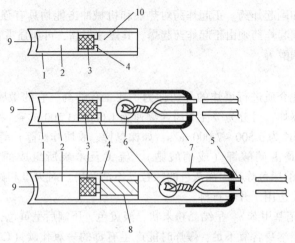

图 8-1　雷管的构造

1—雷管壳；2—副装药；3—正装药；4—加强帽；5—电气点火装置；6—滴状引燃剂；
7—密封胶和防潮涂料；8—延缓剂；9—窝槽；10—帽孔

火雷管与电雷管的不同之处是在管壳开口的一端，火雷管留出 15 mm 左右的空隙端，以备导火索插入之用；而电雷管则有一个电子点火装置，并以防潮涂料密封端口。延期和毫秒电雷管的特殊点是在点火装置和正装药之间加了一段缓燃剂。

电子点火装置的构造是在脚线（纱包绝缘铜线）的端部焊接一段高电阻的金属丝（一般为康铜丝，也有铬镍合金或铂铱合金丝），称为电桥丝。电桥上滴上一滴引燃剂，通电时灼热的电桥就能点燃引燃剂，使电雷管的正副起爆药发火起爆。

（2）电雷管的主要指标。为了保证电雷管的准爆和操作安全，现将使用电雷管的有关参数介绍如下：

1）电阻。一般使用的电雷管，电阻为 0.5 ~ 1.5 Ω（2 m 长铜脚线、康铜电桥丝）。按安全规定串联在一起的电雷管，电阻差彼此不能超过 0.25 Ω。

2）最大安全电流和准爆电流。最大安全电流是指在通电 5 分钟左右而不引起爆炸的最大电流。康铜电桥丝雷管最大安全电流和准爆电流为 0.3 ~ 0.4 A。铬镍合金电桥丝雷管最大安全电流和准爆电流为 0.15 ~ 0.2 A。用来测定电雷管的仪器输出电流，不得超过 0.05 A。

最小准爆电流是指在 2 分钟左右的时间内，通电而使雷管准爆的最小电流。康铜电桥丝为 0.5 ~ 0.8 A，铬镍合金电桥丝为 0.4 ~ 0.5 A。按照安全规定，成组串联电雷管的准爆电流，直流电为 2 A，交流电为 2.5 A。若能保证有 2.0 ~ 5.0 A 的电流通过每个电雷管，则可充分保证准爆。

2. 导火索

导火索是点燃火雷管的配置材料，外形为圆形索线，索芯内有黑火药，中间有纱导线，芯外紧缠着一层纱包线或防潮剂。导火索的要求是燃烧完全，燃速恒定。根据使用的要求，导火索的正常燃速为 100 ~ 120 s/m，缓燃导火索燃速为 180 ~ 210 s/m。

导火索在使用之前必须进行外观检查，不得有表层破损、折断、曲折、沾有油脂及涂料不均匀等情况，并应做燃速试验。

3. 传爆线

传爆线又称导火线，其索芯用高级烈性炸药制成，内有双层棉织物，一层为防潮层，另一层为缠绕着的纱线。为与导火索区别，表面涂成红色或红黄相间等色。我国制造的传爆线用黑索金等作为索芯，爆速为 6 800 ~ 7 200 m/s。

4. 塑料导爆管

塑料导爆管由高压聚乙烯制成，内外径分别约为 1.4mm 和 3 mm 的软管，内涂有以奥克托金或黑索金为主的混合炸药，药量为 14 ~ 16 mg/m。国产导爆管爆速为 1 600 ~ 2 000 m/s。

8.1.4 起爆方法

1. 电力起爆方法

通过电爆网络实现起爆的方法称为电力起爆法。电爆网络中，电爆管的连接方式有串联、并联和混合联三种，如雷管常用此方法。

2. 火花起爆法

火花起爆法是利用导火索燃烧引爆雷管，从而使药包爆炸的一种起爆方法。

3. 传爆线起爆方法

传爆线着火较困难，使用时须在药室外的一段传爆线上捆扎一个 8 号雷管来起爆，传爆网络与药包为了爆破某一岩体，在其中或表面放置一定数量的炸药，称为药包。连接方式有并联、串联、并簇联等。

由于传爆线的爆速快，故在大量爆破的药室中，使用传爆线起爆可以提高爆破效果。但必须严格遵守安全规定。

4. 塑料导爆管非电起爆方法

塑料导爆管非电起爆方法是用雷管、导爆索、火帽、引火头等能产生冲击波的器材激发。这种方法很安全，可用于非危险品运输。一个 8 号雷管可激发 30 ~ 50 根导爆管。起爆网路与药包的连接方式有并联、串联、簇联和复式连接法等。该起爆方法具有抗杂电、操作简单、使用安全可靠、成本较低等优点，有逐渐替代导火索和传爆线起爆的趋势。

8.2 爆破作用原理

8.2.1 药包在无限介质内的爆破作用

药包在无限介质内爆炸时，炸药在瞬时间内通过化学反应转化为气体状态的爆炸产物。由于膨胀作用，体积增加数百倍乃至数千倍，而产生静压力，同时产生温度很高、速度高达每秒上千米的冲击波，以动压力的形式作用于药包周围。这种极其巨大的爆炸能，在爆炸的同时自药包中心向球面等量扩展，传递给周围介质，使介质产生各种不同程度的破坏和振动现象。这种现象随着距药包中心距离的增大而逐渐消失。按破坏程度的不同大致分为几个区间，如图 8-2 所示。

（1）压缩圈：图 8-2 中 $R_压$ 表示压缩圈半径，在

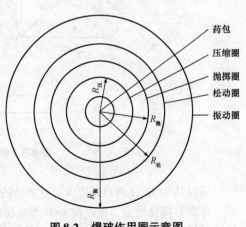

图 8-2 爆破作用圈示意图

这个作用圈范围内，介质直接承受药包爆炸，产生极其巨大的作用力。如果介质是可塑性的土，便会遭到挤压形成空腔；如果是坚硬的脆性岩石，便会被粉碎。所以把以 $R_压$ 为半径的这个球形区叫作压缩圈或破碎圈。

（2）抛掷圈：在压缩圈范围以外至及 $R_抛$ 的区间，所受的爆破作用力虽较压缩圈内小，但介质原有的结构受到破坏，分裂成为不同尺寸和形状的碎块，而且爆破作用力尚有足以使这些碎块获得运动速度的余力。如果在有限介质内，这个区间的某一部分，处在临空的自由条件下，破坏了的介质碎块便会产生抛掷现象，因而叫作抛掷圈。在无限介质内不会产生任何的抛掷现象。

（3）松动圈：在抛掷圈以外至 $R_松$ 的区间，爆破的作用力更弱，但能使介质结构受到不同程度的破坏，因而叫作松动圈（破坏）。

（4）振动圈：松动圈范围以外，微弱的爆破作用力不能使介质产生破坏。这时介质只能在应力波的传播下，发生振动现象，图 8-2 中 $R_松$ 至 $R_振$ 所包括的区间，就叫作振动圈。振动圈以外爆破作用的能量完全消失。

以上现象称为药包的球形爆破作用。

8.2.2　药包在有限介质内的爆破作用

如果药包在有限介质内爆炸时，药包至介质面的最短距离 W 小于抛掷漏斗半径 $R_抛$，球形爆炸作用，具有临空面的表面都会形成漏斗状的爆破坑，称为抛掷漏斗，即最小抵抗线原理。这种爆破坑的形状、数量和大小，不但与药包量大小、炸药性能、介质的性质等有关，同时还与临空面的数量和所处的边界条件有关。若在倾斜边界条件下，则会形成卧置的椭圆锥体，如图 8-3 所示。O 为药包中心，ML 表示介质的临空面。ON 为药包中心至临空面的最短距离，称为最小抵抗线，用 W 表示。药包爆炸时，爆破作用首先沿着 ON 方向阻力最小的地方，使岩（土）产生破坏，隆起鼓包或抛掷出去，这就是作为爆破理论基础的"最小抵抗线原理"。

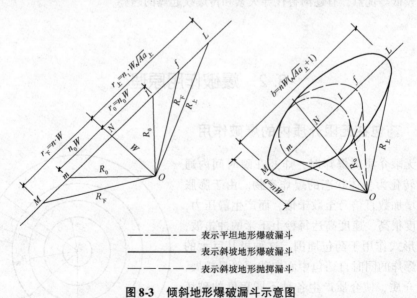

图 8-3　倾斜地形爆破漏斗示意图

可以认为 M、f 两点是以 $R_下$ 为半径的球面与临空面的交点，mOf 漏斗内的岩石会被破碎成块，并部分掷抛出去，所以称 mOf 为抛掷漏斗。在抛掷漏斗之外，还有一个随地面坡度变陡而增大的松动漏斗，它由 MOm 和 fOL 所包围的漏斗组成，在爆破过程中松动漏斗内岩体被推出或因本身自重而崩塌下来，所以又将 OL 与 OF 所包围的漏斗称为崩塌漏斗。又因为 OM（$R_\text{下}$）和 Om（RO）在实践中很难区分，故两者可统称下破坏作用半径 $R_\text{下}$，OL 称上破坏作用半径 $R_\text{上}$。$R_\text{下}$ 与 $R_\text{上}$ 所包围的漏斗称爆破漏斗。$r_\text{下}$ 与 $r_\text{上}$ 称爆破漏斗口径，a 为椭圆短轴，b 为长轴。当地面坡度等于零时，崩塌漏斗消失，爆破漏斗成为倒置的圆锥体（图8-4）。mDl 称为可见的爆破漏斗，其体积 V_{mDl} 与爆破漏斗 V_{mOl} 之比的百分数 E，称为平坦地形的抛掷率；r_0 与 W 的比值 n_0 称为平地爆破作用指数。

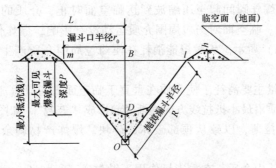

图 8-4　平坦地形爆破漏斗示意图

$$n = \frac{r_0}{W} \tag{8-1}$$

$$E = \frac{V_{mDl}}{V_{mOl}} \times 100\% \tag{8-2}$$

当临空面不只是一个，而是数个通过上述各圈或个别作用圈，且最小抵抗线均相等时，则在各临空面内均形成爆破漏斗，爆破将在各临空面内均匀分布；当药包中心至各临空面的最短距离不相等时，其最小的一个是该药包的最小抵抗线。在具有最小抵抗线的临空面上，爆破才能充分发挥出来。而在其他几个临空面上，爆破的作用则显著降低，有的则以冲击波传播的形式，被无限介质所吸收。

以上各边界条件下药包的爆破作用，是药包在无限介质内的球形爆破作用，通过最小抵抗线原理在有限介质中的体现。

8.2.3　药包的分类

药包按其形状或集结程度的不同，可以分为集中药包、延长药包和分集药包三种。凡药包形状接近球形或立方体，以及高度不超过直径 4 倍的圆柱体和最长边不超过最短边 4 倍的直角六面体，均属于集中药包；相反，药包的长度或高度超过上述要求者，属于延长药包；分集药包是提高炸药有效能量利用率的新型装药方式，它是将一个集中药包分为两个保持一定距离集中的子药包，如图8-5所示。

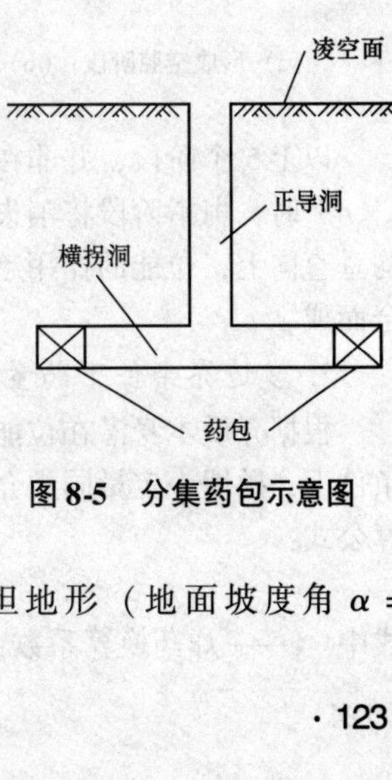

8.2.4　药包药量的计算原理

1. 多边界条件下爆破作用的特性

多边界条件即地形变化条件。在爆破工程中，一般分为平坦地形（地面坡度角 $\alpha =$

图 8-5　分集药包示意图

0°~15°)、倾斜地形（$\alpha > 15°$）、凸形多面临空地形（山包地形）和凹形地形（垭口地形）4类。其中倾斜地形又分为缓坡地形（$\alpha = 15° \sim 30°$）、斜坡地形（$\alpha = 30° \sim 50°$）和陡坡地形（$\alpha > 50°$）。

爆破漏斗的形成过程，根据大量生产性使用的研究和高速摄影的宏观观察得知，药包在多边界条件下的爆破作用特点，可以从倾斜边界条件爆破滑斗的形成过程中得到反映，如图 8-6 所示。这一过程可分为 5 个阶段：

第一阶段：从炸药爆炸瞬间起至压缩波到达临空面时止，介质的运动完全与药包在无限介质中爆炸的运动相似。临空面对药包周围介质运动没有影响，爆炸作用保持球面等量分布，形成空腔，如图 8-6（a）所示。大量爆能消耗在使药包周围介质产生粉碎或塑性变形，形成压缩圈。

第二阶段：爆炸能量主要消耗于使介质在垂直于临空面方向获得加速度。最后爆能的球形分布被破坏，临空面介质沿最小抵抗线方向逐渐隆起形成"鼓包"，如图 8-6（b）所示。鼓包壳的厚度，随鼓包上升而拉薄，以致从顶部破坏成碎块。爆炸产物剩余能量将逸散于大气中不做功。

第三阶段：抛掷漏斗内介质，在重力场作用下做弹道飞行如图 8-6（c）所示。介质的抛掷距离，由破碎介质中所储藏的动、位能，发射角和空气阻力等因素所决定。

第四阶段：抛掷漏斗以上岩体，具有较大位能，在药包的爆震破坏下，因自重而崩塌下来，堕入抛掷漏斗，减小可见漏斗，形成崩塌漏斗，扩大了爆破量，如图 8-6（d）所示。崩塌量由地面坡度、岩性和结构软弱面产状所决定。

第五阶段：介质由整体经药包的破碎作用变为松散体，在其自身所含位能的作用下，为达到新的平衡而坍滑出路基，最后在漏斗内和坡脚堆积成稳定的岩堆。其坡角为岩石碎块的安息角，如图 8-6（e）所示。坍滑量由介质所含位能、岩性和地形所决定。

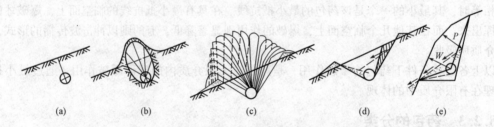

图 8-6　倾斜边界条件爆破漏斗形成过程示意图
（a）形成空腔阶段；（b）鼓包阶段；（c）岩石飞扬阶段；（d）崩塌阶段；（e）坍滑阶段（陡峭地形时）

以上 5 个阶段，并非在任何条件下均可同时出现，也不能截然分开。在倾斜地形条件下，当 $\alpha < 45°$ 时，坍滑阶段将消失；在水平边界条件下，崩塌与坍滑两阶段都将消失，鼓包和抛掷方向均垂直向上，位能的作用趋于零；多面临空地形，变化比较复杂，但最终还是由上述 5 个阶段组合而成。

2. 多边界条件下药量计算公式

根据介质本身潜在位能的作用相当于炸药有效爆能的提高和能量守恒原理，即在倾斜边界条件下，抛坍一定量同类介质所需要的机械能是常数。可以推导得到多边界条件下药量 Q 的计算公式：

$$Q = e \cdot d \cdot K \cdot W^3 F(E, \alpha) \tag{8-3}$$

式中　e——炸药换算系数；

d——堵塞系数，与施工条件有关，一般 $d=1$；

k——形成标准抛掷漏斗时，单位耗药量（kg/m^3）；

W——最小抵抗线（m）；

$F(E, \alpha)$——药包性质指数。

8.3 爆破作业技术

8.3.1 常用爆破方法

爆破应根据石方的集中程度，地质、地形条件，公路路基断面的形状，结合各种爆破方法的最佳使用特性，因地制宜，选择合适的爆破方法。其方法一般包括小炮和洞室炮两大类。小炮主要包括钢钎炮、深孔爆破等钻孔爆破、药壶炮和猫洞炮；洞室炮则随药包性质、断面形状和微地形的变化而不同。用药量 1 t 以上为大炮，1 t 以下为中小炮。现将各种爆破方法在综合爆破中的作用与特性分述如下：

1. 钢钎炮（眼炮）

在路基工程中，钢钎炮通常指炮眼直径和深度分别小于 7 cm 和 5 m 的爆破方法。一般情况下，单独使用钢钎炮爆破石方是不太经济的，其原因是：

（1）炮眼浅，用药少，每次爆破的方数不多，并全靠人工清除，所以功效较低。

（2）不利于爆破能量的利用。由于眼浅，爆破时爆炸气体很容易冲出，变成不做功的声波，以致响声大而炸下的石方不多，个别石块飞得很远。

在公路工程中，应尽可能少用这种炮型。但是，由于它比较灵活且又是一种不可缺少的炮型，在地形艰险及爆破量较小地段（如打水沟、开挖便道、基坑等）仍属必需，是一种改造地形，为其他炮型服务的辅助炮型。

2. 深孔爆破

深孔爆破是孔径大于 75 mm、深度 5 m 以上、采用延长药包的一种爆破方法。炮孔需用大型的潜孔凿岩机或穿孔机钻孔，如用挖运机械清方可以实现石方施工全面机械化。其优点是劳动生产率高，一次爆破的方量多，施工进度快，爆破时对路基边坡的影响比大炮小。若配合预裂或光面爆破，则边坡平整稳定，爆破效果容易控制，爆破时比较安全。但由于需要用大型机械，故转移工地、开辟场地、修筑便道等准备工作都较复杂，且爆破后仍有 10% ~25% 的大石块需经第二次爆破改小。

进行深孔爆破，要求先将地面修成台阶，称为梯段。梯段的倾角最好为 60°~70°，高度应为 5~15 m。炮孔分垂直孔和斜孔两种，如图 8-7 和图 8-8 所示。炮孔直径 D 一般为 80~300 mm，公路工程中以用 100~150 mm 的为宜。

深孔爆破除需正确选用设计参数和布孔外，对装药、堵塞等操作技术要求也比较严格。随着石方施工机械化程度的提高，深孔爆破已开始在石方集中，地形较平缓的垭口或深路堑中使用，获得较好的效果。单位耗药量为 0.45~0.75 kg/m^3，平均每米钻孔爆落岩石 11~20 m^3。因此，在有条件时应尽可能采用这种爆破方法。

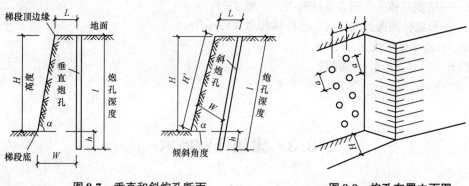

图 8-7　垂直和斜炮孔断面　　　　　　　图 8-8　炮孔布置立面图

3. 微差爆破

两相邻药包或前后排药包以毫秒的时间间隔（15～75 ms）依次起爆，称为微差爆破，也称毫秒爆破。多发一次爆破最好采用毫秒雷管。当装药量相等时其优点是：可减震1/3～2/3左右；前发药包为后发药包开创了临空面，从而加强了岩石的破碎效果；降低多排孔一次爆破的堆积高度，有利于挖掘机作业；由于逐发或逐排依次爆破，减少了岩石夹制力，可节省炸药20%，并可增大孔距，提高每米钻孔的炸落方量。炮孔排列和起爆顺序根据断面形状和岩性如图 8-9 所示。

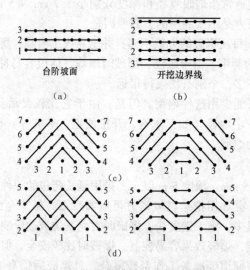

图 8-9　微差爆破各种起爆网络图

（a）直接依次顺序起爆法；（b）直接中心槽起爆法；（c）V 形起爆网络；
（d）波形起爆网络（图中数字为起爆顺序）

4. 光面爆破和预裂爆破

光面爆破是在开挖限界的周边，适当排列一定间隔的炮孔，在有侧向临空面的情况下，用控制抵抗线和药量的方法进行爆破，使之形成一个光滑平整的边坡。

预裂爆破是在开挖限界处按适当间隔排列炮孔，在没有侧向临空面和最小抵抗线的情况下，用控制药量的方法，预先炸出一条裂缝，使拟爆体与山体分开，作为隔震减震带，起保护开挖限界以外山体或和减弱建筑物的地震破坏作用。光面爆破与预裂爆破后，在边坡壁上通常均留下半个炮孔的痕迹。

进行光面或预裂爆破时，应严格保持炮孔在同一平面内，炮孔间距 α 和抵抗线 W 之比应小于 0.8。装药量应控制适当，并采用合理的药包结构，通常使炮孔直径大于药卷直径 1~2 倍，或采用间隔药包、间隔钻孔装药。预裂炮的起爆时间在主炮之前，光面炮在主炮之后，其间隔时间可取 25~50 ms。同一排孔必须同时起爆，最好用传爆线起爆，否则会影响爆破质量。

5. 药壶炮（烘膛炮）

药壶炮是指在深 2.5~3.0 m 及以上的炮眼底部用少量炸药经一次或多次烘膛，使眼底成葫芦形，将炸药集中装入药壶中进行爆破，如图 8-10 所示。此法主要用于露天爆破，其使用条件是：岩石应在 Ⅺ 级以下，不含水分，阶梯高度（H）小于 20 m，自然地面坡度在 70°左右。如果自然地面坡度较缓，一般先用钢钎炮切脚，炸出台阶后再使用。经验证明，药壶炮最好用于 Ⅶ~Ⅸ 级岩石，中心挖深 4~6 m，阶梯高度在 7 m 以下。装药量可根据药壶体积而定，一般为 10~60 kg，最多可超过 100 kg。每次可炸岩石数十方至数百方，是小炮中最省工、最省药的一种方法。

6. 猫洞炮（蛇穴炮）

猫洞炮是指炮洞直径为 0.2~0.5 m，洞穴成水平或略有倾斜，深度小于 5 m，用集中药包在炮洞中进行爆破的一种方法，如图 8-11 所示。其特点是充分利用岩体本身的崩塌作用，能用较浅的炮眼爆破较高的岩体，一般爆破可炸松 15~150 m^3。最佳使用条件是：岩石等级一般为 Ⅸ 级以下，最好是 Ⅴ~Ⅶ 级；阶梯高度最小应大于眼深的两倍，自然地面坡度不小于 50°，最好在 70°左右。由于炮眼直径较大，爆破利用率甚差，故炮眼深度应大于 1.5 m，不能放孤炮。猫洞炮功效，一般可达 4~10 m^3。单位耗药量为 0.13~0.3 kg/m^3。在有裂缝的软石和坚石中，阶梯高度大于 4 m，药壶炮药壶不易形成时，采用这种爆破方法，可以获得好的爆破效果。

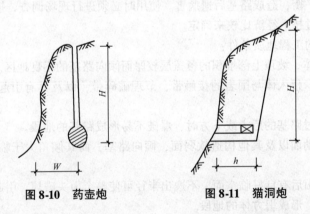

图 8-10　药壶炮　　　　　　图 8-11　猫洞炮

7. 洞室炮

为使爆破设计断面内的岩体大量抛掷（抛坍）出路基，减少爆破后的清方工作量，保证路基的稳定性，可根据地形和路基断面形式，采用以下不同性质的洞室炮爆破法。

（1）抛掷爆破。

1）平坦地形的抛掷爆破（亦称扬弃爆破）。自然地脉内坡角 $\alpha < 15°$，路基设计断面为拉沟路堑，石质大多是软石时，为使石方大量扬弃到路基两侧，通常采用稳定的加强抛掷爆破。抛掷率为 55%~98%（$n = 1.5~2.2$），一般在 80% 左右。根据经验，当 $n = 2$ 时（$E = 83\%$），抛掷 1 m^3 岩石的耗药量为 1.4~2.2 kg。炸药费用一般占总工程造价的 80% 左右，且爆破后对路堑边坡的稳定性影响很大，故在公路工程中很少采用。

2）斜坡地形路堑的抛掷爆破。自然地面坡角 α 为 15°~50°，岩石也较松软时，可采用抛掷爆破。抛掷率一般设计为60%左右，根据地面坡度的不同，爆破作用指数为1~1.5 单位耗药量大于1 kg，炸药费用占整个工程造价60%以上，对路堑边坡的稳定性有较大的影响。

（2）斜坡地形半路堑的抛坍爆破。自然地面坡度大于30°，地形地质条件均较复杂，临空面大时，宜采用这种爆破方法。在陡坡地段，岩石只要充分被破碎，就可以利用岩石本身的自重坍滑出路基，提高爆破效果。

抛坍爆破的抛坍率一般为45%~85%，单位耗药量为0.1~0.42 kg/m^3。炸药费用不到总造价的40%，而功效为6~15 m^3/d，比小炮工效高2~4倍，总的路基工程造价可降低16%以上，爆后路堑边坡稳定。

（3）多面临空地形爆破。路线通过波浪起伏的峡谷或鸡爪地形地段，横切山包或山阻时，临空面较多，有利于爆破。由于山包或山阻的石质，一般较周围岩体坚固完整，因此爆破后可获得较陡的稳定边坡。多面临空地形的爆破抛掷率（抛坍率）为60%~80%，单位耗药量为0.2~0.8 kg/m^3，工效为10~20 m^3/d，最高可达70 m^3/d，比小炮高6~15 倍或更多，但工程造价只比小炮减少约5%。

（4）定向爆破。这是利用爆能将大量土石方按照指定的方向，搬移到一定的位置并堆积成路堤的一种爆破施工方法。其减少了挖、装、运、夯等工序，生产率极高。在公路工程中用于以借为填或移挖作填地段，特别是在深挖高填相间、工程量大的鸡爪形地区，采用定向爆破，一次可形成百米以至数百米路基。

（5）松动爆破。大型松动爆破主要用于不宜采用抛掷爆破的次坚石、软石路基，或配合机械化清方的地段。在坚石中，宜采用深孔炮。

大型洞室爆破，威力大、效率高，可以缩短工期，节约劳力，技术安全可靠性大。但使用不当，则可能破坏山体平衡，造成路基后遗病害。使用时必须进行现场调查，摸清当地的工程地质条件及周围环境，通过技术经济比较来确定。

不宜进行大爆破的工程地质条件：

（1）岩堆、滑坡体，坡顶上部堆积的覆盖层较厚而倾向路基的不良地区。

（2）断层破碎带，侵入体与围岩的接触带，节理破碎带，以及具有引起坍方的地质软弱面的地段。

（3）当软弱面通过路基的后方或下方时，爆破不易形成路基的地段。

（4）层理面、错动面以及其他构造软弱面，倾向路基，而其倾角大于临界角，并小于50°，层面胶结不良的地段。

（5）山脊较薄，山后有良好临空面，不逸出半径可使整个山头破坏，引起坍方的地段。

（6）多组软弱面，形成坍方体的地段。

此外，对周围环境亦需考虑，如有良田、果树、重要建筑物等，在无法确保其安全时，不宜采用大爆破。

8.3.2 选用爆破方法的基本原则

为了充分发挥各种爆破方法的特点，利用微地形和地质的客观条件，在路基石方工程中选用各种爆破方法，组织炮群，有计划、有步骤地爆破拟开挖的石方十分重要。为此，石方工程的施工方案应按以下原则与步骤进行。

（1）全面规划，重点设计。对拟爆破的路基工程，应根据石方集中的程度、微地形的变化、路基设计断面的形状，以及地质条件所能允许的爆破规模，结合各种爆破方法的特点，进行全面规划，确定哪些地段采用洞室炮、深孔炮，哪些地段采用小炮群（一般，中心挖深大于6 m时，可采用洞室炮，小于 6 m 可采用小炮群），以及各段的开挖顺序。然后对石方集中的点进行重点设计。在生产中，一般可按照爆破方案选择表进行（表 8-1）。

表 8-1　爆破方案选择表

编号	起讫桩号	中心挖深 /m	爆破地段长度 /m	自然坡度 /°	断面石方量 /m³	爆破类型	备注
1	K1 + 500 ~ K1 + 600	3 ~ 5	100	30 ~ 45	3 000	小炮群	软石
2	K3 + 700 ~ K3 + 900	6 ~ 9	200	50 ~ 70	7 000	抛坍爆破炮群	坚石
3	K4 + 100 ~ K4 + 140	12	40	40	4 000	多面临空面 地形爆破	次坚石 节理不发达

（2）由路基面开挖，形成高阶梯。为了充分利用岩石的崩塌作用，开挖应从路基面开始，渐渐形成高阶梯，为深孔炮、药壶炮或猫洞炮创造有利条件。

（3）综合利用小炮群，分段分批爆破。一般有以下几种方法：

1）在半挖半填的斜坡地形，采用一字排炮，对自然坡度较缓的地形，应先用钢钎炮切脚，改造地形后，再采用一字排炮。

2）路线横切小山包时，采用钢钎炮三面切角，改造地形后，再在中间用药壶爆破。

3）遇路基加宽，阶梯较高的地形，采用上下互相配合的小炮群，如图 8-12 所示。

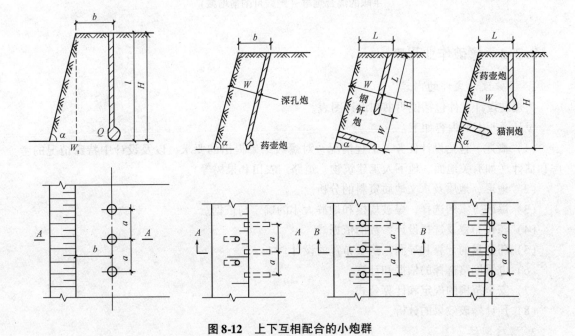

图 8-12　上下互相配合的小炮群

4）对拉沟地堑，采用两头开挖时，可以用竖眼揭盖，平眼搜底的梅花炮，如图 8-13 所示。

5）机械化清方时，如遇坚石，可采用眼深为 2 m 以上的钢钎炮，组合成 30 ~ 40 个的多层炮群，或采用深孔炮。在坚硬岩石中，为使岩石破碎的程度满足清方的要求，除调整炮群设计参数外，还可以采用微差爆破和间隔药包。遇软石或节理发育的次坚石，可用松动爆破开挖。

由上面的介绍可知，根据不同的客观条件，采用不同的爆破方法，可以使工效提高 2 ~

10 倍，劳动强度也可大大降低。但由于单位耗药量比小炮定额高 2 ~ 4 倍以上，因此工程造价的降低并不显著。为了降低工程造价，有条件时可在爆破中采用铵油炸药。

虽然爆破具有不少优点，但是在快速施工方面仍显不够。目前，特别严重的是导洞掘进和清方这两道工序很慢，一般人工开挖导洞需要 15 ~ 30 天，爆破后虽有 65% 左右的岩体被抛掷（抛坍）出路基，但剩下岩体若用人工清方，仍需较长时间。这种两头慢中间快的不协调现象，只有采用机械化打眼和机械化、半机械化清方的办法才能改变。

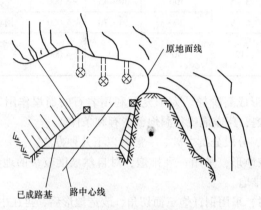

图 8-13　拉沟路堑使用的梅花形立眼和平眼的混合炮群（炮数可酌情增减）

8.3.3　爆破作业程序

1. 爆破设计文件的内容

大爆破设计文件包括说明书和设计图表。

设计说明书的内容如下：

（1）概述。包括设计任务、工程情况、对爆破结果提出的要求，以及设计中特殊情况的考虑和估计（如有关地面、地下人工建筑物、道路、农田和果树等）。

（2）地形、地质及水文地质资料的分析。

（3）爆破方案的选择，爆破规模和炮群大小的确定与依据。

（4）药包布置及选择设计参数的依据。

（5）药包量的计算和导洞、药室布置的设计。

（6）电爆网络选择的依据和计算。

（7）安全范围的规定和计算公式。

（8）预计爆破效果的分析。

2. 爆破网络

（1）爆破网络的形式一般有以下几种：一条电爆网络；两条独立电爆网络并联，每条网络具有同样的电阻；一条电爆网络，一条传爆线网络同时使用等。

（2）电爆网络的连接方式，可分为串联、并联和混合联三种。

串联的设计和敷设比较简单，所需总电流少，电线消耗量少。但在网络中有一个电雷管失效，就会使整个网络中断，产生拒爆。为克服这一缺点，在生产中往往采用成对串联的串联线路，如图 8-14（a）所示。

并联线路，如图 8-14（b）所示，每个电雷管有两根端线，并分别集中联在两根主导线上，此时各个雷管的作用互不相关，即使有个别雷管失效，也不影响其他雷管的正常起爆。但所需总电流大，丢掉一个电雷管不易发现。

混合联是串联和并联的混合使用，它可以是成组电雷管之间的并联，而组与组之间采用串联，或者与此相反。混合联可以采用较小的电源，有一定的可靠性。在生产中常采用成对的并、串联线路，如图 8-14（c）所示。该线路接线简单，计算和检查容易，导线消耗较少，电源较少时也适用，因此一般被认为是比较合理的形式。但也应注意并联的两个电雷管中若有一个失效，则通过另一个雷管的电流要比正常电流大一倍，该雷管点燃时间就会减少而提前起爆，这就容易使其他药包发生拒爆。为确保炮群各药包准爆，最好采用两条独立的成对串联的线路并联，或采用电爆网络传爆线网络混合使用。

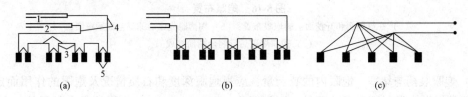

图 8-14　纵向分集药包 W 折线图及纵向布置图
（a）成对的单一串联；（b）并联；（c）并串联
1—主导线；2—区域线；3—脚线；4—连接线；5—雷管

3. 导洞药室的测量定位

按照设计图纸的要求，准确地将导洞进口位置具体确定在工地的桩位上影响很大，如果偏差大，将达不到预期目的。

在公路爆破中，导洞药室一般成 L 形或 T 形，由导洞、横拐洞和药室三部分组成。导洞有竖直导洞（竖井）和水平导洞（平洞）两种，药室设在横拐洞的端部，如图 8-15 所示。

在进行导洞药室定位时，应以路基设计中心线为基准线，以地面现有中心桩为基准桩。

首先确定导洞进口桩位，并打中心桩。对于水平导洞，除确定进洞桩位外，还必须依设计要求找出导洞方向和基准线的夹角，并在适当的地方打下方向桩。为避免方向桩、中心桩等丢失，应相应地打上

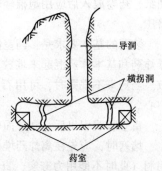

图 8-15　导洞的布置

护桩。进行定位测量后，应在洞口钉立指示牌，用示意图标明导洞断面、长度、横拐洞长度、药室尺寸及水平标准等。在开挖过程中应及时检查校正，以保证导洞药室的开挖符合设计要求。

4. 导洞药室开挖

（1）炮眼的布置。导洞药室的开挖，一般是用炮眼法掘进。

导洞的断面尺寸，视地质情况和导洞深度而变化，一般为 $1.0 \times 1.2 \sim 1.5 \times 1.8$ m²。对于风化严重、岩石较破碎的洞口地段，尺寸还要大些。

导洞开挖时，炮眼的布置数量视石质情况而有增减，坚石一般布置 7~9 个，次坚石一般布置 5~6 个，松石一般布置 3~4 个。炮眼深度为 0.6~0.8 m，断面大的可以深到 1~1.2 m，或者更深，炮眼依其作用和位置分为掏槽眼、边眼。

掏槽眼布置在导洞断面的中央部分，眼口距离一般为 40 cm，炮眼与开挖面倾斜角为 75°~80°，使炮眼向断面中心会聚。一般炮眼相距 10 cm 左右，掏槽眼的作用是为边坡爆破创造临

空面。

边眼布置在导洞断面四周，深度一致，爆破顺序是掏槽眼在先，边眼在后，见图8-16。

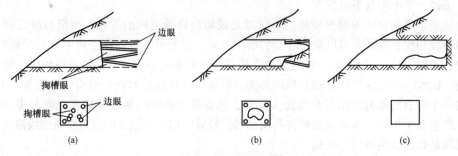

图8-16　炮眼布置

（a）在纵剖面和开挖面上的炮眼布置；（b）掏槽眼先爆后的临空面示意图；

（c）边角爆破后导洞全断面挖成

（2）炮眼装药与堵塞。炮眼内的装药量，应视炮眼深度和石质情况及炮眼的作用而定。施工中一般是根据炮眼深度确定装药量，当深度为 0.8 ~ 1.0 m 时，装药长度为眼深的2/5 ~ 1/2；当眼深为 0.6 ~ 0.7 m 时，装药长度为眼深的1/2 ~ 2/3。由于掏槽眼的作用是创造临空面，故药量应多一些，但装药长度不得过长，而应当留出不少于眼深1/2的堵塞长度，否则容易发生冲天炮。

装药前应清除炮眼内的石粉和泥浆等物，对于积水，亦应掏干。为防止炸药受潮，还应包上油纸，药卷放入后应用炮棍轻轻挤压，起爆药卷应最后放入，并要特别小心，不能撞击，也不能挤压。

装药的基本要求是：药室四周全是基本炸药，内层为起爆炸药，核心为起爆体，而不能将起爆炸药和基本炸药混起来堆放。炸药的密度应各处相同。装药形状应尽可能集中，避免平铺分散。当药室不规则时，可用石块码放规则后再装药。起爆体多时，应将药按圆形布置在药室中心。

雷管脚线引出后，和外面电路接线要准确，并用竹片或其他材料予以包裹，以免损坏。

堵塞时，应先在离炸药堆外沿 10 ~ 20 cm 叠一堵石墙，封闭药堆构成药室；然后用土堵塞横拐洞（此时不能用力夯实，直至离洞室 2 m 才正式进行夯实）；以后可一层石块一层土分层回填。在回填土和夯实过程中应注意保护电爆线路。应设专人检查电路及量测电阻值，做到随堵塞、随量测、随保护。当堵塞完成后，应量测洞室的总电阻，然后把该洞室各导线接成回路（短路），等待接洞室联线或主导线，以确保安全。

炮眼的堵塞材料，一般为干细砂土、砂、黏土等，最好是以一份黏土、三份砂（粗砂）在最佳用水量下混合而成的堵塞料。堵塞时对紧贴起爆药卷的堵塞物不要捣压，以防振动雷管引起爆炸，其余的堵塞物要轻轻捣实，但要注意防止捣坏导火线或雷管脚线。

在导洞掘进过程中，每次爆破后，首先应检查有无瞎眼炮，并做相应处理。在导洞较深的情况下，应进行人工通风，以迅速排除烟尘和有毒气体，然后处理洞壁危石，出渣后就可继续掘进，直至达到设计要求。

5. 起爆体的制作和爆破

（1）起爆体的制作。为了保证洞室炮中全部炸药能迅速准确地完成爆炸反应，应当用烈性炸药制作起爆体（起爆药包）。起爆体的药量，视洞室中总药量而定，一般为3 ~ 20 kg。根据经验，若以铵油炸药为基本炸药，则每 500 kg 须配置 1~2 个 3 kg 的 2 号硝铵炸药的起爆体。在生产中，每个洞室中配制的起爆体，一般不得超过 4 个。

对于药量不大的药室，起爆体可用纸包装制作，而药量较大的洞室炮，则应当用木盒制作起爆体。其制作过程是，在盒内装入松散的起爆药，并在其中央放入经测试符合要求的雷管束。为了防止可能拉动雷管脚线而带动雷管，或损坏雷管脚线，应把脚线绕在一根固定在起爆体外壳上的小木棍上。

（2）爆破。起爆方式，如导洞不深于 3 m，可用火花起爆；再深时，宜用电力起爆。

所有线路和主导线的连接，必须在最后进行。一切非有关人员必须撤离现场，才能接主导线。主导线连接完成后，应测定全线路的总电阻。总电阻应符合设计要求，否则应检查原因并做相应处理。

起爆前，还应检查起爆电源的电压，如果符合要求，即可发出起爆信号，通知警戒人员开始起爆。起爆后 15 min，进行全面技术检查，无问题时再发出解除警报信号。如有瞎炮，必须小心谨慎，由专人负责指挥处理。洞室炮一般只能沿着导洞小心掏取堵塞物，找出电线重新起爆，否则应取出起爆体。对于硝铵炸药的中、小炮可用灌水使炸药失效等较安全的方法处理。

思考题

1. 药包在有限介质和无限介质中的爆破作用原理是什么？
2. 比较各种爆破方法的特点、适用场合、爆破效果、用药量和药包布置要求。
3. 简述爆破作用程序。起爆方法有哪几种？

第 9 章

道路路面工程导论

9.1 道路路面工程的发展概况与基本要求

9.1.1 我国道路路面工程的发展概况

道路路面工程是道路的一个很重要组成部分，其直接影响道路的行车速度、运输成本、行车安全和舒适程度。路面工程在整个公路造价中所占的比重很大，因此，合理地安排好公路路面建设，讲究科学，重视投资效益，对降低行车营运费用，延长公路使用年限，发挥投资效果，提高运输效能，具有十分重要的意义。

新中国成立初期，各地根据就地取材，因地制宜的原则，大量修筑的是我国首创的路面结构类型——泥结碎石路面和级配砾（碎）石路面，经过若干年的修筑、使用、研究和总结，我国对其结构组合、材料规格、施工方法、养护要求等，都有了比较深刻的认识，并普遍加铺了磨耗层和保护层，对确保行车畅通，减轻养路工作量，有显著的作用。

20 世纪 60 年代初期，随着我国石油工业的发展，石油沥青（包括渣油）的产量急剧增长，为我国大量修筑沥青（渣油）路面提供了良好的物质基础。经过一系列试验、摸索、研究、实践和总结，我国制定了适合我国具体情况的施工技术细则。20 世纪 70 年代至今我国修建了大量沥青路面，沥青路面已成为我国公路路面的一种重要类型。

目前，水泥混凝土路面也有相当数量，并对其设计理论和施工工艺都有了比较完整的总结，水泥混凝土路面的建设规模越来越大。

9.1.2 道路路面工程的基本要求

现代化的汽车运输，要求车辆能迅速、安全、经济而又舒适地在道路上行驶。为此，路面必须满足下述各项基本要求。

1. 具有足够的强度和刚度

汽车在路面上行驶时，车辆通过车轮把垂直力和水平力传递给路面，水平力又分为纵向和横向两种，此外，路面还受到车辆振动力和冲击力作用。

在上述外力的作用下，路面结构内就会产生应力、应变及位移。当路面结构整体或某一组成部分（如某一层）的强度或抗变形能力不足以抵抗这些应力、应变及位移时，路面就会出现断裂、沉陷、车辙及波浪等破坏，使路况恶化，服务水平下降。为避免行车荷载产生的这些破坏，路面结构整体及其各组成部分都应具有足够的强度和刚度。

路面的强度和刚度是两个既相互联系又相互区别的力学特性。路面结构应具有足够的强度以抵抗车轮荷载引起的各个部位的各种应力，如压应力、拉应力和剪应力等，以保证路面结构不发生压碎、断裂、剪切等各种破坏，路面结构应具有足够的刚度，使得在车轮荷载作用下不发生过大的变形和位移，保证路面不发生沉陷、车辙或波浪等病害。

2. 具有足够的稳定性

路面不仅承受车轮荷载的作用，由于路面建筑在路基之上，袒露于大气之中，因此还经常受到水分、湿度、大气温度等自然环境因素的影响，从而影响着路面的强度和刚度。

大气温度周期性的变化，对路面稳定性有重要的影响，如沥青路面在高温季节软化，在车轮荷载作用下产生车辙、波浪等永久变形；低温时沥青面层出现收缩、变脆而开裂，半刚性基层低温收缩产生反射裂缝，而水泥混凝土路面高温时发生拱胀开裂，低温时出现收缩裂缝以及在温度梯度作用下产生翘曲而破坏等。在北方低温冰冻季节，温度和湿度的共同作用会引起路基路面结构的冻胀，春融季节在重交通路段产生翻浆。

为了设计出适合当地气候条件、稳定性良好的路面结构，应充分调查和分析当地温度、湿度状况，在此基础上选择具有足够稳定性的路面材料及路面结构。

3. 具有足够的耐久性

路面在车辆荷载的反复作用下，路面使用性能将逐年下降，强度和刚度逐年衰减，路面会出现疲劳破坏和塑性变形累积。此外，路面在大气温度、湿度等自然环境因素的反复长期作用下，路面材料性能会由于老化衰变而导致路面结构的损坏。

为了保证和尽量延长路面使用年限，除了精心选择具有足够疲劳强度、抗老化和抗变形能力的材料和精心设计、精心施工外，还要重视路面的长年养护、维修及路用性能的恢复工作。

4. 具有足够的表面平整度

路面表面平整度是影响行车安全、行车舒适性及运输效益的重要指标。不平整的路表面会使行驶的车辆产生一附加的振动，这种振动会造成行车颠簸，影响行驶的安全性和舒适性。同时，振动作用对路面施加冲击力，从而加速路面损坏和车辆轮胎的磨损，增加耗油量，也增加车辆的运行费用。不同等级的公路，对行驶速度和舒适性的要求不同，从而对路面平整度的要求也不同。高速公路，对路面平整度的要求更高。

优良平整的路面，要依靠优良的施工设备，精细的施工工艺，严格的施工质量控制，同时还应采取必要的养护措施。此外，随着行车荷载的反复作用，路面结构逐渐出现破坏和变形，如断裂、沉陷、车辙、推移和松散等，从而使路面表面平整度变差。因此，采用强度和刚度高、稳定性好的路面结构和面层材料，对于长期保证路面优良的平整度，减小其衰变速度非常重要。

5. 具有足够的表面抗滑性

路面表面要求平整度好，但不宜光滑。光滑的表面，行驶的车轮与路面之间的附着力和摩擦力较小，当雨天高速行驶需紧急制动，或上下坡、转弯时，由于车轮与路面间附着力不足，容易造成车轮打滑或空转，从而引发严重的交通事故。路面的抗滑性能通常采用摩擦系数表征。高速公路和一级公路，由于行驶速度高，因此要求具有较高的抗滑性能。

为了保证路面具有足够的抗滑性能，对于沥青路面，应采用坚硬、耐磨、表面粗糙的粒料以及具有良好粘结力的沥青或改性沥青，并通过合理的组成设计来实现；对于水泥混凝土路面，可采取刷毛、刻槽等工艺措施提供保证。此外，对于影响路面抗滑性能的积雪、浮冰和污泥等，应及时予以清除。

6. 具有足够的不透水性（抗透性）

透水的路面，雨天水分容易渗入路面结构和土基，这些滞留于路面表层和路面结构内部的水分，在大量高速行车荷载反复作用下，自由水产生很大的动水压力不断冲刷路面，路面会产生剥落、坑洞、唧浆和网裂等早期水破坏现象。在降水量大的潮湿多雨地区，交通量大，载重车辆多的高速公路沥青路面，水破坏更严重。为避免路面水破坏，应尽量采用不透水的路面面层，设置路面结构排水层或有效防水层。

9.2 道路路面工程的构造

9.2.1 道路路面的横断面形式

在路基顶面铺筑面层结构，沿横断面方向由行车道、硬路肩和土路肩组成。路面横断面的形式随道路等级的不同，可选择不同的形式，通常分为槽式横断面和全铺式横断面，如图 9-1 所示。

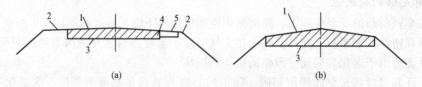

图 9-1　路面横断面形式

（a）槽式；（b）全铺式

1—路面；2—土路肩；3—路基；4—路缘石（侧石）；5—加固路肩

1. 槽式横断面

在路基上按路面行车道及硬路肩设计宽度开挖路槽，保留土路肩，形成浅槽，在槽内铺筑路面；也可采用培槽方法，在路基两侧培槽，或用半填半挖的方法培槽。

2. 全铺式横断面

在路基全部宽度内都铺筑路面。在高等级公路建设中，有时为了将路面结构内部的水分迅速排出，在全宽范围内铺筑基层材料，保证水分由横向排入边沟。有时考虑到道路交通的迅速增长，为适应扩建的需要，将硬路肩及土路肩的位置全部按行车道标准铺筑面层。在盛产石料的山区或较窄的路基上，全宽铺筑砂石路面。

路基断面形式应与沿线自然环境相协调，避免因深挖、高填对其造成不良影响。高速公路、一级公路宜采用浅挖、低填、缓边坡的路基断面形式。

9.2.2 路拱及路拱横坡度

为了保证路面上雨水及时排出，减少雨水对路面的浸润和渗透而减弱路面结构强度，路面表面应做成直线形或抛物线形的路拱。等级高的路面，平整度和水稳定性较好，透水性也小，通常采用直线形路拱和较小的路拱横坡度；等级低的路面，为了有利于迅速排除路表积水，一般采用抛物线形路拱和较大的路拱横坡度。表 9-1 列出了各种不同类型路面的路拱平均横坡度。

表 9-1　各种不同类型路面的路拱平均横坡度

路　面　类　型	路拱平均横坡度/%
沥青混凝土、水泥混凝土	1～2
热拌沥青碎石、路拌沥青碎（砾）石、沥青贯入碎（砾）石、沥青表面处治、整齐石块	1.5～2.5
半整齐石块，不整齐石块	2～3
碎石、砾石等粒料路	2.5～3.5
炉渣土、砾石土、砂砾土等	3～4

选择路拱横坡度，应充分考虑有利于行车平稳和有利于横向排水两方面的要求。在干旱和有积雪、浮冰地区，应采用低值，多雨地区采用高值；当道路纵坡较大或路面较宽，或行车速度较高时，或交通量和车辆载重较大时，或常有拖挂汽车行驶时，应采用平均横坡度的低值；反之应取用高值。

高速公路和一级公路设有中央分隔带。通常采用两种方式布置路拱横断面。若分隔带未设置排水设施，则做成中间高，两侧路面低，由单向横坡向路肩方向排水。若分隔带设置排水设施，则两侧路面分别单独做成中间高两边低的路拱，向中间排水设施和路肩两个方向排水。

路肩横坡度一般较路面横坡大 1%～2%。但是高速公路和一级公路的硬路肩采用与路面行车道相同的结构时，应采用与路面行车道相同的路面横坡度。

9.2.3　路面结构层的划分和各结构层的作用

行车荷载和自然因素对路面的影响，随深度的增加而逐渐减弱。因此，对路面材料的强度、抵抗变形力和稳定性的要求也随深度的增加而逐渐降低。为了适应这一特点，路面结构通常是分层铺筑的，按照使用要求、受力状况、土基支撑条件和自然因素影响程度的不同，分成若干层次。通常按照各个层位功能的不同，划分为三个层次，即面层、基层和功能层，如图 9-2 所示。

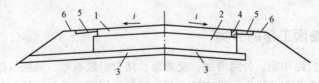

图 9-2　路面结构层次划分示意图

i—路拱横坡度；1—面层；2—基层（有时包括底基层）；3—功能层；4—路缘石；5—加固路肩；6—土路肩

1. **面层**

面层是直接同行车和大气接触的表面层次，其承受较大的行车荷载的垂直力、水平力和冲击力的作用，同时还受到降水的侵蚀和气温变化的影响。因此，同其他层次相比，面层应具备较高的结构强度，抗变形能力，较好的水稳定性和温度稳定性，而且应当耐磨、不透水；其表面还应有良好的抗滑性和平整度。

修筑面层所用的材料主要有：水泥混凝土、沥青混凝土、沥青碎（砾）石混合料、砂砾或碎石掺土或不掺土的混合料以及块料等。

面层有时分两层或三层铺筑，如高速公路沥青面层总厚度 18～20 cm，可分为上、中、下三层铺筑，并根据各分层的要求采用不同的级配等级。水泥混凝土路面也分上下两层铺筑，分别采用不同强度等级的水泥混凝土材料。水泥混凝土路面上加铺 4 cm 沥青混凝土，这样的复合式结构也是常见的。但是砂石路面上所铺的 2～3 cm 厚的磨耗层或 1 cm 厚的保护层，以及厚度不超过 1 cm 的简易沥青表面处治，不能作为一个独立的层次，应看作面层的一部分。

2. 基层

基层主要承受由面层传来的车辆荷载的垂直力，并扩散到下面的垫层和土基中。实际上基层是路面结构中的承重层，其应具有足够的强度和刚度，并具有良好的扩散应力的能力。基层遭受大气因素的影响虽然比面层小，但是仍然有可能经受地下水和通过面层渗入雨水的浸湿，所以基层结构应具有足够的水稳定性。基层表面虽不直接供车辆行驶，但仍然要求有较好的平整度，这是保证面层平整性的基本条件。

修筑基层的材料主要有各种结合料（如石灰、水泥或沥青等）稳定土或稳定碎（砾）石、贫水泥混凝土、天然砂砾、各种碎石或砾石、片石、块石或圆石，各种工业废渣（如炉渣、粉煤、矿渣、石灰渣等）和土、砂、石所组成的混合料等。

基层厚度太厚时，为保证工程质量可分为两层或三层铺筑。当采用不同材料修筑基层时，基层的最下层称为底基层，对底基层材料质量的要求较低，可使用当地材料来修筑。

3. 功能层

功能层介于土基与基层之间，其一方面的功能是改善土基的湿度和温度状况，以保证面层和基层的强度、刚度和稳定性不受土基水文状况变化所造成的不良影响；另一方面的功能是将基层传下的车辆荷载应力加以扩散，以减小土基产生的应力和变形。同时也能阻止路基土挤入基层中，影响基层结构的性能。功能层包括防冻层、排水层、隔离层、粒层、透层等修筑功能层的材料，强度要求不一定高，但水稳定性和隔温性能要好。常用的功能层材料分为两类：一类是由松散粒料（如砂、砾石、炉渣等）组成的透水性功能层；另一类是用水泥或石灰稳定土等修筑的稳定类功能层。

路面结构层材料应满足强度、稳定性和耐久性的要求。路面垫层宜采用水稳性好的粗粒料类材料或稳定类材料。路基填料采用尾矿、矿渣等材料时，应做环保评价，明确利用方案及处置措施。

9.2.4　道路路面工程的分类

路基路面应根据公路功能、公路等级、交通量，结合沿线地形、地质及路用材料等自然条件进行设计，保证其具有足够的强度、稳定性、耐久性，面层满足平整和抗滑的要求。

路面类型可以从不同角度来划分，但是一般都按面层所用的材料区划，如水泥混凝土路面、沥青路面等。但是在工程设计中，主要从路面结构的力学特性和设计方法的相似性出发，将路面划分为柔性路面、刚性路面和半刚性路面三类。

1. 柔性路面

柔性路面的总体结构刚度较小，在车辆荷载作用之下产生较大的弯沉变形，路面结构本身的抗弯拉强度较低，其通过各结构层将车辆荷载传递给土基，使土基承受较大的单位压力。路基路面结构主要靠抗压强度和抗剪强度承受车辆荷载的作用。柔性路面主要包括各种未经处理的粒料基层和各类沥青面层、碎（砾）石面层或块石面层组成的路面结构。

2. 刚性路面

刚性路面主要指用水泥混凝土作面层或基层的路面结构。水泥混凝土的强度高，与其他筑路材料比较，其抗弯拉强度高，并且有较高的弹性模量，故呈现出较大的刚性。在车辆荷载作用下，水泥混凝土结构层处于板体工作状态，竖向弯沉较小，路面结构主要靠水泥混凝土板的抗弯拉强度承受车辆荷载，通过板体的扩散分布作用，传递给基础上的单位压力较柔性路面小得多。

3. 半刚性路面

用水泥、石灰等无机结合料处治的土或碎（砾）石及含有水硬性结合料的工业废渣修筑的基层，在前期具有柔性路面的力学性质，后期的强度和刚度均有较大幅度的增长，但是最终的强度和刚度仍远小于水泥混凝土。由于这种材料的刚性处于柔性路面与刚性路面之间，因此把这种基层和铺筑在其上面的沥青面层统称为半刚性路面。这种基层称为半刚性基层。

刚性路面、柔性路面和半刚性路面，这种以力学特性为标准的分类方法主要是为了便于从功能原理和设计方法出发进行区分，并没有绝对的定量分界界限。近年来材料科学的发展正在逐步改变这种属性，如水泥混凝土的增塑研究正在使其刚度降低而保留其高强性质，沥青的改性研究使得沥青混凝土随气候而变化的力学性质趋向于稳定，大幅度提高其刚度。此说明事物都在相互转化之中。目前，广泛采用的路面结构是水泥混凝土路面和沥青混凝土路面，《公路工程技术标准》（JTG B01–2014）规定的公路路面结构设计使用年限见表9-2。

表 9-2　公路路面结构设计使用年限

公路等级		高速公路	一级公路	二级公路	三级公路	四级公路
设计使用年限 /年	沥青混凝土路面	15	15	12	10	8
	水泥混凝土路面	30		20	15	10

9.3　道路路面表面排水设计

路基、路面排水应综合设计、合理布局，并与沿线排灌系统相协调，保护生态环境，防止水土流失和污染水源。根据公路等级，结合沿线气象、地形、地质、水文等自然条件，设置必要的地表排水、路面内部排水、地下排水等设施，并与沿线排水系统相配合，形成完整的排水体系。特殊地质地段的路基、路面排水设计，必须与该特殊工程整治措施相结合，进行综合设计。路基、路面结构设计应进行防水设计，以减少路面结构水损坏。

路面地表排水包括路面（含路肩）、中央分隔带、路基边坡坡面和路面范围内地表坡面的表面排水，以及有可能进入路面的公路毗邻地带的地表水和由相交道路进入路面内的地表水的排除。

地表排水设施的布设应充分利用地形和天然水系，形成完善的排水系统，并做好进出口位置的选择和处理，使水流顺畅，不出现堵塞、溢流、渗漏、淤积、冲刷、冻结等，造成对路基、路面和毗邻地带的危害。

各项地表排水设施的设计流量按相关方法确定。各种沟管和泄水口的泄水能力按相关方法计算确定，其断面形状和尺寸应满足排泄设计流量的要求，沟管内水流的最大和最小流速应控制在允许流速范围内，各种排水构造物所用材料的强度应满足要求。

路面地表排水设施不应兼作其他流水用途。对于二级以下的公路，如受条件限制而需兼用时，应限制在较小的范围和规模内，符合公路排水设计原则，并应进行个别设计。

地表排水设计应与坡面防护工程综合考虑，采取有效措施防止坡面岩土遭受冲刷和失稳。地表排水沟管排放的水流不得直接排入饮用水水源，也不宜直接排入养殖池、农田等。

9.3.1 道路路面表面排水设计原则

路面表面排水的主要任务是迅速把降落在路面和路肩表面的降水排走，以免造成路面积水而影响行车安全。路面表面排水设计应遵循下列原则：

1. 分散排水原则

排水设施由路面横坡、路肩和边坡防护组成，适用于路线纵坡平缓、汇水量较小、路堤高度较低的路段。

降落在路面上的雨水，应通过路面横向坡度向两侧排走，避免行车道路面范围内出现积水。在路线纵坡平缓、汇水量不大、路堤较低且边坡坡面不会受到冲刷的情况下，应采用在路堤边坡上横向漫坡的方式排除路面表面水。

分散排水路段的土路肩边部构造如图 9-3 所示，一般情况下，土路肩采用生态防护，种植适合当地气候、土质条件的草皮，并在底基层顶面外侧设置横向排水管，将滞留在填土绿化层底面的渗水通过横向排水管排到路基外，如图 9-3（a）所示，对于低填方路堤可采用图 9-3（b）所示构造，垫层铺至路基边缘。冲刷相对较大等路段，土路肩宜用不小于 50 mm 厚的预制混凝土块铺砌或现场浇筑混凝土，下设砂砾、砂、碎石等透水材料，以利于路面结构排水，如图 9-3（c）所示；也可用碎石、砂砾加固，如图 9-3（d）所示。分散排水设计应与路基边坡防护、边沟或排水沟相结合。

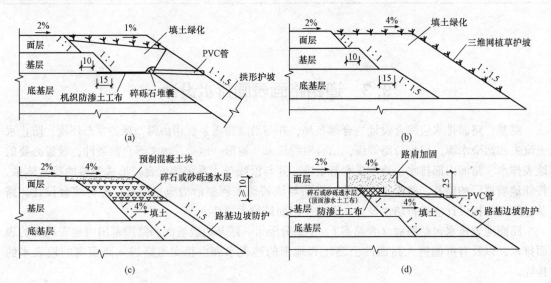

图 9-3 分散排水路肩边部构造图（尺寸单位：cm）
（a）设置横向排水管；（b）垫层铺至路基边缘；（c）预制混凝土块和透水层；（d）碎石、砂砾加固

2. 集中排水原则

排水设施由路面横坡、拦水缘石或矩形槽、泄水口和急流槽组成，适用于路堤高度较高，或路堤易受冲刷的粉性土、砂性土路段，凹形曲线底部等。

在路堤较高，边坡坡面未做防护而易遭受路面表面水流冲刷，或者坡面虽已采取防护措施但仍有可能受到冲刷时，应沿路肩外侧边缘设置拦水带，汇集路面表面水，然后通过泄水口和急流槽排离路堤。设置拦水带汇集路面表面水时，拦水带过水断面内的水面，在高速公路及一级公路上不得漫过右侧车道外边缘，在二级及二级以下公路上不得漫过右侧车道中心线。

（1）直线段的集中排水：泄水口的间距应按有关规范计算确定，一般 30～50 m 设一处，其开口宽度一般为 0.5 m。在凹形竖曲线的底部或其他位置，宜适当加密。

（2）无中间带或采用分离式路基的公路，在未设超高路段上，行车道路面应沿路中心线设置向两侧倾斜的双向横坡；在设超高路段上，应设置向曲线内侧倾斜的单向横坡。设中间带的公路，各个行车方向的行车道路面应分别设置单向横坡，但单向车道数超过 3 个时，也可分别设置双向横坡。

路面和路肩横坡的坡度，应依据铺面类型按规定选用。设拦水带时，右侧硬路肩的横向坡度宜采用 5%。

拦水带可由沥青混凝土现场浇筑，或者由水泥混凝土预制块铺砌而成。拦水带的横断面尺寸可参考图9-4。拦水带的顶面应略高于过水断面的设计水面高（水深）。

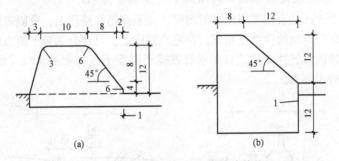

图9-4　拦水带横断面参考尺寸（尺寸单位：cm）

（a）沥青混凝土拦水带；（b）水泥混凝土拦水带

1—硬路肩边缘

在低路堤不设防撞护栏的路段上，拦水带的外露高度不宜超过 10 cm，其迎车面的坡度不宜陡于 1:2。拦水带的泄水口可设置成开口（喇叭口）式。设在纵坡坡段上的泄水口，宜做成不对称的喇叭口，并在硬路肩边缘的外侧设置逐渐变宽的低凹区（图9-5）。低凹区的铺面类型与路肩相同。设在平坡或缓坡坡段上时，泄水口可做成对称式。

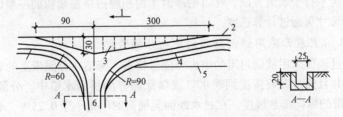

图9-5　纵坡坡段上拦水带不对称泄水口的平面布置示意图（尺寸单位：cm）

1—水流流向；2—硬路肩边缘；3—低凹区；4—拦水带顶；5—路堤边坡坡顶；6—急流槽

在硬路肩宽度较窄，汇水宽度或汇水量大，使拦水带的过水断面不足时，可沿土路肩设置由 U 形水泥混凝土预制件铺筑的路肩边沟。

9.3.2 中央分隔带排水设计要求

中央分隔带的排水设施由排水沟、渗沟、雨水井、集水井、横向排水管等组成，如图9-6所示。中央分隔带可用凸式、平式和凹式，也可分为封闭和不封闭。

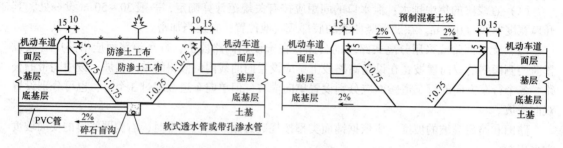

图9-6 中央分隔带排水（尺寸单位：cm）

1. 宽度小于3 m且表面采用铺面封闭的中央分隔带排水

分隔带宽度小于3 m且表面采用铺面封闭时，在不设超高路段上，分隔带铺面应采用向两侧外倾的横坡，其坡度与路面的横坡度相同；在超高路段上，可在分隔带上侧边缘处设置缘石和泄水口，或者在分隔带内设置缝隙式圆形集水管或碟形混凝土浅沟和泄水口（图9-7），以拦截和排泄上侧半幅路面的表面水。

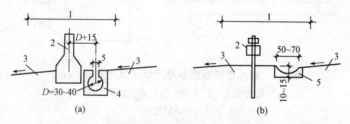

图9-7 超高路段上设置缝隙式圆形集水管或碟形浅沟（尺寸单位：cm）
（a）缝隙式圆形集水管；（b）碟形混凝土浅沟
1—中央分隔带；2—护栏；3—铺面；4—缝隙式圆形集水管；5—碟形混凝土浅沟

路缘石过水断面的泄水口可采用开口式、格栅式或组合式；碟形混凝土浅沟的泄水口采用格栅式。格栅铁条应平行于水流方向，孔口的净泄水面积应占格栅面积的一半以上。泄水口间距和截流量以及断面尺寸可通过计算选取。

2. 宽度大于3 m且表面采用铺面封闭的中央分隔带排水

宽度大于3 m且表面采用铺面封闭的中央分隔带排水，降落在分隔带上的表面水汇集在分隔带中央的低洼处，并且通过纵坡排流到泄水口或横穿路界的桥涵水道中。分隔带的横向坡度不得陡于1∶6；分隔带的纵向排水坡度，在过水断面无铺面时不得小于0.25%，有铺面时不得小于0.12%。当水流速度超过地面土的最大允许流速时，应在过水断面宽度范围内对地面土进行防冲刷处理，做成三角形或U形断面的水沟。防冲刷层可采用石灰或水泥稳定土，或者采用浆砌片石铺砌，层厚为10~15 cm。当中央分隔带内的水流流量过大或流速超过允许范围处，或者在分隔带低凹区的流水汇集处，应设置格栅或泄水口，并通过排水管引排到桥涵或路界处。格栅可以同周围地面齐平，也可适当降低，并在其周围一定宽度范围内做成低凹区（图9-8），以增加泄水能力。

3. 表面无铺面且未采用表面排水措施的中央分隔带

表面无铺面且未采用表面排水措施的中央分隔带，降落在分隔带上的表面水下渗，由隔带内的地下排水设施排除。常用的纵向排水渗沟见图 9-9，应隔一定间距通过横向排水管将渗沟内的水排出路面。渗沟周围包裹反滤织物（土工布），以免渗入水携带的细粒将渗沟堵塞。渗沟上的回填料与路面结构的交界面铺设涂双层沥青的土工布隔渗层。排水管可采用直径 70 ~ 150 mm 的塑料管。

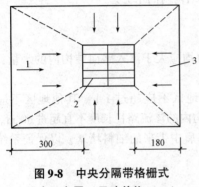

图 9-8　中央分隔带格栅式
泄水口布置（尺寸单位：cm）

1—上游；2—格栅；3—低凹区

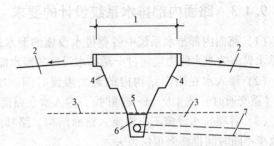

图 9-9　中央分隔带下设排水沟示意

1—中央分隔带；2—路面；3—路床顶面；4—隔渗层；
5—反滤织；6—渗沟；7—横向排水管

在我国，通常采用较窄的中央分隔带，仅在中间设预留车道时才采用宽的中央分隔带。各地在选用排水设施类型时，并未拘泥于以分隔带宽度限值作为唯一的依据，而是结合地区和工程需要确定，形式多样。因而，上述分类中的宽度标准并不是绝对的。

9.4　道路路面内部排水设计

9.4.1　路面结构内的水分产生的有害影响

水可以通过路面接缝、裂缝、路面表面和路肩渗入路面，或是由高水位地下水、截断的含水层和当地泉水进入路面结构，被围封在路面结构内的水分产生的有害影响可归纳如下：

（1）浸湿各结构层材料和路基土，易造成无粘结粒状材料和地基土的强度降低；

（2）使混凝土路面产生唧泥，随之出现错台、开裂和整个路肩破坏；

（3）进入空隙的自由水在行车荷载的作用下，会形成高孔隙水压力和高流速的水流，引起路面基层的细颗粒产生唧泥，结果路面失去支撑；

（4）在冰冻深度大于路面厚度的地方，高地下水水位会造成冻胀，并在冻融期间降低承载能力；

（5）水使冻胀土产生不均匀冻胀；

（6）与水经常接触将使沥青混合料剥落，影响沥青混凝土耐久性并产生龟裂。

9.4.2　设置路面内部排水的情况

为排除通过路面接缝、裂缝或空隙，或者由路基或路肩渗入并滞留在路面结构内的自由水，可沿路面边缘设置边缘排水系统，或者在路面结构层内设置排水基层或排水垫层排水系统。《公路排水设计规范》（JTG/T D33—2012）建议遇到下列情况时，应设置路面内部排水系统：

（1）年降水量为 600 mm 以上的湿润和多雨地区，路基由透水性差的细粒土（渗透系数不大于 10^{-5} cm/s）组成的高速公路、一级或重要的二级公路。

（2）路基两侧有滞水，可能渗入路面结构内。

（3）严重冰冻地区，路基为由粉性土组成的潮湿、过湿路段。

（4）现有路面改建或改善工程，需排除积滞在路面结构内的水分。

9.4.3 路面内部排水系统设计的要求

（1）路面内部排水系统中各项排水设施的泄水能力均应大于渗入路面结构内的水量，且下游排水设施的泄水能力应超过上游排水设施的泄水能力。

（2）渗入水在路面结构内的最大渗流时间，冰冻地区不应超过 1 h，其他地区不应超过 2 h（重交通时）或 4 h（轻交通时），渗入水在路面结构内的渗流路径长度不宜超过 60 m。

（3）各项排水设施不应渗流入路面结构。路基或路肩中带来的细料堵塞，以保证系统的排水效率不随时间推移而很快丧失。

9.4.4 路面边缘排水系统

边缘排水系统是由沿路面边缘设置的透水性填料集水沟、纵向排水沟、横向出水管和过滤织物组成的边缘排水系统。该系统是将渗入路面结构内的自由水，先沿路面结构层间空隙或某一透水层次横向流入纵向集水沟和排水管，再由横向出水管排引出路基。这种方案常用于基层透水性小的水泥混凝土路面，特别是用于改善排水状况不良的旧水泥混凝土路面。水泥混凝土面层板的边缘和角隅处，由于温度和湿度梯度引起的翘曲变形作用以及地基的沉降变形，常出现板底面同基层顶面的脱空。下渗的路表水易积聚在这些脱空内，促使唧泥和错台等损坏的出现。设置边缘排水系统，便于将面层—基层—路肩界面处积滞的自由水排离路面结构。而对于排水状况不良的旧水泥混凝土路面，采用边缘排水设施方案，可以在不改变结构的情况下改善其排水状况，从而提高原路面的使用性能和使用寿命。然而，自由水在路面结构层内沿层间渗流的速率要比向下渗流的速率慢许多倍，并且部分自由水仍有可能被阻封在路面结构内，因而，边缘排水系统的渗流时间较长，路面结构处于潮湿状态的时间要比下面将要介绍的排水层排水系统长许多。边缘排水系统结构如图 9-10 所示。

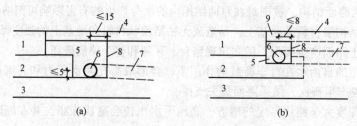

图 9-10 边缘排水系统（图注尺寸单位：cm）

（a）新建路面边缘排水系统；（b）改建路面边缘排水系统

1—面层；2—基层；3—垫层；4—路肩面层；5—集水沟；6—排水管；

7—出水管；8—反滤织物；9—回填路肩面层

纵向排水管通常选用聚氯乙烯（PVC）或聚乙烯（PE）塑料管。排水管设 3 排槽口或孔口，其开口总面积不小于 $42\ cm^2/m$。管径按设计流量由水力计算确定，通常在 $70\sim150\ mm$ 范围内选用。排水管的埋设深度，应保证不被车辆或施工机械压裂，并应超过当地的冰冻深度。在非冰冻地区，新建路面时，排水管管底通常与基层底面齐平；改建路面时，管中心应低于基层顶面。排水管的纵向坡度宜与路线纵坡相同，但不得小于 0.25%。

横向出水管选用不带槽或孔的聚氯乙烯或聚乙烯塑料管，管径与排水管相同。其间距和安设位置由水力计算并考虑邻近地面高程和公路纵横断面情况确定，一般在 $50\sim100\ m$ 范围内选用。出水管的横向坡度不宜小于 5%；埋设出水管所开挖的沟，须用低透水材料回填。出水管的外露端头用镀锌铁丝网或格栅罩住。出水口的下方应铺设水泥混凝土防冲刷垫板或者对泄水道的坡面进行浆砌片石防护，以防止水流冲刷路基边坡和植物生长。出水水流应尽可能排引至排水沟或涵洞内。

透水性填料由水泥处治开级配粗集料组成，其孔隙率为 $15\%\sim20\%$。粗集料最大粒径不大于 $40\ mm$，粒径 $4.75\ mm$ 以下的细粒含量不应超过 16%，$2.36\ mm$ 以下的细粒含量不应超过 6%。为避免带孔排水管被堵塞，透水性填料在通过率为 85% 时的粒径应比排水管槽口宽或孔口直径大 $1.0\sim1.2$ 倍。水泥处治集料的配合比，应按透水性要求和施工要求通过试配确定。

集水沟底面的最小宽度，对新建路面，不应小于 $30\ cm$；对改建路面，应能保证排水管两侧各有至少 $5\ cm$ 宽的透水填料。透水填料的底面和外侧围以反滤织物（土工布），以防垫、基层和路肩内的细粒侵入而堵塞填料空隙或管孔。反滤织物可选用由聚酯类、尼龙或聚丙烯材料制成的无纺织物，能透水，但细粒上不能随水一起透过。

9.4.5　路面基层的排水系统

基层排水系统是直接在面层下设置透水性排水基层，在其边缘设置纵向集水沟和排水管以及横向出水管等，组成基层排水系统（图9-11），采用透水性材料做基层，使渗入路面结构内的水分，先通过竖向渗流进入排水层，然后横向渗流进入纵向集水和排水管，再由横向出水管排引出路基。这种排水系统，由于自由水进入排水层的渗流路径短，在透水性材料中渗流的速率快，其排水效果要比边缘排水系统好得多。一般在新建路面时采用此方案。排水基层设在面层下，作为路面结构的基层或基层的一部分，共同承受车辆荷载的作用。

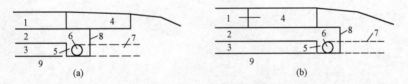

图9-11　排水基层排水系统

1—面层；2—排水基层；3—不透水垫层；4—路肩面层或水泥混凝土路肩面层；

5—集水沟；6—排水管；7—出水管；8—反滤织物；9—路基

排水层也可采用横贯路基整个宽度的形式，不设纵向集水沟和排水管以及横向出水管。渗入排水层内的自由水，横向渗流，直接排泄到路基边坡面外。这种形式便于施工，但其主要缺点是排水层在坡面出口处易生长杂草或被其他杂物堵塞，从而在使用几年后便不再能排泄渗入水，而集中积滞在排水层内的自由水反而使路面结构更易出现损坏。

在一些特殊地段，如连续长纵坡坡段、曲线超高过渡段和凹形竖曲线段等，排水层内渗流的自由水有可能被堵封或者渗流路径超过 $45\ m$。在这些地段，应增设横向排水管以拦截水流，缩短渗流长度。

纵向集水沟布置在路面横坡的下方。行车道路面采用双向坡路拱时，在路面两侧都设置纵向集水沟。集水沟的内侧边缘可设在行车道面层边缘处，但有时为了避免排水管被面层施工机械压裂，或者避免路肩铺面受集水沟沉降变形的影响，将集水沟向外侧移出60~90 cm。路肩采用水泥混凝土铺面时，集水沟内侧边缘可外移到路肩面层边缘处。

排水基层下必须设置不透水垫层或反滤层，以防止表面水向下渗入垫层，浸湿垫层和路基，同时防止垫层或路基土中的细粒进入排水基层而造成堵塞。

排水垫层按路基全宽设在其顶面。过湿路基中的自由水上移到排水垫层内后，向两向横向渗流。路基为路堤时，水向路基坡面外排流；路基为路堑或半路堑时，挖方坡脚处须设置纵向集水沟、排水管和横向排水管。

排水垫层一方面要能渗水；另一方面要能防止渗流带来的细粒堵塞透水材料。为此，在材料级配组成上要满足透水和反滤要求。

思考题

1. 路面有什么作用？对路面有哪些基本要求？
2. 路面结构主要分为哪几层？各层的作用及材料要求是什么？
3. 路面是如何进行分类的？公路路面结构设计使用年限是如何规定的？
4. 设置路拱坡度的原因及其影响因素是什么？
5. 路面表面排水设计原则有哪些？
6. 中央分隔带排水有哪些要求？
7. 在路面结构内的水分产生的有害影响有哪些？
8. 在什么情况下应设置路面内部排水系统？

第 10 章

道路路面基层施工技术

10.1 道路路面基层的类型与块石路面基层

10.1.1 道路路面基层的类型

路面基层是在路基（垫层）表面上用单一材料或混合料按照一定的技术措施分层铺筑而成的层状结构，可分为基层、底基层。具有较高强度、刚度和稳定性的基层才能保证面层结构的良好使用品质。直接位于沥青面层下用高质量材料铺筑的主要承重层，或直接位于水泥混凝土面板下，用高质量材料铺筑的结构层称为基层。在沥青路面基层下铺筑的次要承重层或在水泥混凝土路面基层下铺筑的辅助层称为底基层。

路面基层（底基层）可分为粒料材料、无机结合料稳定材料和有机结合料稳定材料。公路路面基层、底基层按材料力学行为可划分为半刚性类、柔性类和刚性类。半刚性基层、底基层的种类包含水泥稳定材料、石灰稳定材料及综合稳定材料（水泥粉煤灰、石灰粉煤灰、水泥炉渣、石灰炉渣、水泥石灰等稳定材料）。柔性基层、底基层的种类可分为有机结合料稳定类（沥青碎石、沥青贯入等）和无粘结粒料类（级配碎石、级配砾石、填隙碎石、级配砾碎石类等）。刚性基层类包括贫混凝土基层、水泥混凝土基层以及连续配筋水泥混凝土基层。半刚性材料、无粘结粒料类材料根据性能要求和设计标准，可适用于各级公路基层和底基层，而刚性基层一般适用于极重交通、特重交通或有特殊使用要求的路面基层。

1. 粒料材料路面基层（底基层）

粒料材料基层（底基层）又称无粘结粒料材料基层，主要包括级配碎石、级配砾石、符合级配的天然砂砾、部分砾石经轧制掺配而成的级配砾碎石，以及泥结碎石、泥灰结碎石、填隙碎石等。

粒料材料路面基层又分为嵌锁型和级配型。目前常用的有填隙碎石（嵌锁型）、级配醉（砾）石、天然砂砾（级配型）几种。粒料类基层（底基层）的主要特点是透水性大，施工方便。我国大都将此类结构作为高等级公路的底基层或垫层，有些国家用级配碎（砾）石修筑基层或底基层，还用作沥青面层与半刚性基层间的联结层。

嵌锁型粒料基层的整体强度主要依靠碎石颗粒之间的嵌锁和摩阻作用，颗粒之间的粘结力很小，即这种结构层的抗剪强度主要取决于剪切面上的法向应力和材料的内摩阻角。内摩阻角由三项因素构成：粒料表面的相互滑动摩擦、剪切时体积膨胀而需克服的阻力、粒料重新排列而受到的阻力。因此，嵌锁型结构强度主要取决于石料的强度、形状、尺寸、均匀性、表面粗糙度以及施工时的压实程度。当石料强度高，形状接近立方体、有棱角、尺寸均匀、表面粗糙、压实度高时，结构层的强度就高。

级配型粒料基层的强度和稳定性取决于内摩阻力和粘结力的大小。即其强度与稳定性在很大程度上取决于集料的类型（碎石、砾石或碎砾石）、集料的最大粒径和级配以及混合料中0.5 mm以下细料的含量及塑性指数。同时还与其密实程度有关系。因此对级配型粒料，主要控制最大粒径、细料含量以及其塑性指数和现场压实度。

2. 无机结合料稳定材料基层（底基层）

无机结合料稳定材料基层是在粉碎的或原状松散的土中掺入一定量的无机结合料（包括水泥、石灰或工业废渣等）和水，经拌合得到的混合料在压实与养生后，其抗压强度符合规定要求的材料称为无机结合料稳定材料，以此修筑的路面基层称为无机结合料稳定基层。无机结合料稳定基层具有稳定性好、抗冻性能强、结构本身自成板体等特点；但其耐磨性差，因此广泛用于修筑路面结构的基层和底基层。无机结合料稳定类基层又称半刚性基层，常用的半刚性基层的类型有：

（1）水泥稳定材料：主要有水泥稳定土、水泥稳定碎石（或砂砾）及水泥稳定未筛分碎石（或石渣、石屑）等。

（2）石灰稳定材料：主要有石灰土、石灰碎石土、石灰砾石土，以及石灰土稳定级配碎石和级配砂砾等。

（3）综合稳定材料：水泥石灰稳定材料、石灰工业废渣稳定材料和水泥工业废渣稳定材料统称综合稳定材料。

水泥石灰稳定材料：主要有水泥石灰综合稳定土、水泥石灰稳定碎石（或砾石）、水泥石灰稳定炉渣等。

石灰工业废渣稳定材料：主要有石灰粉煤灰（简称二灰）和石灰炉渣两大类。石灰粉煤灰类有二灰土、二灰、二灰砂砾、二灰碎石等；石灰炉渣类有石灰炉渣土、石灰炉渣碎石（或砂砾）、石灰炉渣矿渣等。

水泥工业废渣稳定材料主要有水泥粉煤灰和水泥炉渣两大类。水泥粉煤灰类有水泥粉煤灰土、水泥粉煤灰砂砾、水泥粉煤灰碎石等；水泥炉渣类有水泥炉渣土、水泥炉渣碎石（或砂砾）、水泥炉渣矿渣等。

3. 有机结合料稳定材料基层（底基层）

有机结合料稳定材料基层包括热拌沥青混合料或乳化沥青碎石混合料、沥青贯入碎石及沥青稳定土等。沥青稳定材料可用于高速公路、一级和二级公路的基层或调平层。

10.1.2 块石路面

用块状石料铺筑的路面称为块石路面。根据其使用材料性质、形状、参考尺寸的不同，分为条石、小方石、拳石、粗琢石（表10-1）等整齐、半整齐和不整齐块石路面。

块石路面的主要优点是坚固耐久，清洁少尘，养护修理方便。由于这种路面易于翻修，因而特别适用于土基不够稳定的桥头高填土路段、铁路交叉口以及有地下管线的城市道路上。又由于它的表面粗糙度较好，故可在山区急弯、陡坡路段上采用，能提高抗滑能力。

表 10-1 各种块石参考尺寸与类别表

类别名称		高度/m	长度/cm	宽度/cm
整齐块石	大型花岗岩块石	25	100	50
	大方石块	12~15	30	30
	小方（条）石	25（12）	12（25）	12
半整齐块石	矮条石	9~10	15~30	12~15
	中条石	11~13	15~30	12~15
	高条石	14~16	15~30	12~15
	矮方石	8~9	7~10	7~10
	高方石	9~10	8~11	8~11
	方头弹街石	10~13 或 11~13	8~10 或 9.5~10.5	6~8 或 9.5~10.5
不整齐块石			顶部直径/cm	
	矮的	12~14	10~16	
	中的	15~16	12~18	
	高的	20~22	12~20	
	特高的	22~25	12~25	
	弹街石	10~13	10~13（长）×5~8（宽）	

　　块石路面的主要缺点是用手工铺筑，难以实现机械化施工，块石之间容易出现松动，铺筑慢，建筑费用高。

　　块石路面的构造特点是必须设置整平层，块石之间还需用填缝料嵌填，使块石满足强度和稳定性的要求。

　　整平层是用来垫平基础表面及块石底面，以保持块石顶面平整及缓和车辆行驶时的冲击、振动作用。整平层的厚度，视路面类型、块石规格、基层材料性质而异，一般为 2~3 cm。整平层材料一般采用级配良好、清洁的粗砂或中砂，其具有施工简便、成本低的优点，但稳定性较差。有时采用炉渣或石屑以及水泥砂或沥青砂做整平层。

　　块石路面的填缝料，主要用来填充块石间缝隙，嵌紧块石，加强路面的整体性，并起着保护边角与防止路面水下渗作用。一般采用砂做填缝料，但有时应用水泥砂浆或沥青玛碲脂。砂浆具有良好防水和保护块石边角的作用，但翻修困难。有时每隔 15~20 cm 还需设置胀缩缝。

　　块石路面的强度，主要借基础的承载力和石块与石块之间的摩擦力构成。当此两种力很小，不足以抵抗车轮垂直荷载作用时，就会出现沉陷变形。欲使块石坚固，则块石料周界面与土基承载力和传布面积，均应尽可能地大。如果摩擦周界面上的摩擦力很小，或土基和基层承载力不足，则路面在车轮荷载作用下，将发生压缩变形。如果压形不一致，则路面高低不平，最后导致块石松动而路面破坏。

10.1.3 块石基层

块石基层采用锥形块石、片石或圆石手工摆砌，并用碎石嵌缝压实而成。块石基层所用的石块强度要求不低于Ⅲ级。锥形块石应具有平整的底面，底面面积不小于 100 cm²，高度一般为 14 ~ 18 cm。片形、尖形、扁平石料均应加工后方可使用，片石高度应为层厚的80% ~ 90%，一般为 12 ~ 16 cm。

块石基层一般铺在砂、砂砾、炉渣等功能层上，当土基良好时，也可直接铺在土基上。铺砌时应从路边缘起逐渐向路中心推进。较大的石块铺于路边，较小的石块铺于路中，石块大面朝下，尖端向上。所有石块必须单独坐稳，排砌紧密。块石的长边应与道路中线垂直，其纵、横缝应错开，相邻块石的表面高差不宜大于 2 cm。铺砌为 3 ~ 5 m 长度后，即撒铺嵌缝料（一般用 15 ~ 35 mm 粒径的碎石）填充紧密。平整度要求高时，还可用 5 ~ 15 mm 石屑进行第二次嵌缝。然后用压路机按先轻后重先边缘后中间的顺序进行洒水碾压，至无显著轮迹、碎石无挤动推移的现象为止。

块石基层一般具有较高的强度和稳定性，但整体性差。当土基比较湿软或不均匀时，容易导致块石不均匀下沉、路面破坏。块石基层铺砌费工，故已逐渐被整体性强的石灰土、二渣、三渣土等基层所取代。

10.2 碎石路面基层

10.2.1 概述

碎石路面基层是用加工轧制的碎石按嵌挤原理铺压而成的路面。碎石路面基层按施工方法填充结合料的不同，分为泥结碎石、泥灰结碎石、填隙碎石等数种。碎石路面通常用砂、砾石天然砂石或块石为基层，有时亦可直接铺在路基上。碎石路面基层的优点是投资不高，施工简单；缺点是平整度差，易扬尘。

碎石路面基层的强度主要依靠石料的嵌挤作用以及填充结合料的粘结作用。嵌挤力的大小主要取决于石料的内摩阻角。粘结作用（用材料的粘结力表示）的大小主要取决于填充结合料本身的内聚力及其与矿料之间的黏附力大小。碎石颗粒尺寸大致为 0 ~ 75 mm，通常按其尺寸大小划分为 6 类，如表 10-2 所示。

表 10-2 各种碎石尺寸与分类

编号	碎石名称	粒径范围/mm	用途
1	粗碎石	75 ~ 50	
2	中碎石	50 ~ 35	集料
3	细碎石	35 ~ 25	
4	石渣	25 ~ 15	嵌缝料
5	石屑	15 ~ 5	
6	米石	0 ~ 5	封面料

10.2.2 泥结碎石路面基层

泥结碎石路面基层是以碎石作为集料、泥土作为填充料和粘结料，经压实修筑成的一种结构。泥结碎石路面基层厚度一般为 8~20 cm；当总厚度等于或超过 15 cm 时，一般分两层铺筑，上层厚度为 6~10 cm，下层厚度为 9~14 cm。泥结碎石路面基层的力学强度和稳定性不仅依赖于碎石的相互嵌挤作用，同时也依赖于土的粘结作用。泥结碎石路面虽用同一尺寸石料修筑，但在使用过程中由于行车荷载的反复作用，石料会被压碎而向密实级配转化。

泥结碎石层所用的石料，其等级不宜低于 IV 级，长条、扁平状颗粒不宜超过总量的 20%。不产石料地区的次要道路，交通量少时，可采用礓石和碎砖等材料。碎砖粒径宜稍大，一般为路面基层厚度的 80%。泥结碎石层所用黏土，应具有较高的黏性，塑性指数以 12~15 为宜。黏土内不得含腐殖质或其他杂物。黏土用量一般不超过混合料总质量的 18%。

泥结碎石路面基层施工方法有灌浆法、拌合法及层铺法三种。实践证明灌浆法具有较高的强度和稳定性，因而目前采用较多。

灌浆法泥结碎石路面施工，一般按下列工序进行：

(1) 准备工作：包括放样、布置料堆、整理路槽（或基层）与拌制泥浆等。泥浆一般按水与土为 0.8:1~1:1 的体积比进行拌合配制。如过稠，则灌不下去，泥浆会积在石层表面；如过稀，则易流淌于石层底部，干后体积缩小，粘结力降低，均将影响路面的强度和稳定性。

(2) 摊铺碎石：在路槽筑好以后，按松铺厚度（为压实厚度的 1.2~1.3 倍）摊铺碎石，要求大小颗粒均匀分布，纵横断面符合要求，厚度一致。主层矿料粒径底层一般采用 1~2 或 2~3 号碎石，面层一般采用 3~4 号碎石。

(3) 预压：碎石铺好后，用轻型压路机碾压，碾速宜慢，每分钟 25~30 m，轮迹重叠 25~30 cm。一般碾压 6~10 遍，至石料无松动为止。过多碾压将堵塞碎石缝隙，妨碍灌浆。

(4) 浇灌泥浆：在预压的碎石层上，浇灌泥浆，浆要浇得均匀、浇得透，以灌满孔隙、表面与碎石齐平为度，但碎石棱角仍应露出泥浆之上。

(5) 撒嵌缝料：灌浆 1~2 h 后，待泥浆下注，空隙中空气溢出，表面未干前撒铺 5~15 mm 的嵌缝料（1~1.5 m³/100 m²），嵌缝料要撒得均匀。

(6) 碾压：撒过嵌缝料后，即用中型压路机进行碾压，并随时注意用扫帚将石屑扫匀。如表面太干须略微洒水碾压，如表面太湿须待干后再压。最终碾压阶段，需使碎石缝隙内泥浆能翻到路面上与所撒石屑粘成一个坚实的整体为止。

泥结碎石亦能用作路面的基层，但其水稳定性较差，当用作沥青路面基层时，一般只适用于干燥路段。泥结碎石作为基层时，主层矿料的粒径不宜小于 40 mm，并不大于层厚的 70%。嵌缝料应与主层矿料的最小粒径相衔接。土的塑性指数以 10~12 为宜，含土量不宜大于混合料总质量的 15%。

10.2.3 泥灰结碎石路面基层

泥灰结碎石路面基层是以碎石为集料，用一定数量的石灰和土做粘结填缝料的碎石路面基层。因为掺入石灰，泥灰结碎石路面基层的水稳定性比泥结碎石好。泥灰结碎石路面基层的黏土质量规格要求与泥结碎石相同；石灰质量应合格。石灰与土的用量不应大于混合料总质量的 20%，其中石灰剂量为土质量的 8%~12%。施工程序与质量要求与泥结碎石路面基层相同。采用拌合法时，应先将石灰与黏土拌合均匀，再撒在石料上拌合，摊铺均匀，边压边洒水，使石灰与土在碾压中成浆并充满空隙。

10.2.4 填隙碎石基层

填隙碎石基层是用单一尺寸的粗碎石做主集料，形成嵌锁作用，用石屑填满碎石间的孔隙，增加密实度和稳定性，这种结构称为填隙碎石。填隙碎石可用于各等级公路的底基层和二级以下公路的基层。填隙碎石的一层压实厚度，可取碎石最大粒径的 1.5~2.0 倍。缺乏石屑时，可以添加细砾砂或粗砂等细集料，但其技术性能不如石屑。

填隙碎石用于基层时，碎石的最大粒径不应超过 53 mm；用作底基层时，碎石的最大粒径不应超过 63 mm。粗碎石可以用具有一定强度的各种岩石或漂石轧制，但漂石的粒径应为粗碎石最大粒径的 3 倍以上；也可以用稳定的矿渣轧制，矿渣的干密度和质量应比较均匀，且其干密度不小于 960 kg/m³。材料中的扁平、长条和软弱颗粒的含量不应超过 15%。粗碎石的压碎值用做基层时不大于 26%，用做底基层时不大于 30%。填隙碎石、粗碎石的颗粒组成应符合表 10-3 的规定。填隙料宜具有表 10-4 的颗粒组成。

表 10-3　填隙碎石、粗碎石的颗粒组成

编号	标称尺寸 /mm	通过筛孔尺寸/mm 质量百分率/%							
		63	53	37.5	31.5	26.5	19	16	9.5
1	30~60	100	25~60		0~15		0~5		
2	25~50		100		25~50	0~15		0~5	
3	20~40			100	35~70		0~15		0~5

表 10-4　填隙料的颗粒组成

筛孔尺寸/mm	9.5	4.75	2.36	0.6	0.075	塑性指数
通过质量百分率/%	100	85~100	50~70	30~50	0~10	<6

用单一粒径的粗碎石和石屑组成的填隙碎石可用干法施工，也可用湿法施工。干法施工的填隙碎石特别适宜于干旱缺水地区。填隙碎石的施工工艺如下：

1. 干法施工

（1）检查下承层，施工放样和备料。

（2）运输和摊铺粗碎石。

（3）初压：用 8 t 两轮压路机碾压 3~4 遍，使粗碎石稳定就位。在直线和不设超高的平曲线段上，碾压从两侧路肩开始，逐渐错轮向路中心进行；在设超高的平曲线段上，碾压从内侧路肩开始，逐渐错轮向外侧路肩进行。错轮时，每次重叠 1/3 轮宽。在第一遍碾压后，应再次找平。初压结束时，表面应平整，并具有要求的路拱和纵坡。

（4）撒铺填隙料：用石屑撒布机或类似的设备将干填隙料均匀地撒铺在已压稳的粗碎石层上，松铺厚度为 2.5~3.0 cm。必要时，用人工或机械扫匀。

（5）碾压：用振动压路机慢速碾压，将全部填隙料振入粗碎石间的孔隙中。如没有振动压路机，可用重型振动板。

（6）再次撒布填隙料：用石屑撒布机或类似的设备将干填隙料再次撒铺在粗碎石层上，松铺厚度为 2.0~2.5 cm，用人工或机械扫匀。

（7）再次碾压：用振动压路机进行碾压。在碾压过程中，对局部填隙料不足之处，人工进行找补。局部多余的填隙料应扫除。再次碾压后，如表面仍有未填满的孔隙，则应补撒填隙料，并用振动压路机继续碾压，直到全部孔隙被填满为止。同时，应将局部多余的填隙料铲除或扫除。填隙料不应在粗碎石表面自成一层。表面必须能看得见粗碎石。

（8）填隙碎石表面孔隙全部填满后，用 12～15 t 三轮压路机再碾压 1～2 遍。在碾压过程中，不应有任何蠕动现象。在碾压之前，宜在表面先洒少量水，洒水量宜为 3 kg/m² 以上。

2. 湿法施工

（1）至（7）与干法施工（1）至（7）要求相同。

（8）洒水饱和：粗碎石层表面孔隙全部填满后，立即用洒水车洒水，直到饱和，但应注意避免多余水浸泡下承层。

（9）碾压滚浆：用 12～15 t 三轮压路机跟在洒水车后进行碾压。在碾压过程中，将湿填隙料继续扫入所出现的孔隙中。需要时，再添加新的填隙料。洒水和碾压应一直进行到填隙料和水形成粉砂浆为止。粉砂浆应填塞全部孔隙，并在压路机轮前形成微波纹状。

（10）干燥：碾压完成的路段应让水分蒸发一段时间。结构层变干后，表面多余的细料以及细料覆盖层都应扫除干净。

当需分层铺筑时，应待结构层变干后，将已压成的填隙碎石层表面的填隙料扫除一些，使表面粗碎石外露 5～10 mm，然后在上摊铺第二层粗碎石，并按上述要求施工。

10.3　级配碎（砾）石路面基层

10.3.1　概述

级配碎（砾）石路面基层是由各种粒径的碎石和石屑（或砾石和砂）按一定的比例混合，级配满足一定要求且塑性指数和承载比均符合规定要求的混合料。土按最佳级配原理修筑而成的路面结构层。级配碎（砾）石路面结构是按级配原理铺筑的一种密实结构。其是用按比例配合颗粒大小不同的碎（砾）石、砂等材料，逐级填充空隙，并用黏土粘结而成为一种符合标准级配的混合料，通过碾压获得最大密实度的路面结构层。在级配混合料中，石料主要起骨架作用，保证具有一定的内磨阻力，黏土主要起粘结作用，级配混合料的内摩阻力，取决于集料的形状、粗糙度和硬度以及混合料的颗粒尺寸分布和密实度，而粘结力则取决于黏土的含量和塑性指数。

10.3.2　级配碎石路面基层

级配碎石路面基层可用于各级公路的基层和底基层，也可用作较薄沥青层与半刚性基层之间的中间层。

1. 材料要求

用于二级和二级以上公路基层和底基层的级配碎石应用预先筛分成几组不同粒径的碎石（如 37.5～19 mm、19～9.5 mm、9.5～4.75 mm）及 4.75 mm 以下的石屑组配而成。在其他等级公路上，级配碎石可用未筛分碎石和石屑组配而成。缺乏石屑时，可以添加细砂砾或粗砂，也可以用颗粒组成合适的含细集料较多的砂砾与未筛分碎石组配成级配碎砾石。用于不同公路等级，交通荷载等级和结构层位的级配碎石，CBR 强度标准应满足表 10-5 的要求。

表 10-5　级配碎石材料的 CBR 强度标准

结构层	公路等级	极重、特重交通	重交通	中、轻交通
基层	高速公路、一级公路	≥200	≥180	≥160
	二级及以下公路	≥160	≥140	≥120
底基层	高速公路、一级公路	≥120	≥100	≥80
	二级及以下公路	≥100	≥80	≥60

当级配碎石用作二级和二级以下公路的基层时，其最大粒径应控制在 37.5 mm 以内；当级配碎石用作高速公路和一级公路的基层以及半刚性路面的中间层时，其最大粒径宜控制在 31.5 mm 以下。

石屑或其他细集料可以使用一般碎石场的细筛余料，也可以利用轧制沥青表面处治和贯入式用石料时的细筛余料，或专门轧制的细碎石集料，也可以用天然砂砾或粗砂代替石屑。天然砂砾的颗粒尺寸应该合适，必要时应筛除其中的超尺寸颗粒。天然砂砾或粗砂应有较好的级配。

级配碎石或砾石的级配范围用于高速公路和一级公路基层时，级配宜符合表 10-6 中 G–A–4 或 G–A–5 的规定；用于高速公路和一级公路底基层时，级配宜符合表 10-6 中 G–A–3 或 G–A–4 的规定。

表 10-6　级配碎石或级配砾石的推荐级配范围

筛孔尺寸/mm	G–A–1	G–A–2	G–A–3	G–A–4	G–A–5
37.5	100				
31.5	100～90	100	100		
26.5	93～80	100～90	95～90	100	100
19	81～64	86～70	84～72	88～79	100～95
16	75～57	79～62	79～65	82～70	89～82
13.2	69～50	72～54	72～57	76～61	79～70
9.5	60～40	62～42	62～47	64～49	63～53
4.75	45～25	45～25	40～30	40～30	40～30
2.36	31～16	31～16	28～19	28～19	28～19
1.18	22～11	22～11	20～11	20～12	20～12
0.6	15～7	15～7	14～8	14～8	14～8
0.3	—	—	10～5	10～5	10～5
0.15	—	—	7～3	7～3	7～3
0.075	5～2	5～2	5～2	5～2	5～2

注：1. 潮湿多雨地区塑性指数宜小于 6，其他地区塑性指数宜小于 9。

　　2. 对于无塑性的混合料，小于 0.075 mm 的颗粒含量应接近高限。

级配碎石或砾石的级配范围用于二级和二级以下公路的基层、底基层时，级配宜符合表 10-6 中 G–A–1 或 G–A–2 的规定；二级及以下公路底基层采用未筛分碎石砾石时，宜采用表 10-7 推荐的级配范围。

级配碎石或级配碎砾石所用石料的压碎值用作基层时，高速公路和一级公路不大于 26%，二级公路不大于 30%，二级以下公路不大于 35%；用作底基层时，高速公路和一级公路不大于 30%，二级公路不大于 35%，二级以下公路不大于 40%。

表 10-7　未筛分碎石、砾石的推荐级配范围

编号	通过筛孔尺寸/mm 质量百分率/%								
	53	37.5	31.5	19.0	9.5	4.75	2.36	0.6	0.075
G-B-1	100	85~100	69~88	40~65	19~43	10~30	8~25	6~18	0~10
G-B-2		100	83~100	54~84	29~59	17~45	11~35	6~21	0~10

注：潮湿多雨地区塑性指数宜小于 6，其他地区塑性指数宜小于 9。液限宜不大于 28%。

2. 级配碎石层施工（路拌法）

（1）下承层准备。按下承层的有关检验标准进行复检，凡不合格的路段应进行整修，使其达到标准，下承层表面应平整、坚实、具有规定的路拱，没有任何松散和软弱地点。

（2）施工放样。在底基层或老路面或土基上恢复中线，直线段每 15~20 m 设一桩，平曲线段每 10~15 m 设一桩，并在两侧路肩边缘外设指示桩。在两侧指示桩上用明显标记标出水泥稳定土层边缘的设计高。

（3）备料。根据各路段基层或底基层的宽度、厚度及规定的压实干密度并按确定的配合比分别计算各段需要的未筛分碎石和石屑的数量或不同粒级碎石和石屑的数量，并计算每车料的堆放距离。未筛分碎石的含水率较最佳含水率宜大 1%。

未筛分碎石和石屑可按预定比例在料场混合，同时洒水加湿；使混合料的含水率超过最佳含水率 1%。

（4）运输和摊铺集料。集料装车时，应控制每车料的数量基本相等。

在同一料场供料的路段内，宜由远到近卸置集料。卸料距离应严格掌握，避免料不够或过多。未筛分碎石和石屑分别运送时，应先运送碎石。

料堆每隔一定距离应留一缺口。

集料在下承层上的堆置时间不应过长。运送集料较摊铺集料工序宜只提前数天。

应事先通过试验确定集料的松铺系数并确定松铺厚度。人工摊铺混合料时，其松铺系数为 1.40~1.50；平地机摊铺混合料时，其松铺系数为 1.25~1.35。

用平地机或其他合适的机具将料均匀地摊铺在预定的宽度上，表面应力求平整，并具有规定的路拱。应同时摊铺路肩用料。

检查松铺材料层的厚度，必要时，应进行减料或补料。

采用不同粒级的碎石和石屑时，应将大碎石铺在下层，中碎石铺在中层，小碎石铺在上层。洒水使碎石湿润后，再摊铺石屑。

（5）拌合及整形。对于二级及二级以上公路，应采用稳定土拌合机拌合级配碎石。对于二级以下的公路，在无稳定土拌合机的情况下，可采用平地机或多铧犁与缺口圆盘耙相配合进行拌合。

用稳定土拌合机应拌合两遍以上。拌合深度应直到级配碎石层底。在进行最后一遍拌合之前，必要时先用多铧犁紧贴底面翻拌一遍。

用平地机进行拌合，宜翻拌 5~6 遍，使石屑均匀分布于碎石料中。平地机拌合的作业长度，每段宜为 300~500 m。

拌合结束时，混合料的含水率应均匀，并较最佳含水率大 1%，同时应没有粗细颗粒离析

现象。

用缺口圆盘耙与多铧犁相配合拌合级配碎石时，用多铧犁在前面翻拌，圆盘耙紧跟在后面拌合，即采用边翻边耙的方法，共翻拌4～6遍。应随时检查调整翻耙的深度。用多铧犁翻拌时，第一遍由路中心开始，将混合料向中间翻，同时机械应慢速前进。第二遍从两边开始，将混合料向外翻。拌合过程中，应保持足够的水分。拌合结束时，混合料的含水率和均匀性应符合要求。

使用在料场已拌合的级配碎石混合料时，摊铺后混合料如有粗细颗粒离析现象，应用平地机进行补充拌合。

用平地机将拌合均匀的混合料按规定的路拱进行整平和整形，在整形过程中，应注意消除粗细集料离析现象。

用拖拉机、平地机或轮胎压路机在已初平的路段上快速碾压一遍，以暴露潜在的不平整，再用平地机进行整平和整形。

（6）碾压。整形后，当混合料的含水率等于或略大于最佳含水率时，立即用12 t以上三轮压路机碾压，每层的压实厚度不应超过18 cm。振动压路机或轮胎压路机进行碾压，每层的压实厚度不应超过20 cm。

直线和不设超高的平曲线段，由两侧路肩开始向路中心碾压；在设超高的平曲线段，由内侧路肩向外侧路肩进行碾压。碾压时，后轮应重叠1/2轮宽；后轮必须超过两段的接缝处。后轮压完路面全宽时，即为一遍。碾压一直进行到要求的密实度为止。一般需碾压6～8遍，应使表面无明显轮迹。压路机的碾压速度，前两遍采用1.5～1.7 km/h为宜，以后用2.0～2.5 km/h。路面的两侧应多压2～3遍。严禁压路机在已完成的或正在碾压的路段上调头或急刹车。

凡含土的级配碎石层，都应进行滚浆碾压，一直压到碎石层中无多余细土泛到表面为止。滚到表面的浆（或事后变干的薄土层）应清除干净。

（7）横缝的处理。两作业段的衔接处，应搭接拌合。第一段拌合后，留5～8 m不进行碾压，第二段施工时，前段留下未压部分与第二段一起拌合整平后进行碾压。

（8）纵缝的处理。应避免纵向接缝。在必须分两幅铺筑时，纵缝应搭接拌合。前一幅全宽碾压密实，在后一幅拌合时，应将相邻的前幅边部约30 cm搭接拌合，整平后一起碾压密实。

3. 级配碎石层施工（中心站集中厂拌法）

级配碎石用作半刚性路面的中间层以及用作二级以上公路的基层时，应采用集中厂拌法拌制混合料，并用摊铺机摊铺混合料。级配碎石混合料可以在中心站用多种机械进行集中拌合，如强制式拌合机、卧式双转轴桨叶式拌合机、普通水泥混凝土拌合机等。

对用于高速公路和一级公路的级配碎石基层和中间层，宜采用不同粒级的单一尺寸碎石和石屑，按预定配合比在拌合机内拌制级配碎石混合料。不同粒级的碎石和石屑等细集料应隔离，分别堆放。细集料应有覆盖，防止雨淋。在正式拌制级配碎石混合料之前，必须先调试所用的厂拌设备，使混合料的颗粒组成和含水率都能达到规定的要求。在采用未筛分碎石和石屑时，如未筛分碎石或石屑的颗粒组成发生明显变化，应重新调试设备。

将级配碎石用于高速公路和一级公路时，应用沥青混凝土摊铺机或其他碎石摊铺机摊铺碎石混合料。摊铺机后面应设专人消除粗细集料离析现象。

用振动压路机、三轮压路机进行碾压，碾压方法同路拌法。

级配碎石用于二级和二级以下公路时，如没有摊铺机，也可用自动平地机（或摊铺箱）摊铺混合料。

级配碎石基层未洒透层沥青或未铺封层时，禁止开放交通，以保护表层不受破坏。

10.3.3 级配砾石路面基层

天然砂砾符合规定的级配要求，而且塑性指数在 6 或 9 以下时，可以直接用作基层。

塑性指数偏大的砂砾，可加少量石灰降低其塑性指数，也可以用无塑性的砂或石屑进行掺配，使其塑性指数降低到符合要求，或塑性指数与细土（粒径小于 0.5 mm 的颗粒）含量的乘积符合要求。可在天然砂砾中掺加部分碎石或轧碎砾石，以提高混合料的强度和稳定性。天然砂砾掺加部分未筛分碎石组成的混合料的强度和稳定性介于级配碎石和级配砾石之间。级配砾石可适用于轻交通的二级和二级以下公路的基层以及各级公路的底基层。

当用于基层的在最佳含水率下制备的级配砾石试件的干密度与工地规定达到的压实干密度相同时，浸水 4 d 的承载比值应不小于 160%。用作底基层的砾石、砾石土或其他粒状材料的级配，应位于表 10-8 的范围内。液限应小于 28%，塑性指数应小于 9。

表 10-8 天然砾石、砾石土的推荐级配范围

筛孔尺寸/mm	53	37.5	9.5	4.75	0.6	0.075
通过质量百分率/%	100	80～100	40～100	25～85	8～45	0～15

10.4 无机结合料稳定材料路面基层

10.4.1 概述

采用一定的技术措施，使土成为具有一定强度和稳定性的筑路材料，以此修筑的路面基层称为稳定土路面基层。稳定土的方法有很多种，按其技术措施的不同可分为：机械方法（如压实）、物理方法（如改善水文状况）、加入掺加剂（粒料、黏土、盐溶液、有机结合料、无机结合料、高分子化合物及其他化学添加剂等）、技术处理（如热处理、电化学加固）。稳定土的方法选择应根据结构物对加固的要求，掺加剂或原材料的供应情况，施工条件及当地土的性质等，进行详细的技术经济比较后确定。

在粉碎的或原状松散的土中掺入一定量的无机结合料（包括水泥、石灰或工业废渣等）和水，经拌合得到的混合料在压实与养生后，其抗压强度符合规定要求的材料称为无机结合料稳定材料，以此修筑的路面基层称为无机结合料稳定基层，又称半刚性基层。

粉碎的或原状松散的土按照土中单个颗粒（指碎石、砾石、砂和土颗粒）的粒径的大小和组成，将土分成细粒土、中粒土和粗粒土：

（1）细粒土是指颗粒最大粒径不大于 4.75 mm，公称最大粒径不大于 2.36 mm 的土，包括黏质土、粉质土、砂和石屑；

（2）中粒土是指颗粒最大粒径不大于 26.5 mm，公称最大粒径大于 2.36 mm 且不大于 19 mm 的土或集料，包括砂砾土、碎石土、级配砂砾和级配碎石；

（3）粗粒土是指颗粒最大粒径不大于 53 mm，公称最大粒径大于 19 mm 且不大于 37.5 mm 的土或集料，包括砂砾土、碎石土、级配砂砾和级配碎石。

10.4.2 石灰稳定材料基层

以石灰为结合料，通过加水与被稳定材料共同拌合形成的混合料，包括石灰碎石土、石灰土等称石灰稳定材料。所做成的基层称石灰土基层（底基层）。石灰稳定材料适用于各级公路的底基层，以及二级和二级以下公路的基层，但石灰土不得用作二级公路的基层。

1. 石灰稳定材料路面基层的强度形成原理

在土中掺入适量的石灰，并在最佳含水率下拌匀压实，使石灰与土发生一系列的物理、化学作用，从而使土的性质发生根本的变化。一般分 4 个方面，第一是离子交换作用；第二是结晶硬化作用；第三是火山灰作用；第四是碳酸化作用。

（1）离子交换作用。土的微小颗粒具有一定的胶体性质，其一般都带有负电荷，表面吸附着一定数量的钠、氢、钾等低价阳离子（Na^+、H^+、K^+）。石灰是一种强电解质，在土加入石灰和水后，石灰在溶液中电离出来的钙离子（Ca^{2+}）就与土中的钠、氢、钾离子产生离子交换作用，原来的钠（钾）土变成钙土，土颗粒表面所吸附的离子由一价变成了二价，减少了土颗粒表面吸附水膜的厚度，使土粒相互之间更为接近，分子引力随着增加，许多单个土粒聚成小团粒，组成一个稳定结构。

（2）结晶硬化作用。在石灰土中只有一部分熟石灰 $Ca(OH)_2$ 进行离子交换作用，绝大部分饱和的 $Ca(OH)_2$ 自行结晶。熟石灰与水作用生成熟石灰结晶网格，其化学反应式为

$$Ca(OH)_2 + n H_2O \longrightarrow Ca(OH)_2 \cdot nH_2O$$

（3）火山灰作用。熟石灰的游离 Ca^{2+} 与土中的活性氧化硅 SiO_2 和氧化铝 Al_2O_3 作用生成含水的硅酸钙和铝酸钙的化学反应就是火山灰作用，其反应式为

$$xCa(OH)_2 + SiO_2 + n H_2O \longrightarrow xCaO \cdot SiO_2 (n+1) H_2O$$
$$xCa(OH)_2 + Al_2O_3 + nH_2O \longrightarrow xCaO \cdot Al_2O_3 (n+1) H_2O$$

上述所形成的熟石灰结晶网格和含水的硅酸钙和铝酸钙结晶都是胶凝物质，其具有水硬性并能在固体和水两相环境下发生硬化。这些胶凝物质在土微粒团外围形成一层稳定保护膜，填充颗粒空隙，使颗粒之间产生结合料，减少了颗粒之间的空隙与透水性，同时提高密实度，这是石灰土获得强度和水稳定性的基本原因，但这种作用比较缓慢。

（4）碳酸化作用。在土中的 $Ca(OH)_2$ 与空气中的二氧化碳作用，其化学反应为

$$Ca(OH)_2 + CO_2 \longrightarrow CaCO_3 + H_2O$$

$CaCO_3$ 是坚硬的结晶体，其生成的复杂盐类把土粒胶结起来，从而大大提高了土的强度和整体性。

由于石灰与土发生了一系列的相互作用，从而使土的性质发生了根本的改变。在初期，主要表现为土的结团、塑性降低、最佳含水率增加和最大密实度减少等，后期主要表现为结晶结构的形成，从而提高其板体性、强度和稳定性。

2. 影响石灰稳定材料路面基层强度的因素

（1）土质。各种成因的土都可以用石灰来稳定，但生产实践说明，黏性土较好，其稳定的效果显著，强度也高。采用的土质，既要考虑其强度，还要考虑到施工时易于粉碎便于碾压成型。塑性指数为 15~20 的黏性土以及含有一定数量黏性土的中粒土和粗粒土均适宜于用石灰稳定。塑性指数偏大的黏性土，要加强粉碎，粉碎后，土块的最大尺寸不应大于 15 mm。塑性指数在 10 以下的粉质砂土和砂土用石灰稳定时，应采取适当的措施或采用水泥稳定。硫酸盐含量超过 0.8% 或有机质含量超过 10% 的土，不宜用石灰稳定。石灰稳定土用作高速公路和一级公路的底基层时，颗粒的最大粒径不应超过 37.5 mm，用作其他等级公路的底基层时，颗粒的最大粒径不应超过 53 mm，石灰稳定土用作基层时，颗粒的最大粒径不应超过 37.5 mm。

（2）灰质。石灰技术指标应符合表10-9、表10-10的规定。高速公路、一级公路用石灰应不低于Ⅱ级技术要求，二级公路用石灰应不低于Ⅲ级技术要求，二级以下公路用石灰应不低于Ⅲ级技术要求。高速公路、一级公路的路面基层宜采用磨细消石灰。二级以下公路使用等外石灰时，有效氧化钙含量应在20%以上，且混合料强度应满足要求。应尽量缩短石灰的存放时间。石灰在野外堆放时间较长时，应覆盖防潮。对于高速公路和一级公路，宜采用磨细生石灰粉。

表 10-9　生石灰粉技术标准

项　目	钙质生石灰			镁质生石灰			试验方法
	Ⅰ	Ⅱ	Ⅲ	Ⅰ	Ⅱ	Ⅲ	
有效（CaO + MgO）含量/%	≥85	≥80	≥70	≥80	≥75	≥65	T0813
未消化残渣含量/%	≤7	≤11	≤17	≤10	≤14	≤20	T0815
钙镁石灰的分类界限、MgO 含量/%	≤5			>5			T0812

表 10-10　消石灰粉技术标准

项　目		钙质消石灰			镁质消石灰			试验方法
		Ⅰ	Ⅱ	Ⅲ	Ⅰ	Ⅱ	Ⅲ	
有效（CaO + MgO）含量/%		≥65	≥60	≥55	≥60	≥55	≥50	T0813
含水率/%		≤4	≤4	≤4	≤4	≤4	≤4	T0801
细度	0.9 mm 方孔筛筛余/%	0	≤1	≤1	0	≤1	≤1	T0814
	0.125 mm 方孔筛筛余/%	≤13	≤20	—	≤13	≤20	—	T0814
钙镁石灰的分类界限、MgO 含量/%		≤4			>4			T0812

（3）石灰剂量。石灰剂量是石灰质量占全部土颗粒的干质量的百分率，即石灰剂量 = 石灰质量/干土质量。石灰剂量对石灰土强度影响显著，石灰剂量较低（小于4%）时，石灰主要起稳定作用，土的塑性、膨胀、吸水量减小，使土的密实度、强度得到改善。随着剂量的增加，强度和稳定性均提高，但剂量超过一定范围时，强度反而降低。生产实践中常用的最佳剂量范围，对于黏性土及粉性土为8%～14%；对砂性土则为9%～16%。剂量的确定应根据结构层技术要求进行混合料组成设计。

（4）含水率。水是石灰土的重要组成部分。水促使石灰土发生物理化学变化，形成强度，便于土的粉碎、拌合与压实，并且有利于养生。不同土质的石灰土有不同的最佳含水率，需通过标准击实试验确定，并用以控制施工中的实际加水量。凡饮用水（含牲畜饮用水）均可用于石灰土施工。

（5）密实度。石灰土的强度随密实度的增加而增长。实践证明，石灰土的密实度每增减1%，强度约增减4%。而密实的石灰土，其抗冻性、水稳定性也好，缩裂现象也少。

（6）石灰土的龄期。石灰土强度具有随龄期增长的特点。一般石灰土初期强度低，前期（1～2个月）增长速率较后期为快。

（7）养生条件。养生条件主要指温度与湿度。养生条件不同，其强度也有差异。当温度高时，物理化学反应、硬化、强度增长快，反之强度增长慢，在负温条件下甚至不增长。因此，要求施工期的最低温度应在5 ℃以上，并在第一次重冰冻（ -5 ℃ ～ -3 ℃）到来之前1～1.5个月完成。

多年的施工经验证明，热季施工的灰土强度高，质量可以保证，一般在使用中很少损坏。养生的湿度条件对石灰土的强度也有很大影响。实践证明，在一定潮湿条件下养生强度的形成比在一般空气中养生要好。

3. 石灰稳定材料路面基层的缩裂防治措施

（1）控制压实含水率：石灰稳定土因含水率过多产生的干缩裂缝显著，因而压实时含水率一定不要大于最佳含水率，其含水率应略小于最佳含水率。

（2）严格控制压实标准：实践证明，压实度小时产生的干缩要比压实度大时严重，因此应尽可能达到最大压实度。

（3）温缩的最不利季节是材料处于最佳含水率附近，而且温度为 10℃ ~ -0℃ 时。因此施工要在当地气温进入 0℃ 前一个月结束，以防在不利季节产生严重温缩。

（4）干缩的最不利情况是石灰稳定土成型初期，因此，要重视初期养护，保证石灰土表面处于潮湿状况，禁防干晒。

（5）石灰稳定土施工结束后要及早铺筑面层，使石灰土基层含水率不发生大变化，可减轻干缩裂隙。

（6）在石灰稳定土中掺加集料（砂砾、碎石等），使其集料含量为 60% ~ 70%，并使混合料满足最佳组成要求，不但提高强度和稳定性，而且具有较好的抗裂性。

（7）基层的缩裂会反射到面层，为了防止基层裂缝的反射，国内外常采取以下措施：

1）设置联结层。设置沥青碎石或沥青贯入式联结层，是防止反射裂缝的有效措施。

2）铺筑碎石隔离过渡层。在石灰土与沥青面层之间铺筑厚 10 ~ 20 cm 的碎石层或玻璃纤维网格，可减轻反射裂缝出现。

4. 石灰稳定材料路面基层的施工

根据公路等级的不同，宜按表 10-11 选择基层、底基层材料施工工艺措施。对于边角部位施工，混合料拌合方式应与主线相同，可采用推土机摊铺、平地机整平的人工方式摊铺，并与主线同步碾压成型。

表 10-11　施工工艺选择

材料类型	公路等级	结构层位	拌合工艺		摊铺工艺	
			推荐	可选择	推荐	可选择
无机结合料稳定中、粗粒材料	二级及二级以上	基层	集中厂拌	—	摊铺机摊铺	—
无机结合料稳定细粒材料		底基层	集中厂拌	—	摊铺机摊铺	推土机摊铺，平地机整平
水泥稳定材料	二级以下	基层和底基层	集中厂拌	—	摊铺机摊铺	—
其他各种无机结合料稳定材料		基层和底基层	集中厂拌	人工路拌	摊铺机摊铺	推土机摊铺，平地机整平
级配碎石	二级及二级以上	基层和底基层	集中厂拌	—	摊铺机摊铺	—
	二级以下	基层和底基层	集中厂拌	人工路拌	摊铺机摊铺	推土机摊铺，平地机整平

稳定材料层宽 11 ~ 12 m 时，每一流水作业段长度以 500 m 为宜；稳定材料层宽大于 12 m

《第 10 章　道路路面基层施工技术》

时，作业段宜相应缩短。宜综合考虑下列因素，合理确定每日施工作业段长度：施工机械和运输车辆的生产效率和数量；施工人员数量及操作熟练程度；水泥的初凝时间和延迟时间；减少施工接缝的数量。

（1）备料。生石灰应在使用前 7~10 d 进行充分消解成熟石灰粉，并过 10 mm 筛。熟石灰粉应尽快使用，不宜存放过久。进场的生石灰块应妥善保管，加棚盖或覆土储存，应尽量缩短生石灰的存放时间。石灰土混合料的用土应按照规定试验，其塑性指数应为 12~18（100 g 平衡锥法），塑性指数过高时粉碎困难。粉碎土中 10~25 mm 团块的含量不得超过总质量的 5%。土中硫酸盐含量应≥0.8%，腐殖质含量应不超过 10%。

（2）场拌法拌合施工要求。石灰稳定材料应在中心站用强制式拌合机、双转轴桨叶式拌合机等稳定土石拌设备进行集中拌合。在正式拌制稳定土混合料之前，应先调试所用的拌合设备，使混合料的配比和含水率都达到规定要求。稳定土混合料正式拌制时，应将土块粉碎，必要时筛除原土中 >15 mm 的土块；配料要准确，各料（石灰、土、加水量）可按质量配合比，也可按体积配合比；拌合要均匀；加水量要略大于最佳含水率 1%，使混合料运至现场摊铺后碾压时的含水率能接近最佳含水率。成品料露天堆放时，应减少临空面（建议堆成圆锥体），并注意防雨水冲刷。对屡遭日光暴晒或受雨淋的料堆表面层材料应在使用前清除。上路摊铺前，应检测混合料中有效 CaO、MgO 含量，如达不到要求时，应在运料前加料（消石灰）重拌。成品料运达现场摊铺前应覆盖，以防水分蒸发。

（3）场拌法摊铺施工要求。可用稳定土摊铺机、沥青混凝土摊铺机或水泥混凝土摊机摊铺混合料，如没有上述摊铺机，也可用摊铺箱摊铺。如石灰土层分层摊铺时，应先将下层顶面拉毛，再摊铺上层混合料。拌合机与摊铺机的生产能力应互相协调。如拌合机的生产能力较低时，在用摊铺箱摊铺混合料时，应尽量采用最低速度摊铺，减少摊铺机停机待料的情况。石灰土混合料摊铺时的松铺系数应视摊铺机机械类型而定，无机结合料稳定材料的混合料松铺系数可采用表 10-12 中的推荐值，必要时通过试验确定；场拌混合料的摊铺段，应安排当天摊铺当天压实。

表 10-12　混合料松铺系数推荐值

混合料类型	材料名称	松铺系数	备　注
水泥稳定材料	中、粗粒材料	1.30~1.35	
	细粒材料	1.53~1.58	现场人工摊铺土和水泥，机械拌合，人工整平
石灰稳定材料	石灰土	1.53~1.58	现场人工摊铺土和石灰，机械拌合，人工整平
		1.65~1.70	路外集中拌合，运到现场人工摊铺
	石灰土砾石	1.52~1.56	路外集中拌合，运到现场人工摊铺
石灰粉煤灰稳定材料	细粒材料	1.5~1.7	—
	中、粗粒材料	1.3~1.5	—
	石灰炉渣土	1.6~1.8	人工铺筑
	石灰炉渣稳定材料	1.3~1.5	
		1.2~1.3	用机械拌和及机械整形
级配碎石		1.40~1.50	人工摊铺混合料
		1.25~1.35	平地机摊铺混合料

（4）整型。路拌混合料拌合均匀后或场拌混合料运到现场经摊铺达预定的松厚之时，即应进行初整型，在直线段，平地机由两侧向路中进行刮平；在平曲线超高段，平地机由内侧向外刮

平。初整型的灰土可用履带拖拉机或轮胎压路机稳压 1~2 遍，再用平地机进行整型，并用上述压实机械再碾压一遍。对局部低洼处，应用齿耙将其表层 5 cm 以上耙松，并用新拌的灰土混合料找补平整，用平地机整型一次。在整型过程中，禁止任何车辆通行。

（5）碾压。混合料表面整型后应立即开始压实。混合料的压实含水率应在最佳含水率的 ±1% 范围内，如因整型工序导致表面水分不足，应适当洒水。用 12~15 t 三轮压路机碾压时，每层压实厚度不应超过 15 cm；用 18~20 t 三轮压路机相应功能的滚动压路碾压时，每层压实厚度不应超过 20 cm。压实厚度宜为 16~20 cm。直线段由两侧路肩向路中心碾压，超高段由内侧肩向外侧路肩碾压，碾压时后轮应重合 1/2 的轮宽，后轮必须超过两段的接缝处。后轮（压实轮）压完路面全宽时，即为一遍。一般碾压 6~8 遍。压路机碾压速度，头两遍采用 1 挡（1.5~1.7 km/h）为宜，以后用 2 挡（2.0~2.5 km/h）。路面两侧应多压 2~3 遍。无机结合料稳定材料的基层、底基层压实标准应符合表 10-13、表 10-14 的规定。高速公路和一级公路在极重、特重交通荷载等级下，基层和底基层的压实标准可提高 1~2 个百分点。

表 10-13　基层材料压实标准　　　　　　　　　　　　　　%

公路等级		水泥稳定材料	石灰粉煤灰稳定材料	水泥粉煤灰稳定材料	石灰稳定材料
高速公路和一级公路		≥98	≥98	≥98	—
二级及二级以下公路	稳定中、粗粒材料	≥97	≥97	≥97	≥97
	稳定细粒材料	≥95	≥95	≥95	≥95

表 10-14　底基层材料压实标准　　　　　　　　　　　　　%

公路等级		水泥稳定材料	石灰粉煤灰稳定材料	水泥粉煤灰稳定材料	石灰稳定材料
高速公路和一级公路	稳定中、粗粒材料	≥97	≥97	≥97	≥97
	稳定细粒材料	≥95	≥95	≥95	≥95
二级及二级以下公路	稳定中、粗粒材料	≥95	≥95	≥95	≥95
	稳定细粒材料	≥93	≥93	≥93	≥93

严禁压路机在已完成的或正在碾压的路上"调头"和急刹车，以保证灰土表面不受破坏。如确有必要时，应采取措施（如覆盖 10 cm 厚的砂或砂砾）保护"调头"部分的灰土表面。碾压过程中，石灰土的表面应始终保持湿润，如表面水分蒸发太快，应及时补充洒水，防表面开裂。石灰土碾压中如出现"弹簧"、松散、起皮等现象，应及时翻开晾晒或换新混合料重新碾压。

在碾压结束之前，用平地机再终平一次，使其纵向顺适、路拱和超高符合设计要求。平时必须将局部高出部分刮除，并扫出路外。一个作业段完成之后，应按规定频率和方法检查灰土的压实度。开始阶段，一作业段检查 6 次，然后用碾压遍数与检查相结合，每 1 000 m 为 6~10 次。如果在铺一层或工程验收之前被检验的石灰土材料没达到所需的压实度，则必须返工。

（6）养生与交通控制。刚压实成型的石灰土底基层，在铺筑基层之前，至少在保持潮湿状态下养生 7 天。养生方法可视具体情况采用洒水、覆盖砂等。养生期间石灰土基层不应忽干忽湿，每次洒水后用两轮压路机将表层压实。在养生期间未采用覆盖措施的石灰土基层上，除洒水车外，应封闭交通；在采用覆盖措施的石灰土基层上，不能封闭交通时，应当限制车速不得超过 30 km/h。

10.4.3　水泥稳定材料基层

以水泥为结合料，通过加水与被稳定材料共同拌合形成的混合料，包括水泥稳定级配碎石、水泥稳定级配砾石、水泥稳定石屑、水泥稳定土、水泥稳定砂等称水泥稳定材料。

水泥是水硬性结合料，绝大多数的土类（高塑性黏土和有机质较多的土除外）都可以用水泥来稳定，改善其物理力学性质，适应各种不同的气候条件与水文地质条件。水泥稳定类基层具有良好的整体性、足够的力学强度、抗水性和耐冻性。其初期强度较高，且随龄期增长而增长，所以应用范围很广。近年来，在我国一些路面工程中，水泥稳定土可用于路面结构的基层和底基层，在保证路面使用品质上取得了满意的效果。水泥稳定土可适用于各级公路的基层和底基层，但水泥土不得用作二级和二级以上公路路面的基层。

1. 强度形成原理

在利用水泥稳定土的过程中，水泥、土和水之间发生了多种非常复杂的作用，从而使土的性能发生明显的变化。

（1）水泥的水化作用。在水泥稳定土中，首先发生的是水泥自身的水化反应，从而产生出具有胶结能力的水化产物，这是水泥稳定土强度的主要来源。水泥水化生成的水化产物，在土的孔隙中相互交织搭接，将土颗粒包覆连接起来，使土逐渐丧失了原有的塑性等性质，并且随着水化产物的增加，混合料也逐渐坚固起来。

（2）离子交换作用。土中的黏土颗粒由于颗粒细小、比表面积大，因而具有较高的活性，当黏土颗粒与水接触时，黏土颗粒表面通常带有一定量的负电荷，进而吸引周围溶液中的正离子，如 K^+、Na^+ 等，在硅酸盐水泥中，硅酸三钙和硅酸二钙占主要部分，其水化后所生成的氢氧化钙所占的比例也较高，可达水化产物的 25%。大量的氢氧化钙溶于水以后，在土中形成了一个富含 Ca^{2+} 的碱性溶液环境。当溶液中富含 Ca^{2+} 时，因为 Ca^{2+} 的电价高于 K^+、Na^+ 等离子，使黏土颗粒之间的距离减小，相互靠拢，导致土的凝聚，从而改变土的塑性，使土具有一定的强度和稳定度。这种作用就称为离子交换作用。

（3）化学激发作用。黏土矿物中的部分 SiO_2 和 Al_2O_3，与溶液中的 Ca^{2+} 进行反应，生成新的矿物，这些矿物主要是硅酸钙和铝酸钙系列，如 $4CaO \cdot 5SiO_2 \cdot 5H_2O$、$4CaO \cdot Al_2O_3 \cdot 19H_2O$、$3CaO \cdot Al_2O_3 \cdot 16H_2O$、$CaO \cdot Al_2O_3 \cdot 10H_2O$ 等。这些矿物的组成和结构与水泥的水化产物都有很多类似之处，并且同样具有胶凝能力。生成的这些胶结物质包裹着黏土颗粒表面，与水泥的水化产物一起将黏土颗粒凝结成一个整体。因此，氢氧化钙对黏土矿物的激发作用，将进一步提高水泥稳定土的强度和水稳定性。

（4）碳酸化作用。水泥水化生成的 $Ca(OH)_2$，除了可与黏土矿物发生化学反应外，还可以进一步与空气中的 CO_2 发生碳化反应并生成碳酸钙晶体。其反应如下：

$$Ca(OH)_2 + CO_2 + nH_2O = CaCO_3 + (n+1)H_2O$$

碳酸钙生成过程中产生体积膨胀，也可以对土的基体起到填充和加固作用；只是这种作用相对来讲比较弱，并且反应过程缓慢。

2. 影响水泥稳定材料路面基层强度的因素

（1）土质。土的类别和性质是影响水泥稳定土强度的重要因素，各类砂砾土、砂土、粉土和黏土均可用水泥稳定，但稳定效果不同。试验和生产实践证明，用水泥稳定级配良好的碎（砾）石和砂，效果最好，不但强度高，而且水泥用量少；其次是砂性土；再次是粉性土和黏性土；最后是重黏土，难于粉碎和拌合，不宜单独用水泥来稳定。因此，一般要求土的塑性指数不大于17。

（2）水泥的成分和剂量。各种类型的水泥都可以用于稳定土。但试验研究证明，水泥的矿物成分和分散度对其稳定效果有明显影响。对于同一种土，通常情况下硅酸盐水泥的稳定效果好，而铝酸盐水泥较差。在水泥硬化条件相似，矿物成分相同时，随着水泥分散度的增加，其活性程度和硬化能力也有所增大，从而水泥土的强度也大大提高。

水泥剂量以水泥质量占全部粗细土颗粒（砾石、砂粒、粉粒和黏粒）的干质量的百分率表示，即水泥剂量 = 水泥质量/干土质量。

水泥土的强度随水泥剂量的增加而增长，但过多的水泥用量，虽获得强度的增加，在经济上却不一定合理，在效果上也不一定显著，且容易开裂。水泥稳定中粒土和粗粒土用作基层时，水泥剂量不宜超过6%。必要时，应首先改善集料的级配，然后用水泥稳定。在只能使用水泥稳定细粒土做基层时或水泥稳定集料的强度要求明显大于规定时，水泥剂量不受此限制。

（3）含水率。含水率对水泥稳定土强度影响很大，当含水率不足时，水泥不能在混合料中完全水化和水解，发挥不了水泥对土的稳定作用，影响强度的形成和提高。同时，含水率小，达不到最佳含水率也影响水泥稳定土的压实度。因此，使含水率达到最佳含水率的同时，也要满足水泥完全水化和水解作用的需要为好。水泥正常水化所需的水量约为水泥重的20%，对于砂性土，完全水化达到最高强度的含水率较最佳密度的含水率小；而对于黏性土则相反。

（4）施工工艺过程。水泥、土和水拌合得均匀，且在最佳含水率下充分压实，使之干密度最大，其强度和稳定性就高。水泥土从开始加水拌合到完成压实的延迟时间要尽可能最短，一般在6 h 以内。若时间过长，则水泥凝结，在碾压时，不但达不到压实度要求，而且会破坏已结硬水泥的胶凝作用，反而使水泥稳定土强度下降。在水泥终凝时间达不到规定要求时，可以使用一定剂量的缓凝剂，但缓凝剂的品种和具体数量应根据试验确定。

水泥稳定土需湿法养生，以满足水泥水化形成强度的需要。养生温度越高，强度增长的越快。因此，要保证水泥稳定土养生的温度和湿度条件。

3. 材料要求

（1）土。凡能被粉碎的土都可用水泥稳定。级配碎石、未筛分碎石、砂砾、碎石土、砂砾土、煤矸石和各种粒状矿渣均适宜用水泥稳定。碎石包括岩石碎石、矿渣碎石、破碎砾石等。碎石或砾石的压碎值对于高速公路和一级公路应不大于30%，对二级和二级以下公路用作基层时应不大于35%，用作底基层时应不大于40%。有机质含量超过2%的土，必须先用石灰进行处理，闷料一夜后再用水泥稳定；硫酸盐含量超过0.25%的土，不应用水泥稳定。对于二级和二级以下的公路，当用水泥稳定土做底基层时，颗粒最大粒径不应超过53 mm，土的颗粒组成应符合表10-15规定，细粒土的液限不应超过40，塑性指数不应超过17。对于中粒土和粗粒土，如土中小于0.6 mm的颗粒含量在30%以下，塑性指数可稍大。在实际工作中，宜选用均匀系数大于10、塑性指数小于12 的土。塑性指数大于17 的土，宜采用石灰稳定，或用水泥和石灰综合稳定。

表10-15　用作底基层时水泥稳定土的颗粒组成范围

筛孔尺寸/mm	53	4.75	0.6	0.075	0.002
通过质量百分率/%	100	50 ~ 100	17 ~ 100	0 ~ 50	0 ~ 30

水泥稳定土用作基层时，单个颗粒的最大粒径不应超过37.5 mm。水泥稳定土的颗粒组成应

在表10-16 的范围内。集料中不宜含有塑性指数的土。对于高速公路和一级公路，水泥稳定土所用的粗粒土和中粒土应满足如下要求：水泥稳定土用作底基层时，颗粒最大粒径不应超过37.5 mm（指方孔筛）。

表 10-16　用作基层时水泥稳定土的颗粒组成范围

筛孔尺寸/mm	通过质量百分率/%	筛孔尺寸/mm	通过质量百分率/%
37.5	90 ~ 100	2.36	20 ~ 70
26.5	66 ~ 100	1.18	14 ~ 57
19	54 ~ 100	0.6	8 ~ 47
9.5	39 ~ 100	0.075	0 ~ 30
4.75	28 ~ 84		

（2）水泥。普通硅酸盐水泥、矿渣硅酸盐水泥或火山灰质硅酸盐水泥都可以用于稳定土，但应选用初凝时间 3 h 以上和终凝时间较长（宜在 6 h ~ 10 h）的水泥。早强、快硬及受潮变质的水泥不应使用。宜采用强度等级低的，如32.5 级或42.5 级水泥。

（3）水。凡是饮用水（含牲畜饮用水）均可用于水泥稳定土施工。

4. 水泥稳定材料组成设计

无机结合料稳定材料设计流程如图 10-1 所示，原材料检验应包括结合料、被稳定材料及其他相关材料，所有检测指标均应满足相关设计标准或技术文件的要求。

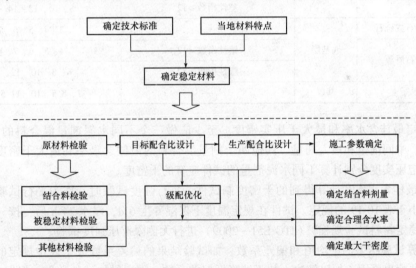

图 10-1　无机结合料稳定材料设计流程

目标配合比设计应包括下列技术内容：①选择级配范围；②确定结合料类型及掺配比例；③验证混合料相关的设计及施工技术指标。

生产配合比设计应包括下列技术内容：①确定料仓供料比例；②确定水泥稳定材料的容许延迟时间；③确定结合料剂量的标定曲线；④确定混合料的最佳含水率、最大干密度。

施工参数确定应包括下列技术内容：①确定施工中结合料的剂量；②确定施工合理含水率及最大干密度；③验证混合料强度技术指标。确定无机结合料稳定材料最大干密度指标时宜采用重型击实方法或振动压实方法。

（1）强度和压实度标准。各级公路用水泥稳定土的 7 d 浸水抗压强度应符合表 10-17 规定的强度标准，通过试验选取最适宜稳定的土，确定必需的水泥剂量和混合料的最佳含水率，在需要改善混合料的物理力学性质时，还应确定掺加料的比例。

表 10-17　水泥稳定材料的 7 d 龄期无侧限抗压强度标准 R_d　　　　　MPa

结构层	公路等级	极重、特重交通	重交通	中、轻交通
基层	高速公路、一级公路	5.0~7.0	4.0~6.0	3.0~5.0
	二级及以下公路	4.0~6.0	3.0~5.0	2.0~4.0
底基层	高速公路、一级公路	3.0~5.0	2.5~4.5	2.0~4.0
	二级及以下公路	2.5~4.5	2.0~4.0	1.0~3.0

注：公路等级或交通等级或结构安全性要求高时，推荐取上限强度标准。

（2）分别按表 10-18 水泥剂量制备同一种土样、不同水泥剂量的混合料。

表 10-18　水泥稳定材料配合比试验推荐水泥试验剂量表

被稳定材料	条　件		推荐试验剂量/%
有级配的碎石或砾石	基层	$R_d \geqslant 5.0$ MPa	5、6、7、8、9
		$R_d < 5.0$ MPa	3、4、5、6、7
土、砂、石屑等		塑性指数 <12	5、7、9、11、13
		塑性指数 ≥12	8、10、12、14、16
有级配的碎石或砾石	底基层	—	3、4、5、6、7
土、砂、石屑等		塑性指数 <12	4、5、6、7、8
		塑性指数 ≥12	6、8、10、12、14
碾压贫混凝土	基层	—	7、8.5、10、11.5、13

（3）确定最佳含水率和最大干压实密度。至少应做三个不同水泥剂量混合料的击实试验，即最小剂量、中间剂量和最大剂量。其他两个剂量混合料的最佳含水率和最大干密度用内插法确定。按规定压实度分别计算不同水泥剂量的试件应有的干密度。

（4）按最佳含水率和计算得到的干密度制试件。进行强度试验时，作为平行试验的最少试件数量应不小于表 10-19 的规定。试件在规定温度下保湿养生 6 d，浸水 24 h 后，按《公路工程无机结合料稳定材料试验规程》（JTG E51—2009）进行无侧限抗压强度试验。

（5）计算试验结果的平均值和偏差系数。如试验结果的偏差系数大于表中规定的值，则应重做试验，并找出原因，加以解决。如不能降低偏差系数，则应增加试件数量。根据表 10-17 强度标准选定合适的水泥剂量，此剂量试件室内试验结果的平均抗压强度 R 应符合公式（10-1）的要求：

$$强度代表值 R_d^0 = R \cdot (1 - Z_a C_v) \geqslant R_d \tag{10-1}$$

式中　R_d——设计抗压强度；

　　　C_v——试验结果的偏差系数；

　　　Z_a——标准正态分布表中随保证率（或置信度 α）而变的系数，重交通道路应取保证率 95%，此时 $Z_a = 1.645$；其他道路可取保证率为 90%，即 $Z_a = 1.282$。

工地实际采用的水泥剂量应比室内试验确定剂量多 0.5%~1.0%。

表 10-19　平行试验的最少试件数量

材料类型	变异系数要求		
	<10%	10%~15%	15%~20%
细粒材料	6	9	
中粒材料	6	9	13
粗粒材料		9	13

水泥的最小剂量应符合表 10-20 的规定。

表 10-20　水泥的最小剂量 %

被稳定材料类型	路拌法	集中厂拌法
中、粗粒材料	4	3
细粒材料	5	4

5. 水泥稳定材料施工（路拌法）

水泥稳定材料人工路拌法施工的工艺流程如图 10-2 所示。

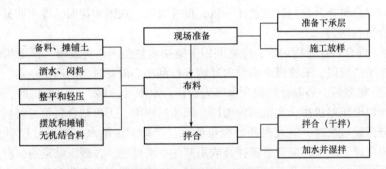

图 10-2　水泥稳定材料人工路拌法施工的工艺流程

（1）下承层准备。按下承层的有关检验标准进行复检，凡不合格的路段应进行整修，使其达到标准，下承层表面应平整、坚实、具有规定的路拱，没有任何松散和软弱地点。

（2）施工放样。在底基层或老路面或土基上恢复中线，直线段每 15~20 m 设一桩，平曲线段每 10~15 m 设一桩，并在两侧路肩边缘外设指示桩。在两侧指示桩上用明显标记标出水泥稳定土层边缘的设计高。

（3）备料。根据各路段水泥稳定土层的宽度、厚度及预定的干密度，计算各路段需要的干燥土的数量。根据料场土的含水率和所用运料车辆的吨位，计算每车料的堆放距离。根据水泥稳定土层的厚度和预定的干密度及水泥剂量，计算每 1 m² 水泥稳定土需要的水泥用量，并确定水泥摆放的纵横间距。在预定堆料的下承层上，在堆料前应先洒水，使其表面湿润，但不应过分潮湿而造成泥泞。

土装车时，应控制每车料的数量基本相等。在同一料场供料的路段内，由远到近将料按上述计算距离卸置于下承层表面的中间或上侧。卸料距离应严格掌握，避免有的路段料不够或过多。料堆每隔一定距离应留一缺口。土在下承层上的堆置时间不应过长。运送土只宜比摊铺土工序提前 1~2 d。

（4）摊铺土。应事先通过试验确定土的松铺系数，将土均匀地摊铺在预定的宽度上，表面应力求平整，并有规定的路拱。

（5）洒水闷料。如已整平的土（含粉碎的老路面）含水率过小，应在土层上洒水闷料。洒水应均匀，防止出现局部水分过多的现象。细粒土应经一夜闷料；中粒土和粗粒土，视其中细土含量的多少，可缩短闷料时间。

（6）整平和轻压。对人工摊铺的土层整平后，用 6~8 t 两轮压路机碾压 1~2 遍，使其表面平整，并有一定的压实度。

（7）摆放和摊铺水泥。按计算出的每袋水泥的纵横间距，在土层上做安放标记，将水泥当日直接送到摊铺路段，卸在做标记的地点，用刮板将水泥均匀摊开，并注意使每袋水泥的摊铺面积相等。水泥摊铺完后，表面应没有空白位置，也没有水泥过分集中的地点。

（8）拌合（干拌）。对二级及二级以上公路，应采用稳定土拌合机进行拌合，对于三、四级公路，在没有专用拌合机械的情况下，可用农用旋转耕作机与多铧犁或平地机相配合进行拌合，随时检查拌合深度，拌合深度应达稳定层底并宜侵入下承层 5~10 mm，以利上下层粘结，严禁在拌合层底部留有素土夹层。通常应拌合两遍以上。

（9）加水并湿拌。在上述拌合过程结束时，如果混合料的含水率不足，应用喷管式洒水车（普通洒水车不适宜用作路面施工）补充洒水。洒水后，应再次进行拌合，拌合机械应紧跟在洒水车后面进行拌合，减少水分流失。洒水及拌合过程中，应及时检查混合料的含水率。含水率宜略大于最佳值。混合料拌合均匀后应色泽一致，没有灰条、灰团和花面，即无明显粗细集料离析现象，且水分合适和均匀。

（10）整型。混合料拌合均匀后，应立即用平地初步整型。在直线段，平地机由两侧向路中心进行刮平；在平曲线段，平地机由内则向外侧进行刮平。需要时再返回刮一遍。

（11）碾压。整型后，当混合料的含水率为最佳含水率（±1%~±2%）时，立即用轻型压路机并配合 12 t 以上压路机在全宽范围内碾压。碾压过程中，无机结合料稳定材料的表面应始终保持湿润，水分蒸发过快时，宜及时补洒少量的水，严禁大量洒水。碾压过程中，有"弹簧"、松散、起皮等现象时，应及时翻开重新拌合或用其他方法处理。在碾压结束前，应用平地机终平一次，纵坡、路拱和超高应符合设计要求。终平时，应将局部高出部分刮除并扫出路外；对局部低洼之处，不再找补。碾压应达到要求的压实度，并没有明显的轮迹。

（12）接缝处理。

1）横向接缝处理。同日施工的两工作段的衔接处，应搭接拌合，即先施工的前一段尾部留 5~8 m不进行碾压，待第二段施工时，对前段留下未压部分要再加部分水泥重新拌合，并与第二段一起碾压。注意每天最后一段末端缝（工作缝）的处理，工作缝应呈直线，而且上下垂直。经过摊铺整型的水泥稳定碎石当天应全部压实，不留尾巴。第二天铺筑时为了使已压成型的稳定边缘不致遭受破坏，应用方木（厚度与其压实后厚度相同）保护，碾压前将方木提出，用混合料回填并整平（图 10-3）。

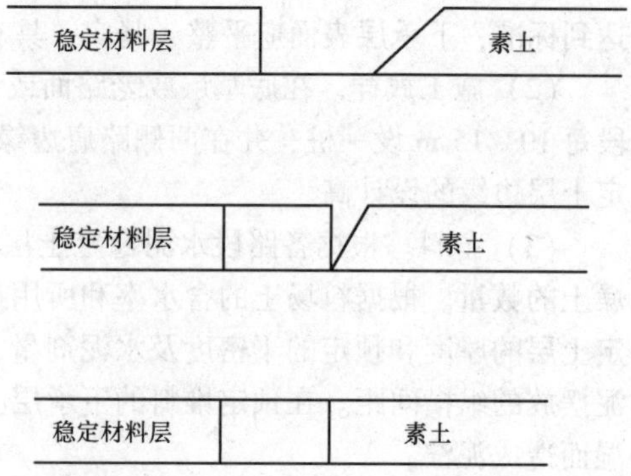

图 10-3　横向接缝处理示意图

混合料摊铺时，应保持连续。对水泥稳定材料，因故中断时间大于 2 h 时，应设置横向接缝，并应符合下列规定：人工将末端含水率合适的混合料整齐，紧靠混合料末端放两根方木，方木的高度应与混合料的压实厚度相同，整平紧靠方木的混合料。方木的另一侧用砾石或碎石回填约 3 m 长，其高度应高出方木 2~3 cm，并碾压密实。

在重新开始摊铺混合料之前，应将砾石或碎石和方木除去，并将下承层顶面清扫干净。

摊铺中断大于 2 h 且未按上述方法处理横向接缝时，应将摊铺机附近及其下面未经压实的混合料铲除，并将已碾压密实且高程和平整度符合要求的末端挖成与路中心线垂直并垂直向下的断面，再摊铺新的混合料。

2）纵向接缝处理。水泥稳定材料层的施工应避免纵向接缝。分两幅施工时，纵缝应垂直相接，并应符合下列规定：前一幅施工时，在靠中央一侧应用与稳定材料层的压实厚度相同的方木或钢模板做支撑。混合料拌合结束后，靠近支撑的部分，应人工补充拌合，再整形和碾压。应在铺筑后一幅之前拆除支撑。后一幅混合料拌合结束后，靠近前一幅的部分，宜人工补充拌合，再整形和碾压。

（13）养生及交通管制。每一段碾压完成后并经压实度检查合格后，应立即开始养生。在整个养生期间都应使水泥稳定碎石层保持潮湿状态，养生结束后，必须将覆盖物清除干净。养生期不宜少于 7 d，养生期宜延长至上层结构开始施工的前 2 d。

养生可采取洒水养生、薄膜覆盖养生、土工布覆盖养生、铺设湿砂养生、草帘覆盖养生、洒铺乳化沥青养生等方式，宜结合工程实际情况选择适宜的养生方法。

洒水养生宜作为水泥稳定材料的基本养生方式，并应符合下列规定：每天洒水次数应视气候而定。高温期施工，宜上午、下午各洒水 2 次。

薄膜覆盖养生应符合下列规定：混合料摊铺碾压成型后，可覆盖薄膜，薄膜厚度宜不小于 1 mm。薄膜之间应搭接完整，避免漏缝，薄膜覆盖后应用砂土等材料呈网格状堆填，局部薄膜破损时，应及时更换。养生至上层结构层施工前 1 ~ 2 d，方可将薄膜掀开对蒸发量较大的地区或养生时间大于 15 d 的工程，在养生过程中应适当补水。薄膜覆盖养生是缺水地区常用的一种养生方式，甚至在我国南方地区也使用。

土工布养生应符合下列规定：宜采用透水式土工布全断面覆盖，也可铺设防水土工布。铺设过程中应注意缝之间的搭接，不应留有间隙。铺设土工布后，应注意洒水，每天洒水次数应视气候而定。高温期施工，上午、下午宜各洒水一次。养生至上层结构层施工前 1 ~ 2 d 方可将土工布掀开。在养生过程中应采取有效措施防止土工布破损。土工布覆盖养生与薄膜覆盖养生有类似之处，当采用不透水的防水土工布时，基本与薄膜覆盖一样。当采用透水的土工布时，与薄膜覆盖养生相比，可避免养生材料水分向上迁移的不利影响，可保证养生材料内部水分比较均匀，减少开裂。

养生期间应封闭交通，除洒水车和小型通勤车辆外严禁其他车辆通行。

无机结合稳定材料层过冬时应采取必要的保护措施。无机结合料稳定材料养生 7 d 后，施工需要通行重型货车时，应有专人指挥，按规定的车道行驶，且车速应不大于 30 km/h。对高速公路和一级公路，无施工便道不应施工。

为保证无机结合料稳定材料的质量，防止低温损伤，需要合理安排基层施工时间，避免基层暴露过冬或者采取必要的处置措施。对于不得已需要直接暴露过冬的水泥稳定材料，应采取其上覆盖 100 ~ 200 mm 的砂土保护层等措施。

6. 水泥稳定材料路面基层施工（厂拌法）

水泥稳定材料可以在中心站用厂拌设备进行集中拌和，对于高速公路和一级公路，应采用专用稳定土集中厂拌机械拌制混合料，集中拌合时应符合下列要求：

（1）土块应粉碎，最大尺寸不得大于 15 mm；

（2）配料应准确，拌合应均匀；

（3）含水率宜略大于最佳值，使混合料运到现场摊铺后碾压时的含水率不小于最佳值；

（4）不同粒级的碎石或砾石以及细集料（如石屑和砂）应隔离，分别堆放。

水泥稳定材料基层厂拌法施工，必须采用摊铺机摊铺，摊铺时防止离析现象，其他步骤同石灰稳定材料厂拌法施工。

7. 层间处理

（1）无机结合料稳定材料层之间的处理。在上层结构施工前，应将下层养生用材料彻底清理干净。应采用人工、小型清扫车以及洒水冲刷的方式将下层表面的浮浆清理干净。下承层局部存在松散现象时，也应彻底清理干净，下承层清理后应封闭交通。在上层施工前 1~2 h，宜撒布水泥或喷水泥净浆。可采用上下结构层连续摊铺施工的方式，每层施工应配备独立的摊铺机和碾压设备，不得采用一套设备在上下结构层来回施工。稳定细粒材料结构层施工时，根据土质情况，最后一道碾压工艺可采用凸块式压路机碾压。

（2）无机结合料稳定材料基层与沥青面层之间的处理。在沥青面层施工前 1~2 d 内，应清理基层顶面。应彻底清除基层顶面养生期间的覆盖物。应采用人工清扫、小型清扫车、空压机以及洒水冲刷等方式将基层表面的浮浆清理干净，并应符合下列规定：①基层表面达到无浮尘、无松动状态；②清理出小坑槽时，不得用原有基层材料找补；③清理出较大范围松散时，应重新评定基层质量，必要时宜返工处理。

在基层表面干燥的状态下，可洒铺透层油。透层油宜采用稀释沥青、煤沥青或乳化沥青，沥青洒铺量宜为 0.3~0.6 kg/m²。下封层或黏层应在透层油挥发、破乳完成后施工，并封闭交通。

对极重、特重交通荷载等级或较薄的沥青面层，基层顶面应采用热洒沥青的方式加强层间结合，并应符合下列规定：①根据工程情况，热洒沥青可采用普通沥青、改性沥青或橡胶沥青。对高速公路和一级公路的极重、特重交通荷载等级，或沥青面层厚度小于 150 mm 时，宜选择 SBS 改性沥青或橡胶沥青。②普通沥青的洒铺量宜为 1.8~2.2 kg/m²，SBS 改性沥青宜为 2.0~2.4 kg/m²，橡胶沥青宜为 2.2~2.6 kg/m²。③沥青洒铺时应均匀，避免漏洒，纵向接缝应重叠 2/3 单一喷口的洒铺范围，横向接缝应齐整，不应重叠。④撒布的碎石宜选择洁净、干燥、单一粒径的石灰岩石料，超粒径含量应不大于 10%，粒径范围宜为 13.2~19 mm。⑤碎石撒布前应通过拌和设备加热、除尘、筛分，碎石撒布到路面前的温度应不低于 80 ℃。⑥碎石撒布量宜为满铺面积的 60%~70%，不得重叠。⑦高速公路和一级公路，不宜采用同步碎石施工设备，应采用分离式施工设备。⑧沥青洒铺车的容量宜不小于 10 t，1 台沥青洒铺车应配备 2 台碎石撒布车。

10.4.4　综合稳定材料基层

综合稳定材料是以两种或两种以上材料为结合料，通过加水与被稳定材料共同拌合形成的混合料，包括水泥石灰稳定材料、水泥粉煤灰稳定材料、石灰粉煤灰稳定材料。

水泥、石灰综合稳定时，水泥用量占结合料总量不小于 30% 时，应按水泥稳定材料的技术要求进行组成设计，水泥和石灰的比例宜取 60:40、50:50 或 40:60。水泥用量占结合料总量小于 30% 时，应按石灰稳定材料设计。

1. 石灰工业废渣稳定材料基层

石灰粉煤灰（简称二灰）稳定材料基层是用石灰、粉煤灰和被稳定材料按一定配合比，加水拌合、摊铺、碾压及养生而成型的基层。石灰炉渣（简称二渣）稳定材料基层是用石灰、炉渣和被稳定材料按一定配合比，加水拌合、摊铺、碾压、养生而成型的基层。各地可根据当地气候、水文地质条件，公路等级及实践经验参照表 10-21 配合比选用。

表 10-21　石灰粉煤灰稳定材料和石灰炉渣稳定材料推荐比例

材料类型	材料名称	使用层	结合料间比例	结合料与被稳定材料间比例
石灰粉煤灰	硅铝粉煤灰的石灰粉煤灰类	基层或底基层	石灰：粉煤灰 = 1：2～1：9	—
	石灰粉煤灰土	基层或底基层	石灰：粉煤灰 = 1：2～1：4	石灰粉煤灰：细粒材料 = 30：70～10：90
	石灰粉煤灰稳定级配碎石或砾石	基层	石灰：粉煤灰 = 1：2～1：4	石灰粉煤灰：被稳定材料 = 20：80～15：85
石灰炉渣	石灰炉渣稳定材料	基层或底基层	石灰：炉渣 = 20：80～15：85	—
	石灰炉渣土	基层或底基层	石灰：炉渣 = 1：1～1：4	石灰炉渣：细粒材料 = 1：1～1：4
	石灰炉渣稳定材料	基层或底基层	石灰：炉渣：被稳定材料 =（7～9）：（26～33）：（67～58）	

2. 水泥工业废渣稳定材料基层

水泥粉煤灰稳定材料基层是用水泥、粉煤灰和被稳定材料按一定配合比，加水拌合、摊铺、碾压及养生而成型的基层。水泥炉渣稳定材料基层是用石灰、炉渣和被稳定材料按一定配合比，加水拌合、摊铺、碾压、养生而成型的基层。各地可根据当地气候、水文地质条件，公路等级及实践经验参照表 10-22 的配合比选用。

表 10-22　水泥粉煤灰稳定材料和水泥炉渣稳定材料推荐比例

材料类型	材料名称	使用层	结合料间比例	结合料与被稳定材料间比例
水泥粉煤灰	硅铝粉煤灰的水泥粉煤灰类	基层或底基层	水泥：粉煤灰 = 1：3～1：9	—
	水泥粉煤灰土	基层或底基层	水泥：粉煤灰 = 1：3～1：5	水泥粉煤灰：细粒材料 = 30：70～10：90
	水泥粉煤灰稳定级配碎石或砾石	基层	水泥：粉煤灰 = 1：3～1：5	水泥粉煤灰：被稳定材料 = 20：80～15：85
水泥炉渣	水泥炉渣稳定材料	基层或底基层	水泥：炉渣 = 5：95～15：85	—
	水泥炉渣土	基层或底基层	水泥：炉渣 = 1：2～1：5	水泥炉渣：细粒材料 = 1：2～1：5
	石灰炉渣稳定材料	基层或底基层	石灰：炉渣：被稳定材料 =（3～5）：（26～33）：（71～62）	

10.5　沥青稳定土路面基层

10.5.1　概述

将土粉碎，用沥青（液体石油沥青、煤沥青、乳化沥青、沥青膏浆等）为结合料，将其与土拌合均匀，摊铺平整，碾压密实成型的基层称为沥青稳定土基层。

各种土都有可能用液体沥青来稳定。当采用较黏稠的沥青稳定时,只有低黏性的土(粉质砂土、轻粉质砂土等)才能取得良好的效果。黏性较大的土用黏稠沥青稳定时由于沥青难于均匀分布于土中,因而其稳定效果较差。对于黏性较大的土可采用综合稳定的方法,即在掺加沥青之前往土中掺加少量活化剂,可取得显著的稳定效果。例如,对于粉质黏土,先用少量石灰处治(<2%),不仅土团易于粉碎并易于拌合,且有利于强度的形成与水稳性的提高。国外有些国家利用沥青乳液稳定砂性土取得了良好的效果。

沥青稳定土存在着一些缺点,如结合料与土粒表面黏着力不大、内聚力不大,因此液体沥青稳定土的特征是强度形成较慢,并且随着土含水率的增加,强度会显著下降。由于用液体沥青稳定的土,特别是稳定重粉质黏土类土和黏土类土,没有足够的水稳性,所以在湿度较大的地区不宜使用。用液体沥青稳定砂土的效果也差,因为得不到良好的结合。用液体沥青和煤沥青稳定土的另一缺点是,当土的含水率大于最佳含水率时和温度低于 15 ℃时,土和结合料不能很好地拌合和压实。即使在良好的气候条件下,其形成时间亦很长。

10.5.2　沥青稳定土基层施工工艺

制备沥青土的结合料,通常采用的是慢凝液体石油沥青和低标号煤沥青。液体石油沥青的标号应根据当地气温,施工条件、土类等确定,一般沥青的黏滞度越高,其内聚力越大,其稳定土的物理—力学性质也就越好。但是,沥青黏滞度的选择应与工艺条件联系起来考虑。

用煤沥青来稳定土比石油沥青更有效。因为煤沥青中表面活性化合物的含量较大,而成分中既有苯酚、甲酸和二甲苯酚等酸性化合物,又有有机碱类的氮化物。所以煤沥青加固无碳酸盐或表面上有 Ca^{2+}、Mg^{2+} 离子和其他多价离子的土时,都能够发生化学吸附作用。但是煤沥青中含有的这些物质对加固盐渍土是不利的。

由于液体沥青消耗了大量有工业价值的轻质油分,且强度形成缓慢,故有些国家常采用乳化沥青为沥青土的结合料。由于从乳液中分离出来的沥青薄膜与土粘结较好,且沥青黏度高,故具有较高强度与水稳性。乳化沥青特别适用于干旱地区,此时乳化沥青中的水分可以作为最佳含水率的一部分。使用乳化沥青时要求较高的气温,这样水分蒸发快,强度成型期短。当使用回配的快凝液体沥青时,由于蒸发速度太快,在炎热的季节里,不宜采用。

沥青膏浆比较适用于稳定砂性土,使其具有较好的整体性。对于黏性土,可用机械对土与沥青膏浆进行强力浆拌,然后铺在路上碾压成型。

沥青土基层施工工艺的关键在于拌合与碾压。结合料采用液体石油沥青或低标号煤沥青时,一般采用热油冷料,油温 120 ℃~160 ℃。结合料采用乳化沥青或沥青膏浆时,则用冷油冷料。沥青土混合料的拌合有人工与机械两种方式。目前国内采用的拌合机有间歇式与连续式两种。沥青土最好用轮胎式压路机碾压。采用刚轮压路机时,可选用轻型或中型,只压一遍即可,多压时可能出现裂缝或推移。碾压后过 2~3 d 复压 1~2 遍效果较好。如先用刚轮压一遍再用胎轮压几遍,平整度与密实度都较好。此外,必须加强初期养护以加速路面成型。

10.6　道路路面基层的施工质量控制和检查

10.6.1　道路路面基层的试验项目与评定

路面基层和底基层材料(特别是无机结合料稳定材料)的质量控制是路面结构整体质量控

制的关键环节，强化这些材料的质量控制手段和标准是减少路面早期病害，改善路面使用性能，延长使用寿命的必要条件。

质量控制的关键在于建立健全全面质量管理体系。质量管理体系应包括质量管理和质量控制两方面内容，其中质量管理应包括对人员的管理、原材料的管理、设备的管理以及质量问题的处理措施等要素。质量控制应实现对混合料配合比设计阶段、施工阶段的全过程控制。

在施工前以及在施工过程中，原材料或混合料发生变化时，应检验拟用作基层和底基层的土，应按表 10-23 所列试验项目和要求检测评定。

表 10-23　基层和底基层用土试验项目和要求

项次	试验项目	目　的	频　度	试验方法
1	含水率	确定原始含水率	每天使用前测 2 个样品	T0801/T0803
2	液限、塑限	求塑性指数，审定是否符合规定	每种土使用前测 2 个样品，使用过程中每 2 000 m³ 测 2 个样品	T0118/T0119
3	颗粒分析	确定级配是否符合要求，确定材料配合比	每种土使用前测 2 个样品，使用过程中每 20 mm³ 测 2 个样品	T0115
4	有机质和硫酸盐含量	确定土是否适宜于用石灰或水泥稳定	对土有怀疑时做此试验	T0151/T0153

用作基层和底基层的碎石、砾石等粗集料，应按表 10-24 所列试验项目和要求检测评定。

表 10-24　基层和底基层用碎石、砾石试验项目和要求

项次	试验项目	目　的	频　度	试验方法
1	含水率	确定原始含水率	每天使用前测 2 个样品	T0801/T0803
2	级配	确定级配是否符合要求，确定材料配合比	每档碎石使用前测 2 个样品，使用过程中每 2 000 m³ 测 2 个样品	T0303
3	液限、塑限	求塑性指数，审定是否符合规定	每种材料使用前测 2 个样品，使用过程中每 2 000 m³ 测 2 个样品	T0118/T0119
4	毛体积相对密度、吸水率	评定粒料质量，计算固体体积率		T0304/T0308
5	压碎值	评定石料的抗压碎能力是否符合要求	使用前测 2 个样品，砾石使用过程中每 2 000 m³ 测 2 个样品，碎石种类变化重做 2 个样品	T0316
6	粉尘含量	评定石料质量		T0310
7	针片状颗粒含量	评定石料质量		T0312
8	软石含量	评定石料质量		T0320

用作基层和底基层的细集料，应按表 10-25 所列试验项目和要求检测评定。

表 10-25 基层和底基层用细集料试验项目和要求

项次	试验项目	目　的	频　度	试验方法
1	含水率	确定原始含水率	每天使用前测 2 个样品	T0801/T0803
2	级配	确定级配是否符合要求，确定材料配合比	每档材料使用前测 2 个样品，使用过程中每 2 000 m³ 测 2 个样品	T0327
3	液限、塑限	求塑性指数，审定是否符合规定	每种细集料使用前测 2 个样品，使用过程中每 2 000 m³ 测 2 个样品	T0118/T0119
4	毛体积相对密度、吸水率	评定粒料质量，计算固体体积率	使用前测 2 个样品，使用过程中每 2 000 m³ 测 2 个样品	T0328/T0352
5	有机质和硫酸盐含量	确定是否适宜于用石灰或水泥稳定	有怀疑时做此试验	T0151/T0341

用作基层和底基层的水泥，应按表 10-26 所列试验项目和要求检测评定。

表 10-26 基层和底基层用水泥试验项目和要求

项次	试验项目	目　的	频　度	试验方法
1	水泥强度等级和初、终凝时间	确定水泥的质量是否适宜应用	做材料组成设计时测 1 个样品，料源或强度等级变化时重测	T0505/T0506

用作基层和底基层的粉煤灰，应按表 10-27 所列试验项目和要求检测评定。

表 10-27 基层和底基层用粉煤灰试验项目和要求

项次	试验项目	目　的	频　度	试验方法
1	含水率	确定原始含水率	每天使用前测 2 个样品	T0801/T0803
2	烧失量	确定粉煤灰是否适用	做材料组成设计前测 2 个样品	T0817
3	细度	确定粉煤灰质量	做材料组成设计前测 2 个样品	T0818
4	二氧化硅等氧化物含量	确定粉煤灰质量	每天使用前测 2 个样品	T0816

用作基层和底基层的石灰，应按表 10-28 所列试验项目和要求检测评定。

表 10-28 基层和底基层用石灰试验项目和要求

项次	试验项目	目　的	频　度	试验方法
1	含水率	确定原始含水率	每天使用前测 2 个样品	T0801/T0803
2	有效钙、镁含量	确定石灰质量	做材料组成设计和生产使用时分别测 2 个样品，以后每月测 2 个样品	T0811/T0812/T0813
3	残渣含量	确定石灰质量	做材料组成设计和生产使用时分别测 2 个样品，以后每月测 2 个样品	T0815

初步确定使用的基层和底基层混合料，包括非整体性材料，应按表 10-29 所列试验项目和要求检测评定。

表 10-29 基层和底基层混合料试验项目和要求

项次	试验项目	目 的	频 度	试验方法
1	重型击实试验	最佳含水率和最大干密度	材料发生变化时	T0804
2	承载比（CBR）	确定非整体性材料是否适宜做基层或底基层	材料发生变化时	T0134
3	抗压强度	整体性材料配合比试验及施工期间质量评定	每次配合比试验	T0805
4	延迟时间	确定延迟时间对混合料密度和抗压强度的影响，确定施工允许的延迟时间	水泥品种变化时	T0805
5	绘制 EDTA 标准曲线	对施工过程中水泥、石灰剂量有效控制	水泥、石灰品种变化时	T0809

10.6.2 铺筑试验段

基层和底基层正式施工前，均应铺筑试验段。试验段应设置在生产路段上，长度宜为 200～300 m。试验段开工前，应符合下列规定：提交完整的目标配合比报告和生产配合比报告。正常施工时所配备的施工机械完全进场，且调试完毕。全部施工人员到位。施工开展前，应对摊铺机、压路机、运输车辆等施工机械的准备情况进行检查，机械的组合、数量、型号应满足招标文件的相关规定。各种机械设备的工作参数应满足国家相关行业规范、标准的要求。

试验段铺筑阶段应对下列关键工序、工艺进行评价：

（1）拌合设备各档材料的进料比例、速度及精度。

（2）结合料的进料比例和精度。

（3）含水率的控制精度。

（4）松铺系数合理值。

（5）拌合、运输、摊铺和碾压机械的协调和配合。

（6）压实机械的选择和组合，压实的顺序、速度和遍数。

（7）对人工拌合工艺，应确定合适的拌合设备、方法、深度和遍数。

（8）对人工摊铺碾压工艺，应确定适宜的整平和整形机具和方法。

试验段施工后，应及时总结，总结报告应包括下列内容：①试验段检测报告；②试验段总体效果评价；③施工关键参数的推荐值，包括配合比、含水率、松铺系数、碾压工艺等；④确定每一作业段的合适长度。

试验段不满足技术要求时，应重新铺设试验段。试验段各项指标合格后，方可正式施工。

10.6.3 道路路面基层施工过程检测

施工过程中的质量控制应包括外形尺寸检查及内在质量检验两部分。外形尺寸检查项目、频度和质量标准应符合表 10-30 的规定。

表 10-30　外形尺寸检查项目、频度和质量标准

类别	项目		频度	质量标准	
				高速公路和一级公路	其他公路
底基层	纵断高程/mm		二级及二级以下公路每 20 m 1 个点；高速公路和一级公路每 20 m 1 个断面，每个断面 3~5 个点	+5 ~ -15	+5 ~ -20
	厚度/mm	均值	每 1 500 ~ 2 000 m² 6 个点	≥ -10	≥ -12
		单值		≥ -25	≥ -30
	宽度/mm		每 40 m 1 处	>0	>0
	横坡度/%		每 100 m 3 处	±0.3	±0.5
	平整度/mm		每 200 延米 2 处，每处连续 10 尺（3 m 直尺）	≤12	≤15
基层	纵断高程/mm		二级及二级以下公路每 20 m 1 个点；高速公路和一级公路每 20 m 1 个断面，每个断面 3~5 个点	+5 ~ -10	+5 ~ -15
	厚度/mm	均值	每 1 500 ~ 2 000 m² 6 个点	≥ -8	≥ -15
		单值		≥ -10	≥ -20
	宽度/mm		每 40 m 1 处	>0	>0
	横坡度/%		每 100 m 3 处	±0.3	±0.5
	平整度/mm		每 200 m 2 处，每处连续 10 尺（3 m 直尺）	≤8	≤12
			连续式平整度仪的标准差	≤3.0	—

　　施工过程中的内在质量控制应分为原材料质量控制、拌合质量控制、摊铺及碾压质量控制 4 部分。对集中厂拌、摊铺机摊铺的施工工艺，应按后场与前场划分。后场质量控制的项目、内容应符合表 10-31 的规定，实际检测频率应不低于表中的要求，检测结果应满足细则或具体工程的技术要求。

表 10-31　施工过程中后场质量控制的关键内容

项次	项目	内容	频度
1	原材料抽检	结合料质量	每批次
		粗、细集料品质	异常时，随时试验
		级配、规格	异常时，随时试验
2	混合料抽检	混合料级配	每 2 000 m² 1 次
		结合料剂量	每 2 000 m² 1 次
		混合料最大时密度	每个工日
		含水率	每 2 000 m² 1 次

　　前场质量控制的项目及内容应符合表 10-32 的规定，实际检测频率应不低于表中的要求，检测结果应满足细则或具体工程的技术要求。

表 10-32　施工过程中前场质量控制的关键内容

项次	项　目	内　容	频　度
1	摊铺目测	是否离析	随时
		粗估含水率状态	随时
2	碾压目测	压实机械是否满足	随时
		碾压组合、次数是否合理	随时
3	压实度检测	含水率	每一作业段检查 6 次以上
		压实度	每一作业段检查 6 次以上
4	强度检测	在前场取样成型试件	每一作业段不少于 9 个
5	钻芯检测		每一作业段不少于 9 个
6	弯沉检测		每一评定段（不超过 1 km）每个车道 40～50 个测点
7	承载比		每 2 000 m² 1 次，异常时随时增加试验

应在现场碾压结束后及时检测压实度。压实度检测中，测定的含水率与规定含水率的绝对误差应不大于 2%；不满足要求时，应分析原因并采取必要的措施。

无机结合料稳定材料应钻取芯样检验其整体性，并应符合下列规定：无机结合料稳定细粒材料的芯样直径宜为 100 mm，无机结合料稳定中、粗粒材料的芯样直径应为 150 mm；采用随机取样方式，不得在现场人为挑选位置，否则评价结果无效；芯样顶面、四周应均匀、致密；芯样的高度应不小于实际摊铺厚度的 90%；取不出完整芯样时，应找出实际路段相应的范围，返工处理。

设计强度大于 3 MPa 的水泥稳定材料的完整芯样应切割成标准试件，检测强度，并符合下列规定：标准试件的径高比应为 1∶1；记录实际养生龄期；根据实际施工情况确定试件强度的评价标准；同一批次强度试验的变异系数应不大于 15%；样本量宜不少于 9 个。

10.6.4　道路路面基层的质量合格标准

检查内容应包括工程完工后的外形和质量两方面。外形检查的要求应符合表 10-32 的规定。宜以 1 km 长的路段为单位评定路面结构层质量；采用大流水作业法施工时，以每天完成的段落为评定单位。基层质量合格标准见表 10-33。

表 10-33　质量合格标准值

工程类别	检查项目	检查数量	标准值	极限低值
无结合料底基层	压实度	6～10 处	96%	92%
	弯沉值	每车道 40～50 个测点	按规定所得的弯沉标准值	—
级配碎石（或砾石）	压实度	6～10 处	符合规定	标准值 −4%
	颗粒组成	2～3	规定级配范围	
	弯沉值	每车道 40～50 个测点	按规定所得的弯沉标准值	

续表

工程类别	检查项目	检查数量	标准值	极限低值
填隙碎石	压实度（固体体积率）	6~10处	基层：85%	82%
			底基层：高速和一级公路85%，其他公路83%	82%（80%）
	弯沉值	每车道40~50个测点	按所得的弯沉标准值	—
水泥、石灰、石灰粉煤灰、水泥粉煤灰等稳定细粒材料	压实度	6~10处	基层：符合要求	标准值-4%
			底基层：符合要求	
	水泥或石灰剂量/%	3~6处	设计值	水泥：设计值-1.0% 石灰：设计值-2.0%
水泥、石灰、石灰粉煤灰、水泥粉煤灰等稳定中、粗粒材料	压实度	6~10处	基层：符合要求	标准值-4%
			底基层：符合要求	
	颗粒组成	2~3处	规定级配范围	
	水泥或石灰剂量/%	3~6处	设计值	设计值-1.0%

思考题

1. 常见的道路路面基层有哪些类型？
2. 简述填隙碎石基层的施工工艺。
3. 分析比较石灰稳定材料和水泥稳定材料的强度形成原理以及影响强度的因素。
4. 道路路面基层的质量检查的内容有哪些？

第11章

沥青路面施工技术

11.1 沥青路面施工概述

11.1.1 沥青路面的特点

沥青路面是用沥青材料做结合料粘结矿料修筑面层与各类基层和垫层所组成的路面结构。

由于沥青路面使用沥青结合料，因而增强了矿料之间的粘结力，提高了混合料的强度和稳定性，使路面的使用质量和耐久性都得到提高。与水泥混凝土路面相比，沥青路面具有表面平整、无接缝、行车舒适、耐磨、振动小、噪声小、施工期短、养护维修简便、适宜于分期修建等优点，因而获得越来越广泛的应用。

11.1.2 沥青路面的类型

（1）按强度构成原理可将沥青路面分为密实类和嵌挤类两大类。

密实类沥青路面要求矿料的级配按最大密实原则设计，其强度和稳定性主要取决于混合料的黏聚力和内摩阻力。密实级配类沥青路面又分为连续级配型沥青混凝土和连续级配型特粗式、粗粒式沥青稳定碎石及间断级配型沥青玛琋脂碎石等。

嵌挤类沥青路面要求采用颗粒尺寸较为均一的矿料，路面的强度和稳定性主要依靠集料颗粒之间相互嵌挤所产生的内摩阻力，而黏聚力则起着次要的作用。按嵌挤原则修筑的沥青路面，其热稳定性较好，但因空隙率较大、易渗水，因而耐久性较差。嵌挤类沥青路面分为开级配、半开级配沥青路面等类型；开级配沥青路面又分为间断级配排水式沥青磨耗层和排水式沥青碎石基层；另有半开级配沥青碎石路面。

（2）按施工工艺的不同，沥青路面可以分为层铺法、路拌法（冷拌法）和厂拌法（热拌法）三类。

层铺法是用分层洒布沥青，分层铺撒矿料和碾压的方法修筑，其主要优点是工艺和设备简便、工效较高、施工进度快、造价较低；其缺点是路面成型期较长，需要经过炎热季节行车碾压之后路面方能成型。用这种方法修筑的沥青路面有沥青表面处治、封层和沥青贯入式等。

路拌法（冷拌法）是在路上用机械将矿料和沥青材料就地拌合、摊铺和碾压密实而成的沥青面层。此类面层有路拌（冷拌）沥青碎（砾）石、乳化沥青碎（砾）石和路拌沥青稳定土。路拌沥青面层通过就地拌合，沥青材料在矿料中分布比层铺法均匀，可以缩短路面的成型期。但因所用的矿料为冷料，需使用黏稠度较低的沥青材料，故混合料的强度较低。

厂拌法（热拌法）是将规定级配的矿料和沥青材料在工厂用专用设备加热拌合，然后送到工地摊铺碾压而成的沥青路面。矿料中细颗粒含量少，不含或含少量矿粉，混合料为开级配；若矿料中含有矿粉，混合料按密实级配配制的。厂拌法按混合料铺筑时温度的不同，又可分为热拌热铺和热拌冷铺两种。热拌热铺是混合料在专用设备加热拌合后立即趁热运到路上摊铺压实。如果混合料加热拌合后储存一段时间再在常温下运到路上摊铺压实，即为热拌冷铺。厂拌法使用较黏稠的沥青材料，且矿料经过精选，因而混合料质量高，使用寿命长，但修建费用也较高。

（3）根据沥青路面的技术特性，沥青面层可分为沥青混凝土、沥青玛蹄脂碎石、热拌沥青碎石、乳化沥青碎石混合料、沥青贯入式、沥青表面处治等类型。

沥青表面处治路面是指用沥青和集料按层铺法或拌合法铺筑而成的厚度不超过 3 cm 的沥青路面。沥青表面处治的厚度一般为 1.5 ~ 3.0 cm。层铺法可分为单层、双层、三层。单层表处厚度为 1.0 ~ 1.5 cm；双层表处厚度为 1.5 ~ 2.5 cm；三层表处厚度为 2.5 ~ 3.0 cm。沥青表面处治适用于三级、四级公路的面层、旧沥青面层上加铺罩面或抗滑层、磨耗层等。

沥青贯入式路面是指用沥青贯入碎（砾）石做面层的路面。沥青贯入式路面的厚度一般为 4 ~ 8 cm。当沥青贯入式的上部加铺拌合的沥青混合料时，也称为上拌下贯，此时拌合层的厚度宜为 3 ~ 4 cm，其总厚度为 7 ~ 10 cm。沥青贯入式碎石路面适用于做三级及三级以下公路的沥青面层。

乳化沥青碎石混合料适用于做三级、四级公路的沥青面层、二级公路养护罩面以及各级公路的调平层。国外也用作柔性基层。

沥青碎石路面是指用沥青碎石做面层的路面，沥青碎石的配合比设计应根据实践经验和马歇尔实验的结果，并通过施工前的试拌和试铺确定。沥青碎石有时也用作连接层。

沥青混凝土路面是指用沥青混凝土做面层的路面，其面层可由单层或双层或三层沥青混合料组成，各层混合料的组成设计应根据其层厚和层位、气温和降雨量等气候条件、交通量和交通组成等因素确定，以满足对沥青面层使用功能的要求。沥青混凝土常用作高等级公路的面层。

沥青玛蹄脂碎石路面是指用沥青玛蹄脂碎石混合料做面层或抗滑层的路面。沥青玛蹄脂碎石混合料（简称 SMA）是以间断级配为骨架，用改性沥青、矿粉及木质纤维素组成的沥青玛蹄脂为结合料，经拌合、摊铺、压实而形成的一种构造深度较大的抗滑面层。其具有抗滑耐磨、孔隙率小、抗疲劳、高温抗车辙、低温抗开裂的优点，是一种全面提高密级配沥青混凝土使用质量的新材料，适用于高速公路、一级公路和其他重要公路的表面层。

采用不同的施工工艺和材料可以修筑成不同类型的沥青路面，因此，必须根据路面的使用要求和施工的具体条件，按照技术经济原则来综合考虑，选定最适当的路面类型。

选择沥青路面的类型，一方面要根据任务要求（道路的等级、交通量、使用年限、修建费用等）和工程特点（施工季节、施工期限、基层状况等）选定；另一方面还应考虑材料供应情况、施工机具、劳力和施工技术条件等因素。

11.1.3　沥青路面对基层的要求

（1）基层、底基层应具有足够的强度和稳定性，在冰冻地区还应具有一定的抗冻性。有铺装路面下的半刚性基层应具有较小的收缩（温缩及干缩）变形和较强的抗冲刷能力。半刚性材料基层、底基层的配合比设计，应根据重型击实标准制件，混合料 7 d 龄期的无侧限抗压强度试验确定。

（2）基层、底基层结构设计应贯彻就地取材的原则，认真做好当地材料的调查，根据不同公路等级、交通量对基层、底基层的技术要求，选择技术可靠、经济合理的基层、底基层结构。

（3）一般公路的基层宽度每侧宜比面层宽出 25 cm，底基层每侧宜比基层宽 15 cm。在多雨地区，透水性好的粒料底基层，宜铺至路基全宽，以利于排水。高速公路、一级公路的基层宽度应按路面边缘构造的规定执行。

（4）新建沥青路面的基层按结构组合设计要求。选用沥青稳定碎石、沥青贯入式、级配碎石、级配砂砾等柔性基层；水泥稳定土或粒料、石灰与粉煤灰稳定土或粒料的半刚性基层；碾压式水泥混凝土、贫混凝土等刚性基层；以及上部使用柔性基层，下部使用半刚性基层的混合式基层。半刚性基层作为沥青路面的基层与沥青层宜在同一年内施工，以减少路面开裂。

（5）旧沥青路面做基层时，应根据旧路面质量，确定对原有路面修补、铣刨、加铺罩面层。旧沥青路面的整平应按高程控制铺筑，分层整平的一层最大厚度不宜超过 100 mm；以旧的水泥混凝土路面做基层加铺沥青面层时，应根据旧路面质量，确定处治工艺，确认能满足基层要求后，方能加铺沥青。旧路面处理后必须彻底清除浮灰，根据需要并做适当的铣刨处理，洒布粘层油，再铺筑新的结构层。

11.2　道路沥青路面施工方法

11.2.1　沥青路面对原材料的要求

沥青路面使用的各种材料运至现场后必须取样进行质量检验，经评定合格后方可使用，不得以供应商提供的检测报告或商检报告代替现场检测。沥青路面集料的选择必须经过认真的料源调查，确定料源应尽可能就地取材。质量符合使用要求，石料开采必须注意环境保护，防止破坏生态平衡。集料粒径规格以方孔筛为准。不同料源、品种、规格的集料不得混杂堆放。

1. 对沥青材料的要求

沥青路面所用的沥青材料有石油沥青、煤沥青、液体石油沥青、沥青乳液和改性沥青等。各类沥青路面所用沥青材料的标号，应根据路面的类型、施工条件、地区气候条件、施工季节和矿料性质与尺寸等因素而定。

（1）道路石油沥青。各个沥青等级的适用范围应符合表 11-1 的规定。沥青路面采用的沥青标号，宜按照公路等级、气候条件、交通条件、路面类型及在结构层中的层位及受力特点、施工方法等，结合当地的使用经验，经技术论证后确定。道路石油沥青的质量应符合表 11-2 规定的技术要求。

表 11-1　道路石油沥青的适用范围

沥青等级	适用范围
A 级沥青	各个等级的公路，适用于任何场合和层次
B 级沥青	1. 高速公路、一级公路沥青下面层及以下的层次、二级及以下公路的各个层次； 2. 用作改性沥青、乳化沥青、改性乳化沥青、稀释沥青的基质沥青
C 级沥青	三级及三级以下公路的各个层次

表 11-2　道路石油沥青的技术指标

指标	等级	沥青标号						
		160 号	130 号	110 号	90 号	70 号	50 号	30 号
针入度/0.1 mm		140～200	120～140	100～120	80～100	60～80	40～60	20～40
针入度指数 PI	A	−1.5～+1.0						
	B	−1.8～+1.0						
15° 延度不小于 /cm	A、B	100					80	50
	C	80	80	60	50	40	30	20
蜡含量（蒸馏法）不大于/%	A	2.2						
	B	3.0						
	C	4.5						
闪点不小于℃		230			245		260	
溶解度不小于%		99.5						
密度/（g·cm⁻³）		实测记录						
残留针入度比不小于/%	A	48	54	55	57	61	63	65
	B	45	50	52	54	58	60	62
	C	40	45	48	50	54	58	60
残留延度（10°）不小于/cm	A	12	12	10	8	6	4	—
	B	10	10	8	6	4	2	—
残留延度（15°）不小于/cm	C	40	35	30	20	15	10	—

对夏季温度高、高温持续时间长、重载交通、山区及丘陵区上坡路段、服务区、停车场等行车速度慢的路段，尤其是汽车荷载剪应力大的层次，宜采用稠度大、60 ℃黏度大的沥青，也可提高高温气候分区的温度水平选用沥青等级；对冬季寒冷的地区或交通量小的公路、旅游公路宜选用稠度小、低温延度大的沥青；对温度日温差、年温差大的地区宜注意选用针入

度指数大的沥青。当高温要求与低温要求发生矛盾时应优先考虑满足高温性能的要求。当缺乏所需标号的沥青时，可采用不同标号掺配的调和沥青，其掺配比例由试验决定。掺配后的沥青质量应符合表 11-2 的要求。

　　沥青路面的气候分区：选择沥青结合料等级、沥青混合料配合比设计和检验应适应公路环境条件的需要，能承受高温、低温、雨（雪）水的考验。沥青路面的气候条件按规范要求的气候分区，以适应地区具体气候条件的需要。

　　沥青路面设计高温分区指标如表 11-3 所示。采用最近 30 年内年最热月的平均日最高气温的平均值作为反映高温和重载条件下出现车辙等流动变形的气候因子，并作为气候区划的一级指标。全年高于 30 ℃的积温及连续高温的持续时间可作为辅助参考值。

表 11-3　沥青路面设计高温分区指标

高温气候区	1	2	3
气候区名称	夏炎热区	夏热区	夏凉区
最热月平均最高气温/℃	>30	20 ~ 30	<20

　　沥青路面设计低温分区指标如表 11-4 所示。采用最近 30 年内的极端最低气温作为反映路面温缩裂缝的气候因子，并作为气候区划的二级指标。温降速率、冰冻指数可作为辅助参考值。

表 11-4　沥青路面设计低温分区指标

低温气候区	1	2	3	4
气候区名称	冬严寒区	冬寒区	冬冷区	冬温区
极端最低气温/℃	< - 37.0	- 37.0 ~ - 21.5	- 21.5 ~ - 9	> - 9

　　沥青路面设计雨量分区指标如表 11-5 所示。采用最近 30 年内的年降水量的平均值作为反映沥青路面受雨（雪）水影响的气候因子，并作为气候区划的三级指标。雨日数可作为辅助参考值。

表 11-5　沥青路面设计雨量分区指标

雨量气候区	1	2	3	4
气候区名称	潮湿区	湿润区	半干区	干旱区
年降雨量/mm	>1 000	1 000 ~ 500	500 ~ 250	<250

　　沥青路面温度分区由高温和低温组合而成，第一个数字代表高温分区，第二个数字代表低温分区，数字越小表示气候因素越严重。气温与沥青标号见表 11-6。

表 11-6　气温与沥青标号

气候区名	最热月平均最高气温/℃	年极端最低气温/℃	适宜的沥青标号	备注
1 – 1 夏炎热冬严寒	>30	< - 37.0	90 号	
1 – 2 夏炎热冬寒		- 37.0 ~ - 21.5	90 号	
1 – 3 夏炎热冬冷		- 21.5 ~ - 9.0	90 号、70 号	
1 – 4 夏炎热冬温		> - 9.0	70 号	

气候区名	最热月平均最高气温/℃	年极端最低气温/℃	适宜的沥青标号	备注
2－1 夏热冬严寒		＜－37.0	110 号	
2－2 夏热冬寒	200~30	－37.0~－21.5	110 号、90 号、70 号	
2－3 夏热冬冷		－21.5~－9.0	90 号、70 号	
2－4 夏热冬温		＞－9.0	70 号	
3－1 夏凉冬严寒		＜－37.0		不存在
3－2 夏凉冬寒	＜20	－37.0~－21.5	110 号	
3－3 夏凉冬冷		－21.5~－9.0		不存在
3－4 夏凉冬温		＞－9.0		不存在

沥青必须按品种、标号分开存放。除长期不使用的沥青可放在自然温度下存储外，沥青在储罐中的储存温度不宜低于 130 ℃，并不得高于 170 ℃。桶装沥青应直立堆放，加盖苫布。道路石油沥青在储运、使用及存放过程中应有良好的防水措施，避免雨水或加热管道蒸气进入沥青中。

（2）乳化沥青。乳化沥青适用于沥青表面处治路面、沥青贯入式路面、冷拌沥青混合料路面，修补裂缝，喷洒透层、粘层与封层等。乳化沥青的品种和适用范围宜符合表 11-7 的规定。

表 11-7　乳化沥青品种及适用范围

分　类	品种及代号	适用范围
阳离子乳化沥青	PC—1	表处、贯入式路面及下封层用
	PC—2	透层油及基层养生用
	PC—3	粘层油用
	BC—1	稀浆封层或冷拌沥青混合料用
阴离子乳化沥青	PA—1	表处、贯入式路面及下封层用
	PA—2	透层油及基层养生用
	PA—3	粘层油用
	BA－1	稀浆封层或冷拌沥青混合料用
非离子乳化沥青	PN—2	透层油用
	BN－1	与水泥稳定集料同时使用（基层路拌或再生）

乳化沥青的质量应符合有关的规定。在高温条件下宜采用黏度较大的乳化沥青，寒冷条件下宜使用黏度较小的乳化沥青。

乳化沥青类型根据集料品种及使用条件选择。阳离子乳化沥青可适用于各种集料品种，阴离子乳化沥青适用于碱性石料。乳化沥青的破乳速度、黏度宜根据用途与施工方法选择。

（3）液体石油沥青。液体石油沥青适用于透层、粘层及拌制冷拌沥青混合料。根据使用目的与场所，可选用快凝、中凝、慢凝的液体石油沥青，其质量应符合有关的规定。液体石油沥青宜采用针入度较大的石油沥青，使用前按先加热沥青后加稀释剂的顺序，掺配煤油或轻柴油，经适当的搅拌、稀释制成。掺配比例根据使用要求由试验确定。液体石油沥青在制作、储存、使用的全过程中必须通风良好，并有专人负责，确保安全。基质沥青的加热温度严禁超过 140 ℃，液体沥青的储存温度不得高于 50 ℃。

（4）煤沥青。道路用煤沥青的标号根据气候条件、施工温度、使用目的选用，其质量应符合有关规定。道路用煤沥青适用于下列情况：①各种等级公路的各种基层上的透层，宜采用 T—1 或 T—2 级，其他等级不符合喷洒要求时可适当稀释使用；②三级及三级以下的公路铺筑表面处治或贯入式沥青路面，宜采用 T—5、T—6 或 T—7 级；③与道路石油沥、乳化沥青混合使用，以改善渗透性。

道路用煤沥青严禁用于热拌热铺的沥青混合料，用于其他用途时的储存温度宜为 70℃~90 ℃，且不得长时间储存。

（5）改性沥青。改性沥青可单独或复合采用高分子聚合物、天然沥青及其他改性材料制作。常见的聚合物改性剂有 SBS（Ⅰ类）适用于北方气候温差较大的地区、SBR（Ⅱ类）适用于南方地区、EVA、PE（Ⅲ类）应用较广泛，当使用其他聚合物及复合改性沥青时，可通过试验研究制订相应的技术要求。

制造改性沥青的基质沥青应与改性剂有良好的配伍性，其质量宜符合表 11-2 中 A 级或 B 级道路石油沥青的技术要求。供应商在提供改性沥青的质量报告时应提供基质沥青的质量检验报告或沥青样品。天然沥青可以单独与石油沥青混合使用或与其他改性沥青混熔后使用。天然沥青的质量要求宜根据其品种参照相关标准和成功的经验执行。

用作改性剂的 SBR 胶乳中的固体物含量不宜少于 45%，使用中严禁长时间暴晒或遭冰冻。改性沥青的剂量以改性剂占改性沥青总量的百分数计算，胶乳改性沥青的剂量应以扣除水以后的固体物含量计算。

改性沥青宜在固定式工厂或在现场设厂集中制作，也可在拌合厂现场边制造边使用，改性沥青的加工温度不宜超过 180 ℃。胶乳类改性剂和制成颗粒的改性剂可直接投入拌合缸中生产改性沥青混合料。用溶剂法生产改性沥青母体时，挥发性溶剂回收后的残留量不得超过 5%。

现场制造的改性沥青宜随配随用，需做短时间保存，或运送到附近的工地使用前必须搅拌均匀，在不发生离析的状态下使用。改性沥青制作设备必须设有随机采集样品的取样口，采集的试样宜立即在现场灌模。工厂制作的成品改性沥青到达施工现场后存储在改性沥青罐中，改性沥青罐中必须加设搅拌设备并进行搅拌，使用前改性沥青必须搅拌均匀。在施工过程中应定期取样检验产品质量，发现离析等质量不符要求的改性沥青不得使用。

2. 对粗集料的要求

粗集料应该洁净、干燥、表面粗糙，质量应符合表 11-8 的规定。当单一规格集料的质量指标达不到表中要求，而按照集料配合比计算的质量指标符合要求时，工程上允许使用。对受热易变质的集料，宜采用经拌合机烘干后的集料进行检验。

表 11-8 沥青混合料用粗集料质量技术要求

指 标	单位	高速公路及一级公路		其他等级公路
		表面层	其他层次	
石料压碎值，不大于	%	26	28	30
洛杉矶磨耗损失，不大于	%	28	30	35
表观相对密度，不小于	t/m³	2.60	2.50	2.45
吸水率，不大于	%	2.0	3.0	3.0
坚固性，不大于	%	12	12	
针片状颗粒含量（混合料），不大于	%	15	18	20
其中粒径大于 9.5 mm，不大于	%	12	15	—
其中粒径小于 9.5 mm，不大于	%	18	20	—
水洗法 <0.075 mm 颗粒含量，不大于	%	1	1	1
软石含量，不大于	%	3	5	5

注：1. 坚固性试验可根据需要进行。

2. 用于高速公路、一级公路时，多孔玄武岩的视密度可放宽至 2.45 t/m³，吸水率可放宽至 3%，但必须得到建设单位的批准。

3. 对 S14 规格的粗集料，针片状颗粒含量可不予要求，<0.075 mm 含量可放宽到 3%。

采石场在生产过程中必须彻底清除覆盖层及泥土夹层。生产碎石用的原石不得含有土块、杂物，集料成品不得堆放在泥土地上。高速公路、一级公路沥青路面的表面层（或磨耗层）的粗集料的磨光值应符合表 11-9 的要求。除 SMA、OGFC 路面外，允许在硬质粗集料中掺加部分较小粒径的磨光值达不到要求的粗集料，其最大掺加比例由磨光值试验确定。粗集料与沥青的黏附性应符合表 11-9 的要求，当使用不符合要求的粗集料时，宜掺加消石灰、水泥或用饱和石灰水处理后使用，必要时可同时在沥青中掺加耐热、耐水、长期性能好的抗剥落剂，也可采用改性沥青，使沥青混合料的水稳定性检验达到要求。掺加外加剂的剂量由沥青混合料的水稳定性检验确定。破碎砾石应采用粒径大于 50 mm、含泥量不大于 1% 的砾石轧制，破碎砾石的破碎面应符合有关规定的要求。筛选砾石仅适用于三级及三级以下公路的沥青表面处治路面。经过破碎且存放期超过 6 个月以上的钢渣可作为粗集料使用。除吸水率允许适当放宽外，各项质量指标应符合表 11-8 的要求。钢渣在使用前应进行活性检验，要求钢渣中的游离氧化钙含量不大于 3%，浸水膨胀率不大于 2%。

表 11-9 粗集料与沥青的黏附性、磨光值的技术要求

雨量气候区	1（潮湿区）	2（湿润区）	3（半干区）	4（干旱区）
年降雨量/mm	>1 000	1 000~500	500~250	<250
粗集料的磨光值 PSV，不小于高速公路、一级公路表面层	42	40	38	36
粗集料与沥青的黏附性，不小于高速公路、一级公路表面层	5	4	4	3
高速公路、一级公路的其他层次及其他等级公路的各个层次	4	4	3	3

粗集料的粒径规格应按 S1（40 ~ 75 mm）、S2（40 ~ 60 mm）、S3（30 ~ 60 mm）、S4（25 ~ 50 mm）、S5（20 ~ 40 mm）、S6（15 ~ 30 mm）、S7（10 ~ 30 mm）、S8（10 ~ 25 mm）、S9（10 ~ 20 mm）、S10（10 ~ 15 mm）、S11（5 ~ 15 mm）、S12（5 ~ 10 mm）、S13（3 ~ 10 mm）、S14（3 ~ 5 mm）、S15（0 ~ 5 mm）、S16（0 ~ 3 mm）的规定生产和使用。

3. 对细集料的要求

沥青路面的细集料包括天然砂、机制砂、石屑。细集料必须由具有生产许可证的采石场、采砂场生产。细集料应洁净、干燥、无风化、无杂质，并有适当的颗粒级配，其质量应符合表11-10 的规定。细集料的洁净程度，天然砂以小于 0.075 mm 含量的百分数表示，石屑和机制砂以砂当量（适用于 0 ~ 4.75 mm）或亚甲蓝值（适用于 0 ~ 2.36 mm 或 0 ~ 0.15 mm）表示。

表 11-10　沥青混合料用细集料质量要求

项　　目	单位	高速公路、一级公路	其他等级公路
表观相对密度，不小于	t/m³	2.50	2.45
坚固性（>0.3 mm 部分），不小于	%	12	—
含泥量（小于 0.075 mm 的含量），不大于	%	3	5
砂当量，不小于	%	60	50
亚甲蓝值，不大于	g/kg	25	
棱角性（流动时间），不小于	S	30	

天然砂可采用河砂或海砂，通常宜采用粗、中砂，其规格应符合有关的规定。砂的含泥量超过规定时应水洗后使用，海砂中的贝壳类材料必须筛除。开采天然砂必须取得当地政府主管部门的许可，并符合水利及环境保护的要求。热拌密级配沥青混合料中天然砂的用量通常不宜超过集料总量的 20%，SMA 和 OGFC 混合料不宜使用天然砂。石屑是采石场破碎石料时通过 4.75 mm 或 2.36 mm 的筛下部分，其规格应符合有关规定的要求。采石场在生产石屑的过程中应具备抽吸设备，高速公路和一级公路的沥青混合料，宜将 S14 与 S16 组合使用，S15 可在沥青稳定碎石基层或其他等级公路中使用。机制砂宜采用专用的制砂机制造，并选用优质石料生产，其级配应符合 S16 的要求。

4. 对填料的要求

沥青混合料的矿粉必须采用石灰岩或岩浆岩中的强基性岩石等憎水性石料经磨细得到的矿粉，原石料中的泥土杂质应除净。矿粉应干燥、洁净，能自由地从矿粉仓流出，其质量应符合表 11-11 的要求。

表 11-11　沥青混合料用矿粉质量要求

项　　目	单　位	高速公路、一级公路	其他等级公路
表观密度，不小于	t/m³	2.50	2.45
含水率，不大于	%	1	1
粒度范围 <0.6 mm	%	100	100
<0.15 mm	%	90 ~ 00	90 ~ 100
<0.075 mm	%	75 ~ 100	70 ~ 100
外观	—	无团粒结块	

续表

项　目	单　位	高速公路、一级公路	其他等级公路
亲水系数	—		<1
塑性指数	—		<4
加热安定性	—		实测记录

拌合机的粉尘可作为矿粉的一部分回收使用。但每盘用量不得超过填料总量的 25%，掺有粉尘填料的塑性指数不得大于 4%。粉煤灰作为填料使用时，用量不得超过填料总量的 50%，粉煤灰的烧失量应小于 12%，与矿粉混合后的塑性指数应小于 4%，其余质量要求与矿粉相同。高速公路、一级公路的沥青面层不宜采用粉煤灰做填料。

5. 纤维稳定剂的要求

在沥青混合料中掺加的纤维稳定剂宜选用木质素纤维、矿物纤维等。木质素纤维的质量应符合表 11-12 的技术要求。

表 11-12　木质素纤维质量技术要求

项　目	单　位	指　标	试验方法
纤维长度，不大于	mm	6	水溶液用显微镜观测
灰分含量	%	18 ± 5	高温 590 ℃~600 ℃燃烧后测定残留物
pH	—	7.5 ± 1.0	水溶液用 pH 试纸或 pH 计测定
吸油率，不小于	—	纤维质量的 5 倍	用煤油浸泡后放在筛上经振敲后称量
含水率（以质量计），不大于	%	5	105 ℃烘箱烘 2 h 后冷却称量

纤维应在 250 ℃的干拌温度不变质、不发脆，使用纤维必须符合环保要求，不危害身体健康。纤维必须在混合料拌合过程中能充分分散均匀。矿物纤维宜采用玄武岩等矿石制造，易影响环境及造成人体伤害的石棉纤维不宜直接使用。纤维应存放在室内或有棚盖的地方，松散纤维在运输及使用过程中应避免受潮，不结团。纤维稳定剂的掺加比例以沥青混合料总量的质量百分率计算，通常情况下用于 SMA 路面的木质素纤维不宜低于 0.3%，矿物纤维不宜低于 0.4%，必要时可适当增加纤维用量。纤维掺加量的允许误差宜不超过 ±5%。

11.2.2　透层、粘层施工

1. 透层施工

透层是为使沥青面层与非沥青材料基层结合良好，在基层上喷洒液体石油沥青、乳化沥青、煤沥青而形成的透入基层表面一定深度的薄层。

沥青路面各类基层都必须喷洒透层油，沥青层必须在透层油完全渗入基层后方可铺筑。基层上设置下封层时，透层油不宜省略。气温低于 10 ℃或大风天气，即将降雨时不得喷洒透层油。根据基层类型选择渗透性好的液体沥青、乳化沥青、煤沥青做透层油，喷洒后通过钻孔或挖掘确认透层油渗入基层的深度宜不小于 5 mm（无机结合料稳定集料基层）和 10 mm（无结合料基层），并能与基层连接成为一体。透层油的质量应符合规范的要求。

透层用液体沥青的黏度通过调节煤油或轻柴油等稀释剂的品种和掺量经试验确定。透层油的用量通过试洒确定，不宜超出表 11-13 要求的范围。

表 11-13　沥青路面透层材料的规格和用量表

用　途	液体沥青		乳化沥青		煤沥青	
	规格	用量 / (L·m^{-2})	规格	用量 / (L·m^{-2})	规格	用量 / (L·m^{-2})
无结合料粒料基层	AL (M)—1、2 或 3 AL (S)—1、2 或 3	1.0~2.3	PC－2 PA－2	1.0~2.0	T－1 T－2	1.0~1.5
半刚性基层	AL (M)—1 或 2 AL (S)—1 或 2	0.6~1.5	PC－2 PA－2	0.7~1.5	T－1 T－2	0.7~1.0
注：表中用量是指包括稀释剂和水分等在内的液体沥青、乳化沥青的总量。乳化沥青中的残留物含量以 50% 为基准。						

用于半刚性基层的透层油宜紧接在基层碾压成型后表面稍变干燥，但尚未硬化的情况下喷洒。在无结合料粒料基层上洒布透层油时，宜在铺筑沥青层前 1~2 d 洒布。透层油宜采用沥青洒布车一次喷洒均匀，使用的喷嘴宜根据透层油的种类和黏度选择并保证均匀喷洒，沥青洒布车喷洒不均匀时宜改用手工沥青洒布机喷洒。洒布应符合要求。喷洒透层油前应清扫路面，遮挡防护路缘石及人工构造物避免污染，透层油必须洒布均匀，有花白遗漏应人工补洒，喷洒过量的立即撒布石屑或砂吸油，必要时做适当碾压。

2. 粘层施工

粘层是为加强路面沥青层与沥青层之间、沥青层与水泥混凝土路面之间的粘结而洒布的沥青材料薄层。

符合下列情况之一时，必须喷洒粘层油：

（1）双层式或三层式热拌热铺沥青混合料路面的沥青层之间。

（2）水泥混凝土路面、沥青稳定碎石基层或旧沥青路面层上加铺沥青层。

（3）路缘石、雨水口、检查井等构造物与新铺沥青混合料接触的侧面。

粘层油宜采用快裂或中裂乳化沥青、改性乳化沥青，也可采用快、中凝液体石油沥青，其规格和质量应符合规范的要求，所使用的基质沥青标号宜与主层沥青混合料相同。粘层油品种和用量，应根据下卧层的类型通过试洒确定，并符合表 11-14 的要求。当粘层油上铺筑薄层大空隙排水路面时，粘层油的用量宜增加到 0.6~1.0 L/m^2。在沥青层之间兼做封层而喷洒的粘层油宜采用改性沥青或改性乳化沥青，其用量宜不少于 1.0 L/m^2。

表 11-14　沥青路面粘层材料的规格和用量表

下卧层类型	液体沥青		乳化沥青	
	规格	用量/ (L·m^{-2})	规格	用量/ (L·m^{-2})
新建沥青层或旧沥青路面	AL (R)—3~AL (R)—6 AL (M)—3~AL (M)—6	0.3~0.5	PC－3 PA－3	0.3~0.6
水泥混凝土	AL (M)—3~AL (M)—6 AL (S)—3~AL (S)—6	0.2~0.4	PC－3 PA－3	0.3~0.5
注：表中用量是指包括稀释剂和水分等在内的液体沥青、乳化沥青的总量。乳化沥青中的残留物含量以 50% 为基准。				

粘层油宜采用沥青洒布车喷洒，并选择适宜的喷嘴，洒布速度和喷洒量保持稳定。当采用机

动或手摇的手工沥青洒布机喷洒时，必须由熟练的技术工人操作，均匀洒布。气温低于 10 ℃时不得喷洒粘层油，寒冷季节施工不得不喷洒时可以分两次喷洒。路面潮湿时不得喷洒粘层油，用水洗刷后需待表面干燥后喷洒。喷洒的粘层油必须成均匀雾状，在路面全宽度内均匀分布成一薄层，不得有洒花漏空或呈条状，也不得有堆积。喷洒不足的要补洒，喷洒过量处应予刮除。喷洒粘层油后，严禁运料车外的其他车辆和行人通过。粘层油宜在当天洒布，待乳化沥青破乳、水分蒸发完成，或稀释沥青中的稀释剂基本挥发完成后，紧跟着铺筑沥青层，确保粘层不受污染。

11.2.3　热拌沥青混合料路面（厂拌法）施工

1. 热拌沥青混合料路面的类型

热拌沥青混合料（HMA）适用于各种等级公路的沥青路面。其种类按集料公称最大粒径、矿料级配、空隙率划分，分类见表 11-15。

表 11-15　热拌混合料种类

混合料类型	密级配			开级配		半开级配	公称最大粒径/mm	最大粒径/mm
	连续级配		间断级配	间断级配				
	沥青混凝土	沥青稳定碎石	沥青玛琋脂碎石	排水式沥青磨耗层	排水式沥青碎石基层	沥青碎石		
特粗式		ATB－40			ATPB－40		37.5	53.0
粗粒式		ATB－30			ATPB－30		31.5	37.5
	AC－25	ATB－25			ATPB－25		26.5	31.5
中粒式	AC－20		SMA—20			AM—20	19.0	26.5
	AC－16		SMA—16	OGFC—16		AM—16	16.0	19.0
细粒式	AC－13		SMA—13	OGFC—13		AM—13	13.2	16.0
	AC－10		SMA—10	OGFC—10		AM—10	9.5	13.2
砂粒式	AC－5					AM—5	4.75	9,5
设计空隙率/%	3～5	3～6	3～4	＞18	＞18	6～12		

注：设计空隙率可按配合比设计要求适当调整。

各层沥青混合料应满足所在层位的功能性要求，便于施工，不容易离析。各层应连续施工并连成为一个整体。当发现混合料结构组合及级配类型的设计不合理时，应进行修改、调整，以确保沥青路面的使用性能。沥青面层集料的最大粒径宜从上至下逐渐增大，并应与压实层厚度相匹配。对热拌热铺密级配沥青混合料，沥青层一层的压实厚度不宜小于集料公称最大粒径的 2.5～3 倍，对 SMA 和 OGFC 等嵌挤型混合料不宜小于公称最大粒径的 2～2.5 倍，以减少离析，便于压实。

2. 施工准备

铺筑沥青层前，应检查基层或下卧沥青层的质量，不符合要求的不得铺筑沥青面层。旧沥青路面或下卧层已被污染时，必须清洗或经铣刨处理后方可铺筑沥青混合料。石油沥青加工及沥青混合料施工温度应根据沥青标号及黏度、气候条件、铺装层的厚度确定。

普通沥青结合料的施工温度宜通过在 135 ℃及 175 ℃条件下测定的黏度-温度曲线按表 11-16 的规定确定。缺乏黏温曲线数据时，可参照表 11-15 的范围选择，并根据实际情况确定使用高值或低值。当表中温度不符实际情况时，容许做适当调整。

表 11-16　确定沥青混合料拌合及压实温度的适宜温度

黏　　度	适宜于拌合的沥青结合料黏度	适宜于压实的沥青结合料黏度
表观黏度	(0.17 ±.0.02) Pa·s	(0.28 ±0.03) Pa·s
运动黏度	(170 ±20) mm²/s	(280 ±30) mm²/s
赛波特黏度	(85 ±10) s	(140 ±15) s

　　聚合物改性沥青混合料的施工温度根据实践经验选择。通常宜较普通沥青混合料的施工温度提高 10 ℃ ~20 ℃。对采用冷态胶乳直接喷入法制作的改性沥青混合料，集料烘干温度应进一步提高。

　　SMA 混合料的施工温度应视纤维品种和数量、矿粉用量的不同，在改性沥青混合料的基础上做适当提高。

　　3. 沥青混合料的拌制

　　沥青混合料必须在沥青拌合厂（场、站）采用拌合机械拌制。拌合厂的设置必须符合国家有关环境保护、消防、安全等规定。拌合厂与工地现场距离应充分考虑交通堵塞的可能，确保混合料的温度下降不超过要求，且不致因颠簸造成混合料离析。拌合厂应具有完备的排水设施。各种集料必须分隔储存，细集料场应设防雨顶棚，料场及场内道路应做硬化处理，严禁泥土污染集料。

　　沥青混合料可采用间歇式拌合机或连续式拌合机拌制。高速公路和一级公路宜采用间歇式拌合机拌合。连续式拌合机使用的集料必须稳定不变。

　　集料与沥青混合料取样应符合现行试验规程的要求。从沥青混合料运料车上取样时，必须在设置取样台分几处采集一定深度下的样品。集料进场宜在料堆顶部平台卸料，经推土机推平后，铲运机从底部按顺序竖直装料，减小集料离析。

　　沥青混合料的生产温度应符合表 11-17 的要求。烘干集料的残余含水率不得大于 1%。每天开始几盘集料应提高加热温度，并干拌几锅集料废弃，再正式加沥青拌合混合料。

　　拌合机的矿粉仓应配备振动装置以防止矿粉起拱。添加消石灰、水泥等外掺剂时，宜增加粉料仓，也可由专用管线和螺旋升送器直接加入拌合锅，若与矿粉混合使用时应注意二者因密度不同发生离析。拌合机必须有二级除尘装置，经一级除尘部分可直接回收使用，二级除尘部分可进入回收粉仓使用（或废弃）。对因除尘造成的粉料损失应补充等量的新矿粉。

表 11-17　热拌沥青混合料的施工温度　　　　　　　　　　　　℃

施工工序		石油沥青的标号			
		50 号	70 号	90 号	10 号
沥青加热温度		160~170	155~165	150~160	45~155
矿料加热温度	间隙式拌合机	集料加热温度比沥青温度高 0~30			
	连续式拌合机	矿料加热温度比沥青温度高 5~10			
沥青混合料出料温度		150~170	145~165	140~160	135~155
混合料储料仓储存温度		储料过程中温度降低不超过 10			
混合料废弃温度，高于		200	195	190	185
运输到现场温度，不低于		150	145	140	135

续表

施工工序		石油沥青的标号			
		50 号	70 号	90 号	10 号
混合料摊铺温度，不低于	正常施工	140	135	130	125
	低温施工	160	150	140	135
开始碾压的混合料内部温度，不低于	正常施工	135	130	125	120
	低温施工	150	145	135	130
碾压终了的表面温度，不低于	钢轮压路机	80	70	65	60
	轮胎压路机	85	80	75	70
	振动压路机	75	70	60	55
开放交通的路表温度，不高于		50	50	50	45

注：1. 沥青混合料的施工温度采用具有金属探测针的插入式数显温度计测量。表面温度可采用表面接触式温度计测定。当采用红外线温度计测量表面温度时，应进行标定。

2. 表中未列入的 130 号、160 号及 30 号沥青的施工温度由试验确定。

沥青混合料拌合时间根据具体情况经试拌确定，以沥青均匀裹覆集料为度。间歇式拌合机每盘的生产周期不宜少于 45 s（其中干拌时间不少于 5 ~ 10 s）。

生产添加纤维的沥青混合料时，纤维必须在混合料中充分分散，拌合均匀。拌合机应配备同步添加投料装置，松散的絮状纤维可在喷入沥青的同时或稍后采用风送设备喷入拌合锅，拌合时间宜延长 5 s 以上。颗粒纤维可在粗集料投入的同时自动加入，经 5 ~ 10 s 的干拌后，再投入矿粉。工程量很小时，也可分装成塑料小包或由人工量取直接投入拌合锅。使用改性沥青时应随时检查沥青泵、管道、计量器是否被堵，堵塞时应及时清洗。

沥青混合料出厂时应逐车检测沥青混合料的质量和温度，记录出厂时间，签发运料单。

4. 沥青混合料的运输

热拌沥青混合料宜采用较大吨位的运料车运输，但不得超载运输或急刹车、急弯掉头，使透层、封层造成损伤。运料车的运力应稍有富余，施工过程中摊铺机前方应有运料车等候。对高速公路、一级公路，宜待等候的运料车多于 5 辆后开始摊铺。

运料车每次使用前后必须清扫干净，在车厢板上涂一薄层防止沥青粘结的隔离剂或防粘剂，但不得有余液积聚在车厢底部。从拌合机向运料车上装料时，应多次挪动汽车位置，平衡装料，以减少混合料离析。运料车运输混合料宜用苫布覆盖保温、防雨、防污染。运料车进入摊铺现场时，轮胎上不得沾有泥土等可能污染路面的脏物，否则宜设水池洗净轮胎后进入工程现场。沥青混合料在摊铺地点凭运料单接收，若混合料不符合施工温度要求，或已经结成团块、已遭雨淋的不得铺筑。

摊铺过程中运料车应在摊铺机前 100 ~ 300 mm 处停住，空挡等候，由摊铺机推动前进开始缓缓卸料，避免撞击摊铺机。在有条件时，运料车可将混合料卸入转运车经二次拌合后向摊铺机连续均匀地供料。运料车每次卸料必须倒净，尤其是对改性沥青或 SMA 混合料，如有剩余，应及时清除，防止硬结。SMA 及 OGFC 混合料在运输、等候过程中，如发现有沥青结合料沿车厢板滴漏，应采取措施予以避免。

5. 沥青混合料的摊铺

热拌沥青混合料应采用沥青摊铺机摊铺，在喷洒有粘层油的路面上铺筑改性沥青混合料或 SMA 时，宜使用履带式摊铺机。摊铺机的受料斗应涂刷薄层隔离剂或防粘结剂。

铺筑高速公路、一级公路沥青混合料时，一台摊铺机的铺筑宽度不宜超过 6 m（双车道）和 7.5 m（3 车道以上），通常宜采用两台或更多台数的摊铺机前后错开 10～20 m，呈梯队方式同步摊铺，两幅之间应有 30～60 mm 宽度的搭接，并躲开车道轮迹带，上下层的搭接位置宜错开 200 mm 以上。

摊铺机开工前应提前 0.5～1 h 预热熨平板不低于 100 ℃。铺筑过程中应选择熨平板的振捣或夯锤压实装置，具有适宜的振动频率和振幅，以提高路面的初始压实度。熨平板加宽连接应仔细调节至摊铺的混合料没有明显的离析痕迹。摊铺机必须缓慢、均匀、连续不间断地摊铺，不得随意变换速度或中途停顿，以提高平整度，减少混合料的离析。摊铺速度宜控制在 2～6 m/min 范围内，对改性沥青混合料及 SMA 混合料宜放慢至 1～3 m/min。当发现混合料出现明显的离析、波浪、裂缝、拖痕时，应分析原因予以消除。

沥青混合料的松铺系数应根据混合料类型由试铺试压确定。摊铺过程中应随时检查摊铺层厚度及路拱、横坡，并按规定的方法由使用的混合料总量与面积校验平均厚度。摊铺机的螺旋布料器应相应于摊铺速度调整到保持一个稳定的速度均衡地转动，两侧应保持有不少于送料器 2/3 高度的混合料，以减少在摊铺过程中混合料的离析。

用机械摊铺的混合料，不宜用人工反复修整。当不得不由人工作局部找补或更换混合料时，需仔细进行，特别严重的缺陷应整层铲除。在路面狭窄部分、平曲线半径过小的匝道或加宽部分，以及小规模工程不能采用摊铺机铺筑时可用人工摊铺混合料。人工摊铺沥青混合料应符合下列要求：

（1）半幅施工时，路中一侧宜事先设置挡板。

（2）沥青混合料宜卸在铁板上，摊铺时应扣锹布料，不得扬锹远甩。铁锹等工具宜沾防粘结剂或加热使用。

（3）边摊铺边用刮板整平，刮平时应轻重一致，控制次数，严防集料离析。

（4）摊铺不得中途停顿，并加快碾压。如因故不能及时碾压时，应立即停止摊铺，并对已卸下的沥青混合料覆盖苫布保温。

（5）低温施工时，每次卸下的混合料应覆盖苫布保温。

在雨期铺筑沥青路面时，应加强与气象台（站）的联系，已摊铺的沥青层因遇雨未行压实的应予铲除。

6. 沥青路面的压实及成型

压实成型的沥青路面应符合压实度及平整度的要求。

沥青混凝土的压实层最大厚度不宜大于 100 mm，沥青稳定碎石混合料的压实层厚度不宜大于 120 mm，但当采用大功率压路机且经试验证明能达到压实度时，允许增大到 150 mm。沥青路面施工应配备足够数量的压路机，选择合理的压路机组合方式及初压、复压、终压（包括成型）的碾压步骤，以达到最佳碾压效果。高速公路铺筑双车道沥青路面的压路机数量不宜少于 5 台。施工气温低、风大、碾压层薄时，压路机数量应适当增加。压路机应以慢而均匀的速度碾压，压路机的碾压速度应符合表 11-18 的规定。压路机的碾压路线及碾压方向不应突然改变而导致混合料推移。碾压区的长度应大体稳定，两端的折返位置应随摊铺机前进而推进，横向不得在相同的断面上。

表 11-18　压路机碾压速度 km/h

压路机类型	初　　压		复　　压		终　　压	
	适宜	最大	适宜	最大	适宜	最大
钢筒式压路机	2 ~ 3	4	3 ~ 5	6	3 ~ 6	6
轮胎压路机	2 ~ 3	4	3 ~ 5	6	4 ~ 6	8
振动压路机	2 ~ 3 （静压或振动）	3 （静压或振动）	3 ~ 4.5 （振动）	5 （振动）	3 ~ 6 （静压）	6 （静压）

压路机碾压的施工温度应符合表 11-17 的要求，并根据混合料种类、压路机、气温、层厚等情况经试压确定。在不产生严重推移和裂缝的前提下，初压、复压、终压都应在尽可能在高温下进行，同时不得在低温状况下做反复碾压，使石料棱角磨损、压碎、破坏集料嵌挤。

沥青混合料的初压应符合下列要求：

（1）初压应在紧跟摊铺机后碾压，并保持较短的初压区长度，以尽快使表面压实，减少热量散失。对摊铺后初始压实度较大，经实践证明采用振动压路机或轮胎压路机直接碾压无严重推移而有良好效果时，可免去初压，直接进入复压工序。

（2）通常宜采用钢轮压路机静压 1 ~ 2 遍。碾压时应将压路机的驱动轮面向摊铺机，从外侧向中心碾压，在超高路段则由低向高碾压，在坡道上应将驱动轮从低处向高处碾压。

（3）初压后应检查平整度、路拱，有严重缺陷时进行修整乃至返工。

复压应紧跟在初压后进行，并应符合下列要求：

（1）复压应紧跟在初压后开始，且不得随意停顿。压路机碾压段的总长度应尽量缩短，通常不超过 60 ~ 80 m。采用不同型号的压路机组合碾压时，宜安排每一台压路机做全幅碾压，防止不同部位的压实度不均匀。

（2）密级配沥青混凝土的复压宜优先采用重型的轮胎压路机进行搓揉碾压，以增加密水性，其总质量宜不小于 25 t，吨位不足时宜附加重物，使每一个轮胎的压力不小于 15 kN。冷态时的轮胎充气压力不小于 0.55 MPa，轮胎发热后不小于 0.6 MPa，且各个轮胎的气压大体相同，相邻碾压带应重叠 1/3 ~ 1/2 的碾压轮宽度，碾压至要求的压实度为止。

（3）对粗集料为主的较大粒径的混合料，尤其是大粒径沥青稳定碎石基层，宜优先采用振动压路机复压。厚度小于 30 mm 的薄沥青层不宜采用振动压路机碾压。振动压路机的振动频率宜为 35 ~ 50 Hz，振幅宜为 0.3 ~ 0.8 mm。层厚较大时选用高频率大振幅，以产生较大的激压力；厚度较薄时采用高频率低振幅，以防止集料破碎。相邻碾压带重叠宽度为 100 ~ 200 mm。振动压路机折返时应先停止振动。

（4）当采用三轮钢筒式压路机时，总质量宜不小于 12 t，相邻碾压带宜重叠后轮的 1/2 宽度，并不少于 200 mm。

（5）对路面边缘、加宽及港湾式停车带等大型压路机难于碾压的部位，宜采用小型振动压路机或振动夯板做补充碾压。

终压应紧接在复压后进行，如经复压后已无明显轮迹时可免去终压。终压可选用双轮钢筒式压路机或关闭振动的振动压路机碾压，宜不少于 2 遍，至无明显轮迹为止。

SMA 路面的压实应符合以下要求：

（1）除沥青用量较低，经试验证明采用轮胎压路机碾压有良好效果外，不宜采用轮胎压路机碾压，以防将沥青结合料搓揉挤压上浮。

（2）SMA 路面宜采用振动压路机或钢筒式压路机碾压。振动压路机应遵循"紧跟、慢压、高频、低幅"的原则，即紧跟在摊铺机后面，采取高频率、低振幅的方式慢速碾压。如发现 SMA 混合料高温碾压推拥现象，应复查其级配是否合适。

OGFC 宜采用小于 12 t 的钢筒式压路机碾压。碾压轮在碾压过程中应保持清洁，有混合料粘轮应立即清除。对钢轮可涂刷隔离剂或防粘结剂，但严禁刷柴油。当采用向碾压轮喷水（可添加少量表面活性剂）的方式时，必须严格控制喷水量且呈雾状，不得漫流，以防混合料降温过快。轮胎压路机开始碾压阶段，可适当烘烤、涂刷少量隔离剂或防粘结剂，也可少量喷水，并先到高温区碾压使轮胎尽快升温，之后停止洒水。轮胎压路机轮胎外围宜加设围裙保温。压路机不得在未碾压成型路段上转向、调头、加水或停留。

在当天成型的路面上，不得停放各种机械设备或车辆，不得散落矿料、油料等杂物。

7. 接缝施工

沥青路面的施工必须接缝紧密、连接平顺，不得产生明显的接缝离析。上、下层的纵缝应错开 150 mm（热接缝）或 300~400 mm（冷接缝）以上。相邻两幅及上、下层的横向接缝均应错位 1 m 以上。接缝施工应用 3 m 直尺检查，确保平整度符合要求。

纵向接缝部位的施工应符合下列要求：

（1）摊铺时采用梯队作业的纵缝应采用热接缝，将已铺部分留下 100~200 mm 宽暂不碾压，作为后续部分的基准面，然后进行跨缝碾压以消除缝迹。

（2）当半幅施工或因特殊原因而产生纵向冷接缝时，宜加设挡板或加设切刀切齐，也可在混合料尚未完全冷却前用镐刨除边缘留下毛槎的方式，但不宜在冷却后采用切割机做纵向切缝。加铺另半幅前应涂洒少量沥青，重叠在已铺层上 50~100 mm，再铲走铺在前半幅上面的混合料，碾压时由边向中碾压留下 100~150 mm，再跨缝挤紧压实。或者先在已压实路面上行走碾压新铺层 150 mm 左右，然后压实新铺部分。

8. 开放交通及其他

热拌沥青混合料路面应待摊铺层完全自然冷却，混合料表面温度低于 50 ℃后，可开放交通。需要提早开放交通时，可洒水冷却，降低混合料温度。

沥青路面雨期施工应符合下列要求：

（1）注意气象预报，加强工地现场、沥青拌合厂及气象台站之间的联系，控制施工长度，各项工序紧密衔接。

（2）运料车和工地应备有防雨设施，并做好基层及路肩排水。

铺筑好的沥青层应严格控制交通，做好保护，保持整洁，不得造成污染，严禁在沥青层上堆放施工产生的土或杂物，严禁在已铺沥青层上制作水泥砂浆。

11.2.4 沥青表面处治与封层（层铺法）施工

1. 沥青表面处治

沥青表面处治面层是用沥青和矿料按层铺法修筑的厚度不大于 3 cm 的一种薄层。

沥青表面处治适用于三级及三级以下公路的沥青面层。各种封层适用于加铺薄层罩面、磨耗层、水泥混凝土路面上的应力缓冲层、各种防水和密水层、预防性养护罩面层。沥青表面处治与封层宜选择在干燥和较热的季节施工，并在最高温度低于 15 ℃时期之前半个月及雨季前结束。

沥青表面处治可采用道路石油沥青、乳化沥青、煤沥青铺筑，沥青标号应按相关规定选用。沥青表面处治的集料最大粒径应与处治层的厚度相等，其规格和用量宜按表 11-19 选用；沥青表面处治施工后，应在路侧另备 S12（5~10 mm）碎石或 S14（3~5 mm）石屑、粗砂或小砾石（2~3）m³/1 000 m² 作为初期养护用料。

表 11-19　沥青表面处治材料规格和用量

沥青种类	类型	厚度/mm	集料/[m³·(1 000 m²)⁻¹] 第一层 规格用量	第二层 规格用量	第三层 规格用量	沥青或乳液用量/(kg·m²) 第一次	第二次	第三次	合计用量
石油沥青	单层	1.0	S12 7~9			1.0~1.2			1.0~1.2
		1.5	S10 12~14			1.4~1.6			1.4~1.6
	双层	1.5	S10 12~14	S12 7~8		1.4~1.6	1.0~1.2		2.4~2.8
		2.0	S9 16~18	S12 7~8		1.6~1.8	1.0~1.2		2.6~3.0
		2.5	S8 18~20	S12 7~8		1.8~2.0	1.0~1.2		2.8~3.2
	三层	2.5	S8 18~20	S12 12~14	S12 7~8	1.6~1.8	1.2~1.4	1.0~1.2	3.8~4.4
		3.0	S6 20~22	S12 12~14	S12 7~8	1.8~2.0	1.2~1.4	1.0~1.2	4.0~4.6
乳化沥青	单层	0.5	S14 7~9			0.9~1.0			0.9~1.0
	双层	1.0	S12 9~11	S14 4~6		1.8~2.0	1.0~1.2		2.8~3.2
	三层	3.0	S6 20~22	S10 9~11	S12 4~6	2.0~2.2	1.8~2.0	1.0~1.2	4.8~5.4

注：1. 煤沥青表面处治的沥青用量可比石油沥青用量增加15%~20%。
2. 表中的乳液用量按乳化沥青的蒸发残留物含量60%计算，如沥青含量不同应予折算。
3. 在高寒地区及干旱风沙大的地区，可超出高限5%~10%。

在清扫干净的碎（砾）石路面上铺筑沥青表面处治时，应喷洒透层油。在旧沥青路面、水泥混凝土路面、块石路面上铺筑沥青表面处治路面时，可在第一层沥青用量中增加10%~20%，不再另洒透层油或粘层油。

层铺法沥青表面处治路面宜采用沥青洒布车及集料撒布机联合作业。沥青洒布车喷洒沥青时应保持稳定速度和喷洒量，并保持整个洒布宽度喷洒均匀。小规模工程可采用机动或手摇的手工沥青洒布机洒布沥青。沥青表面处治施工应确保各工序紧密衔接，每个作业段长度应根据施工能力确定，并在当天完成。人工撒布集料时应等距离划分段落备料。

三层式沥青表面处治的施工工艺应按下列步骤进行：

（1）清扫基层，洒布第一层沥青。沥青的撒布温度根据气温及沥青标号选择，石油沥青宜为130 ℃~170 ℃，煤沥青宜为80 ℃~120 ℃，乳化沥青在常温下洒布，加温洒布的乳液温度不得超过60 ℃。前后两车喷洒的接槎处用铁板或建筑纸铺1~1.5 m，使搭接良好。分几幅浇洒时，纵向搭接宽度宜为100~150 mm。洒布第二、三层沥青的搭接缝应错开。

（2）洒布主层沥青后应立即用集料撒布机或人工洒布第一层主集料。撒布集料后应及时扫匀，达到全面覆盖、厚度一致、集料不重叠，也不露出沥青的要求。局部有缺料时适当找补，积料过多的将多余集料扫出。两幅搭接处，第一幅洒布沥青应暂留100~150 mm 宽度不撒布石料，待第二幅一起撒布。

（3）撒布主集料后，不必等全段撒布完，立即用6~8 t 钢筒双轮压路机从路边向路中心碾压3~4 遍，每次轮迹重叠约300 mm。碾压速度开始不宜超过2 km/h，以后可适当增大。

（4）第二、三层的施工方法和要求应与第一层相同，但可以采用8 t 以上的压路机碾压。

双层式或单层式沥青表面处治浇洒沥青及撒布集料的次数相应减少，其施工程序和要求参照进行。

除乳化沥青表面处治应待破乳、水分蒸发并基本成型后方可通车外，沥青表面处治在碾压结束后即可开放交通，并通过开放交通补充压实，成型稳定。在通车初期应设专人指挥交通或设置障碍物控制行车，限制行车速度不超过 20 km/h，严禁畜力车及铁轮车行驶，使路面全部宽度均匀压实。

沥青表面处治应注意初期养护。当发现有泛油时，应在泛油处补撒与最后一层石料规格相同的嵌缝料并扫匀，过多的浮料应扫出路外。

2. 封层施工

封层是为封闭表面空隙、防止水分侵入而在沥青面层或基层上铺筑的有一定厚度的沥青混合料薄层。铺筑在沥青面层表面的称为上封层；铺筑在沥青面层下面、基层表面的称为下封层。

（1）上封层。根据情况可选择乳化沥青稀浆封层、微表处、改性沥青集料封层、薄层磨耗层或其他适宜的材料。铺设上封层的下卧层必须彻底清扫干净，对车辙、坑槽、裂缝进行处理或挖补。上封层的类型根据使用目的、路面的破损程度选用。

1）裂缝较细、较密的可采用涂洒类密封剂、软化再生剂等涂刷罩面。

2）对二级及二级以下公路的旧沥青路面可以采用普通的乳化沥青稀浆封层，也可在喷洒道路石油沥青后撒布石屑（砂）后碾压作封层。

3）对高速公路、一级公路有轻微损坏的宜铺筑微表处。

4）对用于改善抗滑性能的上封层可采用稀浆封层、微表处或改性沥青集料封层。

（2）下封层。多雨潮湿地区的高速公路、一级公路的沥青面层空隙率较大，有严重渗水可能，或铺筑基层不能及时铺筑沥青面层而需通行车辆时，宜在喷洒透层油后铺筑下封层。下封层宜采用层铺法表面处治或稀浆封层法施工。稀浆封层可采用乳化沥青或改性乳化沥青做结合料。下封层的厚度不宜小于 6 mm，且做到完全密水。以层铺法沥青表面处治铺筑下封层时，通常采用单层式，矿料用量宜为 5～8 m³/1 000 m²，沥青用量可采用要求范围的中高限。

3. 稀浆封层与微表处

稀浆封层是用适当级配的石屑或砂、填料（水泥、石灰、粉煤灰、石粉等）与乳化沥青、外掺剂和水，按一定比例拌合而成的流动状态的沥青混合料，将其均匀摊铺在路面上形成的沥青封层。

微表处是采用适当级配的石屑或砂、填料（水泥、石灰、粉煤灰、石粉等）与聚合物改性乳化沥青、外掺剂和水，按一定比例拌合而成的流动状态的沥青混合料，将其均匀摊铺在路面土形成的沥青封层。

微表处主要用于高速公路及一级公路的预防性养护以及填补轻度车辙，也适用于新建公路的抗滑磨耗层。稀浆封层一般用于二级及二级以下公路的预防性养护，也适用于新建公路的下封层。

稀浆封层和微表处必须使用专用的摊铺机进行摊铺。单层微表处适用于旧路面车辙深度不大于 15 mm 的情况；超过 15 mm 的必须分两层铺筑，或先用 V 形车辙摊铺箱摊铺；深度大于 40 mm 时，不适宜微表处处理。

微表处必须采用改性乳化沥青，稀浆封层可采用普通乳化沥青或改性乳化沥青，其品种和质量应分别符合要求。稀浆封层和微表处应选择坚硬、粗糙、耐磨、洁净的集料。各项性能应符合要求。其中，微表处用通过 4.75 mm 筛的合成矿料的砂当量不得低于 65%，稀浆封层用通过 4.75 mm 筛的合成矿料的砂当量不得低于 50% 。当用于抗滑表层时，还应符合有关磨光值的要求。细集料宜采用碱性石料生产的机制砂或洁净的石屑。对集料中的超粒径颗粒必须筛除。

稀浆封层和微表处施工前，应彻底清除原路面的泥土、杂物，修补坑槽、凹陷、较宽的裂缝宜清理灌缝。在水泥混凝土路面上铺筑微表处时宜洒布粘层油，过于光滑的表面需拉毛处理。稀浆封层和微表处的最低施工温度不得低于 10 ℃，严禁在雨天施工，摊铺后尚未成型混合料遇雨时应予铲除。稀浆封层和微表处两幅纵缝搭接的宽度不宜超过 80 mm，横向接缝宜做成对接缝，分两层摊铺时，第一层摊铺后至少应开放交通 24 h 后方可进行第二层摊铺。

稀浆封层和微表处铺筑后的表面不得有超粒径料拖拉的严重划痕，横向接缝和纵向接缝处不得出现余料堆积或缺料现象，用 3 m 直尺测量接缝处的不平整度不得大于 6 mm。对微表处不得有横向波浪和深度超过 6 mm 的纵向条纹。经养生和初期交通碾压稳定的稀浆封层和微表处，在行车作用下应不飞散且完全密水。

11.2.5　沥青贯入式路面（层铺法）施工

沥青贯入式路面是在初步压实的碎石上，分层浇洒沥青、撒布嵌缝料，经压实而成的路面结构层。

沥青贯入式路面适用于三级及三级以下公路，也可作为沥青路面的连接层或基层。沥青贯入式路面的厚度宜为 4～8 cm，但乳化沥青的厚度不宜超过 5 cm。当贯入层上部加铺拌合的沥青混合料面层成为上拌下贯式路面时，拌合层的厚度宜不小于 1.5 cm。

沥青贯入式路面的最上层应撒布封层料或加铺拌合层。沥青贯入层作为连接层使用时，可不撒表面封层料。沥青贯入式路面宜选择在干燥和较热的季节施工，并宜在日最高温度降低至 15 ℃ 以前半个月结束，使贯入式结构层通过开放交通碾压成型。

沥青贯入式路面的集料应选择有棱角、嵌挤性好的坚硬石料，其规格和用量宜根据贯入层厚度按表 11-20 选用。当使用破碎砾石时，其破碎面应符合要求。沥青贯入层主层集料中大于粒径范围中值的数量不宜少于 50%。表面不加铺拌合层的贯入式路面在施工结束后，每 1 000 m² 宜另备 2～3 m³ 与最后一层嵌缝料规格相同的细集料等，供初期养护使用。

表 11-20　沥青贯入式路面材料规格和用量　　　　　　　　　　　　　　　kg/m²

沥青 品 种	石 油 沥 青					
厚度/cm	4		5		6	
规格和用量	规格	用量	规格	用量	规格	用量
封层料	S14	3～5	S14	3～5	S13（S14）	4～6
第三遍沥青		1.0～1.2		1.0～1.2		1.0～1.2
第二遍嵌缝料	S12	6～7	S11（S10）	10～12	S11（S10）	10～12
第二遍沥青		1.6～1.8		1.8～2.0		2.0～2.2
第一遍嵌缝料	S10（S9）	12～14	S8	12～14	SS（S6）	16～18
第一遍沥青		1.8～2.1		1.6～1.8		2.8～3.0
主层石料	S5	45～50	S4	55～60	S3（S4）	66～76
沥青总用量	4.4～5.1		5.2～5.8		5.8～6.4	
沥青 品 种	石 油 沥 青				乳 化 沥 青	
厚度/cm	7		8		4	5

续表

规格和用量	规格	用量	规格	用量	规格	用量	规格	用量
封层料	S13（S14）	4~6	S13（S14）	4~6	S13（S14）	4~6	S14	4~6
第五遍沥青								0.8~1.0
第四遍嵌缝料							S14	5~6
第四遍沥青						0.8~1.0		1.2~1.4
第三遍嵌缝料					S14	5~6	S12	7~9
第三遍沥青		1.0~1.2		1.0~1.2		1.4~1.6		1.5~1.7
第二遍嵌缝料	S10（S11）	11~13	S10（S11）	11~13	S12	7~8	S10	9~11
第二遍沥青		2.4~2.6		2.6~2.8		1.6~1.8		1.6~1.8
第一遍嵌缝料	S6（S8）	18~20	S6（S8）	20~22	S9	12~14	S8	10~12
第一遍沥青		3.3~3.5		4.2~4.4		2.2~2.4		2.6~2.8
主层石料	S2	80~90	S1（S2）	95~100	S5	40~45	S4	50~55
沥青总用量	6.7~7.3		7.6~8.2		6.0~6.8		7.4~8.5	

注：煤沥青贯入式的沥青用量可较石油沥青用量增加 15%~20%。表中乳化沥青是指乳液的用量，并适用于乳液浓度约为 60% 的情况。如果浓度不同，用量应予换算。在高寒地区及干旱风砂大的地区，可超出高限，再增加 5%~10%。

　　沥青贯入式路面施工前，基层必须清扫干净。当需要安装路缘石时，应在路缘石安装完成后施工。路缘石应予遮盖。乳化沥青贯入式路面必须浇洒透层或粘层沥青。沥青贯入式路面厚度小于或等于 5 cm 时，也应浇洒透层或粘层沥青。沥青贯入式路面的施工应按下列步骤进行：

　　（1）采用碎石摊铺机、平地机或人工摊铺主层集料。铺筑后严禁车辆通行。

　　（2）碾压主层集料。撒布后应采用 6~8 t 的轻型钢筒式压路机自路两侧向路中心碾压，碾压速度宜为 2 km/h，每次轮迹重叠约 30 cm，碾压一遍后检验路拱和纵向坡度。当不符合要求时，应调整找平后再压。然后，用重型的钢轮压路机碾压，每次轮迹重叠 1/2 左右，宜碾压 4~6 遍，直至主层集料嵌挤稳定，无显著轮迹为止。

　　（3）浇洒第一层沥青。浇洒方法应按要求进行。采用乳化沥青贯入时，为防止乳液下漏过多，可在主层集料碾压稳定后，先撒布一部分上一层嵌缝料，再浇洒主层沥青。

　　（4）采用集料撒布机或人工撒布第一层嵌缝料。撒布后尽量扫匀，不足处应找补。当使用乳化沥青时，石料撒布必须在乳液破乳前完成。

　　（5）立即用 8~12 t 钢筒式压路机碾压嵌缝料，轮迹重叠轮宽的 1/2 左右，宜碾压 4~6 遍，直至稳定为止。碾压时随压随扫，使嵌缝料均匀嵌入。因气温较高，使碾压过程中发生较大推移现象时，应立即停止碾压，待气温稍低时再继续碾压。

　　（6）按上述方法浇洒第二层沥青、撒布第二层嵌缝料，然后碾压，再浇洒第三层沥青。

　　（7）按撒布嵌缝料方法撒布封层料。

　　（8）采用 6~8 t 压路机做最后碾压，宜碾压 2~4 遍，然后开放交通。

　　沥青贯入式路面开放交通后应按要求控制交通，做初期养护。

　　铺筑上拌下贯式路面时，贯入层不撒布封层料，拌合层应紧跟贯入层施工，使上下成为一整体。贯入部分采用乳化沥青时应待其破乳、水分蒸发且成型稳定后方可铺筑拌合层，当拌合层与贯入部分不能连续施工且要在短期内通行施工车辆时，贯入层部分的第二遍嵌缝料应增加用量 2~3 m³/1 000 mm²。在摊铺拌合层沥青混合料前，应做补充碾压，并浇洒粘层沥青。

11.2.6 冷拌沥青混合料路面（路拌法）施工

冷拌沥青混合料适用于三级及三级以下的公路的沥青面层、二级公路的罩面层施工，以及各级公路沥青路面的基层、连接层或整平层。冷拌改性沥青混合料可用于沥青路面的坑槽冷补。

冷拌沥青混合料宜采用乳化沥青或液体沥青拌制，也可采用改性乳化沥青，各种结合料类型及规格应符合要求。冷拌沥青混合料宜采用密级配沥青混合料，当采用半开级配的冷拌沥青碎石混合料路面时应铺筑上封层。

乳化沥青碎石混合料的乳液用量应根据当地实践经验以及交通量、气候、集料情况、沥青标号、施工机械等条件确定，也可按热拌沥青混合料的沥青用量折算，实际的沥青残留物数量可较同规格热拌沥青混合料的沥青用量减少10%~20%。

冷拌沥青混合料宜采用拌合厂机械拌合及沥青摊铺机摊铺的方式。缺乏厂拌条件时也可采用现场路拌及人工摊铺方式。冷拌沥青混合料施工应注意防止混合料离析。当采用阳离子乳化沥青拌合时，宜先用水使集料湿润，若湿润后仍难于与乳液拌合均匀时，应改用破乳速度更慢的乳液，或用1%~3%浓度的氯化钙水溶液代替水润湿集料表面。混合料适宜的拌和时间应根据实际情况调节并通过试拌确定，矿料中加进乳液后的机械拌合时间不宜超过30 s，人工拌合时间不宜超过60 s。已拌好的混合料应立即运至现场进行摊铺，并在乳液破乳前结束。在拌合与摊铺过程中已破乳的混合料，应予废弃。

乳化沥青冷拌混合料摊铺后宜采用6 t左右的轻型压路机初压1~2遍，使混合料初步稳定，再用轮胎压路机或钢筒式压路机碾压1~2遍。当乳化沥青开始破乳、混合料由褐色转变成黑色时，改用12~15 t轮胎压路机碾压，将水分挤出，复压2~3遍后停止，待晾晒一段时间，水分基本蒸发后继续复压至密实为止。当压实过程中有推移现象时应停止碾压，待稳定后再碾压。当天不能完全压实时，可在较高气温状态下补充碾压。当缺乏轮胎压路机时，也可采用钢筒式压路机或较轻的振动压路机碾压。

乳化沥青混合料路面的上封层应在压实成型、路面水分完全蒸发后加铺。乳化沥青混合料路面施工结束后宜封闭交通2~6 h，并注意做好早期养护。开放交通初期，应设专人指挥，车速不得超过20 km/h，不得刹车或掉头。冷拌沥青混合料施工遇雨应立即停止铺筑，以防雨水将乳液冲走。

11.3 沥青路面的施工质量检查

沥青路面施工应根据全面质量管理的要求，建立健全、有效的质量保证体系，对施工各工序的质量进行检查评定，达到规定的质量标准，确保施工质量的稳定性。高速公路、一级公路沥青路面应加强施工过程质量控制，实行动态质量管理。所有与工程建设有关的原始记录、试验检测及计算数据、汇总表格，必须如实记录和保存，对已经采取措施进行返工和补救的项目，可在原记录和数据上注明，但不得销毁。

11.3.1 施工前的材料与设备检查

施工前必须检查各种材料的来源和质量。对经招标程序购进的沥青、集料等重要材料，供货单位必须提交最新检测的正式试验报告，从国外进口的材料应提供该批材料的船运单。对首次使用的集料，应检查生产单位的生产条件、加工机械、覆盖层的清理情况。所有的材料都应按规定取样检测，经质量认可后方可订货。工程开始前，必须对材料的存放场地、防雨和排水措施进行确认，不符合规范要求的材料不得进场。进场的各种材料的来源、品种、质量应与招标及提供的样品一致，不符合要求的材料严禁使用。使用成品改性沥青的工程，应要求供应商提供所使用的改性剂型号及沥青的质量检测报告。使用现场改性沥青的工程，应对试生产的改性沥青进行检测。质量不合格的不可使用。

施工前应对沥青拌合楼、摊铺机、压路机等各种施工机械和设备进行调试，对机械设备的配套情况、技术性能、传感器计量精度等进行认真检查、标定，并得到监理的认可。

正式开工前，各种原材料的试验结果，以及据此进行的目标配合比设计和生产配合比设计结果，应在规定的期限内向业主及监理提出正式报告，待取得正式认可后方可使用。

11.3.2　铺筑试验路段

高速公路和一级公路的沥青路面在施工前应铺筑试验段。其他等级公路在缺乏施工经验或初次使用重大设备时，也应铺筑试验段。当同一施工单位在材料、机械设备及施工方法与其他工程完全相同时，也可利用其他工程的结果，不再铺筑新的试验路段。试验段的长度应根据试验目的确定，通常宜为 100 ~ 200 m，宜选在正线上铺筑。热拌热铺沥青混合料路面试验段铺筑分试拌和试铺两个阶段，应包括下列试验内容：

（1）检验各种施工机械的类型、数量及组合方式是否匹配。

（2）通过试拌确定拌合机的操作工艺，考察计算机打印装置的可信度。

（3）通过试铺确定透层油的喷洒方式和效果、摊铺、压实工艺，确定松铺系数等。

（4）验证沥青混合料生产配合比设计，提出生产用的标准配合比和最佳沥青用量。

（5）建立用钻孔法与核子密度仪无破损检测路面密度的对比关系。确定压实度的标准检测方法。

（6）检测试验段的渗水系数。

试验段铺筑应由有关方共同参加，及时商定有关事项，明确试验结论。铺筑结束后，施工单位应就各项试验内容提出完整的试验路施工、检测报告，取得业主或监理的批复。

11.3.3　施工过程中的质量管理与检查

施工单位在施工过程中应随时对施工质量进行自检。监理应按规定要求自主进行试验，并对承包商的试验结果进行认定，如实评定质量，计算合格率。当发现有质量低劣等异常情况时，应立即追加检查。施工过程中无论是否已经返工补救，所有数据均必须如实记录，不得丢弃。

沥青混合料生产过程中，必须按规定的检查项目与频度，对各种原材料进行抽样试验，其质量应符合规范规定的技术要求。每个检查项目的平行试验次数或一次试验的试样数必须按相关试验规程的规定执行，并以平均值评价是否合格。

沥青拌合厂必须按下列步骤对沥青混合料生产过程进行质量控制，并按规定的项目和频度检查沥青混合料产品的质量，如实计算产品的合格率。单点检验评价方法应符合相关试验规程的试样平行试验的要求。

（1）从料堆和皮带运输机随时目测各种材料的质量和均匀性，检查泥块及超粒径碎石，检查冷料仓有无窜仓。目测混合料拌合是否均匀、有无花白料、油石比是否合理，检查集料和混合料的离析情况。

（2）检查控制室拌合机各项参数的设定值、控制屏的显示值，核对计算机采集和打印记录的数据与显示值是否一致。

（3）检测沥青混合料的材料加热温度、混合料出厂温度，取样抽提、筛分检测混合料的矿料级配、油石比。抽提筛分应至少检查 0.075 mm、2.36 mm、4.75 mm 公称最大粒径及中间粒径等 5 个筛孔的通过率。

（4）取样成型试件进行马歇尔试验，测定空隙率、稳定度、流值，计算合格率。对 VMA、VFA 指标可只做记录，同时按有关方法确定压实度的标准密度。

施工厚度的检测按以下方法执行，并相互校核，当差值较大时通常以总量检验为准：

1）利用摊铺过程在线控制，即不断地用插尺或其他工具插入摊铺层测量松铺厚度。

2）利用拌合厂沥青混合料总生产量与实际铺筑的面积计算平均厚度进行总量检验。

3）当具有地质雷达等无破损检验设备时，可利用其连续检测路面厚度，但其测试精度需经标定认可。

4）待路面完全冷却后，在钻孔检测压实度的同时测量沥青层的厚度。

沥青路面的压实度采取重点对碾压工艺进行过程控制，适度钻孔抽检压实度的方法。施工过程中应随时对路面进行外观（色泽、油膜厚度、表面空隙）评定，尤其注意防止粗细集料的离析和混合料温度不均，造成路面局部渗水严重或压实不足，酿成隐患。如果确实该路段严重离析、渗水，且经 2 次补充钻孔仍不能达到压实度要求，确属施工质量差的，应予铣刨或局部挖补，返工重铺。

施工过程中必须随时用 3 m 直尺检测接缝及与构造物的连接处平整的检测，正常路段的平整度采用连续式平整度仪或颠簸累积仪测定。高速公路和一级公路沥青路面的施工应按规范的方法，利用计算机实行动态质量管理，并计算平均值、极差、标准差及变异系数以及各项指标的合格率。

11.3.4 交工验收阶段的工程质量检查与验收

工程完工后，施工单位应将全线以 1～3 km 作为一个评定路段；对沥青面层进行全线自检，将单个测定值与表中的质量要求或允许偏差进行比较，计算合格率；然后，计算一个评定路段的平均值、极差、标准差及变异系数。施工单位应在规定时间内提交全线检测结果及施工总结报告，申请交工验收。

沥青路面交工时应检查验收沥青面层的各项质量指标，包括路面的厚度、压实度、平整度、渗水系数、构造深度、摩擦系数等。

（1）需要做破损路面进行检测的指标，如厚度、压实度宜利用施工过程中的钻孔数据，检查每一个测点与极值相比的合格率，同时按规定的方法计算代表值。厚度也可利用路面雷达连续测定路面剖面进行评定。压实度验收可选用其中的 1 个或 2 个标准，并以合格率低的作为评定结果。

（2）路表平整度可采用连续式平整度仪和颠簸累积仪进行测定，以每 100 m 计算一个测值，计算合格率。

（3）路表渗水系数与构造深度宜在施工过程中在路面成型后立即测定，但每一个点为 3 个测点的平均值，计算合格率。

（4）交工验收时可采用连续式摩擦系数测定车在行车道实测路表横向摩擦系数，如实记录测点数据。

（5）交工验收时可选择贝克曼梁或连续式弯沉仪实测路面的回弹弯沉或总弯沉，如实记录测点数据（含测定时的气候条件、测定车数据等），测定时间宜在公路的最不利使用条件下（指春融期或雨季）进行。

工程交工时应对全线宽度、纵断面高程、横坡度、中线偏位等进行实测，以每个桩号的测定结果评定合格率，最后提出实际的竣工图。

工程结束后，施工企业应根据国家竣工文件编制的规定，提出施工总结报告及若干个专项报告，连同竣工图表，形成完整的施工资料档案。

施工总结报告应包括工程概况（包括设计及变更情况）、工程基础资料、材料、施工组织、机械及人员配备、施工方法、施工进度、试验研究、工程质量评价、工程决算、工程使用服务计划等。施工管理与质量检查报告应包括施工管理体制、质量保证体系、施工质量目标、试验段铺筑报告、施工前及施工中材料质量检查结果（测试报告）、施工过程中工程质量检查结果（测试报告）、工程交工验收质量自检结果（测试报告）、工程质量评价，以及原始记录、相册、录像等各种附件。

施工企业在质量保证期限内，应进行路面使用情况观测、局部损坏的原因分析和维修保养等。质量保证的期限根据国家规定或招标文件等要求确定。

11.4　沥青路面的强度与使用性能

11.4.1　沥青路面的强度特性

为了保证沥青路面具有必要的强度和稳定性，应考虑在各种不利条件影响下的情况。主要有：

（1）夏季高温时不致因强度过分降低，出现拥包、推移等病害。

（2）冬季时不致因材料过于脆硬，出现低温裂缝。

（3）在车辆的重复作用下，有足够的抗疲劳损坏能力。

（4）潮湿季节和地区不致因水的影响出现松散、裂缝及沥青从石子上剥落。

（5）沥青路面性质不随时间而迅速变化，以致影响到路面的使用寿命。

上述 5 方面的稳定性要求，被概括为高温稳定性（或称热稳定性）、低温抗裂性、抗疲劳稳定性、水稳定性及耐久性。本节着重讨论沥青路面抗热、抗冷、抗疲劳、抗老化等几方面稳定性，并提出改善其稳定性的途径和措施。

沥青路面的强度，目前一般仍采用库仑理论来分析，即沥青路面材料的强度取决于两个基本的参数——材料的内摩阻力与粘结力。要提高沥青路面的强度，就要设法提高材料的内摩阻力与粘结力，并从这两个方面采取有效措施。

表征沥青混合料力学强度的参数是抗压强度、抗剪强度和抗拉（包括抗弯拉）强度。一般沥青混合料均具有较高的抗压强度，而抗剪和抗拉强度则较低。因此，沥青路面的损坏，往往是由拉裂或滑移开始而逐渐扩展。

11.4.2　沥青混合料的应力-应变特性

沥青混合料是一种弹性-黏塑性材料，在应力-应变关系中呈现出不同的性质，有时仅呈现为弹性性质，有时则主要呈现黏塑性性质。而大多数情况下，几乎同时综合呈现上述性质。掌握表征这些性质的指标，就能正确地判断沥青混合料在不同条件下的特性，特别是沥青混合料在最高和最低温度下的变形特性。

为了正确地了解沥青混合料的工作状况，还应考虑沥青混合料在应力-应变状态下出现的应力松弛特性。应力松弛是变形物体在恒定应变下应力随时间而自动降低的过程，这是由于物体内部流动的结果。为使物体保持变形的状态，随着时间的推移，所需的力越来越小，应力下降到初始数值的那段时间，叫作松弛时间。这是表征松弛过程的主要因素。

弹性黏塑体松弛时间 t 与黏滞度 η 和弹性模量 E 的关系为

$$t = \frac{\eta}{E} \tag{11-1}$$

可见沥青混合料的松弛时间主要取决于黏滞度。随着温度的增高与黏滞度的降低，沥青混合料松弛时间也就缩短。

沥青混合料呈现为弹性还是黏塑性质，只取决于荷载作用时间与应力松弛时间的比值。若荷载作用时间比应力松弛时间短得多，材料就呈现为理想的弹性体。若荷载作用的时间比应力松弛时间长得多，则呈现为黏塑性体。如果荷载作用时间与应力松弛时间相同，则材料是弹性-黏塑性的，同时呈现弹性和黏塑性；荷载作用时间相同的情况下，沥青混合料的性质，既可能是弹性体，也可能是黏塑性体，视温度的高低而定。

沥青混合料在冬季低温时具有很高的黏滞度，因而应力松弛时间大大超过荷载作用时间。在此情况下，沥青混合料呈现为弹性体，并且具有弹性体的变形特性。夏季高温时，沥青混合料的黏滞度迅速降低，因此，应力松弛时间也就大大缩短，与荷载作用时间接近或短得多，在临界状态下就产生塑性变形。

由此可见，沥青混合料的应力-应变特性，不仅同荷载大小和作用时间有关，而且与材料的温度有关。

考虑到荷载作用时间和温度对沥青及沥青混合料应力-应变特性的影响，C. 范德甫提出用劲度模量（简称劲度）作为表征弹性-黏塑性材料的性质指标。所谓劲度模量，就是材料在给定的荷载作用时间和温度条件下应力与总应变的比值。即

$$S_{t,T} = \left(\frac{\sigma}{\varepsilon}\right)_{t,T} \tag{11-2}$$

式中　$S_{t,T}$——劲度模量（MPa）；

　　　σ——施加的应力（MPa）；

　　　ε——总应变；

　　　t——荷载作用时间（s）；

　　　T——材料的温度（℃）。

1. 沥青的劲度

图 11-1 是荷载作用时间和温度对沥青劲度的影响。在荷载作用时间短时，曲线接近水平，表明材料呈弹性；而荷载作用时间很长时，材料呈纯黏性。这时沥青的劲度模量为

$$S_{t,T} = \frac{3\eta}{t} \tag{11-3}$$

式中　η——沥青的动黏滞度。

当荷载作用时间处于瞬时和长时间之间，材料则兼呈弹-黏性质。

图 11-1 也表示出温度对沥青劲度模量的影响。从图中还可以看出，劲度模量随温度而变化很大，而且各温度曲线的形状基本相似。这表明在某一荷载作用时间下，温度对材料具有相同的影响。这是沥青材料的一项重要性质。据此，就能在试验室通过有限的变动温度和加荷时间的试

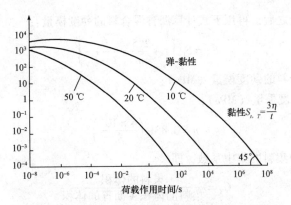

图 11-1　沥青劲度模量随荷载作用时间和温度的变化

验得知很长荷载时间作用下的情况。C. 范德甫用 47 种不同流变类型（不同针入度和软化点或针入度指数组合）的沥青材料，在较大范围的荷载作用时间和温度下进行大量的试验，得出预计不同荷载作用时间和温度下沥青劲度模量的诺谟图（图 11-2）。图中参数：温度差为软化点与温度之差（$SP - T$）；荷载作用时间（t）或荷载作用频率（$f = 1/t$）；针入度指数（PI）。针入度指数可根据沥青材料的针入度和软化点用下式求得：

$$PI = \frac{1\,951.4 - 500\lg P - 20\,SP}{50\lg P - SP - 120.14} \tag{11-4}$$

式中　SP——软化点（环球法）（℃）；

　　　P——25° C 时针入度（0.1 mm）。

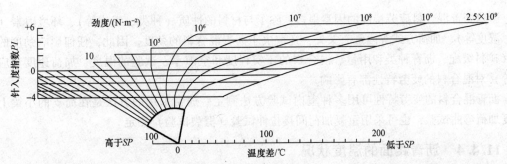

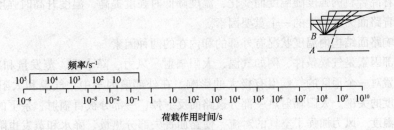

图 11-2　沥青劲度模量诺谟图

2. 沥青混合料的劲度模量

C. 范德甫对一系列密级配沥青混合料进行试验后确认，沥青混合料的劲度模量是沥青的劲度模量和混合料中集料数量的函数。对某一沥青混合料，可以从诺谟图查得规定荷载作用时间与温度的沥青劲度模量之后，再用下式计算沥青混合料的劲度模量：

$$S_m = S_b \left[1 + \frac{2.5}{n} \cdot \frac{C_V}{1 - C_V} \right]^n \qquad (11\text{-}5)$$

式中　S_m——沥青混合料的劲度模量（MPa）；

　　　S_b——沥青的劲度模量（MPa）；

$$n = 0.83 \lg \left(\frac{4 \times 10^4}{S_b} \right)$$

　　　C_V——混合料中集料的集中系数，即

$$C_V = \frac{集料的体积}{集料的体积 + 沥青的体积}$$

此式仅适用于沥青混合料的空隙率 V_V 为3%，C_V 等于0.7~0.9的情况。若空隙率大于3%，C_V 要修正为

$$C'_V = \frac{C_V}{1 + (0.01 \, V_V - 0.03)}$$

算得的 C'_V 代替式（11-5）中的 C_V，就可求得沥青混合料的劲度模量。

11.4.3　沥青混合料的疲劳特性

与其他路面材料一样，沥青混合料的变形和破坏，不仅与荷载应力的大小有关，而且同荷载作用次数有关。路面材料在低于极限抗拉强度下经受重复拉应力或拉应变而最终导致破坏，称为疲劳破坏。导致路面材料最终破坏（开始疲劳开裂）的荷载作用次数，称为疲劳寿命。

影响沥青混合料疲劳特性的因素很多，除了与材料的性质（种类、组成等）、环境因素（温度、湿度等）、加荷方式等因素有关外，还取决于沥青混合料的劲度。因此，任何影响劲度的因素（矿料级配、沥青种类和用量、混合料的压实程度和空隙率、试验的温度、加荷速度和应力级等）对混合料的疲劳特性都有影响。

沥青混合料的疲劳特性可用多种室内试验方法测定。通常采用的方法是在简支的小梁上做重复加荷弯曲试验，也可采用重复加荷间接拉伸试验（劈裂试验）测定。

11.4.4　沥青路面的温度状况

沥青混合料的强度随温度而变化，温度降低时强度提高，温度升高时强度降低。可见温度是影响沥青路面力学特性的一个重要因素。

影响路面结构内温度状况有外部的和内在的两种因素。

外部因素是气候条件，例如气温、太阳辐射、风力、降水量、蒸发量和冷凝作用等。显然，地理位置对一个地区的气候也有极大的影响。在外部诸因素中，气温和太阳辐射是决定路面结构内温度的关键。太阳辐射热一部分被路面反射掉，一部分被再辐射，余下的部分被路面吸收而提高其温度。风力加强了空气的对流，使路面丧失部分热量。降水和蒸发也降低由日照所提高的路面温度。

内在因素一般是指从地球长波辐射热的散发和材料的热特性，它包括路面材料和地基的热传导率、热容量、对辐射热的吸收的能力等。路面材料和地区的地质特征对内在因素的作用有重大影响。热传导率是在单位温度梯度条件下，在单位时间内垂直通过一个单位面积表面的热量。材料的热传导性越高，温度梯度越小，因而在材料中产生的温度应力越小。热传导率的大小同路

面的结构、孔隙率和温度有关。热容量是指单位物质质量中引起单位温度变化所必需的热能量。材料的热容量越高，温度梯度将越低。

在沥青路面内埋设测温元件，实测年循环内路面结构不同深度在不同时刻的温度变化，将取得的数据与当地的气象资料，包括气温、辐射热等进行相关分析，分别建立路面不同深度处温度的回归方程。利用这些统计关系就可以根据以往的气象资料推算路面结构层内的温度状况。

11.4.5　沥青路面的高温稳定性

沥青混合料的特点是强度和抗变形能力随温度的升降而产生变化。温度升高时，沥青的黏滞度降低，矿料之间的粘结力削弱，导致强度降低。温度降低时恰好相反，沥青的黏滞度增高，因而强度增大。强度随温度而变化的幅度很大，相差几倍甚至几十倍。

夏季高温时，在停车地点（平面交叉路口、停车站、停车场等）和行车变速的路段上，由于行车的起动与制动、加速与减速，路面可能受到很大的水平作用力（为 0.6～0.8 MPa），大体上与垂直应力相当，并且在车辆的重复荷载作用下会发生变形累积。在这种情况下，若沥青混合料的高温稳定性不足，路面就会产生较大的剪切变形。因此，提高沥青混合料在高温下的抗剪切能力就是提高其温度稳定性。

沥青路面在高温下产生的剪切变形，大体上有两种情况：一种是面层很薄，或者面层与基层之间的粘结力很差时，面层将沿着基层顶面滑动；另一种是面层很厚，或者面层与基层之间的粘结力很大时，则整个面层内部发生推挤移动。

影响沥青混合料高温稳定性的因素主要是沥青和矿料的性质及其相互作用的特性，矿料的级配组成等。

为了提高沥青混合料的高温稳定性，可采用提高粘结力和内摩阻力的方法。在混合料中增加粗矿料含量，或限制剩余空隙率，使粗矿料形成空间骨架结构，就能提高混合料的内摩阻力。适当地提高沥青材料的黏稠度，控制沥青与矿粉的比值，严格控制沥青用量，采用具有活性的矿粉，以改善沥青与矿粉的相互作用，就能提高混合料的粘结力。此外，在沥青混合料中使用掺入聚合物（如天然橡胶、合成橡胶、聚异丁烯、聚乙烯等）改性的沥青，也能取得满意的效果。

采用动稳定度来表征沥青混合料的热稳性是适宜的。不少国家在沥青混合料设计时采用了该项指标。影响沥青混合料动稳定度的因素较多。一般密级配的动稳定度大于开级配，沥青用量过多，动稳定度下降，试验温度低则动稳定度高，试验荷载大则动稳定度低。采用改性沥青则可明显地提高动稳定度。若在南方长期持续气温较高地区，应尽可能地提高沥青混合料的动稳定度指标。

11.4.6　沥青路面的低温抗裂性

沥青路面在低温时强度虽然增大，但其变形能力却因刚性增大而降低。气温下降，特别是在急骤降温时，会在路面结构上产生温度梯度，路面面层遇降温而收缩的趋势会受到其下部层次的约束在面层产生拉应力。开始时由于沥青混合料的劲度相对较低，这个拉应力较小。但是，随着进一步的降温，沥青混合料的劲度增加，从而伴随了收缩趋势的进一步增强，导致拉应力超过沥青混凝土的强度，造成面层开裂。

沥青路面的低温缩裂，大致可分为两类：一类是温度下降而造成路面的开裂，其与沥青混合料的体积收缩有关，这种裂缝是由表面开始开裂而逐渐发展成为裂缝；另一类是属于路基或基层收缩与冰冻共同作用而产生的裂缝，这类裂缝是从基层开始逐渐反映到沥青面层开裂。由于路面收缩的主轴是纵向的，因此低温产生的裂缝大多是横向的。裂缝的间距一般为 6～10 m。裂缝的出现，往往就是沥青路面损坏的开始。随着低温循环的影响，裂缝将会进一步扩展，随后雨水由裂缝渗入路面结构，逐渐导致路面工作状况恶化。

影响低温开裂的因素很多，其中主要的因素是路面所用沥青的性质、当地的气温状况、沥青老化程度、路基的种类和路面层次的厚度等。此外，路面面层与基层的黏着状况、基层所用材料的特性、行车的状况对开裂也有一定的影响。

使用稠度较低、温度敏感性低的沥青，可以减少或延缓路面的开裂。路面所在地区的气温越低，开裂越严重。沥青材料的老化，对低温更为敏感，使路面产生开裂的可能性增大。增加沥青面层的厚度可以减少或者延缓路面的开裂，但是不能根除。

近年来，有的国家提出在沥青路面面层上用沥青-橡胶（黏稠沥青 75% + 磨细硫化橡胶粉 25%）混合料铺设一层厚约 10 mm 的薄层，构成应力吸收薄膜，以提高路面的抗拉强度和减少温度对路面开裂的影响。在路面面层与基层之间，用沥青-橡胶混合料铺设一层应力吸收薄膜夹层，也能有效地防止路面的反射开裂。

11.4.7　沥青路面的水稳性

高速公路、一级公路、二级公路的沥青混凝土应具有良好的水稳性。沥青混凝土的水稳性指标，除通常采用浸水马歇尔试验和沥青与矿料的黏附性试验，以检验沥青混合料受水损害时的抗剥落性能外，对年最低气温低于 −21.5 ℃的寒冷地区，还应增加沥青混合料冻融劈裂残留强度试验。该试验采用简化的洛特曼试验，用两面击实 50 次的马歇尔试件，常温下浸水 20 min，0.09 MPa 浸入，抽真空 15 min 后，在 −18 ℃冰箱中冷冻 16 h，在 60 ℃水浴中放置 24 h 完成一次冻融循环，再在 25 ℃水中浸泡 2 h 后测试劈裂强度比，以此指标作为年最低气温低于 −21.5 ℃的地区沥青混合料水稳性指标。

11.4.8　路面的使用性能

路面结构在汽车和自然因素的反复作用下，其使用性能会发生改变，由此路面结构逐渐出现破坏，并最终导致不能满足使用性能的要求。

在路面使用过程中，必须采取相应的养护、补强和改建措施，使路面的使用性能得到部分恢复，甚至提高。为了了解和掌握路面使用性能的变化情况，以便及时采取各种养护和改建措施，延缓其衰变或恢复其性能，必须定期对路面的使用性能进行评定。路面使用性能包括功能、结构和安全三方面。

（1）路面功能是路面为道路使用者提供的舒适程度。

（2）路面结构是指路面的物理状况，包括路面损坏状况和结构承载能力。

（3）路面安全是指路面的抗滑能力。

功能和安全方面的使用性能是道路使用者所关心的，道路管理部门则更注重结构方面的使用性能。路面使用性能的三个方面既有区别又有一定的联系。

路面使用品质及路况的评定就是确定路面结构现时的使用性能。

1. 路面行驶质量

路面的基本功能是为车辆提供快速、安全、舒适和经济的行驶表面。路面行驶质量反映路面满足这一基本功能的能力。

路面行驶质量的好坏，同路面表面的平整度特性、车辆悬挂系统的振动特性和人对振动的反应或接受能力三方面因素有关。从路面状况的角度，影响路面行驶质量的主要因素是路面平整度。

路面平整度可定义为路面表面诱使行驶车辆出现振动的高程变化。路面不平整所引起的车辆振动，会对车辆磨损、燃油消耗、行驶舒适、行车速度、路面损坏和交通安全等多方面产生直接影响。采用平整度是度量路面行驶质量的一项性能指标。曾出现过多种路面平整度测定方法和仪器，其可划分为断面类平整度测定和反应类平整度测定两大类型。

(1) 断面类平整度测定。断面类平整度测定是直接沿行驶车辆的轮迹量测路面表面的高程，得到路表纵断面，通过数学分析后采用综合统计量作为其平整度指标。

属于这一类的方法主要有两种：

1) 3 m 直尺法。用 3 m 长的梁（或直尺）连续量测轮迹处路表同梁底的高程差，由此得到路表纵断面。

2) 连续平整度仪法。在测试车车身上安置竖向加速度计，以测定行驶车辆的竖向位置变化。车身同路表面之间的距离，则利用激光、超声等传感器进行测定。两方面测定结果叠加后，便可得到路表面纵断面。

断面类平整度测定方法的主要优点是可直接得到轮迹带路表面的实际断面，依据其可以对路面平整度的特性进行分析；而其主要缺点是测定速度太慢，不宜用于大范围的平整度数据采集。

(2) 反应类平整度测定。反应类平整度测定系统是在主车或拖车上安装由传感器和显示器组成的仪器。可以传感和累积车辆以一定速度驶经不平路表面时悬挂系统的竖向位移量。显示器记下的测定值，通常是一个计数数值，每计一个数相应于一定的悬挂系位移量。

反应类平整度测定系统的优点是价格低，操作简便，可用于大范围内的路面平整度快速测定。反应类平整度仪测定的结果，通常以车辆行驶一段距离后的累积计数值表示。

路面行驶质量同路表面的不平整度、车辆的动态响应和人的感受能力三方面因素有关。因而，不同的乘客乘坐同一辆车行驶在同一个路段上，由于各人对行驶舒适性的要求和对颠簸的接受能力不同，对该路段的行驶质量会做出不同的评价。由于评价带有个人主观性，为了避免随意性，提出了主客观相结合的评价方法。一方面，邀请具有不同代表性的乘客，分别按各人的主观意见进行评分，而后汇总大家的评价，以平均评分值代表众人的评价。另一方面，对各评价路段进行平整度量测。通过回归分析建立主观评分同客观量测结果的相关关系。由此建立的评价模型，便可用来对路面行驶质量进行较统一的评价。对行驶质量的评价可以采用 5 分或 10 分评分制。

行驶质量标准的制定，一方面依赖于乘客对行驶舒适性的要求；另一方面在很大程度上受经济因素的制约。标准定得过高，会使路网内许多路段的路面需采取改建措施，从而提高所需的投资额。

2. 路面抗滑性能

路面抗滑性能是指车辆轮胎受到制动时沿路表面滑移所产生的抗滑力。通常，抗滑性能被看作路面的表面特性。抗滑性能可采用 4 种方法进行测定：

(1) 制动距离法：以一定速度在潮湿路面上行驶的 4 轮小客车，当 4 个车轮被制动时，车辆减速滑移到停止的距离，可用以表征非稳态的抗滑性能，以制动距离数 SDN 表示：

$$SDN = \frac{v^2}{225 \, L_s} \tag{11-6}$$

式中　v——刹车开始作用时车辆的速度（km/h）；

L_s——滑移到停车的距离（m）。

测试路段应为材料组成均匀、磨耗均匀和龄期相同的平直路段。测试前和每次测定之间，先洒水润湿路表面到完全饱和。制动速度以 64.4 km/h 为标准。也可采用其他速度，但不宜低于 32 km/h。

（2）锁轮拖车法：装有标准试验轮胎的单轮拖车，由汽车拖拉，以要求的测定速度在洒水润湿的路面上行驶。抱锁测试轮，通过测定牵引力确定在载重和速度不变的状态拖拉测试轮时作用在轮胎和路面间的摩阻力。以滑移指数 SN 表征路面的抗滑性能：

$$SN = FW \times 100 \tag{11-7}$$

式中　F——作用在试验轮胎上的摩阻力（N）；

W——作用在轮上的垂直荷载（N）。

（3）偏转轮拖车法：拖车上安装有两只标准试验轮胎，其对车辆行驶方向偏转一定的角度（7.5°~20°）。汽车拖拉以一定速度在潮湿路面上行驶时，试验轮胎受到侧向摩阻力的作用。记下此侧向摩阻力，除以作用在试验轮上的载重，可得到以侧向力系数 SFC 表征的路面抗滑性能：

$$SFC = \frac{F_s}{W} \tag{11-8}$$

式中　F_s——作用在试验轮胎上的侧向摩阻力（N）；

W——作用在轮胎上的垂直荷载（N）。

（4）摆式仪法：这是一种主要在室内量测路面材料表面摩阻特性的仪器，也可用于野外量测局部路面范围的抗滑性能。

摆式仪的摆锤底面安装一橡胶滑块，当摆锤从一定高度自由下摆时，滑动面同试验表面接触。由于两者间的摩擦而损耗部分能量，使摆锤只能摆到一定高度。表面阻力越大，回摆高度越小。通过量测回摆高度，可以评定表面的摩阻力。回摆高度直接从仪器上读得，以抗滑值 BPN 表示。

影响路面抗滑性能的因素有路面表面特性（细构造和粗构造）、路面潮湿程度和行车速度。路表面的细构造是指集料的表面粗糙度，其随车轮的反复磨耗作用而逐渐被磨光。通常采用石料磨光值（PSV）表征其抗磨光的性能。细构造在低速（30~50 km/h 以下）时对路表抗滑性能起决定作用。而高速时起主要作用的是粗构造。它是由路表外露集料间形成的构造，其功能是使车轮下的路表水迅速排除，以避免形成水膜。粗构造由构造深度表征其性能。

路表面应具有的最低抗滑性能，视道路状况、测定方法和行车速度等条件而定。各国根据对交通事故率的调查和分析，以及同路面实测抗滑性能之间建立的对应关系，制定有关抗滑指标的规定。有的国家除了规定抗滑性能的最低标准外，还对石料磨光值和构造深度的最低标准做出了规定。表 11-21 所列为我国沥青路面设计规范中沥青路面抗滑性能标准。

表 11-21　沥青路面抗滑性能标准

公路等级	横向力系数 SFC	构造深度 TD/mm	摆值 F_B（BPN）
高速、一级公路	≥54	≥0.55	≥45

思考题

1. 什么是沥青路面？沥青路面的特点和类型有哪些？
2. 什么是透层、粘层和封层？各有什么特点和区别？
3. 简述沥青表面处治和沥青贯入式路面的施工程序。

4. 简述沥青混凝土路面的施工工艺和施工注意事项。

5. 简述沥青路面施工中初压、复压和终压的目的和要求。

6. 什么是劲度模量？沥青混合料的劲度模量主要与哪些因素有关？

7. 什么是疲劳强度、疲劳寿命和疲劳极限？

8. 为什么要考虑沥青路面的高温稳定性？可以采取哪些技术措施提高沥青路面的高温稳定性？

9. 试分析说明沥青路面产生低温缩裂的原因。提高低温抗裂的措施有哪些？

10. 什么是路面的抗滑性能？路面抗滑性的测试方法有哪些？影响沥青路面的抗滑因素有哪些？

第 12 章

沥青路面设计

12.1　道路工程交通分析

12.1.1　行车荷载对道路的作用

1. 行车荷载的种类

汽车是路基路面的服务对象，路基路面的主要功能是长期保证车辆快速、安全、平稳地通行。汽车荷载又是造成路基路面结构损伤的主要成因。为了保证设计的路基路面结构达到预计的功能，具有良好的结构性能，首先应对行驶的汽车做分析，包括汽车轮重与轴重的大小与特性；不同车型车轴的布置；设计期限内，汽车轴型的分布以及车轴通行量逐年增长的规律；汽车静态荷载与动态荷载特性比较等。

道路上通行的汽车车辆主要分为客车与货车两大类。

客车又分为小客车、中客车与大客车。小客车自身质量与满载总质量都比较小，但车速高，一般可达 120 km/h，有的高档小车可达 200 km/h 以上；中客车是一般包括 6~20 个座位的中型客车；大客车一般是指 20 个座位以上的大型客车（包括铰接车和双层客车），主要用于长途客运与城市公共交通。

货车又分为整车、牵引式挂车和牵引式半挂车。整车的货厢与汽车发动机为一整体；牵引式挂车的牵引车与挂车是分离的，牵引车提供动力，牵引后挂的挂车，有时可以拖挂两辆以上的挂车；牵引式半挂车的牵引车与挂车也是分离的，但是通过铰接相互连接，牵引车的后轴也担负部分货车的质量，货车厢的后部有轮轴系统，而前部通过铰接悬挂在牵引车上。货车总的发展趋向是向大吨位发展，特别是集装箱运输水陆联运业务开展之后，货车最大吨位已超过 50 t。

无论是客车还是货车，车身的全部重力都通过车轴上的轮子传给路面，因此，对于路面结构设计而言，更加重视汽车的轴重。由于轴重的大小直接关系到路面结构的设计承载力与结构强度，为了统一设计标准和便于交通管理，我国公路与城市道路路面设计规范中均以 100 kN 作为设计标准轴重，通常认为我国的道路车辆轴限为 100 kN。

通常，整车形式的客、货车车轴分为前轴和后轴。绝大部分车辆的前轴为两个单轮组成的单轴，轴载约为汽车总重力的 1/3。极少数汽车的前轴由双轴单轮组成，双前轴的载重约为汽车总重的一半。汽车的后轴有单轴、双轴和三轴三种。大部分汽车后轴由双轮组组成，只有少量的轻型货车由单轮组成后轴。每一根后轴的轴载大约为前轴轴载的 2 倍。目前，在我国公路上行驶的货车的后轴轴载，一般在 60 ~ 130 kN 范围内，大部分在 100 kN 以下。

由于汽车货运向大型重载方向发展，货车的总重有增加的趋势，为了满足各个国家对汽车轴限的要求，趋向于增加轴数以提高汽车总重，因此出现了各种多轴的货车。有些运输专用设备的平板挂车采用多轴多轮，以便减轻对路面的压力。车辆轴型分为 7 类（表12-1）；车辆类型分为 11 类（表12-2）。

表 12-1　车辆轴型分类

轴型编号	轴型说明	轴型编号	轴型说明
1	单轴（每侧单轮胎）	5	双联轴（每侧双轮胎）
2	单轴（每侧双轮胎）	6	三联轴（每侧单轮胎）
3	双联轴（每侧单轮胎）	7	三联轴（每侧双轮胎）
4	双联轴（每侧各一单轮胎、一双轮胎）		

表 12-2　车辆类型分类

车型编号	说明	车型	车型编号	说明	车型
1 类	2 轴 4 轮车辆	11 型	7 类	4 轴及以下半挂货车（非双前轴）	125 型
2 类	2 轴 6 轮以上客车	12 型	8 类	5 轴半挂货车（非双前轴）	127 型 155 型
3 类	2 轴 6 轮以上货车	12 型	9 类	6 轴及以上半挂货车（非双前轴）	157 型
4 类	3 轴整体式货车（非双前轴）	15 型	10 类	双前轴半挂式货车	1127 型
5 类	4 轴及以上整体式货车（非双前轴）	17 型	11 类	全挂货车	1522 型 1222 型
6 类	双前轴整体式货车	112 型、115 型			

2. 行车荷载对道路路面的垂直力作用

汽车对道路的作用可分为行驶状态和停驻状态。其中，汽车的行驶状态又分为匀速行驶和变速行驶，变速行驶又分为加速、减速、制动、启动和转向。

当汽车处于停驻状态下，对路面的作用力为静态压力，主要是由轮胎传递给路面的垂直压力 p，它的大小受下述因素的影响：①汽车轮胎的内压力；②轮胎的刚度和轮胎与路面接触的形状；③轮载的大小。货车轮胎的标准静内压力一般在 0.4 ~ 0.7 MPa 范围内。通常轮胎与路面接触面上的压力略小于内压力，为静态压力的 80% ~ 90%。

轮胎与路面的接触面形状如图 12-1 所示，它的轮廓近似于椭圆形，因其长轴与短轴的差别不大，在工程设计中以圆形接触面积来表示。将车轮荷载简化成当量的圆形均布荷载，并采用轮胎内压力作为轮胎接触压力 p。当量圆的半径 δ 可以按式（12-1）确定：

$$\delta = \sqrt{\frac{P}{\pi p}} \tag{12-1}$$

式中　　P——作用在车轮上的荷载（kN）；

　　　　p——轮胎接触压力（kPa）；

　　　　δ——接触面当量圆半径（m）。

$$d = \sqrt{\frac{4P}{\pi p}} \tag{12-2}$$

$$D = \sqrt{\frac{8P}{\pi p}} = \sqrt{2}\,d \tag{12-3}$$

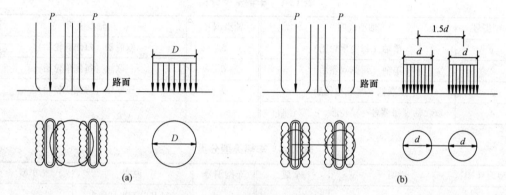

图 12-1　车轮荷载计算图式

（a）单圆图式；（b）双圆图式

对于双轮组车轴，若每一侧的双轮用一个圆表示，称为单圆荷载；若用两个圆表示，则称为双圆荷载（图 12-1）。双圆荷载的当量圆直径 d 和单圆荷载的当量圆直径 D，分别按式（12-2）、式（12-3）计算。

3. 行车荷载对道路路面的水平力作用

行驶状态的汽车除了施加给路面垂直静压力之外，还给路面施加水平力、振动力。此外，由于汽车以较快的速度通过，这些动力影响还有瞬时性的特征。

车轮施加于路面的各种水平力 q 与车轮的垂直压力 p，以及路面与车轮之间的附着系数 Φ 有关，其最大值 Q_{max} 不会超过 p 与 Φ 的乘积，即

$$Q_{max} \leqslant p\Phi \tag{12-4}$$

一般 Φ 的最大值一般为 0.7 ~ 0.8，与路面结构类型和湿度以及行车速度有关，相同的路面结构类型，干燥状态的 Φ 比潮湿状态的高；路面结构类型与干燥状态相同的情况下，车速越高，Φ 越小。

路面表面必须保持足够的附着系数，这是保证正常行车的重要条件。但是从路面结构本身来看，附着系数的大小直接关系结构层承受的水平力荷载。在水平荷载的作用下，结构层产生复杂的应力状态，特别是面层结构，直接遭受水平荷载作用，若是抗剪强度不足，将会导致推挤、拥包、波浪、车辙等破坏现象。

4. 行车荷载对道路路面的动力作用

汽车在道路上行驶，由于车身自身的振动和路面的不平整度，其车轮实际上是以一定的频率和振幅在路面上跳动，作用在路面上的轮载时而大于静态轮载、时而小于静态轮载，呈波动

状态。

行驶的汽车对路面施加的荷载有瞬时性，车轮通过路面上任一点，路面承受荷载的时间是很短的，只有 0.01～0.10 s。在路面以下一定深度处，应力作用的持续时间略长一点，但仍然是十分短暂的。由于路面结构中应力传递是通过相邻的颗粒来完成的，若应力出现的时间很短，则来不及传递分布，其变形特性便不能像静载那样呈现得那么完全。动荷载作用下路面变形量的减小，可以理解为路面结构刚度的相对提高，或者是路面结构强度的相对增大。

12.1.2　交通分析

道路上通行的车辆不仅具有不同的类型和轴重，而且通行的车辆数目也是变化的。路面结构设计时要考虑设计年限内，车辆对路面的综合累计损伤作用，必须对现有的交通量、轴载组成以及增长规律进行调查和预估，并通过适当的方式将它们换算成当量标准轴载的累计作用次数。

1. 交通量

交通量是指一定时间间隔内各类车辆通过某一道路横断面的数量。可以通过现有的交通流量观测站的调查资料，得到该道路设计的初始年平均日交通量。也可以根据需要，临时设站进行观测。当然这种观测只是短期的，仅为若干天，而且每天也可能仅观测若干小时。对此，可利用当地长期观测所得的时间分布规律，即月分布不均匀系数、日分布不均匀系数和小时分布换算系数，将临时观测结果按相应的换算系数换算成年平均日交通量。

有的交通量观测站配置有自动化的轴载仪，直接记录通行车辆的轴数和轴载大小，然后按轴载大小分类统计累计轴载数，这种调查称为轴载谱调查。轴载谱调查与交通量统计相互进行校核与补充。

2. 设计轴载

我国路面设计以双轮组单轴载 100 kN 为设计轴载，以 B2Z – 100 表示，设计轴载计算参数按表 12-3 确定。各种轴载的作用次数进行等效换算的原则是，同一种路面结构在不同轴载作用下达到相同程度损伤。通过室内或道路现场的重复作用试验，可以建立荷载量级与达到相同程度损伤的作用次数之间的关系。

表 12-3　设计轴载计算参数

设计轴载/kN	100	单轮接地当量圆直径 d/mm	213.0
轮胎接地压强/MPa	0.70	两轮中心距/mm	319.5

12.1.3　车辆当量设计轴载换算

各类车辆当量设计轴载换算系数可按三个水平确定，高速公路和一级公路的改建设计应采用水平一，其他情况可采用水平二或水平三。

（1）水平一：采用称重设备连续采集设计车道上车辆类型、轴型组成和轴重数据，按下列步骤分析各类车辆当量换算系数：

1）分别统计 2～11 类车辆单轴单轮胎、单轴双轮胎、双联轴和三联轴的数量，除以各类车辆总量，按式（12-5）计算各类车辆中不同轴型的平均轴数：

$$NAPT_{mi} = \frac{NA_{mi}}{NT_m} \tag{12-5}$$

式中　$NAPT_{mi}$——m 类车辆中 i 种轴型的平均轴数；

NA_{mi}——m 类车辆中 i 种轴型总数；

NT_m——m 类车辆总数；

i——单轴单轮胎、单轴双轮胎、双联轴和三联轴的数量；

m——表 12-2 所列 2 ~ 11 类车。

2）计算 2 ~ 11 类车辆不同轴型在不同轴重区间所占的百分比，得到不同轴型的轴重分布系数，即轴载谱。确定轴载谱时，单轴单轮胎、单轴双轮胎、双联轴和三联轴应分别间隔 2.5 kN、4.5 kN、9.0 kN 和 13.5 kN 划分轴重区间。

$$ALDF_{mij} = \frac{ND_{mij}}{NA_{mi}} \tag{12-6}$$

式中　$ALDF_{mij}$——m 类车辆中 i 种轴型在 j 级轴重区间的轴重分布系数；

　　　ND_{mij}——m 类车辆中 i 种轴型在 j 级轴重区间的数量。

3）计算 2 ~ 11 类车辆各种轴型在不同轴重区间的当量设计轴载换算系数式(12 - 7)，计算时取各轴重区间中点值作为该轴重区间的代表轴载。

$$EALF_{mij} = c_1 c_2 \left(\frac{P_{mij}}{P_s}\right)^b \tag{12-7}$$

$$EALF_m = \sum_i \left[NAPT_{mi} \sum_j (EALF_{mij} \times ALDF_{mij}) \right] \tag{12-8}$$

式中　$EALF_m$——m 类车辆的当量设计轴载换算系数；

　　　$EALF_{mij}$——m 类车辆中 i 种轴型在 j 级轴重区间的当量设计轴载换算系数；

　　　P_s——设计轴载（kN）；

　　　P_{mij}——m 类车辆中 i 种轴型在 j 级轴重区间的单轴轴载（kN），对双联轴和三联轴，为平均分配到每根单轴的轴载；

　　　b——换算指数，分析沥青混合料层疲劳和沥青混合料层永久变形时，$b = 4$；分析路基永久变形时，$b = 5$；分析无机结合料稳定层疲劳时，$b = 13$；

　　　c_1——轴数系数，当前后轴间距大于 3 m 时，分别按单个轴载计算；当轴间距小于 3 m 时，按表 12-4 取值；

　　　c_2——轮组系数，单轮为 4.5，双轮组为 1.0。

表 12-4　轴数系数 c_1

设计指标	轮轴型	c_1
沥青混合料层层底拉应变 沥青混合料层永久变形量	双联轴	2.1
	三联轴	3.2
路基顶面竖向应变	双联轴	4.2
	三联轴	8.7
无机结合料层层底拉应力	双联轴	2.6
	三联轴	3.8

（2）水平二和水平三：按式（12-9）确定各类车辆的当量设计轴载换算系数：

$$EALF_m = EALF_{ml} \times PER_{ml} \times EALF_{mh} \times PER_{mh} \tag{12-9}$$

式中　$EALF_{ml}$——m 类车辆中非满载车的当量设计轴载换算系数（表 12-5）；

　　　$EALF_{mh}$——m 类车辆中满载车的当量设计轴载换算系数（表 12-5）；

　　　PER_{ml}——m 类车辆中非满载车所占的比例（表 12-6）；

PER_{mh}——m 类车辆中满载车所占的比例（表 12-6）。

表 12-5　2 ~ 11 类车辆中非满载车与满载车的当量设计轴载换算系数

车型编号	沥青混合料层层底拉应变 沥青混合料层永久变形量		无机结合料层层底拉应力		路基顶面竖向应变	
	非满载车	满载车	非满载车	满载车	非满载车	满载车
2 类	0.8	2.8	0.5	35.5	0.6	2.9
3 类	0.4	4.1	1.3	314.2	0.4	5.6
4 类	0.7	4.2	0.3	137.6	0.9	8.8
5 类	0.6	6.3	0.6	72.9	0.7	12.4
6 类	1.3	7.9	10.2	1 505.7	1.6	17.1
7 类	1.4	6.0	7.8	553.0	1.9	11.7
8 类	1.4	6.7	16.4	713.5	1.8	12.5
9 类	1.5	5.1	0.7	204.3	2.8	12.5
10 类	2.4	7.0	37.8	426.8	3.7	13.3
11 类	1.5	12.1	2.5	985.4	1.6	20.8

表 12-6　2 ~ 11 类车辆中非满载车与满载车所占的比例

车型编号	非满载	满载	车型编号	非满载	满载
2 类	0.8 ~ 0.9	0.1 ~ 0.2	7 类	0.65 ~ 0.75	0.25 ~ 0.35
3 类	0.85 ~ 0.95	0.05 ~ 0.15	8 类	0.4 ~ 0.5	0.5 ~ 0.6
4 类	0.6 ~ 0.7	0.3 ~ 0.4	9 类	0.55 ~ 0.65	0.35 ~ 0.45
5 类	0.7 ~ 0.8	0.2 ~ 0.3	10 类	0.5 ~ 0.6	0.4 ~ 0.5
6 类	0.5 ~ 0.6	0.4 ~ 0.5	11 类	0.6 ~ 0.7	0.3 ~ 0.4

根据确定的车辆当量设计轴载换算系数，计算初始年设计车道日平均当量轴次 N_1：

$$N_1 = AADTT \times DDF \times LDF \times \sum_{m=2}^{11} (VCDF_m \times EALF_m) \qquad (12-10)$$

式中　$AADTT$——2 轴 6 轮以上车辆的双向年平均日交通量（辆/d）；

　　　DDF——方向系数，无实测数据时可在 0.5 ~ 0.6 范围内选取；

　　　LDF——车道系数，改建设计应采用水平一，根据交通量观测情况确定；新建设计采用水平二（采用当地的经验值）或水平三（表 12-7）；

　　　m——车型编号；

　　　$VCDF_m$——m 类车辆的分布系数，改建设计应采用水平一，根据交通量观测情况确定；新建设计采用水平二（根据表 12-8 确定公路 TTC 分类，采用当地的经验值）或水平三（根据表 12-8 确定公路 TTC 分类，查表 12-9 确定）。

表 12-7　车道系数表

单向车道数	1	2	3	4
高速公路	—	0.70 ~ 0.85	0.45 ~ 0.60	0.40 ~ 0.50
其他等级公路	1.00	0.50 ~ 0.75	0.50 ~ 0.75	—

表 12-8　公路 TTC 分类标准　　　　　　　　　　　　　　　%

分类	整体式货车比例	半挂式货车比例
TTC1	< 40	> 50
TTC2	< 40	< 50
TTC3	40 ~ 70	> 20
TTC4	40 ~ 70	< 20
TTC5	> 70	—

表 12-9　不同 TTC 分类的车辆的分布系数　　　　　　　%

车型编号	2 类	3 类	4 类	5 类	6 类	7 类	8 类	9 类	10 类	11 类
TTC1	6.4	15.3	1.4	0.0	11.9	3.1	16.3	20.4	25.2	0.0
TTC2	22.0	23.3	2.7	0.0	8.3	7.5	17.1	8.5	10.6	0.0
TTC3	17.8	33.1	3.4	0.0	12.5	4.4	9.1	10.6	8.5	0.7
TTC4	28.9	43.9	5.5	0.0	0.4	2.0	4.6	3.4	2.3	0.1
TTC5	9.9	42.3	14.8	0.0	22.7	2.0	2.3	3.2	2.5	0.2

12.1.4　交通荷载分级

　　道路路面承受的年平均日交通量是逐年增长的，要确定路面设计年限内的总交通量，还需要预估该年限内交通的发展。通常，可根据最近若干年内连续观测的交通量资料，通过整理得出交通量年增长率的变化规律。然后，利用它外延得到所需年份的平均日交通量。

　　在路面结构设计中，设计年限内一个车道上的累计当量轴次 N_e 可以按式（12-11）预估：

$$N_e = \frac{N_1 \left[(1 + \gamma)^t - 1 \right]}{\gamma} \times 365 \tag{12-11}$$

式中　N_e——设计年限内设计车道上的当量设计轴载累计作用次数（次）；

　　　　N_1——初始年设计车道日平均当量轴次（次/d）；

　　　　γ——设计使用年限内交通量的年平均增长率（%）；

　　　　t——设计年限（年）。

　　路面结构所承受的交通荷载按设计期内设计车道所承担的累计大型客车和货车交通量进行分级，如表 12-10 所示。

表 12-10　设计交通荷载等级

交通荷载等级	极重	特重	重	中等	轻
设计期内设计车道所承受的累计大型客车和货车交通量/（×10⁶ 辆）	≥50.0	50.0 ~ 19.0	19.0 ~ 8.0	8.0 ~ 4.0	< 4.0

12.2　沥青路面结构组合设计

12.2.1　沥青路面设计概述

　　沥青路面是在柔性基层、半刚性基层、刚性基层上，铺筑一定厚度的沥青混合料做面层的路面结构。沥青路面设计的任务是根据使用要求及气候、水文、土质等自然条件，密切结合当地实践经验，设计确定经济、合理的路面结构，使其能承受交通荷载和环境因素的作用，在预定的使用期限满足各级公路相应的承载能力、耐久性、舒适性、安全性的要求。路面设计应包括原材料的选择、混合料配合比设计和设计参数的测试与确定，路面结构层组合与厚度计算，以及路面结构的方案比选等内容。路面设计除行车道部分的路面外，对高速公路、一级公路还应包括路缘带、硬路肩、加减速车道、紧急停车带、收费站和服务区的场面设计以及路面排水系统设计，对其他各级公路应包括路肩加固、路缘石和路面排水设计。

当前世界各国众多的沥青路面设计方法，可概括分为两类：一类是以经验或试验为依据的经验法；另一类是以力学分析为基础，考虑环境、交通条件以及材料特性为依据的理论法。多年来，有关理论法的研究取得了很大进展，许多国家相继提出较为完整的设计体系，目前理论法对沥青路面的应力、形变和位移的分析，大多应用弹性层状体系理论，并采用电算的方法。

12.2.2　沥青路面结构组合的设计原则

沥青路面结构组合设计应针对各种路面结构组合的力学特性、功能特性及长期性能衰变规律和损坏特点，遵循路基路面综合设计的理念，保证路面结构的安全、耐久和全寿命周期经济合理。

路面结构可由面层、基层、底基层和必要的功能层组合而成。面层采用不同材料分层铺筑时，可分为表面层、中面层和下面层。在设计使用年限内，路面应不发生由于疲劳导致的结构破坏，面层可进行表面功能修复。沥青结合料类材料层间应设置黏层；在沥青结合料类材料层与其他材料层间应设置封层，宜设置透层。应采取路面结构的防水、排水措施，阻止降水渗入路面结构层。

路面结构组合的设计原则如下：

（1）应根据交通荷载等级和路基状况等因素，结合路面材料特性和结构特性，选择路面结构类型。

（2）路基湿度状态为中湿或潮湿时，宜采用粒料类底基层或设置粒料类路基改善层。

（3）多雨地区，无机结合料稳定类基层和水泥混凝土基层沥青路面应采取措施控制唧泥、脱空等水损坏。

（4）当采用无机结合料稳定类基层时，可采取下列一种或多种措施减少基层收缩开裂和路面反射裂缝：选用抗裂性好的无机结合料稳定类基层；增加沥青混合料层厚度，或在无机结合料稳定类基层上设置沥青碎石层或级配碎石层；在无机结合料稳定类基层上设置改性沥青应力吸收层或敷设土工合成材料。

12.2.3　沥青路面结构方案

不同交通荷载等级时沥青路面结构层厚度组合可参照表 12-11 ~ 表 12-16 选用，也可根据当地工程经验确定。

表 12-11　无机结合料稳定类基层（粒料类底基层）路面厚度范围　　　　　mm

交通荷载等级	极重、特重	重	中等	轻
面层	250 ~ 150	250 ~ 150	200 ~ 100	150 ~ 20
基层（无机结合料稳定类）	600 ~ 350	550 ~ 300	500 ~ 250	450 ~ 150
底基层（粒料类）	250 ~ 150			

表 12-12 无机结合料稳定类基层（无机结合料稳定类底基层）路面厚度范围　　mm

交通荷载等级	极重、特重	重	中等	轻
面层	250～120	250～100	200～100	150～20
基层（无机结合料稳定类）	500～250	450～200	400～150	500～200
底基层（无机结合料稳定类）	200～150			

表 12-13 粒料类基层（粒料类底基层）路面厚度范围　　mm

交通荷载等级	重	中等	轻
面层	350～200	300～150	200～100
基层（粒料类）	450～350	400～300	350～250
底基层（粒料类）	200～150		

表 12-14 沥青结合料类基层（粒料类底基层）路面厚度范围　　mm

交通荷载等级	重	中等	轻
面层	150～120	120～100	80～40
基层（沥青结合料类）	250～200	220～180	200～120
底基层（粒料类）	400～300	400～300	350～250

表 12-15 沥青结合料类基层（无机结合料稳定类底基层）路面厚度范围　　mm

交通荷载等级	极重、特重	重	中等	轻
面层	120～100	120～100	100～80	80～40
基层（沥青结合料类）	180～120	150～100	150～100	100～80
底基层（无机结合料稳定类）	600～300	600～300	550～250	450～200

表 12-16 沥青结合料类基层（粒料类＋无机结合料稳定类底基层）路面厚度范围　　mm

交通荷载等级	极重、特重	重	中等	轻
面层	120～100	120～100	100～80	80～40
基层（沥青结合料类）	240～160	180～120	160～100	100～80
底基层（粒料类）	200～150	200～150	200～150	200～150
底基层（无机结合料稳定类）	400～200	400～200	350～200	250～150

　　结构层厚度应根据交通荷载等级、路基承载能力等因素选择。交通荷载等级高、路基承载能力弱时宜取靠近高限的厚度或参照高一个交通荷载等级的路面厚度范围；反之，可靠近低限的厚度或参照低一个交通荷载等级的路面厚度范围。

12.2.4　对沥青路面各结构层的要求

1. 对路基的要求

　　路基应稳定、密实和均匀，具有足够的承载能力。多雨地区土质路堑和强风化岩石路段，应加强填挖交界处及路堑段的排水设计，改善路基水文状况。岩石或填石路基顶面应设置整平层，厚度宜为 200 ~ 300 mm。新建公路路床应处于干燥或中湿状态，并应采取措施防止地表水或地下水的侵入。

2. 对基层和底基层的要求

基层和底基层应具有足够的承载能力、抗疲劳开裂性能、足够的耐久性和水稳定性。沥青结合料类和粒料类基层尚应具有足够的抗永久变形能力。基层和底基层的材料类型可参照表 12-17 选用。

表 12-17 基层和底基层的材料类型及其适用交通荷载等级和层位

基层和底基层类型	材料类型	适用交通荷载等级和层位
无机结合料稳定类	水泥稳定级配碎石或砾石 水泥粉煤灰稳定级配碎石或砾石 石灰粉煤灰稳定级配碎石或砾石	各交通荷载等级的基层和底基层
	水泥稳定未筛分碎石或砾石 石灰粉煤灰稳定未筛分碎石或砾石 石灰稳定未筛分碎石或砾石	轻交通荷载等级的基层 各交通荷载等级的底基层
	水泥稳定土、石灰稳定土 石灰粉煤灰稳定土	轻交通荷载等级的基层 各交通荷载等级的底基层
粒料类	级配碎石	重及以下交通荷载等级的基层 各交通荷载等级的底基层
	级配砾石、未筛分碎石 天然砂砾、填隙碎石	中等和轻交通荷载等级的基层 各交通荷载等级的底基层
沥青结合料类	密级配沥青碎石、半开级配沥青碎石 开级配沥青碎石	极重、特重和重交通荷载等级的基层
	沥青贯入碎石	重及以下交通荷载等级的基层
水泥混凝土	水泥混凝土或贫混凝土	极重、特重和重交通荷载等级的基层

再生沥青混合料和再生无机结合料稳定材料可用于各交通荷载等级的基层和底基层、厂拌热再生沥青混合料宜用于极重、特重和重交通荷载等级的基层。

无机结合料稳定层与沥青结合料类材料层间可设置级配碎石、半开级配或开级配沥青碎石层。不同材料基层和底基层厚度宜符合表 12-18 的规定。

表 12-18 基层和底基层厚度

材料类型	集料公称最大粒径/mm	厚度/mm，不小于
密级配沥青碎石 半开级配沥青碎石 开级配沥青碎石	19.0	50
	26.5	80
	31.5	100
	37.5	120
沥青贯入碎石	—	40
贫混凝土	31.5	120

续表

材料类型	集料公称最大粒径/mm	厚度/mm，不小于
无机结合料稳定类	19.0、26.5、31.5、37.5	150
	53.0	180
级配碎石、级配砾石 未筛分碎石、天然砂砾	26.5、31.5、37.5	100
	53.0	120
填隙碎石	37.5	75
	53.0	100
	63.0	120

3. 对面层的要求

面层应具有平整、抗车辙、抗疲劳开裂、抗低温开裂和抗水损坏等性能，表面层混合料尚应具有抗滑和耐磨损性能，密级配沥青混合料表面层应具有低透水性能。面层材料按表12-19选用。

表12-19 面层材料的适用交通荷载等级和层位

材料类型	适用交通荷载等级和层位
连续级配沥青混合料	各交通荷载等级的表面层、中面层和下面层
沥青玛琋脂碎石混合料	极重、特重和重交通荷载等级的表面层、对抗滑有特殊要求的表面层
厂拌再生沥青混合料	各交通荷载等级的表面层、中面层和下面层
上拌下贯沥青碎石	中等、轻交通荷载等级的面层
沥青表面处治	中等、轻交通荷载等级的表面层

对抗滑、排水或降噪有特殊要求的表面层可采用开级配沥青混合料，表面层下应设置防水层，防水层可采用改性乳化沥青或改性沥青等。

不同粒径沥青混合料的层厚应符合表12-20的规定。连续级配沥青混合料和沥青玛琋脂碎石混合料的结构层厚度不宜小于集料公称最大粒径的2.5倍。开级配沥青混合料的结构层厚度不宜小于集料公称最大粒径的2.0倍。

表12-20 不同粒径沥青混合料的层厚

沥青混合料类型	以下集料公称最大粒径沥青混合料的层厚/mm，不小于					
	4.75	9.5	13.2	16.0	19.0	26.5
连续级配沥青混合料	1.5	25	35	40	50	75
沥青玛琋脂碎石	—	30	40	50	60	—
开级配沥青混合料	—	20	25	30	—	—

沥青贯入碎石层的厚度宜为40~80 mm，乳化沥青贯入式路面的厚度不宜超过50 mm，上拌下贯式路面的拌合层厚度不宜小于25 mm。

沥青表面处治可分为单层、双层和三层。单层表面处治厚度宜为10~15 mm，双层表面处治厚度宜为15~25 mm，三层表面处治厚度宜为25~30 mm。

4. 对功能层的要求

季节性冻土地区路面厚度不满足防冻要求时，应增设防冻层。防冻层宜采用粗砂、砂砾和碎石等粒料类材料。

地下水水位高、排水不良的路段，有裂隙水、泉眼等水文条件不良岩石挖方路段，基层和底基层为非粒料类材料时，可在基层或底基层与路床间设置粒料层。粒料层应与路基边缘或与边沟下渗沟相连接，厚度不宜小于 150 mm。

无机结合料稳定类或冷再生类材料结构层与沥青结合料类结构层之间宜设置封层，封层可采用单层沥青表面处治或稀浆封层等。当设置改性沥青应力吸收层时，可不再设封层。

极重、特重和重交通荷载等级路面的粘层宜采用改性乳化沥青、道路石油沥青或改性沥青；中等和轻交通荷载等级路面的粘层可选用乳化沥青；水泥混凝土板与沥青面层间的粘层宜采用改性沥青。

单层表面处治封层的结合料可采用改性沥青、道路石油沥青或乳化沥青。改性沥青应力吸收层宜采用橡胶沥青。

粒料类基层和无机结合料稳定类基层顶面宜设置透层，透层沥青应具有良好的渗透性，可采用稀释沥青和乳化沥青等。

12.3　沥青路面设计标准和设计参数

12.3.1　沥青路面设计标准

1. 沥青路面结构的目标可靠度

沥青路面结构的目标可靠度和目标可靠指标不低于表 12-21 的规定。

表 12-21　沥青路面结构的目标可靠度和目标可靠指标

公路等级	高速公路	一级公路	二级公路	三级公路	四级公路
目标可靠度/%	95	90	85	80	70
目标可靠指标 β	1.65	1.28	1.04	0.84	0.52

2. 路面使用性能设计指标

（1）沥青混合料层容许永久变形量如表 12-22 所示。

表 12-22　沥青混合料层容许永久变形量　　　　　　　　　mm

基层类型	沥青混合料层容许永久变形量	
	高速、一级公路	二级、三级公路
无机结合料稳定类基层、水泥混凝土基层和底基层为无机结合料稳定类的沥青混合料基层	15	20
其他基层	10	15

（2）季节性冻土地区沥青面层低温开裂指数要求如表 12-23 所示。

表 12-23　季节性冻土地区沥青面层低温开裂指数要求

公路等级	高速、一级公路	二级公路	三级、四级公路
低温开裂指数 CI/条，不大于	3	5	7

注：竣工验收时 100 m 调查单元内横向裂缝条数，贯穿全幅的裂缝按 1 条计，未贯穿长度超过一个车道宽度的裂缝按 0.5 条计，不超过一个车道宽度的裂缝不计入。

（3）抗滑技术要求。高速公路、一级公路以及山岭重丘区二级和三级公路的路面在交工验收时，其抗滑技术指标应满足表 12-24 的要求。

表 12-24　抗滑技术指标

年平均降雨量/mm	交工检测指标值	
	横向力系数 SFC_{60}（车速 60 km/h）	构造深度 TD/mm
>1 000	≥54	≥0.55
500 ~ 1 000	≥50	≥0.50
250 ~ 500	≥45	≥0.45

12.3.2　沥青路面的设计参数

路面材料应根据公路等级、交通荷载等级、气候条件、各结构层功能要求和当地材料特性等，在技术经济论证基础上进行设计并确定材料设计参数。

高速公路和一级公路的施工图设计阶段宜采用水平一，其他设计阶段可采用水平二或水平三；二级及二级以下公路可采用水平二或水平三。

1. 路基顶面回弹模量的确定

路基顶面回弹模量应符合表 12-25 的规定。不满足要求时，应采取改变填料、设置粒料类或无机结合料稳定类路基改善层，或者采用石灰或水泥处理等措施提高路基顶面回弹模量。

表 12-25　路基顶面回弹模量　　　　　　　　　　　　　　MPa

交通荷载等级	极重	特重	重	中等、轻
回弹模量，不小于	70	60	50	40

2. 粒料类材料

（1）基层、底基层级配碎石的 CBR 应符合表 12-26 的规定。

表 12-26　基层、底基层级配碎石 CBR

结构层	公路等级	极重、特重交通	重交通	中等、轻交通
基层	高速、一级公路	≥200	≥180	≥160
	二级及二级以下公路	≥160	≥140	≥120
底基层	高速、一级公路	≥120	≥100	≥80
	二级及二级以下公路	≥100	≥80	≥60

级配砾石或天然砂砾用于基层时，CBR 不应小于 80。级配砾石或天然砂砾用于底基层时，对极重、特重和重交通荷载等级，CBR 不应小于 80；对中等交通荷载等级，CBR 不应小于 60；

对轻交通荷载等级，CBR 不应小于 40。

（2）粒料层的回弹模量。粒料层的回弹模量在结构验算时应采用粒料回弹模量乘以湿度调整系数后得到，湿度调整系数可在 1.6~2.0 范围内选取。最佳含水率和与压实度要求相应的干密度条件下的粒料回弹模量应依据相应的水平确定：

水平一：采用重复加载三轴压缩试验测定，取回弹模量试验结果的平均值。

水平二：按粒料类型和层位参照表 12-27 确定粒料回弹模量。

表 12-27　粒料回弹模量取值范围　　　　　　　　　　　　　　　　　MPa

材料类型和层位	最佳含水率和与压实度 要求相应的干密度条件下	经湿度调整后
级配碎石基层	200~400	300~700
级配碎石底基层	180~250	190~440
级配砾石基层	150~300	250~600
级配砾石底基层	150~220	160~380
未筛分碎石层	180~220	200~400
天然砂砾层	105~135	130~240
注：材料性能好、级配好或压实度大时取高值，反之取低值。		

3. 无机结合料稳定类材料弯拉强度和弹性模量

无机结合料稳定类材料弯拉强度和弹性模量应按相应的水平确定：

水平一：采用中间段法单轴压缩试验测定。

水平二：参照表 12-28 确定弯拉强度和弹性模量。

表 12-28　无机结合料稳定类材料弯拉强度和弹性模量取值范围　　　　MPa

材料	弯拉强度	弹性模量
水泥稳定粒料、水泥粉煤灰稳定粒料、石灰粉煤灰稳定粒料	1.5~2.0	18 000~28 000
	0.9~1.5	14 000~20 000
水泥稳定土、水泥粉煤灰稳定土、石灰粉煤灰稳定土	0.6~1.0	5 000~7 000
石灰土	0.3~0.7	3 000~5 000
注：结合料用量高、材料好、级配好或压实度大时取高值，反之取低值。		

结构验算时，无机结合料稳定类材料弹性模量应乘以结构层模量调整系数 0.5。

4. 沥青结合料材料

沥青混合料动态压缩模量应按有关规定，依据相应的水平确定：

水平一：沥青混合料动态压缩模量应符合《公路工程沥青及沥青混合料试验规程》（JTG E20—2011）的有关规定，取平均值，试验温度选用 20 ℃，面层沥青混合料加载频率采用 10 Hz，基层沥青混合料加载频率采用 5 Hz。

水平二：采用式（12-12）计算确定沥青混合料动态压缩模量，适用于采用道路石油沥青和常规级配的沥青混合料。

$$\lg E_a = 4.59 - 0.02f + 2.58G^* - 0.041V - 0.03VCA_{DRC} - 2.65 \times 1.1^{\lg f}G^* \cdot f^{-0.06} - $$
$$0.05 \times 1.52^{\lg f}VCA_{DRC} \cdot f^{-0.21} + 0.0031f \cdot P_a + 0.0024V \tag{12-12}$$

式中 E_a——沥青混合料动态压缩模量（MPa）；

f——试验频率（Hz）；

G^*——60 ℃、10 rad/s 下沥青动态剪切复数模量（kPa）；

P_a——沥青混合料的油石比（%）；

V——压实沥青混合料的空隙率（%）；

VCA_{DRC}——捣实状态下粗集料的松装间隙率（%）。

水平三：参照表 12-29 确定沥青混合料动态压缩模量。

表 12-29　常用沥青混合料 20 ℃条件下动态压缩模量取值范围　　　　MPa

沥青混合料类型	沥青种类			
	70 号道路石油沥青	90 号道路石油沥青	110 号道路石油沥青	SBS 改性沥青
SMA10、SMA13、SMA16	—	—	—	7 500 ~ 12 000
AC10、AC13	8 000 ~ 12 000	7 500 ~ 11 500	7 000 ~ 10 500	8 500 ~ 12 500
AC16、AC20、AC25	9 000 ~ 13 500	8 500 ~ 13 000	7 500 ~ 12 000	9 000 ~ 13 500
ATB25	7 000 ~ 11 000	—	—	—

注：1. ATB25 为 5 Hz 条件下动态压缩模量，其他沥青混合料为 10 Hz 条件下动态压缩模量。

　　2. 沥青黏度大、级配好或空隙率小时取高值，反之取低值。

5. 泊松比

各类材料的泊松比应按表 12-30 确定。

表 12-30　泊松比取值

材料类别	路基	粒料	无机结合料	密级配沥青混合料	开级配沥青混合料、半开级配沥青混合料
泊松比	0.40	0.35	0.25	0.25	0.40

12.4　新建沥青路面设计

12.4.1　沥青路面结构验算的设计指标

路面结构力学指标计算应采用双圆均布垂直荷载作用下的弹性层状连续体系理论。

路面结构组合应先初拟方案，并进行路面结构验算，再结合工程经验和经济分析选定路面结构方案。对于二级及二级以下公路，当交通荷载等级为中等、轻水平时，可依据所在地区经验结构合理选择路面设计方案。

1. 设计指标

路面结构验算应根据路面结构组合，参照表 12-31 选择设计指标。

表 12-31　不同结构组合路面的设计指标

基层类型	底基层类型	设计指标
无机结合料稳定类	粒料类	无机结合料稳定层层底拉应力、沥青混合料层永久变形量
	无机结合料稳定类	
沥青结合料类	粒料类	沥青混合料层层底拉应变、沥青混合料层永久变形量、路基顶面竖向压应变
	无机结合料稳定类	沥青混合料层永久变形量、无机结合料稳定层层底拉应力
粒料类	粒料类	沥青混合料层层底拉应变、沥青混合料层永久变形量、路基顶面竖向压应变
	无机结合料稳定类	沥青混合料层层底拉应变、沥青混合料层永久变形量、无机结合料稳定层层底拉应力
水泥混凝土	—	沥青混合料层永久变形量

注：季节性冻土地区应增加沥青面层低温开裂验算和防冻厚度验算。在沥青混合料层与无机结合料稳定层间设置粒料层时，应验算沥青混合料层疲劳开裂寿命。

2. 沥青路面结构验算的力学响应及其竖向位置

路面结构验算时，各设计指标应选用表 12-32 规定的竖向位置处的力学响应，并应按图 12-2 所示计算点位置，选取 A、B、C 和 D 位置计算的最大力学响应量。

表 12-32　设计指标对应的力学响应及其竖向位置

设计指标	力学响应	竖向位置
沥青混合料层层底拉应变	沿行车方向的水平拉应变	沥青混合料层层底
无机结合料稳定层层底拉应力	沿行车方向的水平拉应力	无机结合料稳定层层底
沥青混合料层永久变形量	竖向压应力	沥青混合料各分层顶面
路基顶面竖向压应变	竖向压应变	路基顶面

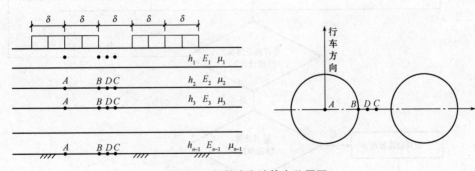

图 12-2　力学响应计算点位置图

12.4.2　路面结构验算流程

（1）调查分析交通参数，确定交通荷载等级。

（2）根据路基土类、地下水水位高度确定路基干湿类型和湿度状况，确定路基顶面回弹模量及必要的路基改善措施。

（3）根据设计要求，收集所在地区的常用路面结构组合和材料性质要求，分析影响路面结构设计的其他因素，初拟路面结构组合与厚度方案，选取设计指标。

（4）确定各结构层模量等设计参数，并按规定检验粒料的 CBR，无机结合料稳定类材料的无侧限抗压强度，沥青低温性能要求，沥青混合料的低温破坏应变、动稳定度、贯入强度和水稳定性等。

（5）收集工程所在地区气温资料，确定各设计指标对应的温度调整系数或等效温度。

（6）采用多层弹性体系理论程序计算各设计指标的力学响应量。

（7）进行路面结构验算，验算结果应符合规定；不符合时，调整路面结构方案重新验算，直到符合为止。

（8）对通过结构验算的路面结构进行技术经济分析，选定路面结构方案。

（9）计算设计路面结构的验收弯沉值。

路面结构验算流程如图 12-3 所示。

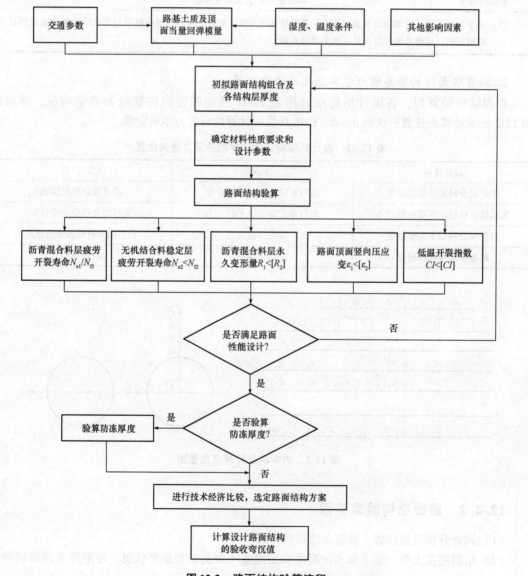

图 12-3　路面结构验算流程

12.4.3　沥青混合料层疲劳开裂验算

沥青混合料层的疲劳开裂寿命，应根据路面结构分析得到的沥青混合料层层底拉应变，按式（12-13）计算。

$$N_{f1} = 6.32 \times 10^{15.96 - 0.29\beta} k_a k_b k_{T1}^{-1} \left(\frac{1}{\varepsilon_a}\right)^{3.97} \left(\frac{1}{E_a}\right)^{1.58} (VFA)^{2.72} \tag{12-13}$$

式中　N_{f1}——沥青混合料层疲劳开裂寿命（轴次）；

β——目标可靠指标，根据公路等级查表 12-21；

k_a——季节性冻土地区调整系数，查表 12-33；

k_b——疲劳加载模式系数，按式（12-14）计算：

$$k_b = \left[\frac{1 + 0.3E_a^{0.43}(VFA)^{-0.85} e^{0.024h_a - 5.41}}{1 + e^{0.024h_a - 5.41}}\right]^{3.33} \tag{12-14}$$

表 12-33　季节性冻土地区调整系数 k_a

冻区	重冻区	中冻区	轻冻区	其他地区
冻结指数 $F/$（℃·d）	≥2 000	2 000～800	800～50	≤50
k_a	0.60～0.70	0.70～0.80	0.80～1.00	1.00

E_a——沥青混合料 20 ℃时的动态压缩模量（MPa）；

VFA——沥青混合料的沥青饱和度（%），根据混合料设计结果或有关规定确定；

h_a——沥青混合料层厚度（mm）；

k_{T1}——温度调整系数，查表确定；

ε_a——沥青混合料层层底拉应变（$\times 10^{-6}$），按式（12-15）计算：

$$\varepsilon_a = p\bar{\varepsilon}_a \tag{12-15}$$

$$\bar{\varepsilon}_a = f\left(\frac{h_1}{\delta}, \frac{h_2}{\delta}, \cdots, \frac{h_{n-1}}{\delta}; \frac{E_2}{E_1}, \frac{E_3}{E_2}, \cdots, \frac{E_0}{E_{n-1}}\right)$$

$\bar{\varepsilon}_a$——理论拉应变系数；

p，δ——标准轴载的轮胎接地压强（MPa）和当量圆半径（mm）；

E_0——路基顶面回弹模量（MPa）；

h_1，h_2，$\cdots$，h_{n-1}——各结构层厚度。

E_1，E_2，$\cdots$，E_{n-1}——各结构层模量（MPa）。

沥青混合料层疲劳开裂寿命应大于设计使用年限内设计车道的当量设计轴载累计作用次数，否则，应调整路面结构方案，重新验算，直至满足要求。

12.4.4　无机结合料稳定层疲劳开裂寿命验算

无机结合料稳定层疲劳开裂寿命应根据路面结构分析得到的各无机结合料稳定层层底拉应力，按式（12-16）计算：

$$N_{f2} = k_a k_{T2}^{-1} 10^{a - b\frac{\sigma}{R_s} + k_c - 0.57\beta} \tag{12-16}$$

式中　N_{f2}——无机结合料稳定层疲劳开裂寿命（轴次）；

k_{T2}——温度调整系数，查表确定；

R_s——无机结合料稳定材料弯拉强度（MPa）；

a，b——疲劳回归参数，查表12-34确定；

表12-34　无机结合料稳定层疲劳破坏模型参数

材料类型	a	b
无机结合料稳定粒料	13.24	12.52
无机结合料稳定土	12.18	12.79

k_c——现场综合修正系数，按式（12-17）计算确定（c_1、c_2、c_3等相关系数查表12-35）：

$$k_c = c_1 \, e^{c_2 \left(h_a + h_b \right)} + c_3 \tag{12-17}$$

表12-35　现场综合修正系数 k_c 的相关参数

材料类型	新建路面结构层或改建工程既有路面结构层		改建工程加铺层	
	无机结合料稳定粒料	无机结合料稳定土	无机结合料稳定粒料	无机结合料稳定土
c_1	14.0	35.0	18.5	21.0
c_2	−0.007 6	−0.001 56	−0.01	−0.012 5
c_3	−1.47	−0.83	−1.32	−0.82

h_a，h_b——沥青混合料层和计算点以上无机结合料稳定层厚度；

σ_t——无机结合料稳定层层底拉应力（MPa），按式（12-18）计算：

$$\sigma_t = \overline{p\sigma_t} \tag{12-18}$$

$$\overline{\sigma_t} = f\left(\frac{h_1}{\delta}, \ \frac{h_2}{\delta}, \ \cdots, \ \frac{h_{n-1}}{\delta}; \ \frac{E_2}{E_1}, \ \frac{E_3}{E_2}, \ \cdots, \ \frac{E_0}{E_{n-1}} \right)$$

$\overline{\sigma_t}$——理论拉应力系数；

其余符号意义同前。

无机结合料稳定层疲劳开裂寿命应大于设计使用年限内设计车道的当量设计轴载累计作用次数，否则，应调整路面结构方案，重新验算，直至满足要求。

12.4.5　沥青混合料层永久变形量验算

应按下列要求对各沥青混合料层进行分层，分别计算各分层的永久变形量：表面层，采用10～20 mm为一分层；第二层沥青混合料层，每一分层厚度应不大于25 mm；第三层沥青混合料层，每一分层厚度应不大于100 mm；第四层及其以下沥青混合料层，作为一个分层。

根据标准条件下的车辙试验，得到各层沥青混合料的车辙试验永久变形量，按式（12-19）计算各分层的永久变形量和沥青混合料层总的永久变形量：

$$R_a = \sum_{i=1}^{n} R_{ai} \tag{12-19}$$

$$R_{ai} = 2.31 \times 10^{-8} k_{Ri} T_{pef}^{2.93} p_i^{0.48} N_{e3} \left(h_i / h_0 \right) R_{0i}$$

式中　R_a——沥青混合料层永久变形量（mm）；

R_{ai}——第 i 层永久变形量（mm）；

n——分层数；

T_{pef}——沥青混合料层永久变形等效温度（℃），查表确定；

N_{e3}——设计使用年限内或通车至首次针对车辙维修的期限内，设计车道上当量设计轴载累计作用次数；

h_i——第 i 分层厚度（mm）；

h_0——车辙试验试件的厚度（mm）；

R_{0i}——第 i 分层沥青混合料在试验温度为 60 ℃，压强为 0.7 MPa，加载次数为 2 520 次时车辙试验永久变形量（mm）；

k_{Ri}——综合修正系数，按式（12-20）计算：

$$k_{Ri} = (d_1 + d_2 \cdot z_i) \cdot 0.973\ 1^{z_i} \tag{12-20}$$

$$d_1 = -1.35 \times 10^{-4} h_a^2 + 8.18 \times 10^{-2} h_a - 14.50$$

$$d_2 = 8.78 \times 10^{-7} h_a^2 - 1.50 \times 10^{-3} h_a + 0.90$$

z_i——沥青混合料层第 i 分层深度（mm），第一分层取为 15 mm，其他分层为路表距分层中点的深度；

h_a——沥青混合料层厚度（mm），$h_a > 200$ mm 时，取 200 mm。

p_i——沥青混合料层第 i 分层顶面竖向压应力（MPa），按式（12-21）计算：

$$p_i = p\, \overline{p}_i \tag{12-21}$$

$$\overline{p}_i = f\left(\frac{h_1}{\delta},\ \frac{h_2}{\delta},\ \cdots,\ \frac{h_{n-1}}{\delta};\ \frac{E_2}{E_1},\ \frac{E_3}{E_2},\ \cdots,\ \frac{E_0}{E_{n-1}} \right)$$

$\overline{p}_i$——理论压应力系数。

验算所得的沥青混合料层永久变形量应满足容许永久变形量要求，否则，应调整沥青混合料设计，直至满足要求。

满足沥青混合料层容许永久变形量要求的沥青混合料，尚应满足标准车辙试验的动稳定度要求，其永久变形量 R_0 对应的稳定度可用作沥青混合料的质量要求和施工控制指标。标准车辙试验温度为 60 ℃，压强为 0.7 MPa，试件厚度为 50 mm，加载次数为 2 520 次时沥青混合料的动稳定度 DS（次/mm），按式（12-22）计算：

$$DS = 9\ 365\ R_0^{-1.48} \tag{12-22}$$

12.4.6　路基顶面竖向压应变验算

路基顶面的容许竖向压应变应按式（12-23）计算确定：

$$[\varepsilon_z] = 1.25 \times 10^{4 - 0.1\beta} (k_{T3} N_{e4})^{-0.21} \tag{12-23}$$

式中　$[\varepsilon_z]$——路基顶面的容许竖向压应变（10^{-6}）；

N_{e4}——设计使用年限内设计车道上的当量设计轴载累计作用次数；

k_{T3}——温度调整系数。

按规定选取计算点，根据弹性层状体系理论，按式（12-24）计算路基顶面竖向压应变。路基顶面竖向压应变应小于容许压应变值，否则，应调整路面结构方案，重新验算，直至满足要求。

$$\varepsilon_z = p\, \overline{\varepsilon}_z \tag{12-24}$$

$$\overline{\varepsilon}_z = f\left(\frac{h_1}{\delta},\ \frac{h_2}{\delta},\ \cdots,\ \frac{h_{n-1}}{\delta};\ \frac{E_2}{E_1},\ \frac{E_3}{E_2},\ \cdots,\ \frac{E_0}{E_{n-1}} \right)$$

式中　$\overline{\varepsilon}_z$——理论竖向压应变系数。

12.4.7　沥青面层低温开裂指数验算

季节性冻土地区沥青面层，应按式（12-25）验算其低温开裂指数 CI：

$$CI = 1.95 \times 10^{-3} S_t \lg b - 0.075(T + 0.07 h_a) \lg S_t + 0.15 \tag{12-25}$$

式中　CI——沥青面层低温开裂指数；

$\quad\quad T$——路面低温设计温度（℃），为连续 10 年年最低气温平均值；

$\quad\quad S_t$——在路面低温设计温度加 10 ℃试验温度条件下，表面层沥青弯曲梁流变试验加载 180 s 时蠕变劲度（MPa）；

$\quad\quad h_a$——沥青结合料类材料层厚度（mm）；

$\quad\quad b$——路基类型参数，对砂 $b=5$，对粉质黏土 $b=3$，对黏土 $b=2$。

沥青面层低温开裂指数值应满足表 12-23 的要求，否则，应改变所选用的沥青材料，直至满足要求。

12.4.8　防冻厚度验算

季节性冻土地区路基为中湿或潮湿状态时，应按式（12-26）计算公路多年最大冻深：

$$Z_{max} = abc Z_d \tag{12-26}$$

式中　Z_{max}——公路多年最大冻深（mm）；

$\quad\quad Z_d$——大地多年最大冻深（mm），根据调查资料确定；

$\quad\quad a$——大地冻深范围内路基、路面各层材料热物性系数，查表 12-36 确定；

$\quad\quad b$——路基湿度系数，查表 12-37 确定；

$\quad\quad c$——路基断面形式系数，根据表 12-38 按内插法确定。

表 12-36　路基、路面各层材料热物性系数

路基材料	黏质土	粉质土	粉土质砂	细粒土质砂、黏土质砂	含细粒土质砾（砂）
热物性系数	1.05	1.10	1.20	1.30	1.35
路面材料	水泥混凝土	沥青结合料类	级配碎石	二灰或水泥稳定粒料	二灰土及水泥土
热物性系数	1.40	1.35	1.45	1.40	1.35

表 12-37　路基湿度系数

干湿类型	干燥	中湿	潮湿
湿度系数	1.0	0.95	0.90

表 12-38　路基断面形式系数

填挖形式和高（深）度/m	路基填土高度					路基挖方深度			
	0	<2	2~4	4~6	>6	<2	2~4	4~6	>6
断面形式系数	1.0	1.02	1.05	1.08	1.10	0.98	0.95	0.92	0.90

路面结构厚度小于规定的最小防冻厚度（表 12-39）时，应增设防冻层，使其满足最小防冻厚度要求。

表 12-39 沥青路面结构最小防冻厚度　　　　　　　mm

路基土	基层或底基层材料类型	对应于以下公路多年最大冻深和路基干湿类型的最小防冻厚度							
		中湿				潮湿			
		500 ~ 1 000	1 000 ~ 1 500	1 500 ~ 2 000	>2 000	500 ~ 1 000	1 000 ~ 1 500	1 500 ~ 2 000	>2 000
砂性土和细粉质砂土	粒料类	400 ~ 450	450 ~ 500	500 ~ 600	600 ~ 700	450 ~ 550	550 ~ 600	600 ~ 700	700 ~ 800
	水泥、石灰稳定类、水泥混凝土	350 ~ 400	400 ~ 450	450 ~ 550	550 ~ 650	400 ~ 500	500 ~ 550	550 ~ 650	650 ~ 750
	二灰或水泥粉煤灰稳定类、沥青结合料类	300 ~ 350	350 ~ 400	400 ~ 500	500 ~ 550	350 ~ 450	450 ~ 500	500 ~ 550	550 ~ 700
粉性土	粒料类	450 ~ 500	500 ~ 600	600 ~ 700	700 ~ 750	500 ~ 600	600 ~ 700	700 ~ 800	800 ~ 1 000
	水泥、石灰稳定类、水泥混凝土	400 ~ 450	450 ~ 500	500 ~ 600	600 ~ 700	450 ~ 550	550 ~ 650	650 ~ 700	700 ~ 900
	二灰或水泥粉煤灰稳定类、沥青结合料类	300 ~ 400	400 ~ 450	450 ~ 500	500 ~ 650	400 ~ 500	500 ~ 600	600 ~ 650	650 ~ 800

12.4.9 设计路面结构的验收弯沉值

（1）路基顶面验收弯沉值 l_g（0.01 mm）按式（12-27）计算：

$$l_g = \frac{176pr}{E_0} \tag{12-27}$$

式中 p——落锤式弯沉仪承载板施加荷载（MPa）；

　　　r——落锤式弯沉仪承载板半径（mm）；

　　　E_0——平衡湿度状态下路基顶面回弹模量。

（2）宜采用落锤式弯沉仪进行路基验收，落锤式弯沉仪荷载为 50 kN，荷载盘半径为 150 mm。路基顶面实测代表弯沉值应符合式（12-28）的要求：

$$l_0 \leqslant l_g \tag{12-28}$$

式中 l_0——路段内实测的路基顶面弯沉代表值（0.01 mm），以 1~3 km 为一评定路段，按式（12-29）计算：

$$l_0 = (\overline{l_0} + \beta \cdot s) K_1 \tag{12-29}$$

　　　$\overline{l_0}$——路段内实测路基顶面弯沉平均值（0.01 mm）；

　　　s——路段内实测路基顶面弯沉标准差（0.01 mm）；

K_1——路基顶面弯沉湿度影响系数，根据当地经验确定。

（3）路表验收弯沉值 l_a，应根据设计路面结构，采用弹性层状体系理论按式（12-30）计算。路面结构层参数应与路面结构验算时相同。路基顶面回弹模量应采用平衡湿度状态下路基顶面回弹模量乘以模量调整系数 k_l。

$$l_a = p\,\overline{l}_a \tag{12-30}$$

$$\overline{l}_a = f\left(\frac{h_1}{\delta},\ \frac{h_2}{\delta},\ \cdots,\ \frac{h_{n-1}}{\delta};\ \frac{E_2}{E_1},\ \frac{E_3}{E_2},\ \cdots,\ \frac{k_l E_0}{E_{n-1}}\right)$$

式中　$\overline{l}_a$——理论弯沉系数。

$\quad\quad k_l$——路基顶面回弹模量调整系数，无机结合料稳定类基层沥青路面和水泥混凝土基层沥青路面，取 0.5；粒料类基层沥青路面和沥青结合料类基层沥青路面，当采用无机结合料稳定底基层时，取 0.5，否则取 1.0。

$\quad\quad E_0$——平衡湿度状态下路基顶面回弹模量。

（4）路面交（竣）工时应对路表弯沉值进行检测。落锤式弯沉仪中心点弯沉代表值应符合式（12-31）的要求：

$$l_0 \leqslant l_a \tag{12-31}$$

式中　l_0——路段内实测的路表弯沉代表值（0.01 mm），以 1~3 km 为一评定路段，按式（12-32）计算：

$$l_0 = (\overline{l}_0 + \beta \cdot s)k_1 k_3 \tag{12-32}$$

$\quad\quad \overline{l}_0$——路段内实测路表弯沉平均值（0.01 mm）；

$\quad\quad s$——路段内实测路表弯沉标准差（0.01 mm）；

$\quad\quad k_1$——路表弯沉湿度影响系数，根据当地经验确定。

$\quad\quad k_3$——路表弯沉温度影响系数，按式（12-33）确定：

$$k_3 = e^{\left[9\times10^{-6}\left(\ln E_0 - 1\right)h_a + 4\times10^{-3}\right]\left(20 - T\right)} \tag{12-33}$$

$\quad\quad T$——弯沉测定时沥青结合料类材料层中点实测或预估温度（℃）；

$\quad\quad h_a$——沥青结合料类材料层厚度（mm）；

$\quad\quad E_0$——平衡湿度状态下路基顶面回弹模量。

12.5　沥青路面改建设计

沥青路面随着使用时间的延续，其使用性能和承载能力不断降低，超过设计使用年限后便不能满足正常行车交通的要求，而需补强或改建。确定改建设计方案时，应充分利用既有路面结构性能，减少废弃材料，并积极、稳妥地再生利用既有路面材料。

12.5.1　既有路面调查与分析

对既有的路面进行结构状况的调查与评定，其目的主要是了解路面现有结构状况和强度，据以判断是否需要加强或预估剩余使用寿命，分析路面损坏的原因及提出处理措施。

（1）收集既有路面及其排水设施的设计、施工及历史养护维修情况等技术资料。

（2）调查分析交通量、轴载组成和增长率等交通荷载参数。

（3）调查路面破损状况，包括路面病害类型、严重程度、范围和数量等。

（4）采用落锤式动态弯沉仪或其他弯沉仪检测评价既有路面结构承载能力。

（5）采用钻孔、探坑取样、路面雷达、切割等方式，调查分析既有路面厚度、层间结合及病害程度情况，并取样进行室内试验，测定试件模量、强度等，分析路面材料组成与退化情况。

（6）对因路基问题导致路面损坏的路段，取样调查路基土质类型、含水率和 CBR 等，分析路基稳定性和承载力等。

（7）调查沿线气候条件、地下水水位及路基路面排水状况。

（8）调查沿线跨线桥、隧道净空要求及其他影响路面改建设计的因素。

既有路面调查应根据既有路面调查结果综合分析病害原因，判断路面病害的层位、破坏程度、发展趋势及既有路面的可利用程度。

12.5.2　改建方案

应根据不同路段路面状况和损坏程度，对既有路面采取相应的处理方案。既有路面处理可采用局部病害处治、整体性处理的方式或局部病害处治与整体性处理相结合的方式，并应符合下列规定：

（1）既有路面破损不严重且结构性能较好的路段可参照《公路沥青路面养护技术规范》（JTJ 073.2—2001）对局部病害处治后加铺。

（2）既有路面破损严重或结构性能不足的路段，宜采用整体性处理方式。处理深度和范围应根据路面破损程度、层位和处理工艺确定。

改建方案应充分利用既有路面结构和材料，可视具体情况选择经局部病害处治后直接加铺一层或多层改建方案、将既有路面铣刨至某一结构层或将既有路面就地再生后加铺一层或多层改建方案。既有路面存在较多裂缝时，应采取减缓裂缝的措施。既有路面出现内部排水不良引起的水损坏时，应改善或重置路面防排水系统。加铺层与既有路面间应采取设置粘层或封层等层间结合措施。加铺层材料组成和技术要求应符合规范的规定。

12.5.3　改建路面结构验算

设计使用年限内预期的交通荷载参数应按规范进行调查和分析，并按规范确定交通荷载等级。加铺层以及经处治后的既有路面结构在设计使用年限内的使用性能，应符合相关规范的规定。

既有路面破损不严重且结构性能较好，采用直接加铺方案或铣刨至某一结构层再加铺方案时，应同时对既有路面结构层和加铺层进行结构验算。加铺层的设计参数应按新建路面结构确定。既有路面结构层的设计参数应按下列要求确定：

（1）将既有路面简化为由沥青结合料类材料层、无机结合料稳定层或粒料层和路基组成的三层体系，利用弯沉盆反演或芯样实测的方法确定各层结构模量。

（2）既有路面无机结合料稳定层弯拉强度，宜根据现场取芯实测的无侧限抗压强度按式（12-34）计算，无条件时，可根据既有路面整体强度、基层和面层损坏状况，结合当地经验确定。

$$R_s = 0.21R_c \tag{12-34}$$

式中　R_s——无机结合料稳定类材料试件的弯拉强度（MPa）；

R_c——无机结合料稳定类材料试件的无侧限抗压强度（MPa）。

既有路面破损严重或结构性能不足时，无论采用直接加铺方案还是采用铣刨至某一结构层再加铺方案，均应对加铺层进行结构验算。加铺面层的设计参数应按新建路面结构确定。既有路面或铣刨后留用的路面结构层不再进行结构验算，其顶面当量回弹模量按式（12-35）计算：

$$E_{\mathrm{d}} = \frac{176pr}{l_0} \tag{12-35}$$

式中 E_{d}——既有路面结构顶面当量回弹模量（MPa）；

p——落锤式弯沉仪承载板施加荷载（MPa）；

r——落锤式弯沉仪承载板半径（mm）；

l_0——落锤式弯沉仪承载板中心点弯沉值（0.01 mm）。

12.5.4　改建路面结构验算的流程

改建路面结构验算的流程如图 12-4 所示。

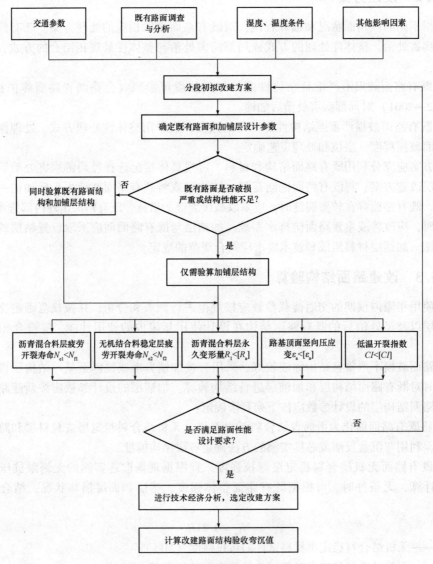

图 12-4　改建路面结构验算的流程

（1）调查分析交通参数，确定交通荷载等级。

（2）对既有路面技术状况进行调查和分析。

（3）根据路况调查结果，对既有路面进行分段。结合当地工程经验，分段初拟改建方案。

（4）确定需验算的结构层和设计指标，确定既有路面和加铺层的材料模量等设计参数，并按规定检验加铺层粒料的 CBR，无机结合料稳定类材料的无侧限抗压强度，沥青低温性能要求，沥青混合料的低温破坏应变、动稳定度、贯入强度和水稳定性等。

（5）收集工程所在地区气温资料，确定各设计指标相应的温度调整系数或等效温度。

（6）采用多层弹性体系理论程序计算各设计指标的力学响应量。

（7）进行路面结构验算，验算结果应符合规定，不符合时，调整路面改建方案重新验算，直至符合要求。

（8）对通过结构验算的路面结构进行技术经济分析，选定路面改建方案。

（9）计算改建路面结构的路表验收弯沉值。

思考题

1. 什么是设计轴载？如何进行轴次换算和计算累计当量轴次？

2. 沥青路面结构组合方案有哪些？

3. 简述沥青路面结构验算的内容及设计指标。

4. 简述沥青路面改建结构验算的流程及对既有路面调查分析的内容。

第 13 章

水泥混凝土路面施工技术

13.1 水泥混凝土路面施工概述

水泥路面即水泥混凝土路面,俗称白色路面,是以水泥与水拌合成的水泥浆为结合料,以碎(砾)石、砂为集料,再加适当的掺和料及外掺剂,拌合成水泥混凝土混合料而筑成的路面面层和基层、垫层所组成的路面。即由水泥混凝土面层板和基层、垫层所组成的路面称为水泥混凝土路面。又因为当车辆行驶在路面上时,路面会产生较小的弯曲变形,所以也称为刚性路面。

13.1.1 水泥混凝土路面的分类

1. 素水泥混凝土路面

素水泥混凝土路面包括普通混凝土路面[除接缝区和局部范围(边缘和角隅)外不配置钢筋的混凝土路面]和全部缩缝设传力杆的混凝土路面。

2. 钢筋混凝土路面

钢筋混凝土路面包括局部补强使用的间断(带接缝)钢筋混凝土路面、连续配筋混凝土路面和预应力钢筋混凝土路面。

3. 装配式混凝土路面

装配式混凝土路面是在工厂中把混凝土预制或板块,然后运至土地现场装配而成的路面。

4. 钢纤维混凝土路面

在水泥混凝土中掺入一些低碳钢、不锈钢纤维或其他纤维(如塑料纤维、纤维网等)即成为一种均匀而多向配筋的混凝土。

13.1.2 水泥混凝土路面的优缺点

1. 水泥混凝土路面的优点

(1)强度高刚度大、承载能力强。水泥混凝土路面具有很高的抗压强度和较高的抗弯拉强度以及抗磨耗能力,使其对基层的承载能力要求较低,适应在稳定基层上的大交通量和重载交通量的高速公路、国道、省道、机场、厂矿道路上使用。

（2）稳定性好。水泥混凝土路面耐水性好，能够较好地使用在降雨量较大地区和短期浸水的过水路面上。水泥混凝土路面的水稳性、热稳性均较好，特别是它的强度能随着时间的延长而逐渐提高，不存在沥青路面的那种"老化"现象。

（3）耐久性好。由于水泥混凝土路面的强度和稳定性好，所以它经久耐用，一般能使用20 年，而且它能通行包括履带式车辆等在内的各种运输工具。在标准轴载作用下，疲劳寿命可为 500 ~ 1 000 万次，且抗冻性、抗滑性、耐磨性等耐久性优良。

（4）有利于夜间行车。混凝土路面色泽鲜明，能见度好，对夜间行车有利。

（5）隔热性好。水泥混凝土路面冰雪融化慢，对于季节性冻土路段，保证路基冻土不融化失稳具有重要价值。对粗集料磨光值和磨耗值要求低，集料易得。

另外，路面更环保，当水流经过时，路面水对周围土壤和地下水无污染，而且可在水泥混凝土路面中使用粉煤灰具有良好的环保效益，且耐油、耐酸、耐碱、耐腐蚀性强。其在保证建设质量前提下，维修费用很节省，运营油耗低、经济性好，无沥青路面的弯沉盆，所以在使用期内车辆燃油消耗比沥青路面节省 15% ~ 20%。

2. 水泥混凝土路面的缺点

（1）同等平整度舒适性较低。刚性路面模量很高，反弹颠簸大，设置的接缝多，振动大、噪声大。

（2）板体性强，对基层抗冲刷性要求高。要求基层表面平整、抗冲刷能力强，否则易在接缝处出现唧泥、错台、啃边与破坏。

（3）刚性大，不适应较大沉降。普通水泥路面不适用于基层与路基大变形和不均匀沉降、山区填挖方交界、高填方及长期浸水路段。

（4）对超载与脱空相当敏感。普通水泥混凝土路面在超载条件下对板厚设计不足、材料强度不高或不均匀、结构内渗透排水不畅，施工质量不高、基层淘刷和基础支持不稳固等很敏感，超轴载运行对刚性路面极为不利，极易形成断板、断面、断角等结构性破坏。

（5）维修难度大。水泥混凝土路面硬度大，在缺乏修复新材料和机械时，维修较为困难。交通运输部、机场、市政等部门正在进行快速维修技术的研究工作，目前已经能够实现当晚修复，第二天早上开放交通的要求。

另外，水泥混凝土路面容易造成眩光疲劳，白色路面的光、热反射能力高于黑色沥青路面，在高速公路上司机反映晃眼，眼睛容易疲劳。水泥混凝土路面颜色可使用彩色路面技术进行调整。

13.2　水泥混凝土路面的构造

13.2.1　水泥混凝土路面结构组合原则

水泥混凝土路面结构组合时主要考虑：

（1）公路等级和交通荷载。公路等级高或交通荷载等级高的路面结构需选较多的结构层次及较强和较厚的结构层；反之，低等级公路或轻交通荷载的路面结构可选较少的结构层次及较弱和较薄的结构层。

（2）路基条件。对于较弱的路基，应首先采取改善路基的措施，在满足规定的严格的支承要求后再考虑路面结构；对于较强的路基，可以相应降低路面结构层的强度或厚度。

（3）当地温度和湿度状况。在季节性冰冻地区，需考虑防冻层最小厚度的要求，多雨潮湿地区，需考虑采用路面结构内部排水措施等。

（4）已有公路路面的使用经验。

路面结构是个多层体系，整个结构的性能和寿命受制于系统内最薄弱的环节（层次），因而，在考虑并合理处理上下层次的相互作用的同时，还需要顾及整个路面结构体系中各组成部分（层）性能的协调，以能提供平衡的路面结构组合。

13.2.2 功能层的构造要求

水泥混凝土路面在下述情况需在基层下设置功能层：

（1）季节性冰冻地区，路面总厚度小于最小防冻厚度时，差值以功能层厚度补足。

（2）水文地质条件不良的土质路堑，路床土湿度较大时，宜设置排水功能层。

（3）路基可能产生不均匀沉降时，可设半刚性功能层。

季节性冰冻地区地下水水位较高、粉性土路堤，毛细管水上升高度较大的潮湿路基段；年降雨量较大的潮湿多雨地区路基两侧可能滞水或有泉眼的路段，当路面结构未采用或不便采用渗透排水基层的场合，应在路基与（底）基层之间，设置开级配碎石、开级配卵石、砂砾、粗砂排水功能层，排水功能层的级配应满足排水和反滤的要求，具有一定的强度和较好的水稳性，在冰冻地区还需具有较好的抗冻性。

用作防冻功能层的材料有砂、砂砾、碎石、炉渣等。防冻功能层的最小厚度，除应满足《公路水泥混凝土路面设计规范》（JTG D40—2011）规定外，还应满足压实后，要求具有不小于土基的强度和较好的抗冻性；当采用砂或砂砾时，通过 0.075 mm 筛孔的颗粒含量不宜大于 5%；当采用炉渣时，小于 2 mm 的颗粒含量不宜大于 20%；当防冻垫层同时有排水要求时，应同时满足排水功能层和防冻功能层两者的要求。路基可能产生不均匀沉降时，可采用水泥、石灰、粉煤灰等胶凝材料制作的半刚性功能层。

表 13-1 水泥混凝土路面最小防冻厚度 m

路基干湿类型	路基土类别	当地最大冰冻深度			
		0.50~1.00	1.00~1.50	1.50~2.00	>2.00
中湿路基	易冻胀土	0.30~0.50	0.40~0.60	0.50~0.70	0.60~0.95
	很易冻胀土	0.40~0.60	0.50~0.70	0.60~0.85	0.70~1.10
潮湿路基	易冻胀土	0.40~0.60	0.50~0.70	0.60~0.90	0.75~1.20
	很易冻胀土	0.45~0.70	0.55~0.80	0.70~1.00	0.80~1.30

注：1. 冻深小于 0.5 m 的地区，一般不考虑结构层的防冻厚度。

2. 冻深小或填方路段及隔温性好的材料垫层取低值；冻深大或挖方路段及隔温性差的材料垫层取高值。

3. 易冻胀土是指细粒土砾（GM、GC）、除极细粉土质砂外的细粒土质砂（SM、SC）、塑性指数小于 12 的黏质土（CL、CH）。

4. 很易冻胀土是指粉质土（ML、MH）、极细粉土质砂（SM）、塑性指数为 12~22 的黏质土（CL）。

13.2.3 基层的构造要求

水泥混凝土面层下设置基层的作用在于：

（1）防唧泥混凝土面层如直接放在路基上，会由于路基土塑性变形量大，细料含量多和抗冲刷能力低而极易产生唧泥现象。铺设基层后，可减轻以至消除唧泥的产生。但未经处治的砂砾基层，其细料含量和塑性指数不能太高，否则仍会产生唧泥。

（2）防冰冻。在季节性冰冻地区，用对冰冻不敏感的粒状多孔材料来铺筑基层，可以减少路基的冰冻深度，从而减轻冰冻的危害作用。

（3）减小路基顶面的压应力，并缓和路基不均匀变形对面层的影响。

（4）防水。在湿软土基上，铺筑开级配粒料基层，可以排除从路表面渗入面层板下的水分以及隔断地下水毛细上升。

（5）为面层施工（如立侧模、运送混凝土混合料等）提供方便。

（6）提高路面结构的承载能力，延长路面的使用寿命。

理论计算和实践都已证明，采用整体性好的材料修筑基层，可以确保混凝土路面良好的使用特性和延长路面的使用寿命。如果基层出现较大的塑性变形累积，面层板将与之脱空，支承条件恶化，从而增加板的应力；同时，若基层材料中含有过多的细料，还将促使唧泥和错台等病害产生。

基层应具有足够的抗冲刷能力和一定的刚度。基层类型宜依照交通等级按表 13-2 选用。混凝土预制块面层应采用水泥稳定粒料基层。

表 13-2　适宜各交通等级的基层类型

交通荷载等级	基层材料类型	底基层材料类型
极重、特重	贫混凝土、碾压混凝土或沥青混凝土	级配碎石，水泥稳定碎石，石灰、粉煤灰稳定碎石
重	水泥稳定碎石或密级配沥青稳定碎石	
中等、轻	水泥稳定碎石，石灰、粉煤灰稳定碎石或级配碎石	未筛分碎石、级配砾石或不设

湿润和多雨地区，路基为低透水性细粒土的高速公路和一级公路或者承受特重或重交通的二级公路，宜采用排水基层。排水基层可选用多孔隙的开级配水泥稳定碎石、沥青稳定碎石或碎石，其孔隙率约为 20%。

基层的宽度应比混凝土面层每侧至少宽出 300 mm（采用小型机具施工时）或 650 mm（滑模式摊铺机施工时）。路肩采用混凝土面层，其厚度与行车道面层相同时，基层宽度宜与路基同宽。级配粒料基层的宽度也宜与路基同宽。各类材料基层、底基层的结构层适宜施工厚度如表 13-3 所示。

表 13-3　各种材料基层、底基层的结构层适宜施工厚度

基层类型		厚度适宜的范围/mm
贫水泥混凝土、碾压混凝土		120~200
无机结合料稳定粒料		150~200
沥青混凝土	集料公称最大粒径 9.5 mm	25~40
	集料公称最大粒径 13.2 mm	35~65
	集料公称最大粒径 16 mm	40~70
	集料公称最大粒径 19 mm	50~75
沥青稳定碎石	集料公称最大粒径 19 mm	
	集料公称最大粒径 26.5 mm	75~100
多孔隙水泥稳定碎石排水基层		100~150
级配碎石、未筛分碎石、级配砾石或碎砾石		100~200

承受极重、特重或重交通荷载的路面，基层下应设置底基层；承受中等或轻交通荷载时，可不设底基层。当基层采用无机结合料稳定类材料，且上路床由细粒土组成时，应在基层下设置粒料类底基层。

贫混凝土或碾压混凝土基层上应铺设沥青混凝土夹层，层厚不宜小于40 mm。无机结合料稳定碎石基层上应设置封层，封层可采用单层沥青表面处治或适宜的膜层材料等。当采用单层沥青表面处治时，层厚不宜小于6 mm。

碾压混凝土基层应设置与混凝土面层相对应的接缝。贫混凝土基层在其弯拉强度超过1.5 MPa时，应设置与混凝土面层相对应的横向缩缝；一次摊铺宽度大于7.5 m时，应设置纵向缩缝。

基层下未设功能层，上路床为细粒土、黏土质砂或级配不良砂（承受特重或重交通，或者为细粒土承受中等交通时），应在基层下设置底基层。底基层可采用级配粒料、水泥稳定粒料或石灰粉煤灰稳定粒料，厚度一般为200 mm。

排水基层下应设置由水泥稳定粒料或者密级配粒料组成的不透水底基层，厚度一般为200 mm。底基层顶面宜铺设沥青封层或防水土工织物。

13.2.4　面层的构造要求

水泥混凝土面层应具有足够的强度、耐久性，表面抗滑、耐磨、平整。面层一般采用设接缝的普通混凝土；面层板的平面尺寸较大或形状不规则，路面结构下埋有地下设施，高填方、软土地基、填挖交界段的路基等有可能产生不均匀沉降时，应采用设接缝的钢筋混凝土面层。

水泥混凝土面板的抗滑标准以构造深度为指标。表面构造应采用刻槽、压槽、拉槽或拉毛等方法制作。构造深度在使用初期应满足表13-4的要求。

表13-4　各级公路水泥混凝土面层的表面构造深度要求　　　　　　　　　mm

公路等级	高、一级	二、三、四级
一般路段	0.70～1.10	0.50～1.00
特殊路段	0.80～1.20	0.60～1.10
注：1. 特殊路段：高速、一级公路指立交、平交或变速车道；其他道路指急弯、陡坡、交叉口或集镇附近。		
2. 年降水量600 mm以下地区，可适当降低。		

13.2.5　接缝的构造要求

混凝土面层由一定厚度的混凝土板所组成，它具有热胀冷缩的性质。由于一年四季气温的变化，混凝土板会产生不同程度的膨胀和收缩。而在一昼夜中，白天气温升高，混凝土板顶面温度较底面为高，这种温度坡差会形成板中部隆起的趋势。夜间气温降低，板顶面温度较底面为低，会使板的周边和角隅发生翘起的趋势［图13-1（a）］。这些变形会受到板与基础之间的摩擦力和粘结力，以及板的自重车轮荷载等的约束，致使板内产生过大的应力，造成板的断裂［图13-1（b）］或拱胀等破坏。由于翘曲而引起的裂缝，则在裂缝发生后被分割的两块板体尚不致完全分离，倘若板体温度均匀下降引起收缩，则将使两块板体被拉开［图13-1（c）］，从而失去荷载传递作用。

为避免这些缺陷，普通混凝土、钢筋混凝土、碾压混凝土或钢纤维混凝土面层板不得不在纵横两个方向设置许多接缝，把整个路面分割成许多矩形板块。按接缝与行车方向之间的关系，把接缝分为纵缝与横缝两大类。

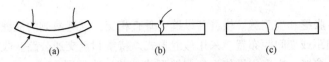

图 13-1　混凝土由于温度差引起的变形

(a) 翘曲；(b) 开裂；(c) 断开

(1) 纵缝的间距（板宽）：按路面宽度在 3～4.5 m 范围内确定。碾压混凝土、钢纤维混凝土面层在全幅摊铺时，可不设纵向缩缝。

(2) 横缝的间距（板长）：普通混凝土面层一般为 4～6 m，面层板的长宽比不宜超过 1.35，平面尺寸不宜大于 25 m²；碾压混凝土或钢纤维混凝土面层一般为 6～10 m；钢筋混凝土面层一般为 6～15 m，面层板的长宽比不宜超过 2.5，平面尺寸不宜大于 45 m²。

1. 纵缝

纵缝包括施工缝和缩缝。纵缝应与路线中线平行。在路面等宽的路段内或路面变宽路段的等宽部分，纵缝的间距和形式应保持一致。路面变宽段的加宽部分与等宽部分之间，以纵向施工缝隔开。加宽板在变宽段起终点处的宽度不应小于 1 m。

纵缝的布设应视路面宽度和施工铺筑宽度而定：一次铺筑宽度小于路面宽度时，应设置纵向施工缝。纵向施工缝采用平缝形式，上部应锯切槽口，深度为 30～40 mm，宽度为 3～8 mm，槽内灌塞填缝料，其构造如图 13-2（a）所示。一次铺筑宽度大于 4.5 m 时，应设置纵向缩缝。纵向缩缝采用假缝形式，宽度为 3～8 mm，锯切的槽口深度视基层材料而异。采用粒料基层时，槽口深度应为板厚的 1/3；采用半刚性基层时，槽口深度应为板厚的 2/5。其构造如图 13-2（b）所示。

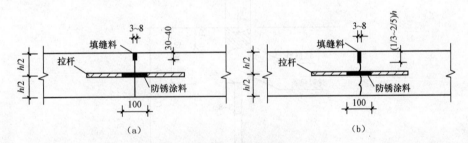

图 13-2　纵缝构造

(a) 纵向施工缝；(b) 纵向缩缝

碾压混凝土面层一次摊铺宽度大于 7.5 m 时，应设置纵向缩缝；钢纤维混凝土面层在摊铺宽度小于 7.5 m 时，可不设纵向缩缝。行车道路面与混凝土硬路肩之间的纵向接缝必须设置拉杆。

纵向接缝在板厚中央设置拉杆，拉杆应采用螺纹钢筋，并应对拉杆中部 100 mm 范围内进行防锈处理。拉杆的直径、长度和间距，可参照表 13-5 选用。施工布设时，拉杆间距应按横向接缝的实际位置予以调整，最外侧的拉杆距横向接缝的距离不得小于 100 mm。

表 13-5　拉杆的直径、长度和间距

面层厚度 /mm	到自由边或未设拉杆纵缝的距离/m					
	3.00	3.50	3.75	4.50	6.00	7.50
200～250	14×700×900	14×700×800	14×700×700	14×700×600	14×700×500	14×700×400
260～300	16×700×800	16×700×700	16×700×600	16×700×500	16×700×400	16×700×300

2. 横缝

横缝包括缩缝、胀缝和施工缝。横缝和纵缝应垂直相交，纵缝两侧的横缝不得相互错位。

横向缩缝可等间距或变间距布置，采用假缝形式。特重和重交通公路、收费广场以及邻近胀缝或自由端部的 3 条缩缝，应采用设传力杆假缝形式，其构造如图 13-3 (a) 所示。其他情况可采用不设传力杆假缝形式，其构造如图 13-3 (b) 所示。

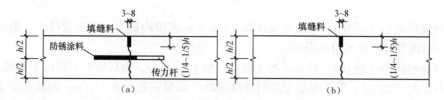

图 13-3 横向缩缝构造

(a) 设传力杆假缝形式；(b) 不设传力杆假缝形式

横向缩缝顶部应锯切槽口，深度为面层厚度的 1/5 ~ 1/4，宽度为 3 ~ 8 mm，槽内填塞填缝料。高速公路的横向缩缝槽口宜增设深 20 mm、宽 6 ~ 10 mm 的浅槽口，其构造如图 13-4 所示。

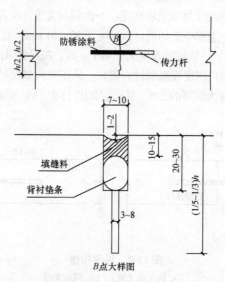

图 13-4 浅槽口构造

在邻近桥梁或其他固定构造物处或与其他道路相交处应设置横向胀缝。设置的胀缝条数，视膨胀量大小而定。胀缝宽 20 ~ 25 mm，缝内设置填缝板和可滑动的传力杆。胀缝构造如图 13-5 所示。

每日施工结束或因临时原因中断施工时，必须设置横向施工缝，其位置应尽可能选在缩缝或胀缝处。设在缩缝处的施工缝，应采用加传力杆的平缝形式，其构造如图 13-6 所示；设在胀缝处的施工缝，其构造应与胀缝构造相同。

传力杆应采用光面钢筋。其尺寸和间距可按表 13-6 选用。最外侧传力杆距纵缝或自由边的距离为 150 ~ 250 mm。

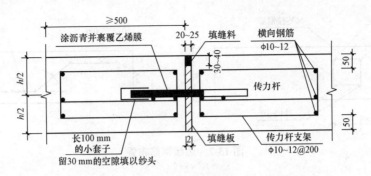

图 13-5　胀缝构造

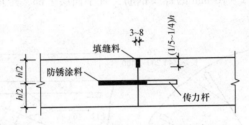

图 13-6　横向施工缝构造

表 13-6　传力杆尺寸和间距　　　　　　　　　　　　mm

面层厚度	传力杆直径	传力杆最小长度	传力杆最大间距
220	28	400	300
240	30	400	300
260	32 ~ 34	450	300
280	34 ~ 36	450	300
≥300	38	500	300

3. 交叉口接缝布设

　　两条道路正交时，各条道路的直道部分均保持本身纵缝的连贯性，而相交路段内各条道路的横缝位置应按相对道路的纵缝间距做相应变动，保证两条道路的纵横缝垂直相交，互不错位。两条道路斜交时，主要道路的直道部分保持纵缝的连贯，而相交路段内的横缝位置应按次要道路的纵缝间距做相应变动，保证与次要道路的纵缝相连接。相交道路弯道加宽部分的接缝布置，应不出现或少出现错缝和锐角板。

　　在次要道路弯道加宽段起终点断面处的横向接缝，应采用胀缝形式。膨胀量大时，应在直线段连续布置 2~3 条胀缝。

13.2.6　补强钢筋的布置

　　混凝土面层自由边缘下基础薄弱或接缝为未设传力杆的平缝时，可在面层边缘的下部配置钢筋。通常选用 2 根直径为 12 ~ 16 mm 的螺纹钢筋，置于面层底面之上 1/4 厚度处并不小于 50 mm，间距为 100 mm，钢筋两端向上弯起，如图 13-7 所示。

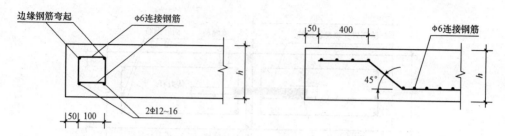

图 13-7 边缘钢筋布置

承受极重、特重交通的胀缝、施工缝和自由边的面层角隅及锐角面层角隅，宜配置角隅钢筋。通常选用 2 根直径为 12~16 mm 的螺纹钢筋，置于面层上部，距顶面不小于 50 mm，距边缘为 100 mm，如图 13-8 所示。

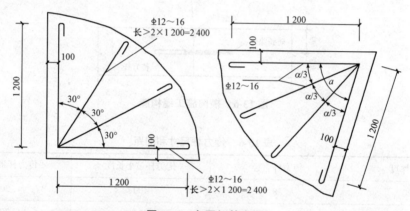

图 13-8 角隅钢筋布置

混凝土面层下有箱形构造物横向穿越，其顶面至面层底面的距离小于 800 mm 时，在构造物顶宽及两侧各 1.5H + 1.5 m，且不小于 4 m 的范围内，混凝土面层内应布设双层钢筋网，上下层钢筋网各距面层顶面和底面 1/4~1/3 厚度处，如图 13-9 所示。构造物顶面至面层底面的距离为 800~1 600 mm 时，在上述长度范围内的混凝土面层中应布设单层钢筋网。钢筋网设在距顶面 1/4~1/3 厚度处，如图 13-10 所示。钢筋直径 12 mm，纵向钢筋间距 100 mm，横向钢筋间距 200 mm。配筋混凝土面层与相邻混凝土面层之间设置传力杆缩缝。

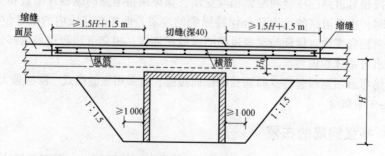

图 13-9 箱形构造物横穿公路处的面层配筋（$H_0 < 800$ mm）

注：H 为面层底面到构造物底面的距离；H_0 为面层底面到构造物顶面的距离。

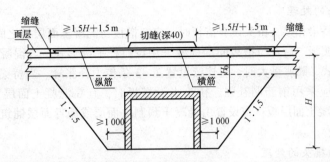

图 13-10　箱形构造物横穿公路处的面层配筋（$H_0 = 800 \sim 1\,600$ mm）

注：H 为面层底面到构造物底面的距离；H_0 为面层底面到构造物顶面的距离。

混凝土面层下有圆形管状构造物横向穿越，其顶面至面层底面的距离小于 1 200 mm 时，在构造物两侧各 $1.5H + 1.5$ m 且不小于 4 m 的范围内，混凝土面层内应布设单层钢筋网，钢筋网设在距面层顶面 1/4 ~ 1/3 厚度处，如图 13-11 所示。

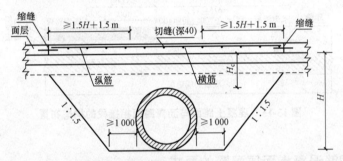

图 13-11　圆形管状构造物横穿公路处的面层配筋（$H_0 < 1\,200$ mm）

注：H 为面层底面到构造物底面的距离；H_0 为面层底面到构造物顶面的距离。

13.2.7　水泥混凝土路面接头的处理

1. 与构造物接头的处理

混凝土路面与桥涵、通道及隧道等固定构造物相衔接的胀缝无法设置传力杆时，可在毗邻构造物的板端部内配置双层钢筋网；或在长度为 6 ~ 10 倍板厚的范围内逐渐将板厚增加 20%，如图 13-12 所示。

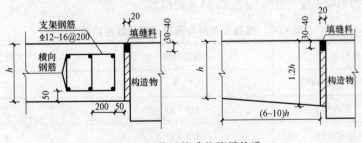

图 13-12　临近构造物胀缝构造

2. 与桥梁接头的处理

混凝土路面与桥梁相接，桥头设有搭板时，应在搭板与混凝土面层板之间设置长6～10 m的钢筋混凝土面层过渡板。后者与搭板间的横缝采用设拉杆平缝形式，与混凝土面层间的横缝采用设传力杆胀缝形式。膨胀量大时，应连续设置2～3条传力杆胀缝。当桥梁为斜交时，钢筋混凝土板的锐角部分应采用钢筋网补强。桥头未设搭板时，宜在混凝土面层与桥台之间设置长10～15 m的钢筋混凝土面层板；或设置由混凝土预制块面层或沥青面层铺筑的过渡段，其长度不小于8 m。

3. 与沥青路面接头的处理

混凝土路面与沥青路面相接时，其间应设置至少3 m长的过渡段。过渡段的路面采用两种路面呈阶梯状叠合布置，其下面铺设的变厚度混凝土过渡板的厚度不得小于200 mm，如图13-13所示。过渡板顶面应设置横向拉槽，沥青层与过渡板之间应粘结良好。过渡板与混凝土面层相接处的接缝内设置直径25 mm、长700 mm、间距400 mm的拉杆。混凝土面层毗邻该接缝的1～2条横向接缝应设置胀缝。

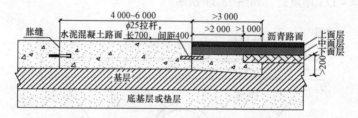

图13-13 混凝土路面与沥青路面相接段的构造布置

13.2.8 钢筋混凝土面层配筋的要求

钢筋混凝土面层的配筋量应按式（13-1）确定：

$$A_s = \frac{16 L_s h \mu}{f_{sy}} \tag{13-1}$$

式中 A_s——每延米混凝土面层宽（或长）所需的钢筋面积（mm^2）；

L_s——计算纵向钢筋时，为横缝间距（m）；计算横向钢筋时，为无拉杆的纵缝或自由边之间的距离（m）；

h——面层厚度（mm）；

μ——面层与基层之间的摩擦系数，按表13-7取值；

f_{sy}—钢筋的屈服强度（MPa），按表13-8取值。

表13-7 混凝土面层与基层摩擦系数经验参考值

基层材料	取值范围	代表值
级配碎石、级配砾石或碎砾石	0.5～4.0	2.5
沥青混凝土、沥青碎石	2.5～15	7.5
无机结合料稳定材料	3.5～13	8.9
贫混凝土、碾压混凝土	3.0～20	8.5

表 13-8　钢筋强度和弹性模量经验参考值

钢筋种类	钢筋直径 d/mm	屈服强度 f_{sy}/MPa	弹性模量 E_s/MPa
HPB300	6～14	300	210 000
HRB335		335	
HRB400	6～50	400	200 000
HRB500		500	

纵向和横向钢筋宜采用相同或相近的直径，直径差不应大于 4 mm。钢筋的最小直径和最大间距，应符合表 13-9 的规定。钢筋的最小间距宜为集料最大粒径的 2 倍。

表 13-9　钢筋的最小直径和最大间距　　　　　　　　　　　　　mm

钢筋类型	最小直径	纵向钢筋最大间距	横向钢筋最大间距
光圆钢筋	8	150	300
螺纹钢筋	12	350	600

钢筋布置应符合下列要求：纵向钢筋应设在面层顶面下 1/3～1/2 厚度范围内，在不影响施工的情况下宜设在接近面层顶面下 1/3 厚度处；横向钢筋应位于纵向钢筋之下；纵向钢筋的搭接长度宜大于 35 倍钢筋直径，搭接位置应错开，各搭接端连线与纵向钢筋的夹角应小于 60°；边缘钢筋至纵缝或自由边的距离宜为 100～150 mm。

13.2.9　连续配筋混凝土面层配筋

连续配筋混凝土面层的纵向配筋量应按下述要求确定：纵向钢筋埋置深度处的裂缝缝隙平均宽度不大于 0.5 mm；横向裂缝的平均间距不大于 1.8 m；钢筋所承受的拉应力不超过其屈服强度；满足上述要求所需的纵向配筋率，中等交通荷载等级宜为 0.6%～0.7%，重交通荷载等级宜为 0.7%～0.8%，特重交通荷载等级宜为 0.8%～0.9%，极重交通荷载等级宜为 0.9%～1.0%；冰冻地区路面的配筋率宜高于一般地区 0.1%；连续配筋混凝土用于复合式面层的下面层时，其纵向配筋率可降低 0.1%。

连续配筋混凝土面层的纵向和横向钢筋均应采用螺纹钢筋，直径宜为 12～20 mm。当钢筋可能受到较严重腐蚀时，宜在钢筋外涂环氧树脂等防腐材料。钢筋布置应符合下列要求：纵向钢筋距面层顶面不应小于 90 mm，最大深度不应大于 1/2 面层厚度，在不影响施工的情况下宜接近90 mm；纵向钢筋的间距不应大于 250 mm，不小于集料最大粒径的 2.5 倍；纵向钢筋的焊接长度宜不小于 10 倍（单面焊）或 5 倍（双面焊）钢筋直径，焊接位置应错开，各焊接端连线与纵向钢筋的夹角应小于 60°；边缘钢筋至纵缝或自由边的距离宜为 100～150 mm；横向钢筋应位于纵向钢筋之下；横向钢筋间距宜为 300～600 mm，直径大时取大值；横向钢筋宜斜向设置，其与纵向钢筋的夹角可取 60°。

相邻车道之间或车道与硬路肩之间的纵向接缝内，必须设置拉杆。该拉杆可用加长的横向钢筋代替。

13.2.10　路肩及路面排水的要求

路面横坡应为 1%～2%，路肩铺面横坡宜比行车道路面大 1%～2%。行车道路面结构设置排水基层或垫层时，应在基层或垫层外侧边缘设置纵向集水沟和带孔集水管，并间隔 50~100 m 设置横向排水管。

带孔集水管孔径通常为 10~15 cm。集水沟宽度通常采用 300 mm，深度应能保证集水管管顶低于排水层底面，并有足够厚度的回填料使集水管不被施工机械压裂。沟内回填料宜采用与排水基层或垫层相同的透水性材料，或者不含细料的碎石或砾石粒料。回填料与沟壁间应设反滤织物。

横向排水管不带孔，管径与集水管相同。集水沟和集水管纵坡宜与路线纵坡相同，但不得小于 0.3%。横向排水管的坡度不宜小于 5%。横向排水管出口端应设端墙。端头用镀锌铁丝网或格栅罩住，出水口应进行冲刷防护。

横向排水管上方的路肩边缘处应设置标志，标明出水口位置。

13.3 水泥混凝土路面施工工艺

13.3.1 水泥混凝土路面对材料组成的要求

1. 水泥

水泥是水泥混凝土路面中最重要的胶凝材料，其质量直接影响水泥混凝土路面弯拉强度、抗冲击振动性能、疲劳寿命、稳定性和耐久性等关键性能，必须引起高度重视。

高速公路水泥混凝土路面所用水泥应具有抗折强度高、耐疲劳、收缩小、耐磨性强、抗冻性好的特点。常用的路用水泥有道路硅酸盐水泥、硅酸盐水泥、普通硅酸盐水泥、矿渣硅酸盐水泥等。极重、特重、重交通荷载等级公路面层水泥混凝土应采用旋窑生产的道路硅酸盐水泥、硅酸盐水泥或普通硅酸盐水泥；中、轻交通荷载等级公路面层可采用矿渣硅酸盐水泥；高温施工宜采用普通型水泥，低温施工宜采用早强型水泥。各交通等级路面水泥实测抗折强度、抗压强度应符合表 13-10 的规定。

表 13-10　面层水泥混凝土用水泥各龄期的实测强度值

混凝土设计弯拉强度标准值/MPa	5.5		5.0		4.5		4.0	
龄期/d	3	28	3	28	3	28	3	28
水泥实测抗折强度/MPa，≥	5.0	8.0	4.5	7.5	4.0	7.0	3.0	6.5
水泥实测抗压强度/MPa，≥	23.0	52.5	17.0	42.5	17.0	42.5	10.0	32.5

水泥进场时每批量应附有物理性能、化学成分、力学指标合格的检验证明。各交通等级路面所使用水泥的化学成分、物理性能等路用品质要求应符合表 13-11 的规定。

表 13-11　各交通等级公路用水泥的化学成分、物理性能及路用品质要求

水泥性能	极重、特重、重交通荷载等级	中、轻交通荷载等级
游离氧化钙/%	≤1.0	≤1.8
氧化镁/%	≤5.0	≤6.0
铁铝酸四钙/%	15.0~20.0	12.0~20.0

续表

水泥性能	极重、特重、重交通荷载等级	中、轻交通荷载等级
铝酸三钙/%	≤7.0	≤9.0
三氧化硫含量/%	≤3.5	≤4.0
碱含量/%	$Na_2O + 0.658K_2O ≤ 0.6$	怀疑有碱活性集料时，≤0.6； 无碱活性集料时，≤1.0
氯离子含量/%	≤0.06	≤0.06.0
混合料种类	不得掺窑灰、煤矸石、火山灰、烧黏土、炉渣，有抗盐冻要求时不得掺石灰岩粉	不得掺窑灰、煤矸石、火山灰、烧黏土、炉渣，有抗盐冻要求时不得掺石灰岩粉
出磨时安定性	雷氏夹或蒸煮法检验必须合格	蒸煮法检验必须合格
标准稠度需水量/%	≤28	≤30
烧失量/%	≤3.0	≤5.0
比表面积/（$m^2 \cdot kg^{-1}$）	300~450	300~450
细度（80 μm）/%	筛余量≤10	筛余量≤10
初凝时间/h	≥1.5	≥0.75
终凝时间/h	≤10	≤10
28 d 干缩率[①]/%	≤0.09	≤0.10
耐磨性[①]/（$kg \cdot m^{-2}$）	≤2.5	≤3.0

① 28 d 干缩率和耐磨性试验方法采用《道路硅酸盐水泥》（GB/T 13693—2005）中的方法。

2. 粗集料与再生粗集料

集料是混凝土中含量最多的组成材料，粒径在 5 mm 以上者，称为粗集料；粒径在 5 mm 以下者，称为细集料。粗细集料在混凝土中占有 4/5 的比例，可见其重要性。

为获得密实、高强度、耐久性好、耐磨耗的混凝土，粗集料（碎石、破碎卵石或卵石）必须质地坚硬、耐久、洁净，有良好的级配。

粗集料的粒状以接近正方体为佳。长度大于平均粒径的 2.4 倍的称针状颗粒，厚度小于平均粒径的 40% 的称片状颗粒。表面粗糙且多棱角的粗集料，与水泥浆的黏附性好，配制的混凝土具有较高的强度，在相同水泥浆用量条件下，砾石配制的混凝土具有较好的和易性。这里应指出的是：选用含有非晶质活性二氧化硅岩石作粗集料时，如果水泥中的碱性氧化物含量较高（大于 0.6%），并且混凝土长期处于潮湿环境，则水泥中的碱性氧化物水解后生成的氢氧化钠和氢氧化钾会与集料中的活性二氧化硅发生化学反应，在集料表面生成一种碱-硅酸凝胶体。这种凝胶体吸水后体积膨胀，造成混凝土结构破坏，出现较深的网裂。这种损坏现象称为碱-集料反应，选用集料时应注意避免。目前已确定含非晶质活性二氧化硅的岩石有蛋白石、玉髓、鳞石英、方石英、硬绿泥岩、硅镁石灰岩、玻璃质或隐晶流纹岩、安山岩和凝灰岩等。粗集料的技术指标应符合表 13-12 的要求。

表 13-12　碎石、碎卵石和卵石的技术指标

项目	技术要求		
	Ⅰ级	Ⅱ级	Ⅲ级
碎石压碎值/%	≤18	≤25	≤30
卵石压碎值/%	≤21	≤23	≤26
坚固性（按质量损失计）/%	≤5	≤8	≤12
针片状颗粒含量（按质量计）/%	≤8	≤15	≤20
含泥量（按质量计）/%	≤0.5	≤1.0	<2.0
泥块含量（按质量计）/%	≤0.2	≤0.5	≤0.7
吸水率（按质量计）/%	≤1.0	≤2.0	≤3.0
有机物含量（比色法）	合格	合格	合格
硫化物及硫酸盐（按 SO_3 质量计）/%	≤0.5	≤1.0	≤1.0
岩石抗压强度	火成岩≥100 MPa；变质岩≥80 MPa；水成岩≥60 MPa		
表观密度/（kg·m^{-3}）	≥2 500		
松散堆积密度/（kg·m^{-3}）	≥1 350		
空隙率/%	≤47		
磨光值/%	≥35.0		
碱活性反应	经碱-集料反应试验后，试件无裂缝、酥裂、胶体外溢等现象，在规定试验龄期的膨胀率应小于0.10%		

注：1. 有抗冰冻、抗盐冻要求时，应检验粗集料吸水率。
　　2. 硫化物、硫酸盐含量、碱活性反应、岩石抗压强度在粗集料使用前应至少检验一次。

中、轻交通荷载等级公路面层水泥混凝土可使用再生粗集料，其质量应符合表 13-13 的规定。再生粗集料可单独或掺配新集料后使用，但应通过配合比试验验证，确定混凝土性能满足设计要求，并符合下列规定：有抗冰冻、抗盐冻要求时，再生粗集料不应低于Ⅱ级；无抗冰冻、抗盐冻要求时，可使用Ⅲ级再生粗集料；再生粗集料不得用于裸露粗集料的水泥混凝土抗滑表层；不得使用出现碱活性反应的混凝土为原料破碎生产的再生粗集料。

表 13-13　再生粗集料的质量标准

项目	技术要求		
	Ⅰ级	Ⅱ级	Ⅲ级
压碎值/%	≤21	≤30	≤43
坚固性（按质量损失计）/%	≤5	≤10	≤15
针片状颗粒含量（按质量计）/%	≤10	≤10	≤10
微粉含量（按质量计）/%	≤1.0	≤2.0	<3.0
泥块含量（按质量计）/%	≤0.5	≤0.7	≤1.0
吸水率（按质量计）/%	≤3.0	≤5.0	≤8.0
硫化物及硫酸盐含量（按 SO_3 质量计）/%	≤2.0	≤2.0	≤2.0
氯化物含量（按氯离子质量计）/%	≤0.06	≤0.06	≤0.06

项目	技术要求		
	Ⅰ级	Ⅱ级	Ⅲ级
洛杉矶磨耗损失/%	≤35	≤40	≤45
杂物含量（按质量计）/%	≤1.0	≤1.0	≤1.0
表观密度/（kg·m⁻³）	≥2 450	≥2 350	≥2 250
空隙率/%	≤47	≤50	≤53

注：1. 当再生粗集料中碎石的岩石品种变化时，应重新检测上述指标。
2. 硫化物含量、硫酸盐含量、氯化物含量、洛杉矶磨耗损失在再生粗集料使用前应至少检验一次。

粗集料与再生粗集料应根据混凝土配合比的公称最大粒径分为 2~4 个单粒级的集料，并掺配使用。粗集料与再生粗集料的合成级配及单粒级级配范围宜符合表 13-14 的要求。不得使用不分级的统料。

表 13-14　粗集料与再生粗集料的合成级配及单粒级级配范围

粒径	方筛孔尺寸/mm							
	2.36	4.75	9.50	16.0	19.0	26.5	31.5	37.5
	累计筛余（以质量计）/%							
合成级配 4.75~16	95~100	85~100	40~60	0~10				
合成级配 4.75~19.0	95~100	85~95	60~75	30~45	0~5	0		
合成级配 4.75~26.5	95~100	90~100	70~90	50~70	25~40	0~5	0	
合成级配 4.75~31.5	95~100	90~100	75~90	60~75	40~60	20~35	0~5	0
单粒级级配 4.75~9.50	95~100	80~100	0~15	0				
单粒级级配 9.50~16.0		95~100	80~100	0~15	0			
单粒级级配 9.50~19.0		95~100	85~100	40~60	0~15	0		
单粒级级配 16.0~26.5			95~100	55~70	25~40	0~5	0	
单粒级级配 16.0~31.5			95~100	85~100	55~70	25~40	0~10	0

各种面层水泥混凝土配合比的不同类粗集料与再生粗集料公称最大粒径宜符合表 13-15 的规定。

表 13-15　各种面层水泥混凝土配合比的不同类粗集料与再生粗集料公称最大粒径　　mm

交通荷载等级		极重、特重、重		中、轻	
面层类型		水泥混凝土	纤维混凝土配筋混凝土	水泥混凝土	碾压混凝土砌块混凝土
最大公称粒径	碎石	26.5	16.0	31.5	19.0
	破碎卵石	19.0	16.0	26.5	19.0
	卵石	16.0	9.50	19.0	16.0
	再生粗集料	—	—	26.5	19.0

3. 细集料

细集料应采用质地坚硬、耐久、洁净的天然砂、机制砂或混合砂，不宜使用再生细集料，并应符合表13-16的规定。极重、特重、重交通荷载等级公路混凝土路面层水泥混凝土用天然砂不应低于表13-16规定的Ⅱ级，中、轻交通荷载等级公路面层水泥混凝土可使用Ⅲ级天然砂。

表13-16 天然砂的质量标准

项目	技术要求		
	Ⅰ级	Ⅱ级	Ⅲ级
坚固性（按质量损失计）/%，≤	6	8	10
含泥量（按质量计）/%，≤	1.0	2.0	3.0
泥块含量（按质量计）/%，≤	0	0.5	1.0
氯离子含量（按质量计）/%，≤	0.02	0.03	0.06
云母含量（按质量计）/%，≤	1.0	1.0	2.0
硫化物及硫酸盐含量（按 SO_3 质量计）/%，≤	0.5	0.5	0.5
海砂中的贝壳类物质含量（按质量计）/%，≤	3.0	5.0	8.0
轻物质含量（按质量计）/%，≤	1.0		
吸水率/%	2.0		
表观密度/（kg·m^{-3}），≥	2 500		
松散堆积密度/（kg·m^{-3}），≥	1 400		
空隙率/%，≤	45		
有机物含量（比色法）	合格		
碱活性反应	不得有碱活性反应或疑似碱活性反应		
结晶态二氧化硅含量/%，≥	25.0		

天然砂的级配要求应符合表13-17的规定，水泥混凝土面层使用的天然砂宜为中砂，细度模数为2.0～3.7的砂。同一配合比用砂的细度模数变化范围不应超过0.3，否则，应分别堆放，并调整配合比中的砂率后使用。配筋混凝土路面及钢筋混凝土路面中不得使用海砂。淡化海砂还应符合下述规定：淡化海砂带入每立方米混凝土中的含岩量不应大于1.0 kg。淡化海砂中碎贝壳等甲壳类动物残留物含量不应大于1.0%，与河砂对比试验，淡化海砂应对砂浆磨光值、混凝土凝结时间、耐磨性、弯拉强度等无不利影响。

表13-17 天然砂的推荐级配范围

砂分级	细度模数	方筛孔尺寸/mm							
		9.50	4.75	2.36	1.18	0.60	0.30	0.15	0.075
		通过各筛孔的质量百分率/%							
粗砂	3.1～3.7	100	90～100	65～95	35～65	15～30	5～20	0～10	0～5
中砂	2.3～3.0	100	90～100	75～100	50～90	30～60	8～30	0～10	0～5
细砂	1.6～2.2	100	90～100	85～100	75～100	60～84	15～45	0～10	0～5

机制砂采用碎石作为原料，并用专用设备生产。极重、特重、重交通荷载等级公路面层水泥混凝土用机制砂的质量标准不低于表13-18的规定。中、轻交通荷载等级公路面层水泥混凝土可

使用Ⅲ级天然砂。还应检验砂浆磨光值，其值宜大于35，不宜使用抗磨性较差的泥岩、页岩、板岩等水成岩类母岩品种生产机制砂。配制机制砂混凝土时，外加剂宜采用引气高效减水剂或聚羧酸高性能减水剂。

表 13-18　机制砂的质量标准

项目		技术要求		
		Ⅰ级	Ⅱ级	Ⅲ级
机制母岩的抗压强度/MPa，≥		80.0	60.0	30.0
机制母岩的磨光值，≥		38.0	35.0	30.0
机制砂单粒级最大压碎值指标/%，≤		20.0	25.0	30.0
坚固性（按质量损失计）/%，≤		6	8	10
含泥量（按质量计）/%，≤		1.0	2.0	3.0
泥块含量（按质量计）/%，≤		0	0.5	1.0
氯离子含量（按质量计）/%，≤		0.01	0.02	0.06
云母含量（按质量计）/%，≤		1.0	2.0	2.0
硫化物及硫酸盐含量（按 SO_3 质量计）/%，≤		0.5	0.5	0.5
石粉含量 /%，<	MB < 1.4 或合格	3.0	5.0	7.0
	MB≥1.4 或不合格	1.0	3.0	5.0
轻物质含量（按质量计）/%，≤		1.0		
吸水率/%		2.0		
表观密度/（kg·m⁻³），≥		2 500		
松散堆积密度/（kg·m⁻³），≥		1 400		
空隙率/%，≤		45		
有机物含量（比色法）		合格		
碱活性反应		不得有碱活性反应或疑似碱活性反应		

机制砂的级配要求应符合表13-19的规定，水泥混凝土面层使用的机制砂宜为中砂，细度模数为2.3~3.1的砂。

表 13-19　机制砂的推荐级配范围

机制砂分级	细度模数	方筛孔尺寸/mm						
		9.50	4.75	2.36	1.18	0.60	0.30	0.15
		水洗法通过各筛孔的质量百分率/%						
Ⅰ级砂	2.3~3.1	100	90~100	80~95	50~85	30~60	10~20	0~10
Ⅱ、Ⅲ级砂	2.8~3.9	100	90~100	50~95	30~65	15~29	5~20	0~10

4. 掺和料

使用道路硅酸盐水泥或硅酸盐水泥时，可在混凝土中掺入适量粉煤灰；使用其他水泥时，不应掺入粉煤灰。面层混凝土可单独或复配掺用符合规定的粉状低钙粉煤灰、矿渣或硅灰等掺和料。不得掺用结块或潮湿的粉煤灰、矿渣粉和硅灰。粉煤灰质量不应低于表13-20的Ⅱ级粉煤灰的要求。不得掺用高钙粉煤灰或Ⅲ级及Ⅲ级以下低钙粉煤灰，粉煤灰进货应有等级检验报告。

表 13-20　低钙粉煤灰分级和质量标准

粉煤灰等级	细度/%	烧失量/%	需水量比/%	含水率/%	游离氧化钙含量/%	SO₃/%	混合砂浆活性指数	
							7 d	28 d
Ⅰ	≤12	≤5	≤95	≤1.0	<1.0	≤3	≥75	≥85（75）
Ⅱ	≤25	≤8	≤105	≤1.0	<1.0	≤3	≥70	≥80（62）
Ⅲ	≤45	≤15	≤115	≤1.0	<1.0	≤3	—	—
注：混合砂浆强度的活性指数为掺粉煤灰的砂浆与水泥砂浆的抗压强度比的百分数，不带括号的数值适用于所配制混凝土强度等级不小于 C40 时；当配制的混凝土强度等级小于 C40 时，混合砂浆的活性指数应满足 28 d 括号中数值的要求。								

粉煤灰宜采用散装灰，进货应有等级检验报告。应确切了解所用水泥中已经加入的掺合料的种类和数量。路面和桥面混凝土中可使用硅灰或磨细矿渣，使用前应经过试配检验，确保路面和桥面混凝土弯拉强度、工作性、抗磨性、抗冻性等技术指标合格。

5. 水

清洗集料、拌合混凝土及养护所用的水，不应含有影响混凝土质量的油、酸、碱、盐类、有机物等。饮用水一般均适用于混凝土。非饮用水应进行水质检验，并应符合表 13-21 的规定。

表 13-21　非饮用水质量标准

项次	项目	钢筋混凝土及钢纤维混凝土	素混凝土
1	pH，≥	5.0	4.5
2	Cl⁻含量/（mg·L⁻¹），≤	1 000	3 500
3	SO₄²⁻含量/（mg·L⁻¹），≤	2 000	2 700
4	碱含量/（mg·L⁻¹），≤	1 500	1 500
5	可溶物含量/（mg·L⁻¹），≤	5 000	10 000
6	不溶物含量/（mg·L⁻¹），≤	2 000	5 000
7	其他杂质	不应有漂浮的油脂和泡沫；不应有明显的颜色和异味	

6. 外加剂

混凝土外加剂已被列为混凝土混合料的必备成分。外加剂的用量一般不超过水泥用量的 5%，常用的外加剂有引气剂、减水剂、促凝剂、早强剂、防冻剂及阻锈剂等。

有抗（盐）冻要求地区、桥面、路缘石、路肩及贫混凝土基层必须使用引气剂，无抗盐（冻）要求地区，二级及二级以上公路路面混凝土中应使用引气剂。引气剂的作用是改善和易性、减少泌水、提高抗渗性和抗冻性，同时有减水作用、增强耐力性，减少干缩和温缩变形、缓解了碱-集料反应和化学侵蚀膨胀。

为改善所拌混凝土和易性（水灰比低时和易性差）需使用减水。如木质素等减水剂（简称 M 剂）、萘系减水剂（NF、MF）、水溶性树脂（密胺树脂）类减水剂（SN）等。

为调节水泥凝结时间的缓凝剂（天热拌制混凝土时），如羟基羧酸盐类（酒石酸等）、多羟基碳水化合物类（糖蜜等）和无机化合物类等；速凝剂（天冷拌制混凝土时），如"红星 1 型"等；早强剂，如氯化钙、三乙醇复合早强剂等。为增加耐冻性和对除冰化合物的抵抗力的引气剂，如松香热聚物等阳离子表面活性剂。处在海水、海风、Cl⁻、SO₄²⁻环境的或冬季撒除冰盐的路面或桥面钢筋混凝土、钢纤维混凝土中宜掺阻锈剂。

由于引用外加剂后会改变混凝土对制备工艺的要求，使用时应特别小心，同时，要特别注意配量正确和在混合料中均匀拌合。

外加剂产品应使用工程实际采用的水泥、集料和拌合用水进行试配，检验其性能，确定合理掺量。外加剂复配使用时，不得有絮凝现象，应使用工程实际采用的水泥、集料和拌合用水进行试配，确定其性能满足要求后方可使用。各种可溶外加剂均应充分溶解为均匀水溶液，按配合比计算的剂量加入。采用非水溶的粉状外加剂时，应保证其分散均匀、搅拌充分，不得结块。滑模摊铺施工的水泥混凝土面层宜采用引气高效减水剂；高温施工混凝土拌合物的初凝时间短于 3 h 时，宜采用缓凝引气高效减水剂；低温施工混凝土拌合物终凝时间长于 10 h 时，宜采用早强引气高效减水剂。

7. 钢筋

水泥混凝土、钢筋混凝土及连续配筋混凝土面层所用钢筋、钢筋网、传力杆、拉杆等应符合国家和行业现行相关标准的规定。钢筋不得有裂纹、断伤、刻痕、表面油污和锈蚀。配筋混凝土路面与桥面用钢筋宜采用环氧树脂涂层或防锈漆涂层等保护措施。

传力杆应无毛刺，两端应加工成圆锥形或半径为 2～3 mm 的圆倒角。胀缝传力杆应在一端设置镀锌钢管帽或塑料套帽，套帽厚度不应小于 2.0 mm，并应密封不透水，套帽长度宜为 100 mm，套帽内活动空隙长度宜为 30 mm。传力杆钢筋应采取喷塑、镀锌、电镀或涂防锈漆等防锈措施，防锈层不得局部缺失。拉杆钢筋应在中部不小于 100 mm 范围内采取涂防锈漆等防锈措施。

8. 纤维

用于路面和桥面水泥混凝土的钢纤维质量除应满足《纤维混凝土应用技术规程》（JGJ/T 221—2010）等标准的要求外，尚应符合下列规定：钢纤维抗拉强度等级不应低于 600 级；钢纤维应进行有效的防锈蚀处理；钢纤维的几何参数及形状精度应满足表 13-22 的要求；钢丝切断型钢纤维或波形、带倒钩的钢纤维不应使用；钢纤维表面不应沾染油污及妨碍水泥粘结及凝结硬化的物质，结团、粘结连片的钢纤维不得使用。

表 13-22　钢纤维的几何参数及形状精度要求

长度 /mm	长度 合格率 /%	直径（等效 直径）/mm	形状 合格率 /%	弯折 合格率 /%	平均根数与标 称根数偏差/%	杂质含量/%
25～50	>90	0.3～0.9	>90	>90	±10	<1.0

用于面层水泥混凝土的玄武岩短切纤维的外观应为金褐色，匀质、表面无污染，二氧化硅含量应为 48%～60%。其表面浸润剂应为亲水型。玄武岩纤维质量应满足表 13-23 的要求；玄武岩短切纤维的规格、尺寸及其精度应符合表 13-24 的规定。

表 13-23　玄武岩纤维质量标准

项　次	项　目	技术要求
1	抗拉强度/MPa，≥	1 500
2	弹性模量/MPa，≥	8.0×10^5
3	密度/（g·cm^{-3}）	2.60～2.80

续表

项　次	项　目	技术要求
4	含水率/%，≤	0.2
5	耐碱性（断裂强度保留率）/%，≥	75

注：耐碱性的测试是在饱和 Ca（OH）₂ 溶液中煮沸 4 h 的强度保留率。

表 13-24　玄武岩短切纤维的规格、尺寸及其精度

纤维类型	公称长度 /mm	长度合格率 /%	单丝公称直径 /μm	线密度 /tex	线密度合格率 /%	外观合格率 /%
合股丝（S）	20～35	>90	9～25	50～900	>90	≥95
加捻合股纱（T）	20～35	>90	7～13	30～800	>90	≥95

注：合股丝适用于有抗裂性要求的玄武岩纤维混凝土；加捻合股纱适用于提高弯拉强度要求的玄武岩纤维混凝土。

　　用于面层水泥混凝土的合成纤维可采用聚丙烯腈（PANF）、聚丙烯（PL）、聚酰胺（PAF）和聚乙烯醇（PVAF）等材料制成的单丝纤维或粗纤维，其质量应符合《水泥混凝土和砂浆用合成纤维》（GB/T 21120—2007）的规定，且实测单丝抗拉强度最小值不得小于 450 MPa。合成纤维的规格、加工精度及分散性应满足表 13-25 的要求。

表 13-25　合成纤维的规格、加工精度及分散性要求

外形分类	长度/mm	当量直径/μm	长度合格率/%	形状合格率/%	混凝土分散性/%
单丝纤维	20～40	4～65	>90	>90	±10
粗纤维	20～80	100～500			

9. 接缝材料

　　胀缝接缝板应选用能适应混凝土板膨胀收缩、施工时不变形、复原率高和耐久性好的材料。高速公路和一级公路宜选用泡沫橡胶板、沥青纤维板；其他等级公路也可选用浸油木板。用于水泥混凝土面层的胀缝板的高度、长度和厚度应符合设计要求，并按设计间距预留传力杆孔。孔径宜大于传力杆直径 2 mm，高度和厚度尺寸偏差均应小于 1.5 mm。胀缝板质量应符合表 13-26 的规定。

表 13-26　胀缝板的质量标准

项　目	胀缝板的种类		
	塑胶板、橡胶（泡沫）板	沥青纤维板	浸油木板
压缩应力/MPa	0.2～0.6	2.0～10.0	5.0～20.0
弹性复原率/%，≥	90	65	55
挤出量/mm，<	5.0	3.0	5.5
弯曲荷载/N	0～50	5～40	100～400

注：浸油木板在加工时应风干、去除结疤并用木材填实，浸渍时间不应小于 4 h；各种接缝板的厚度应为（20～25）mm ±2 mm。

接缝填缝料应选用与混凝土接缝槽壁粘结力强、回弹性好、适应混凝土板收缩、不溶于水、不渗水、高温时不流淌、低温时不脆裂、耐老化、有一定抵抗砂石嵌入的能力、便于施工操作的材料。硅酮类、聚氨酯类常温施工式填缝料可用于各等级公路水泥混凝土面层；橡胶沥青、改性沥青类填缝料可用于二级及二级以下公路，不宜用于高速公路和一级公路；道路石油沥青类填缝料可用于三、四级公路，不宜用于二级公路，不得用于高速公路和一级公路。

严寒及寒冷地区宜采用低模量型填缝料，其他地区宜采用高模量型填缝料。橡胶沥青应根据当地所处的气候区划选用四类中适宜的一类。严寒、寒冷地区宜使用 70 号石油沥青和（或）SBS 类 I–C；炎热、温暖地区宜使用 50 号石油沥青或 SBS 类 LD。加热施工式橡胶沥青填缝料质量应符合表 13-27 的规定。

表 13-27 加热施工式橡胶沥青填缝料质量标准

项目	高温型	普通型	低温型	严寒型
低温拉伸	0 ℃/RH25%/3 循环，15 mm，一组 3 个试件全部通过	–10 ℃/RH50%/3 循环，15 mm，一组 3 个试件全部通过	–20 ℃/RH75%/3 循环，15 mm，一组 3 个试件全部通过	–30 ℃/RH100%/3 循环，15 mm，一组 3 个试件全部通过
针入度/（0.1 mm）	≤70	50～90	70～110	90～150
软化点/℃，≥	80	80	80	80
流动值/mm，≤	3	5	5	5
弹性恢复率/%	30～70	30～70	30～70	30～70

填缝背衬垫条应具有弹性良好、柔韧性好、不吸水、耐酸碱腐蚀及高温不软化等性能。背衬垫条可采用橡胶条、发泡聚氨酯、微孔泡沫塑料等制成，其形状宜为可压缩圆柱形，直径宜比接缝宽度大 2～5 mm。

10. 夹层与封层材料

沥青混凝土夹层用材料、热沥青表处与改性乳化沥青稀浆封层材料应符合《公路沥青路面施工技术规范》（JTG F40—2004）的规定。封层用薄膜材料的质量、规格与外观标准应符合表 13-28 的规定。

表 13-28 封层用薄膜材料的质量、规格与外观标准

类 别	项 目		技术要求
复合土工膜（一布一膜、两布一膜）	厚度/mm	成品≥	0.30
		膜材≥	0.06
	纵、横向标称断裂强度/（kN·m⁻¹），≥		10
	纵、横向断裂伸长率/%，≥		30
	CBR 顶破强力/kN，≥		1.9
	剥离强度/（N·cm⁻¹），≥		6
复合塑料编织布	单位面积质量/（g·m⁻²），≥		125
	经、纬向拉断力/N，≥		570
	剥离力/N，≥		2.5
薄膜规格、外观	公称宽度/mm，≥		4 000
	宽度允许偏差/%，≥		+2.5，–1.0
	外观质量		合格

11. 养护材料

水泥混凝土面层用养护剂应采用由石蜡、适宜高分子聚合物与适量稳定剂、增白剂经胶体磨制成水乳液，不得采用以水玻璃为主要成分的养护剂。养护剂宜为白色胶体乳液，不宜为无色透明的乳液。养护剂的质量标准应符合表 13-29 的规定。使用养护剂时，高速公路、一级公路水泥混凝土面层应使用满足一级品要求的养护剂，其他等级公路可使用满足合格品要求的养护剂。

表 13-29　养护剂的质量标准

项　目		一　级　品	合　格　品
有效保水率/%，≥		90	75
抗压强度比或弯拉强度比/%，≥	7 d	95	90
	28 d	95	90
磨损量/(kg·m⁻²)，≤		3.0	3.5
含固量/%，≥		20.4	
干燥时间/h，≥		4	
成膜后浸水溶解性		养护期内不应溶解	
成膜耐热性		合格	

水泥混凝土面层用节水保湿养护膜应由高分子吸水保水树脂和不透水塑料面膜制成，其质量标准应符合表 13-30 的规定。

表 13-30　节水保湿养护膜的质量标准

节水保湿养护膜的性能			节水保湿养护膜养护水泥混凝土面层的性能		
软化温度/℃，≥		70	3 d 有效保水率/%，≥		95
0.006~0.02 mm 厚面膜的水蒸气透过量/[g·(m²·d)⁻¹]，≤		47	一次性保水时间/d，≥		7
拉伸强度/MPa，≥	双层膜	14	用养护膜养护混凝土抗压强度比/%（与标养比），≥	3 d	95
	单层膜	12		7 d	95
纵、横向直角撕裂强度/(kN·m)，≥		55	用养护膜养生混凝土弯拉强度比/%（与标养比），≥	3 d	95
芯膜厚度/mm		0.08~0.10		7 d	95
面膜厚度/mm		0.12~0.15			
长度允许偏差/%		±1.5	保温性（膜内温度与外界环境温度之差）/℃，≥		4
芯膜宽度		不允许负偏差	单位面积吸蒸馏水量/(kg·m⁻²)，≥		0.5
面膜、芯膜外观		干净整齐，无破损	养护膜养护混凝土磨耗量/(kg·m⁻²)，≤		2.0

注：当节水保湿养护膜用于水泥混凝土路面工程时，应检测磨耗量和弯拉强度之比。

高温期施工时，宜选用白色反光面膜的节水保湿养护膜；低温期施工时，宜选用黑色或蓝色吸热面膜的产品。

13.3.2 水泥混凝土路面的施工准备

应对施工现场及其附近的原材料、燃油、水资源储存及供应情况进行充分调研，收集当地气候特征、中长期天气预报、无线通信条件等与施工相关的资料。应根据标段施工条件、场地位置、沿线建筑物等情况，对现场施工便道、拌合站、钢筋加工场、生活与办公区等进行合理的总体布局。

应根据路面的设计与施工质量控制水平要求、工程规模、进度工期等条件选择适宜施工工艺、机械设备及其数量，制订施工方案和施工组织计划。基层、封层或夹层应验收合格，并应测量校核平面和高程控制桩，恢复路面中心、边缘等全部基本标桩，测量精度应满足相应规范的规定。

1. 选择摊铺成型施工机械

目前，我国在实际水泥混凝土路面工程建设中，高速公路、一级公路基本上使用滑模摊铺装备和工艺，二级及其以下公路水泥混凝土路面的施工，大多采用三辊轴机组施工设备与工艺，小型机具施工工艺多用于三、四级公路。

常见的水泥混凝土路面的摊铺机械有滑模摊铺机、三辊轴机组、小型机具、碾压混凝土摊铺机等，各种摊铺机械的选用宜符合表 13-31 的要求。

表 13-31　与公路等级相适应的摊铺机械

摊铺机械装备	高速公路	一级公路	二级公路	三级公路	四级公路
滑模摊铺机	★	★	★	▲	●
三辊轴机组	●	▲	★	★	★
小型机具	×	●	▲	★	★
碾压混凝土摊铺机	×	●	★	★	▲

注：1. 符号含义：★应使用；▲有条件使用；●不宜使用；×不得使用。
　　2. 碾压混凝土摊铺机铺筑也可用于高速公路、一级公路复合式路面的下面层和贫混凝土基层。

（1）滑模摊铺机。滑模摊铺机铺筑是指采用滑模摊铺机铺筑水泥混凝土路面的施工工艺。其特征是不架设边缘固定模板，能够一次完成布料摊铺、振捣密实、挤压成型、抹面修饰等混凝土路面摊铺功能。

滑模摊铺机可按表 13-32 的基本技术参数选择。高速公路、一级公路推荐整幅滑模摊铺机，高速公路、一级公路施工，宜选配能一次摊铺 2～3 个车道宽度（7.5～12.5 m）的滑模摊铺机，尽量使用整幅 12.5 m 宽度的大型滑模摊铺机，以减少纵向连接纵缝部位的不平整及存水现象。二级公路推荐 9 m 整宽滑模摊铺机，二级及以下公路路面的最小摊铺宽度不得小于单车道设计宽度，在二级公路上有条件时，推荐采用中央设路拱的 8～9 m 宽滑模摊铺机。无论是哪种设备，首先必须满足施工路面、路肩、路缘石和护栏等的基本施工要求；其次摊铺机本身的工作配置件要齐全，应配备螺旋或刮板布料器、松方高度控制板、振动排气仓、夯实杆或振动搓平梁、自动抹平板、侧向打拉杆及同时摊铺双车道的中部打拉杆装置等。

表 13-32　滑模摊铺机的基本技术参数

项目	发动机最小功率/kW，≥	摊铺宽度范围/m	摊铺最大厚度/mm，≤	摊铺速度范围/(m·min⁻¹)	最大空驶速度/(m·min⁻¹)，≤	最大行走速度/(m·min⁻¹)，≤	履带个数/个
三车道滑模摊铺机	200	12.5 ~ 16.0	500	0.75 ~ 3.0	5.0	15	4
双车道滑模摊铺机	150	3.6 ~ 9.7	500	0.75 ~ 3.0	5.0	18	2 ~ 4
多功能单车道滑模摊铺机	70	2.5 ~ 6.0	400 护栏高度 ≤1 900	0.75 ~ 3.0	9.0	15	2 ~ 4
小型路缘石滑模摊铺机	60	0.5 ~ 2.5	450	0.75 ~ 2.0	9.0	10	2 ~ 3

硬路肩推荐与路缘石连体摊铺，硬路肩的摊铺宜选配中小型多功能滑模摊铺机，并宜连体一次摊铺路缘石。

（2）三辊轴机组。三辊轴机组铺筑是指采用振捣机、三辊轴整平机等机组铺筑混凝土路面的施工工艺。三辊轴整平机的主要技术参数应符合表 13-33 的规定。

表 13-33　三辊轴整平机的技术参数要求

轴直径/m	轴速/(r·min)	轴长/m	轴质量/(kg·m⁻¹)	行走速度/(m·min⁻¹)	整平轴距/mm	振动功率/kW	驱动功率/kW	适宜整平路面厚度/mm
168	300	5 ~ 9	65 ± 0.5	13.5	504	7.5	6	200 ~ 260
219	380	5 ~ 12	77 ± 0.7	13.5	657	17	9	160 ~ 240

三辊轴摊铺整平机以轴的直径划分型号，以轴的长度划分规格，应根据摊铺宽度确定规格。从摊平拌合物考虑，轴的直径大比较有利；从有效密实深度考虑，轴的直径较小比较有利。目前市场上的三辊轴摊铺整平机，轴的直径有 168 mm、219 mm 和 240 mm 三种。采用较大的轴径施工效率较高，平整度较好，但表面浆体比较容易离析，浆较薄；采用较小的轴径，提浆效果较好，但轴易变形，应注意校正。板厚 200 mm 以上宜采用直径 168 mm 的辊轴；桥面铺装或厚度较小的路面可采用直径 219 mm 的辊轴。轴长宜比路面宽度长出 600 ~ 1 200 mm。

振动轴的转速有 300 r/min 和 380 r/min 两种，宜采用较小的转速，以保证有效振实和提浆。振动轴的转速不宜大于 380 r/min。振动功率宜大于 7.5 kW；驱动轴的最大行驶速度不大于13.5 m/min，驱动功率不小于 6 kW。保证振轴和驱动轴有足够大的功率，以克服混合料和模板的阻力，实现摊铺、振动密实及整平功能。

三辊轴机组铺筑混凝土面板时，必须同时配备一台安装插入式振捣棒组的排式振捣机，尽量使用同时安装有辅助摊铺的螺旋布料器和松方控制刮板形式，并具有自动行走功能。

（3）小型机具。小型机具铺筑是指采用固定模板人工布料，手持振捣棒，振动板或振捣梁振实，棍杠、修整尺、抹平刀整平的混凝土路面施工工艺。

小型机具施工中、轻交通等级水泥混凝土路面时可使用。它技术简单成熟，施工便捷，不需要大型设备，主要靠人工，但劳动强度最大，使用的劳动力数量最多，是劳动力密集型的水泥混凝土路面施工方式。

（4）碾压混凝土摊铺机。碾压混凝土路面铺筑是指采用特干硬性水泥混凝土拌合物，使用沥青摊铺机摊铺，压路机械碾压密实成型的混凝土路面施工工艺。

碾压混凝土路面施工最好选择带自动找平系统和高密实度烫平板的大型沥青摊铺机，最大摊铺厚度可达到 30 cm，摊铺预压密实度可达到 85% 以上。根据路面摊铺宽度可选用 1～2 台。压实机械采用质量为 10～12 t 的振动压路机 1～2 台；15～25 t 的轮胎压路机 1 台，用于路面碾压。1～2 t 的小型振动压路机 1 台，用于边缘压实。

2. 施工组织

施工单位应根据设计图纸、合同文件、摊铺方式、施工条件等，确定混凝土路面施工工艺流程、施工方案，编制详细的切实可行的施工组织设计；对平面和高程进行复测和恢复性测量；建立具备资质要求的现场实验室；铺设必要的施工便道及对相关的技术人员进行培训。

施工组织设计应包括下列内容：

（1）施工机械设备种类与数量组合、进场计划、操作人员与设备调配方案。

（2）路面的施工工艺流程、质量检验计划、关键工序质量控制要求。

（3）配合比的试验、检验与控制程序，计划和质检人员安排。

（4）工程计划进度网络图及直方图。

（5）原材料进场计划，水资源、油料与电力获取方式、供应计划与备用方案。

（6）劳动力进场计划。

（7）拌合站、钢筋加工场、项目部与生活区建设方案。

（8）施工便道及临时导改方案，原材料与混凝土运输道路的建设计划与施工交通管制。

（9）安全生产计划等。

施工过程中，应结合工程的进展速度及变化情况，及时调整施工组织设计，使工程质量及进度始终处于可控状态。

3. 选择混凝土拌合场地和拌合机械

根据施工路线的长短和所采用的运输工具，混凝土可以集中在一个场地拌制，也可以在沿线选择几个场地，随工程进展情况迁移，拌合场地的选择首先要考虑使运送混合料的运距最短，同时还要接近水源和电源。此外，拌合场地应有足够的面积，以供堆放砂石材料和搭建水泥库房。

根据技术设计要求与当地材料供应情况，做好混凝土各组成材料的试验，进行混凝土各组成材料的配合比设计。

拌合设备按拌合过程的生产方式可以分为间歇式搅拌楼和连续式搅拌楼。间歇式搅拌楼是每锅单独称料的，因此，搅拌精确度高于连续楼，弃料少，宜优先选配间歇式搅拌楼；也可使用连续式搅拌楼，它也能够达到滑模摊铺高速公路水泥混凝土路面的要求。连续式搅拌楼应配备两个搅拌锅或一个长度足以搅拌均匀的搅拌锅，并应在搅拌锅上配备电视监控设备。前者是为了保证拌合物匀质性和熟化程度，后者是为了保障安全。

4. 基层的检查与整修

施工前应对桥头、软基、高填方、填挖方交界等处的路基段进行连续沉降观测，当发现局部路基段沉降尚未稳定时，不得进行该段面层施工。

面层施工前，应提供足够连续施工 7 d 以上的合格基层，并应严格控制表面高程和横坡。基层的宽度、路拱与标高、表面平整度和压实度，均应检查其是否符合要求。如有不符合之处，应予整修。

局部破损的基层应按下列规定进行整修：

（1）存在挤碎、隆起、空鼓等病害的基层，应清除病害部位，并使用相同的基层料重新铺筑。

（2）当基层产生非扩展性温缩、干缩裂缝时，可先采用灌沥青密封防水后，再采用土工合成材料进行防裂处理。

（3）局部开裂、破碎的部位，应局部全厚度挖除，并采用贫混凝土修复。

5. 夹层与封层施工

沥青混凝土夹层、热沥青表面处治封层与乳化改性沥青稀浆封层的施工及质量标准应符合《公路沥青路面施工技术规范》（JTG F40—2004）的相关规定。土工布封层的施工应符合《公路土工合成材料应用技术规范》（JTG/T D32—2012）的相关规定。

薄膜封层的铺设施工应符合下列规定：施工前，应清除基层表面的浮土、碎石等杂物，再铺设薄膜。封层铺设应完全覆盖基层表面，不得漏铺，并应做到平整、顺直，避免褶皱。一布一膜型复合土工膜或单面复合塑料编织布封层铺设应使膜面朝上，布面紧贴基层。封层搭接时，纵向搭接长度不应小于 500 mm，横向搭接宽度不应小于 300 mm。采用粘结方式连接时，纵向粘结长度不应小于 200 mm，横向粘结宽度不应小于 150 mm。重叠部分，沿纵坡或横坡下降方向高程较大一侧，封层应在上方。纵坡大于 5.0% 路段和设超高的弯道封层宜采用二布一膜型复合土工膜，平曲线上宜采用折线形式铺设。薄膜封层宜与基层表面粘贴固定，应对铺设好的封层进行保护，损坏的封层应及时进行修补。封层铺设应在面层施工模板或基准线安装前完成。

薄膜封层铺设质量检验应符合下列规定：薄膜封层铺设搭接偏差、宽度偏差不得超过规定值的 20%。因施工产生最大破口长度不得超过 60 mm；每 10 m² 范围内长度超过 20 mm 的破口数量不得超过 3 个。所有破口均应贴补修复或更换新封层。

6. 试验路段铺筑

公路水泥混凝土面层施工前，应制订试验路段的施工方案和质量检测计划，并应铺筑试验路段。试验路段长度不应短于 100 m，高速公路、一级公路宜在主线路面以外进行试铺。

试验路段铺筑应达到下述目的：①确定拌合楼的拌合参数、实际生产能力和配料精度；②检验混凝土的施工性能、技术参数和实测强度；③检验铺筑机械、工艺参数及与拌合能力匹配情况；④检验施工组织方式、质量控制水平和人员配备。

拌合楼应通过动、静态标定检验合格后方可试拌。试拌应确定下列内容：①每座拌合楼的生产能力、施工配合比的配料精度，以及全部拌合楼（机）的总产量；②计算机拌合程序及粗细集料含水率的反馈控制系统满足要求；③合理投料顺序和时间、纯拌合与总拌合时间；④拌合物坍落度、VC、含气量等工艺参数；⑤检验混凝土试件弯拉强度是否满足要求。用于试验段的拌合楼（机）试拌合格后，方可进行试验路段铺筑。

试验路段铺筑内容包括：①主要铺筑设备的工艺性能、质量指标和生产能力满足要求；辅助设备的配备合理、适用；模板架设固定方式或基准线设置方式能够保证高程和厚度控制要求。②实测试验路段的松铺系数、摊铺速度、振捣时间与频率、滚压遍数、碾压遍数、压实度、拉杆与传力杆置入精度、抗滑构造深度、摩擦系数、接缝、垂直度等。③验证施工各工艺环节操作要领，确定各关键岗位的作业指导书。④检验施工组织形式和人员编制。⑤通信联络、生产调度指挥及应急管理系统满足施工组织要求。

试验路段铺筑后，按面层质量检验项目要求和检查方法进行全面质量评定，并应符合下列规定：①应提交试验路段的检查结果总结报告，报告中应包括试铺路段所采用的工艺参数、检验结果、存在的问题及改进措施，对正式施工时拟采用的施工参数提出明确的指导书；②水泥混凝土路面试验路段应经过建设单位组织的对各项施工质量指标的复检和验收，合格后，经批准，方可投入正式铺筑施工；③符合各项质量技术要求的施工工艺、流程和参数应固化为标准化施工工艺模式，并贯穿施工全过程；④试验路段质量检验评定不合格，或未能达到预期目标时，应重新铺筑试验路段。

13.3.3　水泥混凝土拌合物搅拌与运输

应根据工程规模、施工工艺和日进度要求合理配备拌合设备。混凝土拌合物应在初凝时间之内运输到铺筑现场。拌合楼（机）出口混凝土拌合物的坍落度，应根据铺筑最适宜的坍落度值加上运输过程中坍落度的经时损失值确定，并应根据运距长短、气温高低随时进行微调。当原材料、混凝土种类、混凝土强度等级等有变化时，应重新进行配合比设计及试拌，必要时应重新铺筑试验路段，合格后方可搅拌生产。

1. 水泥混凝土的拌合

（1）组成材料计量与进料顺序。进行拌合时，掌握好混凝土施工配合比，严格控制加水量，应根据砂、石料的实测含水率，调整拌合时的实际用水量。拌合站最小生产能力应满足表 13-34 的规定。拌合楼（机）配料计量允许偏差如表 13-35 所示。

表 13-34　拌合站最小生产能力配置　　　　　　　　　　m³/h

摊铺宽度	滑模摊铺	碾压混凝土	三辊轴机组摊铺	小型机具摊铺
单车道 3.75～4.5 m	≥150	≥100	≥75	≥50
双乍道 7.5～9 m	≥300	≥200	≥100	≥75
整幅宽≥12.5 m	≥400	≥300		

表 13-35　拌合楼（机）配料计量允许偏差　　　　　　　　%

材料名称	水泥	掺和料	纤维	细集料	粗集料	水	外加剂
高速公路、一级公路每盘	±1	±1	±2	±2	±2	±1	±1
高速公路、一级公路累计每车	±1	±1	±2	±2	±2	±1	±1
其他等级公路	±2	±2	±2	±3	±3	±2	±2

（2）拌合时间。拌合时间依赖于叶片总行程从控制拌合物的黏聚性、匀质性及强度稳定性的角度出发，规定不同搅拌楼的总拌合时间及纯拌合时间。搅拌均匀的核心问题并非取决于时间，而是依赖于叶片总行程。由于负载大小不同，叶片行程也不同，因此，时间控制只有在额定容量时才正确，所以也可控制叶片总行程即叶片搅拌总周长。

拌合时间确定应同时考虑质量和产量拌合时间确定是要在提高拌合物质量要求延长时间与提高拌合物产量和拌合效率这对矛盾中取得最佳的平衡。我国所有高速公路水泥混凝土路面滑模摊铺时的拌合均在铺筑初期。以质量控制为主，总拌合时间与纯拌合时间均比规范规定的时间要长，纯拌合时间一般不小于 45 s，施工正常时，在确保质量的前提下，提高产量，再调整到 35～40 s。规范给出的总拌合时间 60 s 与纯拌合时间 35 s 是最短时间，不得突破。

2. 水泥混凝土的运输

混合料宜采用翻斗车或自卸车运输，当运距较远时，宜采用水泥混凝土搅拌运输车运输。运送混凝土的车辆装料前，应清理厢罐，洒水润壁，排干积水。装料时，自卸车应挪动车位，防止离析。搅拌楼卸料落差不应大于 2 m。混凝土运输过程中应防止漏浆、漏料和污染路面，途中不得随意耽搁。自卸车运输应减小颠簸，防止拌合物离析。车辆起步和停车应平稳。

运输到现场的拌合物必须具有适宜摊铺的工作性。不同摊铺工艺的混凝土拌合物从搅拌机出料到运输、铺筑完毕的允许最长时间可根据水泥初凝时间及施工气温确定，且应符合表 13-36 的规定。不满足时应通过试验、加大缓凝剂或保塑剂的剂量。超过规定摊铺允许最长时间的混凝土不得用于路面摊铺。混凝土一旦在车内停留超过初凝时间，应采取紧急措施处置，严禁混凝土硬化在车厢（罐）内。使用自卸车运输混凝土最远运输半径不宜超过 20 km。

表 13-36　混凝土拌合物出料到运抵现场的允许最长时间

施工气温/℃	滑模摊铺/h	三辊轴机组摊铺、小型机具摊铺/h	碾压铺筑/h
5~9	1.5	1.2	1.0
10~19	1.25	1.0	0.8
20~29	1.0	0.75	0.6
30~35	0.75	0.40	0.4

烈日、大风、雨天和低温天远距离运输时，自卸车应遮盖混凝土，罐车宜加保温隔热套。运输车辆在模板或导线区调头或错车时，严禁碰撞模板或基准线，一旦碰撞，应告知测工重新测量纠偏。车辆倒车及卸料时，应有专人指挥。卸料应到位，严禁碰撞摊铺机和前场施工设备及测量仪器，卸料完毕，车辆应迅速离开。

13.3.4　三辊轴机组与小型机具施工

三辊轴机组铺筑工艺可用于二级及二级以下公路的水泥混凝土路面面层、桥面和隧道混凝土面层的施工，也可用于高速、一级公路硬路肩、匝道、收费广场边板、封闭式中央分隔带、弯道超高加宽段硬路肩及局部异形面板等的施工。

小型机具铺筑工艺可用于三、四级公路水泥混凝土面层的施工，不得用于隧道路面与桥面铺装。小型机具施工中、轻交通的低等级水泥混凝土路面时仍可使用。它技术简单成熟，施工便捷，不需要大型设备，主要靠人工。但劳动强度最大，使用的劳动力数量最多，是劳动力密集型的水泥混凝土路面施工方式。

三辊轴机组与小型机具两种铺筑工艺的混凝土应采用集中搅拌。铺筑长度不足 10 m 时，可使用小型搅拌机现场搅拌，严禁人工拌合。三辊轴机组与小型机具铺筑时，应加强各工序之间的衔接，振捣密实与成型饰面所需时间不得超过拌合物初凝时间。

1. 水泥混凝土面层的安装模板

定模摊铺，使用量最大、最多的是边缘侧向模板。首先要求模板为钢模板，公路混凝土路面板、桥面板和加铺层的施工模板应采用刚度足够的槽钢、钢制边侧模板，不应使用木模板、塑料模板等其他易变形的模板。原因是木模板的刚度偏小，其平整度的表面基准（3 m 直尺 5 mm）不能满足高速公路、一级公路平整度要求（3 m 直尺不大于 3 mm）。另外，木模板吸水易于变形，周转率低。

模板的高度为面板设计厚度。模板顶面用水准仪检查标高，不符合要求时予以调整。施工时，要经常检查模板平面和高程，并严加控制。模板长度以人工便于架设为准，一般为 3~5 m，且不宜短于 3 m。在小半径弯道，为了渐变弯道，可使用较短的模板。横向连接摊铺需设置拉杆时应按设计要求的拉杆距离，在模板上预留拉杆插入孔。为了提高模板的架设稳固性，要求每米模板应设置 1 处支撑固定装置进行水平固定（图 13-14）。固定的作用主要是防止振捣机、三辊轴、振捣梁、滚杠振动和重力作用下向外水平位移。模板垂直度用垫木楔方法调整。模板底部的空隙，宜使用砂浆垫实或铺垫塑料薄膜，以防止振捣漏浆。立好的模板在浇筑混凝土之前，其表面应涂刷肥皂液、废机油等防粘剂，以便拆模。

横向施工缝端模板应为焊接钢制或槽钢模板，并按设计规定的传力杆直径和间距设置传力杆插入孔和定位套管。横向施工缝端头模板上的传力杆设置精确度要求较高，施工定位精确度不足时，传力杆将顶坏水泥路面。两边缘传力杆到自由边距离不宜小于 150 mm。每米设置 1 个垂直固定孔套。工作缝端模侧立面如图 13-15 所示。模板加工与矫正精度要求如表 13-37 所示。

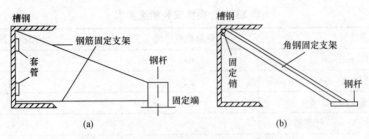

图 13-14 （槽）钢模板焊接钢筋或角隅固定示意图

（a）焊接钢筋固定支架；（b）焊接角钢固定支架

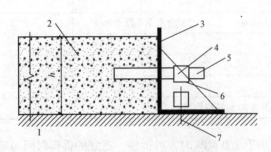

图 13-15 工作缝端模侧立面

1—基层；2—混凝土路面；3—钢端模；4—定位套管；

5—传力杆；6—支撑横梁；7—固定钉

表 13-37 模板加工与矫正精度要求

施工方式	高度偏差 /mm	局部变形 /mm	垂直边夹角 /℃	顶面平整度 /mm	侧面子整度 /mm	纵向变形 /mm
三辊轴机组	±1	±2	90±2	±1	±2	±2
小型机具	±2	±3	90±3	±2	±3	±3

模板数量应根据施工进度和施工气温确定，并应满足拆模周期内周转需要。一般情况下，模板总量不宜少于两次周转的需要。

模板安装前在基层上应进行模板安装及摊铺位置的测量放样，每 20 m 应设中心桩；每 100 m 宜布设临时水准点；核对路面标高、面板分块、胀缝和构造物位置。测量放样的质量要求和允许偏差应符合相应测量规范的规定。纵横曲线路段应采用短模板，每块模板中点应安装在曲线切点上。以便较圆滑顺畅过渡曲线，并使混凝土用量最省。

模板应安装稳固、顺直、平整，无扭曲，相邻模板连接应紧密平顺，底部不得有漏浆、前后错槎、高低错台等现象。模板应能承受摊铺、振实、整平设备的负载行进、冲击和振动时不发生位移。严禁在基层上挖槽，嵌入安装模板。模板架设最主要的要求是稳固，在上部机械和机具的摊铺、振捣、整平及饰面作业下不位移且不妨碍各项作业。规定每米一个固定栓杆，小型机具作业时，稳固要求低些，三辊轴机组支模稳固性要求高些。

模板安装检验合格后，与混凝土拌合物接触的表面应涂脱模剂、隔离剂或粘贴塑料薄膜；接头应粘贴胶带或塑料薄膜等密封。目的是便于拆模，且防止漏浆、跑料。模板安装的精度要求如表 13-38 所示。

表 13-38 模板安装精度要求

检测项目		三辊轴机组摊铺	小型机具摊铺
平面偏位/mm，≤		10	15
纵断高程偏差/mm		±5	±10
摊铺宽度偏差/mm，≤		10	15
面层厚度/mm，≥	代表值	−3	−4
	极值	−6	−8
横坡偏差/%		±0.10	±0.20
相邻板高差/mm，≤		1	2
顶面接槎 3 m 尺平整度/mm，≤		2，合格率不低于 90%	2.5，合格率不低于 90%
模板接缝宽度/mm，≤		2	3
模板垂直度/mm，≤		3	4
纵向顺直度/mm，≤		3	4
注：模板安装精度采用尺测或 20 m 拉线检测。			

当混凝土抗压强度不小于 8.0 MPa 时方可拆模。适宜的拆模时间与施工时当地的昼夜平均气温和所用的水泥品种有关，气温高，水泥中掺加的混合材少者，则拆模时间短，反之拆模时间长。要注意的是，路面混凝土中掺加粉煤灰时，正常气温下，一般应延长 1~2 d 拆模，低温条件下应延长 3~5 d 拆模。水泥混凝土面层的最早拆模时间如表 13-39 所示。

表 13-39 水泥混凝土面层的允许最早拆模时间   h

昼夜平均气温/℃	−5	0	5	10	15	20	25	≥30
硅酸盐水泥、R 型水泥	240	120	60	36	34	28	24	18
普通硅酸盐水泥	360	168	72	48	36	30	24	18
矿渣硅酸盐水泥	—	—	120	60	50	45	36	24
注：允许最早拆模时间从混凝土面层精整成型后开始计算。								

拆模不得损坏板边、板角和传力杆、拉杆周围的混凝土，也不得造成传力杆和拉杆松动或变形。模板拆卸宜使用专用拔楔工具，严禁使用大锤强击拆卸模板。主要目的是在拆模时，不得损伤或撬坏路面，同时不得敲打和损坏模板。拆下的模板应将黏附的砂浆清除干净，并矫正变形或局部损坏，不符合表 13-37 要求的模板应废弃，不得再使用。

2. 水泥混凝土面层三辊轴机组铺筑

三辊轴机组铺筑水泥混凝土面层时，应按照支模、安装钢筋、布料、振捣、三辊轴整平、精平、养生、刻槽（拉毛）、切缝、填缝的工艺流程进行。三辊轴整平机应由振动辊、驱动辊和甩浆辊组成，材质应为三根等长度同直径无缝钢管，并具有足够的刚度和耐磨性。三辊轴整平机的技术参数应根据面层厚度、拌合物工作性和施工进度等合理选用。

三辊轴整平机使用功能应符合下列规定：三辊轴整平机辊轴长度应比实际铺筑的面层宽度至少长出 0.6 m，两端应搭在两侧模板顶面；三辊轴整平机振动辊应有偏心振捣装置，偏心距应由密实成型所需振幅决定，宜为 3 mm。振动辊应安装在整平机前侧，由单独的动力驱动。甩浆辊的转动方向应与铺筑前进方向相反，不振动时可提离模板顶面。

三辊轴机组铺筑水泥混凝土面层时，应配备振捣机。振捣机应符合下列规定：振捣机应由机架、行走机构和一排振捣棒组成，并配备螺旋布料器和松方控制刮板，具备自行或推行功能；连续式振捣机的振捣棒组宜水平或小角度布置，直径宜为 80~100 mm，振动频率宜为 100~200 Hz，工作长度宜为 400~500 mm，振捣棒的间距宜为 350~500 mm。振捣机的移动速度应可调整，调整范围宜为 0.5~2 m/min；间歇式振捣机的振捣棒可垂直或大角度布置，振捣棒的直径、振动频率、工作长度和间距要求应与连续式振捣机相同。振捣棒每次插入振动最短时间不应短于 20 s，振捣棒应缓慢抽出后，再移动振捣机，每次移动距离不应超过振捣棒有效作用半径的 1.5 倍，并不宜大于 0.6 m。振捣梁应设置在三辊轴整平机前方。当铺筑厚度不大于 200 mm 时，其振动频率宜为 50~60 Hz，振动加速度宜为 4~5g（g 为重力加速度）。当一次铺筑宽度大于 4.5 m 时，纵缝拉杆宜使用预设钢筋支架固定。横向连接纵缝处的拉杆应在边模板预留孔中插入，并振实粘牢。松动的拉杆应在连接摊铺前重新植牢固。

横缝传力杆应采用预制钢筋支架法安装固定，不得手工设置传力杆。宜使用手持振捣棒专门振实传力杆支架范围内的混凝土。振捣机连续振捣时，振捣棒的深度应位于传力杆顶面以上，应根据铺筑时拌合物的实测坍落度，按照表 13-40 初选松铺系数，并根据铺筑效果最终确定。弯道横坡与超高路段的松铺系数，高侧宜取表 13-40 中的高值，低侧宜取其低值。

表 13-40　不同铺筑坍落度时的拌合物松铺系数

铺筑坍落度/mm	10~30	30~50	50~70
拌合物松铺系数	1.2~1.25	1.15~1.20	1.10~1.15

纵坡路段宜向上坡方向铺筑，应全断面布料，松铺高度符合要求后，再使用振捣机开始振捣。振捣机应匀速缓慢、连续地振捣行进作业。振捣后的混凝土面层应成为连续均匀的整体，并达到所要求的密实度。振捣机振实后，料位应高于模板顶面 5~15 mm，局部坑洼不得低于模板顶面。过高时应铲除，过低应及时补料。

三辊轴整平机作业应符合下列规定：三辊轴整平机应按作业单元分段整平，作业单元长度宜为 10~30 m，施工开始或施工温度较高时，可缩短作业单元长度，最短不宜短于 10 m。振捣机振实与三辊轴整平两道工序之间的间隔时间不宜超过 15 min；在作业单元长度内，三辊轴整平机应采用前进振动、后退静滚方式作业；三辊轴整平机整平水泥混凝土面层不同料位高差的滚压遍数，可按拌合物坍落度初步设置，并根据试铺效果最终确定；三辊轴整平作业时，应处理整平轴前料位的高低情况，过高时应铲除，轴下的间隙应采用混凝土补平；振动滚压完成后，应升起振动辊，用甩浆辊抛浆整平一遍，再用整平轴前、后静滚整平，直到平整度符合要求、表面砂浆厚度均匀为止。路面表层砂浆的厚度宜控制为 4 mm±1 mm。过厚的稀砂浆应及时削除丢弃，不得用于路面补平。三辊轴整平机整平后，应采用 3~5 m 刮尺，纵、横两个方向精平饰面，纵向不少于 3 遍，横向不少于 2 遍。也可采用旋转抹面机密实精平饰面 2 遍，直到平整度符合要求；饰面完成后，应立即开始保湿养生。

3. 水泥混凝土面层小型机具铺筑

小型机具铺筑宽度不大于 4.5 m 时，铺筑能力不宜小于 20 km/h。混凝土拌合物摊铺前，应对模板的位置及支撑稳固情况，传力杆、拉杆的安设等进行全面检查。修复破损基层，并洒水润湿。用厚度标尺板全面检测板厚与设计值相符，方可开始摊铺。卸料时需专人指挥自卸车，尽量准确卸料。人工布料应用铁锹反扣，严禁抛掷和耧耙。人工摊铺混凝土拌合物的坍落度应控制为 5～20 mm，拌合物松铺系数宜控制 k = 1.10～1.25，料偏干，取较高值；反之，取较低值。松铺系数控制的实际目的是估计布料高度超出边缘模板多少是合适的，小型机具施工与其他定模摊铺的方式一样，均要求布料高度应高出边模一定高度，以便振捣梁和辊杠能够起到挤压、振动及密实饰面的作用。

水泥混凝土路面铺筑的振实和面层处理程序如下：

（1）插入式振捣棒振实。在待振横断面上，每车道路面应使用 3 根振捣棒，振捣棒的功率不应小于 1.1 kW，组成横向振捣棒组，沿横断面连续振捣密实，并应注意路面板底、内部和边角处不得欠振或漏振。振捣棒应轻插慢提，不得猛插快拔，严禁在拌合物中推行和拖拉振捣棒振捣。振捣棒移动距离不应大于有效作用半径的 1.5 倍，并不大于 500 mm，每处振动时间不宜短于 30 s，边角插入振捣棒模板的距离不应大于 150 mm，并避免碰撞模板。振捣时，应辅以人工补料，应随时检查振实效果、模板、拉杆、传力杆和钢筋网的移位、变形、松动、漏浆等情况，并及时纠正。

（2）振动板振实。在振捣棒已完成振实的部位，可开始振动板纵横交错两遍全面提浆振实，每车道路面应配备 2 台振动板。振动板须由两人提拉振捣和移位，不得自由放置或长时间持续振动。振动板移位时，应重叠 100～200 mm，每处振动时间不应少于 15 s。移位控制以振动板底部和边缘泛浆厚度 4 mm ± 1 mm 为限。缺料的部位，应辅以人工补料找平。

（3）振动梁振实。每车道路面宜使用 1 根振动梁，长度应比路面宽度每侧宽出 300～500 mm。振动梁上应安装 2 台附着式表面振动器，振动器功率不应小于 1.1 kW。振动梁应具有足够刚度和质量，底部应焊接或安装深度 4 mm 左右的粗集料压实齿。振动梁应垂直路面中线沿纵向拖行，往返 2～3 遍，使表面泛浆均匀平整。在振动梁拖振整平过程中，缺料处应使用混凝土拌合物填补，不得用纯砂浆填补；料多的部位应铲除。

（4）滚杠提浆整平。每个作业面应配备 2 根整平滚杠，一根用于施工，一根浸泡清洗备用。滚杠应使用直径为 100 mm 或 125 mm 的无缝钢管制成，振动梁振实后，应拖动滚杠往返 2～3 遍提浆整平。第一遍应短距离缓慢推滚或拖滚，以后应较长距离匀速拖滚，并将水泥浆始终赶在滚杠前方。多余水泥浆应铲除。

（5）压实整平。拖滚后的表面宜采用 3 m 刮尺，纵横各 1 遍整平饰面，或采用叶片式或圆盘式抹面机往返 2～3 遍压实整平饰面。抹面机配备每车道路面不宜少于 1 台。

（6）精平饰面。在抹面机完成作业后，应进行清边整缝，清除黏浆，修补缺边、掉角。应使用抹刀将抹面机留下的痕迹抹平，当烈日暴晒或风大时，应加快表面的修整速度，或在防雨篷遮阴下进行。精平饰面后的面板表面应无抹面印痕，致密均匀，无露骨，平整度应达到规定要求。

4. 碾压混凝土路面施工

碾压工艺可用于二、三、四级公路混凝土面层与高速公路、一级公路复合式路面碾压混凝土下面层施工。碾压铺筑应按卸料进摊铺机、摊铺机摊铺、拉杆设置、钢轮压路机初压、振动压路机复压、轮胎压路机终压、抗滑处理、养生、切缝等工艺流程进行。碾压混凝土面层摊铺，宜选用沥青混凝土摊铺机。摊铺机应具有振动压实功能，摊铺密实度不应小于 85%。

采用沥青混凝土摊铺机摊铺时，松铺系数宜控制为 1.05～1.15。采用基层摊铺机摊铺时，松铺系数宜控制为 1.15～1.25，应通过试铺确定松铺系数。

摊铺前应洒水湿润基层。摊铺作业应均匀、连续，摊铺过程中不得随意变换速度或停顿。弯道及超高路段铺筑时，应及时调整左右两侧分料器的转速，保证两侧供料均衡、充足。两台摊铺机前后紧随摊铺时，两幅摊铺间隔时间应控制在 1 h 之内。拉杆设置应与摊铺同步进行。采用打入法时，应根据设计间距设醒目的定位标记，准确打入拉杆。摊铺后，应立即对所摊铺混凝土表面进行检查，局部缺料部位，应及时补料。局部粗集料聚集部位，应在碾压前挖除并用新混凝土填补。

碾压应紧随摊铺机碾压。碾压宜分初压、复压和终压三个阶段进行，并应符合下列规定：压路机应匀速稳定、连续行进，中间不应停顿、等候和拖延，也不得相互干扰；压路机起步、倒车和转向均应缓慢柔顺，碾压过程中不得中途急停、急拐、紧急起步及快速倒车；初压宜采用钢轮压路机或振动压路机静碾压，重叠量宜为 1/4～1/3 钢轮宽度；复压宜采用 10～15 t 振动压路机振动碾压，重叠量宜为 1/3～1/2 振动碾宽度。复压遍数应以实测满足规定压实度值为停止复压标准；终压应采用 15～25 t 轮胎压路机静碾压，以弥合表面微裂纹和消除轮迹为停压标准。

碾压密实后的表面应及时喷雾、洒水，并尽早覆盖养生。施工过程中应采取措施控制碾压混凝土表面裂纹的产生。碾压终了后的面层表面不应有可见微裂纹。

碾压混凝土面层横向施工缝施工应符合下列规定：在施工段终点处应设压路机可上、下面层的纵向斜坡；第二天摊铺开始前，应检测前一施工段终点厚度及平整度不合格段落，应全厚度切除不合格段落的混凝土；纵向连接摊铺新路面时，施工缝侧壁应涂刷水泥浆；受设备限制，切缝深度不能达到混凝土面层全厚时，切缝深度不应小于 800 mm，并应将施工缝下部凿顺直。

碾压混凝土面层胀缝应与下面层或基层中的胀缝对齐。纵、横向缩缝应采用硬切缝，硬切缝及填缝要求与水泥混凝土面层相同。碾压混凝土面层抗滑构造采用表面露石构造时，粗集料的磨光值 PSV 不应小于 35，洛杉矶磨耗损失不宜大于 35%。在混凝土终凝之前，应扫除表面的砂浆。露石面积不宜少于 70%。

13.3.5　面层接缝、抗滑构造施工及养生

各级公路行车道与超车道面层表面应制作细观抗滑纹理和宏观抗滑构造，不得遗留光滑的表面。纹理和构造深度应均匀一致。各种水泥混凝土面层、隧道路面、桥面铺筑完成后，均应立即开始保湿养生，养生龄期应满足强度增长的要求。

1. 接缝施工

当一次铺筑宽度小于面层加硬路肩总宽度时，应按设计设置纵向施工缝。纵向施工缝宜采用平缝加拉杆型。

水泥混凝土面层纵向缩缝施工应符合下列规定：采用滑模摊铺机施工时，纵向施工缝的拉杆宜采用支架法安设，也可采用侧向拉杆液压装置一次推入；采用固定模板施工时，应从侧模预留孔中插入拉杆并振实；插入的侧向拉杆应牢固，避免松动和漏插。拉杆握裹强度应实测，不满足规定要求时应钻孔重新设置拉杆。

增强钢纤维混凝土面层切割纵、横缝中可不设拉杆与传力杆；断开的纵、横施工缝中应设拉杆与传力杆。抗裂纤维混凝土面层各种接缝中的拉杆与传力杆设置应与水泥混凝土面层相同。

纵向缩缝的切缝要求应与横向缩缝相同。对已插入拉杆的纵向假缩缝切缝深度不应小于 1/4～1/3 板厚，最浅切缝深度不应小于 70 mm，纵、横向缩缝宜同时切缝。已插入拉杆的假纵缝必须加深切缝，以防传力杆端部混凝土路面断裂。

切缝宽度应控制在 4~6 mm, 锯片厚度不宜小于4 mm, 切缝时锯片晃度不应大于2 mm。当切缝宽度小于6 mm, 可采用6~8 mm 厚锯片二次扩填缝槽或台阶锯片切缝, 这有利于将填缝料形状系数控制在 2 左右, 接缝断开后适宜的填缝槽宽度宜为7~10 mm, 最宽不宜大于10 mm, 填缝槽深度宜为25~30 mm。这样, 既保证了接缝不因嵌入较大粒径的坚硬石子而崩碎边角, 又兼顾了填缝材料不致因拉应变过大而过早拉裂失去密封防水效果。施工中应注意区分缩缝切缝、断开缝与填缝槽的宽度与深度, 如图 13-16 所示。

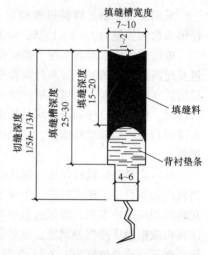

图 13-16　缩缝切缝、断开缝与填缝槽、垫条细部尺寸

（1）变宽路段切缝。在变宽度路面上, 宜先切缝划分板宽。匝道上的纵缝宜避开轮迹位置, 横缝应垂直于每块面板的中心线。变宽度路面缩缝, 允许切割成小转角的折线, 相邻板的横向缩缝切口必须对齐, 允许偏差不得大于5 mm。在弯道加宽段、渐变段、平面交叉口和匝道进出口横向加宽或变宽路面上, 横向缩缝切缝必须缝对缝, 无法对齐时, 可采用小转角折线缩缝。其原因是纵缝有拉杆传递拉开变形, 将未对缝的面板拉断。若不对缝, 又不允许拉断, 变宽路面纵缝两侧应采用钢筋混凝土或配边缘补强钢筋。

在极重、特重和重交通公路、收费广场、邻近胀缝或路面自由端的 3 条缩缝应采用假缝加传力杆型。传力杆设置方式有两种：一是用滑模摊铺机配备的传力杆自动插入装置在摊铺时置入；二是使用前置钢筋支架法施工。后者传力杆设置精确度有保证, 但在设有布料机的情况下, 影响摊铺速度, 且投资增大。使用传力杆自动插入装置时, 传力杆插入造成的上部破损缺陷应由振动搓平梁进行彻底修复。支架法的构造中的双 U 形钢筋支架与梯形钢筋支架有所不同。双 U 形钢筋支架是两侧可独立位移的脱离体, 而梯形钢筋支架有跨越接缝的连接钢筋, 使用中几条缩缝仅拉开一条较宽的缩缝, 开口位移量较大的宽缝难于防水密封, 但其节省钢筋, 并便于加工安装。

钢筋支架应具有足够的刚度, 传力杆应准确定位, 摊铺之前应在基层表面放样, 并用钢钎锚固, 宜使用手持振捣棒振实传力杆高度以下的混凝土, 然后机械摊铺。传力杆无防粘涂层一侧应焊接, 有涂料一侧应绑扎。置入传力杆时, 应在路侧缩缝切割位置做标记, 保证切缝位于传力杆中部。

（2）横向缩缝切缝。目前水泥混凝土路面切缝技术有很大进展, 设备有软切缝机、普通切缝机、支架切缝机等；切缝方式有全部硬切缝、软硬结合切缝和全部软切缝三种。切缝方式的选用, 应由施工期间该地区路面摊铺完毕到切缝时的昼夜温差确定。根据我国南北方各地的施工经验观察, 给出了在当地日温差条件下适宜的切缝方法和深度。

对分幅摊铺的路面应在先摊铺的混凝土板横缩缝已断开的部位做标记, 在后摊铺的路面上应对齐已断开的横缩缝提前软切缝。分幅横向连接摊铺纵缝有拉杆的水泥混凝土路面, 对先铺路面已经断开的缩缝, 由于拉杆会传递拉应变, 导致后铺路面在硬切缝之前就断板了, 应特别注意提前软切缝防止断板。

纵向带拉杆假缩缝及横向带传力杆缩缝的切缝应高度重视, 近年来, 采用滑模摊铺机和三辊轴机组一次摊铺两个车道不小于 7.5 m 的路面, 由于假纵缝和传力杆缩缝切缝深度过浅和切缝时间太迟, 引起了一些拉杆和传力杆端部的纵向开裂现象, 因此规定已设置拉杆的假纵缝和设有传力杆的缩缝, 切缝深度不应小于1/4 板厚, 最浅不小于 70 mm；无传力杆缩缝的切缝深度应为 1/5 ~ 1/4 板厚，最浅不得小于 60 mm。最迟切缝时间不宜超过 24 h。拉杆、胀缝板、传力杆及其套帽设置精度应符合表 13-41 的规定。

表 13-41 拉杆、胀缝板、传力杆及其套帽设置精度

项 目	允许偏差/mm	测量位置
传力杆端上下左右偏斜	10	在传力杆两端测量
传力杆深度及左右位置偏差	20	以板面为基准测量
传力杆沿路面纵向前后偏位	30	以缝中心线为准
拉杆端及在板中上下左右偏差	20	杆两端和板面测量
拉杆沿路面纵向前后偏位	30	纵向测量
胀缝传力杆套帽偏差（长度≥100 mm）	10	从封堵帽端起测
胀缝板倾斜偏差	20	以板底为准
胀缝板的弯曲和位移偏差	10	以缝中心线为准

高温期施工时，顺直路段中可根据设计要求减少胀缝的设置。春秋季施工时，两端构造物间距大于 500 m 时，宜在顺直路段中间设一道或若干道胀缝。低温期施工时，两端构造物间距大于 350 m 时，宜设置顺直路段胀缝。

胀缝应采用前置钢筋支架法施工，也可采用预留一块面板，高温时再铺封。前置法施工，应预先加工、安装和固定胀缝钢筋支架，并在使用手持振捣棒振实胀缝板两侧的混凝土后再摊铺。胀缝板应连续贯通整个路面板宽度。胀缝施工的关键技术有两条：一是保证钢筋支架和胀缝板准确定位，使机械或人工摊铺时不产生推移、支架不弯曲、胀缝板不倾斜，要求支架和胀缝板较有力地固定；二是胀缝板上部软嵌入临时木条，胀缝板顶部会提前开裂，来不及硬切（双）缝，已经弯曲断开，缝宽不一致，很难处理。解决办法是临时软嵌(20 ~ 25mm）× 20 mm 木条，保持均匀缝宽和边角完好性，直到填缝，剔除木条（施工车辆通行期间不剔除），再粘胀缝多孔橡胶条或填缝。

（3）胀缝填缝。路面胀缝和桥台隔离缝等应在填缝前，凿去接缝板顶部嵌入的木条，涂胶粘剂后，嵌入胀缝专用多孔橡胶条或灌进适宜的填缝料，当胀缝的宽度不一致或有啃边、掉角等现象时，必须灌缝，不得嵌缝，因为只要有一侧边角破损时，是无法进行嵌缝的。

从胀缝很大的变形量来看，胀缝中的填缝料不宜使用各种密实型填缝材料，因为填料在热天容易被挤出、带走或磨掉，而冬季则会收缩成槽，所以推荐上表面较厚的几重防护的多孔橡胶条。桥面伸缩缝应按伸缩缝厂商提供的配套填缝材料（一般为特种橡胶带）和要求填缝。

每天摊铺结束或摊铺中断时间超过 30 min 时，混凝土已经初凝、中断或结束摊铺应使用端头钢模板设横向施工缝。横向施工缝位置宜与胀缝或缩缝重合，横向施工缝与胀缝重合时，应按胀缝施工，胀缝两侧补强钢筋笼宜分两次安装。角隅部位的传力杆与拉杆交叉时，应取消交叉部位的拉杆，保留传力杆。这样做的目的是在横向施工缝中不仅保证优良的荷载传递，而且拉成整体板。这种板中施工缝也会由于面板混凝土干缩形成微细裂缝，所以也需要切缝和灌缝。横向施工缝应与路中心线垂直。缩缝的切缝应根据当地昼夜温差，参照表 13-42 选用适宜的切缝方式。

表 13-42　当地昼夜温差与缩缝适宜的切缝方式、时间与深度参考表

昼夜温差/℃	缩缝切缝方式与时间	缩缝切割深度
<10	硬切缝：切缝时机以切缝时不啃边即可开始，纵缝可略晚于横缝，所有纵、横缩缝最晚切缝时间均不得超过 24 h	缝中无拉杆、传力杆时，深度 1/4 ~ 1/3 板厚，最浅 60 mm；缝中有拉杆、传力杆时，深度 1/3 ~ 2/5 板厚，最浅 80 mm
10 ~ 15	软硬结合切缝：每隔 1 ~ 2 条提前软切缝，其余用硬切缝补切	硬切缝深度同上。软切深度不应小于 60 mm；不足者应硬切补深到 1/3 板厚，已断开的缝不补切
>15	软切缝：抗压强度为 1 ~ 1.5 MPa，人可行走时开始软切。软切缝时间不应超过 6 h	软切缝深度不应小于 60 mm，未断开的接缝，应硬切补深到 ≥2/5 板厚

灌缝技术要求：采用 0.50 MPa 压力水流或压缩空气清除接缝中砂石杂物和清洗缝槽，确保缝壁及内部清洁、干燥。具体要求是缝壁检验以擦不出灰尘为灌缝标准。

使用常温聚氨酯和硅树脂等填缝料时，应按规定比例将两组分材料按 1 h 灌缝量混拌均匀后使用；使用加热填缝料时，应将填缝料加热至规定温度。加热过程中应将填缝料彻底融化，搅拌均匀，并保温使用。

灌缝的形状系数宜控制在 2 左右，灌缝深度宜为 15 ~ 20 mm，最浅不得小于 15 mm（图 13-16）。先挤压嵌入直径 9 ~ 12 mm 多孔泡沫塑料背衬条，再灌缝。灌缝顶面气温高时应与板面齐平；一般气温应填为凹液面，中心低于板面 3 mm。填缝必须饱满、均匀、厚度一致并连续贯通，填缝料不得缺失、开裂和渗水。

高速公路、一级公路推荐使用树脂、橡胶和改性沥青类填缝材料；二、三级公路可用热灌沥青和胶泥类填缝材料。

常温施工式填缝料的养生期，低温天宜为 24 h，高温天宜为 10 h；加热施工式填缝料的养生期，低温天宜为 2 h，高温天宜为 6 h。在灌缝料养生期间应封闭交通，常温反应固化型及加热施工填缝料均需要封闭交通养生。

2. 抗滑构造施工

人工修整表面时，宜使用木抹子。用钢抹子修整过的光面，必须再拉毛处理，以恢复细观抗滑构造。

细观纹理的施工应符合下列规定：细观纹理宜在精平后的湿软表面，使用钢支架拖挂 1 ~ 3 层叠合麻布、帆布等布片拖出。布片接触路面的长度宜为 0.7 ~ 1.5 m，细度模数较大的粗砂，接触长度宜取小值；细度模数较小的细砂，接触长度宜取大值；用抹面机修整过较干硬的光面，可采用较硬的竹扫帚扫出细观纹理；已经硬化后的光滑表面可采用钢刷刷毛、喷砂打毛、喷钢丸打毛、稀盐酸腐蚀、高压水射流等方式制作细观纹理。

极重、特重和重交通荷载等级公路水泥混凝土面层应采用刻槽法制作宏观抗滑构造。中、轻交通荷载等级公路水泥混凝土面层可使用拉槽法制作宏观抗滑构造。在水平弯道路段、桥面、隧道路面宜使用纵向槽。当组合坡度小于 3% 时，要求减噪的路段可使用纵向槽。组合坡度大于或等于 3% 的纵坡路段，应使用横向槽。

采用刻槽法制作宏观抗滑构造时，刻槽机最小刻槽宽度不应小于 500 mm。衔接距离与槽间距相同。刻槽过程中应避免槽口边角损坏，不得中途抬起刻槽机或改变刻槽方向。刻槽不得刻穿纵、横缩缝。刻槽后表面应随即冲洗干净，并恢复路面的养生。

当工程量较小时,可使用人工拉槽施工;当工程量较大,施工速度较快时,宜采用拉毛机施工。当日施工进度超过 500 m 时,抗滑沟槽制作宜选用拉毛机械施工。没有拉毛机时,可采用人工拉槽方式。在混凝土表面泌水完毕 20～30 min 内应及时进行拉槽。拉槽深度应为 3～4 mm,槽宽为 3～5 mm,每耙之间距离与槽间距为 12～25 mm。槽深基本均匀。

极重、特重和重交通混凝土路面宜采用硬刻槽,凡使用圆盘、叶片式抹面机整平后的混凝土路面、钢纤维混凝土路面必须采用硬刻槽方式制作抗滑沟槽。可采用等间距刻槽,其几何尺寸同上,为降低噪声宜采用非等间距刻槽,尺寸宜为:槽深 3～5 mm,槽宽 3 mm,槽间距 12～24 mm,随机调整。对路面结冰地区,硬刻槽的形状宜使用上宽 6 mm、下宽 3 mm 的梯形槽;硬刻槽机质量宜大不宜小,一次刻槽最小宽度不应小于 500 mm,硬刻槽时不应掉边角,也不得中途抬起或改变方向,并保证硬刻槽刻到面板边缘。抗压强度达到 40% 后可开始硬刻槽,并宜在两周内完成。硬刻槽后应随即冲洗干净路面,并恢复路面的养护。

当面层粗集料的磨光值 $PSV > 42$ 时,可使用露石抗滑构造。其施工应符合下列规定:宜采用在饰面后的表面喷洒超缓凝剂,再用刷毛机洗刷出粗集料的方法。二级以下公路也可使用硬度适宜的秃竹扫帚在初凝到终凝时段内扫洗出粗集料的方法;露石面积宜控制在 65%～75%;实测表面摩擦系数 SFC 和构造深度 TD 应达到特殊路段的抗滑要求。

3. 水泥混凝土面层养生

面层养生应合理选择养生方式,保证混凝土强度增长的需要,防止养生过程中产生微裂纹与裂缝。混凝土路面铺筑完成或软作抗滑构造完毕后应立即开始养生。高速公路、一级公路混凝土面层宜采用养护剂加覆膜养生。在雨天或养生用水充足的情况下,也可采用覆盖保湿膜、土工毡、土工布、麻袋、草袋、草帘等洒水湿养生方式,不宜使用围水养生方式。在缺水条件下,宜采用覆盖节水保湿养护膜养生,并应洒透第一遍养生水。

养护剂的喷洒应符合下列规定:喷洒应均匀,喷洒后的表面不得有颜色差异。成膜厚度应满足产品要求,并足以形成完全密闭水分的薄膜;养护剂的喷洒宜在表面抗滑纹理做完后即刻进行。刚铺筑的湿软混凝土面层遭遇刮风或暴晒天气,摊铺现场水分蒸发率接近 0.50 kg/(h·m²),开裂风险较大时,可提前喷洒养护剂养生;喷洒高度宜控制为 0.10～0.30 m。现场风大时,可采用全断面喷洒机贴近路面喷洒的方式喷洒;养护剂的现场平均喷洒剂量宜在试验室测试剂量基础上,一等品再增加不小于 40%,合格品增加不小于 60%;不得使用易被雨水冲刷掉的、阳光暴晒可融化的或引起表面开裂、卷起薄壳的养护剂。

覆盖保湿养护膜应符合下列规定:覆盖养生的初始时间,应为不压坏表面细观抗滑纹理的最短时;养护膜材料的最窄幅宽不宜小于 2 m;两条膜层对接时,纵向搭接宽度不宜小于 400 mm,横向搭接不宜小于 200 mm。养生期间应始终保持薄膜完整盖满;应有专人巡查养护膜覆盖完整情况。养生期间被掀起或撕破养生片材均应及时重新洒水,并完整覆盖;当现场瞬间风力大于 4 级时,宜在养护膜表面罩绳网或土工格栅,并压牢固,防止养护膜被大风吹破。

低温期或夏季夜间气温有可能低于 0 ℃ 的高原、山区施工水泥混凝土路面和桥面时,应采取保温保湿双重养生措施。保温养生材料可选用干燥的泡沫塑料垫、棉絮片、苇片、草帘等。养生期间遭遇降雨时,应在保温片材上、下表面采取包覆隔水膜层等防水措施。

实测混凝土强度大于设计强度的 80% 后,可停止养生。不同气温条件下混凝土面层的最短养生龄期可参照表 13-43 确定。

表 13-43　不同气温条件下混凝土面层的最短养生龄期参考表　　　　　d

养生期间日平均气温/℃	隧道内水泥混凝土与纤维混凝土面层	水泥混凝土、碾压混凝土、配筋混凝土、纤维混凝土面层及隔离式加铺层	钢筋混凝土、钢筋纤维、混凝土桥面、结合式加铺层
5～9	21	21	24
10～19	14	14	21
20～29	12	10	14
30～35	8	7	10

注：各级公路水泥混凝土面层不得在日间零下气温大面积铺筑；当在各种面层混凝土中掺加粉煤灰时，最短养生龄期宜再延长 7 d；在日平均气温 5 ℃～9 ℃养生时，应同时采取保温保湿双重覆盖养生措施。

混凝土板养生初期，严禁人、畜、车辆通行，在达到设计强度的 40% 后，行人方可通行。在路面养生期间，平交道口应搭建临时便桥。面板达到设计弯拉强度后，方可开放交通。

13.3.6　滑模机械铺筑混凝土面层

滑模摊铺技术是指采用滑模摊铺机铺筑混凝土路面的施工工艺。其特征是不架设边缘固定模板，能够一次完成布料摊铺、振捣密实、挤压成型、抹面修饰等混凝土路面摊铺功能。自 1991 年开始，经过 5 年研究，16 年多推广应用，截至 2012 年年底，我国已采用滑模摊铺技术建成高速公路 1.2 万余千米，高等级公路约 3 万千米。滑模摊铺技术已成为我国在高等级公路水泥混凝土路面施工中广泛采用的工程质量最高、施工速度最快、装备最现代化的高新成熟技术，是我国高速、一级、二级公路水泥混凝土路面施工必须采用的装备和工艺技术。

滑模摊铺工艺宜用于高速、一级、二级公路普通水泥混凝土面层、配筋混凝土面层、纤维混凝土面层、钢筋混凝土桥面、隧道混凝土面层、混凝土路缘石、路肩石及护栏等的滑模施工。滑模铺筑施工应编制安全生产作业指导书。上坡纵坡大于 5%、下坡纵坡大于 6%、半径小于 50 m 或超高超过 7% 的路段，不宜采用滑模摊铺机进行摊铺。

1. 准备工作

高速公路、一级公路推荐采用整幅滑模摊铺机施工，宜选配能一次摊铺 2～3 个车道宽度（7.5～12.5 m）的滑模摊铺机，尽量使用整幅 12.5 m 宽度的大型滑模摊铺机，以减少纵向连接部位的不平整及存水现象。二级公路推荐 9 m 整宽滑模摊铺机，二级及以下公路路面的最小摊铺宽度不得小于单车道设计宽度，同时，在二级公路上有条件时，推荐采用中央设路拱的 8～9 m 宽滑模摊铺机。在大多数情况下，二级公路无运输便道，必须预留一半宽度的路面，用作混凝土运输通道。

滑模摊铺选配机械设备的关键：一是按工艺要求配备齐全，缺一不可；二是生产稳定可靠，故障率低。加强混凝土运输组织，保证供料速度与摊铺速度相适应，避免发生料多废弃或等料停机现象。滑模摊铺机械系统应配套齐全，辅助设备的数量及生产能力应满足铺筑进度的要求。所有施工设备和机具均应处于良好状态，试运转正常，并全部就位。

摊铺段夹层或封层质量应检验合格，对于破损或缺失部位，应及时修复。表面应清扫干净并洒水润湿，还应采取防止施工设备和车辆碾坏封层的措施。

摊铺前应检查并调试施工设备。滑模摊铺机首次作业前，应挂线对其铺筑位置、几何参数和机架水平度进行设置、调整和校准，满足要求后方可用于摊铺作业。

滑模摊铺面层前，应准确架设基准线。基准线架设与保护应符合下列规定：滑模摊铺高速公路、一级公路时，应采用单向坡双线基准线；横向连接摊铺时，连接一侧可依托已铺成的路面，另一侧设置单线基准线。滑模整体铺筑二级公路的双向坡路面时，应设置双线基准线，滑模摊铺机底板应设置为路拱形状。基准线桩纵向间距直线段不宜大于 10 m，桥面铺装、隧道路面及竖曲线和平曲线路段宜为 5～10 m，大纵坡与急弯道可加密布置。基准线桩最小距离不宜小于 2.5 m。基层顶面到夹线臂的高度宜为 450～750 mm。基准线桩夹线臂夹口到桩的水平距离宜为 300 mm。基准线桩应固定牢固。单根基准线的最大长度不宜大于 450 m。架设长度不宜大于 300 m。基准线宜使用钢绞线。采用直径 2.0 mm 的钢绞线时，张线拉力不宜小于 1 000 N；采用直径 3.0 mm 钢绞线时，不宜小于 2 000 N。基准线设置精度应符合表 13-44 的规定。基准线设置后，应避免扰动、碰撞和振动。多风季节施工，宜缩小基准线桩间距。

表 13-44　基准线设置精度要求

| 项目 | 中线平面偏位 /mm，≤ | 路面宽度偏差 /mm，≤ | 面层厚度偏差/mm，≥ | | 纵断高程 偏差/mm | 横坡 /% | 连接纵缝 高差/mm |
			平均值	极值			
规定值	10	+15	-3	-8	±5	±0.10	±1.5

基准线设置形式有单向坡双线式、单向坡单线式和双向坡双线式三种。

（1）单向坡双线式。所摊铺的混凝土面板横向坡度为单向坡，而拉线位于摊铺机两侧（双线），这种拉线形式称为单向坡双线式。两条拉线间反映路面横坡。顺直段平面上两条拉线相等并平行。高速、一级、二级公路水泥混凝土路面铺筑单向横坡车道面板时，是使用最多的形式。

（2）单向坡单线式。所摊铺的混凝土面板横向坡度为单向坡，而拉线仅位于摊铺机其中一侧（单线），已铺筑好的一侧不拉线，这种拉线形式称为单向坡单线式。这种拉线形式在路面分多幅（或两幅）摊铺的情况下，于后幅摊铺时采用。这时，修筑好的路面、边沟或缘石可作为摊铺机的不拉线一侧的平面参考系。

（3）双向坡双线式。所摊铺的混凝土面板横向坡为双向坡，而拉线位于摊铺机两侧（双线），这种拉线形式为双向坡双线式。顺直段上两条拉线完全平行，对应高程相等，拉线上没有横坡。这种基准线形式使用在滑模摊铺二级及其以下公路，同时摊铺两个车道，滑模摊铺机带中央路拱时是滑模摊铺机水平弯道摊铺操作难度最大的形式，需要在进出弯道的直缓段与缓直段由滑模摊铺机操作手渐变中央路拱。

横向连接摊铺时，前次摊铺路面纵缝溜肩胀宽部位应切割顺直。侧边拉杆应校正扳直，缺少的拉杆应钻孔锚固植入。纵向施工缝的上半部缝壁应满涂沥青。这些是保证纵缝顺直及防水密封的措施。

板厚控制必须在摊铺前的拉线上进行，并要求场站监理认可，否则摊铺后不合格很难弥补。问题在于板厚偏薄将如何处置，以往的方法是铣刨基层，但是，铣刨基层的效果并不好：一是基层表面损伤有微裂缝，而且基层厚度不足；二是铣刨后的基层部位与平整基层对面板的摩擦力相差过大，会造成路面运行的前两年内断板大大增加。因此，必须严格控制基层标高；同时，在面板标高误差范围内，可适当调整面板（拉线）高程，为了保证调整高程后，高速行车路面的动态平整度及行车无跳车感，应按 1/500 纵坡调整。

按下列规定对板厚进行校验：采用垂直于两侧基准线横向拉线，用直尺或加垂头的方法，对预备路段的板厚进行复核测量；单车道铺筑时，一个横断面横向应测不少于 3 个点；双车道及全幅时，应测不少于 5 个点。纵向每 200 m 应测不少于 10 个断面；横断面板厚测量值的算数平均值不应薄于设计板厚，极小值不应薄于控制极值；纵向以 200 m 为单元，全部板厚总平均值不应薄于设计板厚。

顺直度、张紧度或板厚不满足要求时，应重新测量架设基准线。

当面层传力杆、胀缝钢筋采用前置支架法施工时，应在表面先安装和固定支架，保证传力杆中部对中缩缝切割位置，且不会因布料、摊铺而导致推移。支架可采用与锚入基层的钢筋焊接等方法固定。

2. 水泥混凝土面层滑模摊铺机铺筑

滑模摊铺机的施工参数设定及校准应符合下列规定：振捣棒应均匀排列，间距宜为 300～450 mm；混凝土摊铺厚度较大时，应采用较小间距。两侧最边缘振捣棒与摊铺边缘距离不宜大于 200 mm。振捣棒下缘位置应位于挤压底板最低点以上；挤压底板前倾角宜设置为 3°。提浆夯板位置宜在挤压底板前缘以下 5～10 mm；边缘超铺高度应根据拌合物稠度确定，宜为 3～8 mm；板厚较厚、坍落度较小时，边缘超铺高度宜采用较小值；搓平梁前沿宜调整到与挤压底板后沿高程相同的位置；搓平梁的后沿应比挤压底板后沿低 1～2 mm，并与路面高程相同；符合铺筑精度要求的摊铺机设置应加以固定和保护。当基底高程等摊铺条件发生变化，铺筑精度超出范围时，可由操作手在行进中通过缓慢微调加以调整。

滑模摊铺混凝土机前布料，应采用机械完成，布料高度应均匀一致，不得采用翻斗车直接卸料方式。

布料尚应符合下列规定：卸料、布料速度应与摊铺速度协调一致，不得局部或全断面缺料。发生缺料时应立即停止摊铺；采用布料机布料时，布料机与滑模摊铺机之间施工距离宜为 5～10 m；现场蒸发率较大时，宜采用较小值；当坍落度为 10～30 mm 时，布料松铺系数宜为 1.08～1.15；应保证滑模摊铺机前的料位高度位于螺旋布料器叶片最高点以下，最高料位高度不得高于松方控制板上缘。使用布料犁布料时，应按松方高度严格控制料位高度；当面层传力杆、胀缝与隔离缝钢筋采用前置支架法施工时，不得在支架顶面直接卸料。传力杆以下的混凝土宜在摊铺前采用手持振捣棒振实。

滑模摊铺机起步时，应先开启振捣棒，在 3 min 内调整振捣到适宜振捣频率，使进入挤压底板前沿拌合物振捣密实，无大气泡冒出破灭，方可开动滑模机平稳推进摊铺。当天摊铺施工结束，摊铺机脱离拌合物后，应立即关闭振捣棒组。

摊铺过程中应随时调整松方高度板位置控制摊铺机进料，保证进料充足。起步时宜适当调高，料位高低波动宜控制在 ±30 mm 之内。

滑模摊铺应缓慢、匀速、连续不间断地作业。滑模摊铺速度应根据板厚、混凝土工作性、布料能力、振捣排气效果等确定，可为 0.75～2.5 m/min，宜采用 1 m/min。滑模摊铺水泥混凝土面层时，严禁快速推进、随意停机与间歇摊铺。

滑模摊铺振捣频率应根据板厚、摊铺速度和混凝土工作性确定，以保证拌合物不发生过振、欠振或漏振。振捣频率可为 100～183 Hz，宜为 150 Hz。可根据拌合物的稠度大小，采取调整摊铺的振捣频率或速度等措施，保证摊铺质量稳定。当拌合物稠度发生变化时，宜先采取调振捣频率的措施，后采取改变摊铺速度的措施。

配备振动搓平梁时，摊铺过程中搓平梁前方砂浆卷直径宜控制在 100 mm ± 30 mm，应避免砂浆卷中断、散开或摊展并通过控制抹平板压力的方法，使其底部不小于 85% 长度接触新铺混凝土。

在开始摊铺 5～10 m 内，应在铺筑行进中对摊铺出的路面高程、边缘厚度、中线、横坡度等参数进行复核测量，必要时可缓慢微调摊铺参数，保证路面摊铺质量。

　　滑模摊铺推进应匀速、平稳，滑出挤压底板或搓平梁的拌合物表面应平整、无缺陷，两侧边角应为90°，光滑规则，无塌边溜肩，表层砂浆厚度不宜大于3 mm。除露石混凝土路面外，滑模摊铺水泥混凝土面层表面不应裸露粗集料。

　　滑模摊铺采用传力杆插入装置设置传力杆与拉杆时，应符合下列规定：应安排专人负责对中横向缩缝位置，应一次振动插入整排全部传力杆；插入传力杆时，应缓慢插入，防止快速插入导致阻力过大使滑模摊铺机整体抬升；拉杆插入装置应根据一次摊铺的车道数和设计选用。与未摊铺水泥混凝土面层连接的拉杆应采用侧向拉杆插入装置插入；两个以上车道摊铺，在摊铺范围内的拉杆应采用拉杆压入装置压入；中央拉杆可自动定位插入或手工操作在规定位置插入，应一次插入到位；边缘拉杆一次插入到位，不得在脱模后多次插入或手工反复打进。插入就位的拉杆应妥善保护，避免拉杆与混凝土的粘结力丧失。

　　摊铺上坡路段时，挤压底板前仰角宜适当调小，并适当调小抹平板压力；摊铺下坡路段时，前仰角宜适当调大，并适当调大抹平板压力。

　　摊铺小半径水平弯道时，弯道外侧的抹平板到摊铺边缘的距离应向内调整，两侧的加长侧模应采用可水平转动的铰接，不得固结。

　　抗滑纹理做完，应立即开始保湿养生。养生龄期不应少于5 d，且混凝土强度满足要求后，方可连接摊铺相邻车道面板。履带在新铺面层上行走时，钢履带底部应铺橡胶垫或使用有橡胶垫履带的摊铺机。纵缝横向连接高差不应大于2 mm。

　　摊铺中应经常检查振捣棒的工作情况和位置。面层出现条带状麻面现象时，应停机检查振捣棒是否损坏；振捣棒损坏时，应更换振捣棒。摊铺面层上出现发亮的砂浆条带时，应检查振捣棒位置是否异常；振捣棒位置异常时，应将振捣棒调整到正常位置。

　　当摊铺宽度大于7.5 m时，应加强左右两侧拌合物工作性检查。发现不一致时，摊铺速度应按偏干一侧进行微调，并采取将偏稀一侧的振捣棒频率调小等措施，避免局部过振。当拌合物严重离析或离散时，应停止摊铺，废弃已拌合混合料，查找并解决问题后，重新开始摊铺。

　　在不影响路面总体耐久性的前提下，可采取调整拌合物稠度、挤压底板前仰角、起步及摊铺速度等措施，减少水泥混凝土面层横向拉裂现象。

　　当滑模摊铺机停机等料时间预计会超过运至现场混凝土的初凝时间时，应将滑模摊铺机迅速开出摊铺工作面，制作横向施工缝。

　　滑模摊铺时，应保证自动抹平板装置正常工作。局部麻面或少量缺料部位，可在搓平梁前补充适量拌合物，利用搓平梁与抹平板修平表面。

　　滑模摊铺的水泥混凝土面层纵缝边缘出现局部倒边、塌边、溜肩现象，或表面局部存在小缺陷时，可用人工进行局部修整。

　　修整作业应符合下列规定：局部修整后应精确整平，整平用抄平器长度不应短于2 m；面层边缘应采用设置侧模或在上部支方形金属管，控制修整时的变形；纵、横向施工接头处存在明显高差时，可整平后采用手持振捣棒振捣密实和水准仪测量，整平用的抄平器长度应不短于3 m；表面修补作业需要补料时，可使用从摊铺拌合物中筛出的细料进行，须洒水、撒水泥粉；不得采用薄层贴补的办法进行表面修补。

　　摊铺机开出后，应丢弃摊铺机振动仓内遗留下来的纯砂浆，及时清洗、清除滑模摊铺机中的混凝土残留物。

　　横向施工缝可采用架设端模板的方法施作，并宜与胀缝或隔离缝合并设置，无法与胀缝合并设置时，应与缩缝合并设置。横向施工缝部位应满足面层平整度、高程、横坡的质量要求。

　　施工缝端部两侧可采取架设侧模的方法，使侧边向内收进20～40 mm，方便后续连续摊铺。

侧边向内收进长度宜比滑模摊铺机侧模板略长。

滑模摊铺机配备传力杆自动插入装置时，应通过试验路段采用非破损方法对传力杆插入深度进行校准，施工中应进行传力杆精度复核。检测可使用钢筋保护层厚度测试仪或专用传力杆位置检测仪进行。

滑模摊铺结束后的工作：彻底清洁保养滑模摊铺机，彻底清洗滑模摊铺机与混凝土接触的工作部位，已经结硬的混凝土必须剔除干净，并进行当日保养，加油加水、打润滑油等。

13.3.7 特殊气候条件下水泥混凝土路面的施工

水泥混凝土面层铺筑期间，应收集当地月、旬、日天气预报资料。高速公路、一级公路宜在现场设置简易气象站。遭遇危害路面铺筑质量的灾害性天气和气象要素时，应进行及时观测与快速通报，并制订特殊天气的专项施工方案和应急处理预案。水泥混凝土面层施工如遇下列天气条件之一者，必须停工，不得强行铺筑：

（1）现场降雨或下雪；风力达到 6 级及 6 级以上的强风天气。

（2）现场气温高于 40 ℃，或拌合物摊铺温度高于 35 ℃。

（3）摊铺现场连续 5 昼夜平均气温低于 5 ℃或夜间最低气温低于 −3 ℃。

施工过程中，铺筑现场发生影响铺筑面层质量的瞬间强风、下雷阵雨或冰雹时，应即刻停工。

1. 雨期施工

雨期施工时，应准备足量的防雨篷、帆布和塑料布或塑料薄膜等防雨器材与材料。防雨篷支架宜采用可推行的焊接钢结构，其高度应满足人工饰面、拉槽的要求。

摊铺中遭遇阵雨时，应立即停止混凝土拌合及铺筑工作，并使用防雨篷、塑料布或塑料薄膜覆盖尚未硬化的水泥混凝土面层。

水泥混凝土面层因阵雨冲刷导致平整度与抗滑构造不满足要求时，应采用先磨平恢复平整度，再刻槽恢复抗滑构造措施处置。被暴雨冲刷后，路面与桥面局部成坑部位或边部冲毁的，应铲除重铺。

开工前应排除现场、车厢内、设备内、拌合站、集料堆场内的积水或淤泥。运输便道应排除积水；陷车的运输道路与便道应进行修整。摊铺前应清扫干净基层、夹层、封层上的积水，并保持表面处于湿润状态。

2. 刮风天施工

刮风天施工时，宜采用风速计在摊铺现场测风速，也可根据经验采用观测自然现象等方法，确定风级，并根据经验采取防止塑性收缩开裂的措施。经验不足时，可参考表 13-45 的规定进行。

表 13-45 刮风天防止水泥混凝土面层塑性收缩开裂措施参考表

风 力	风速/（m·s⁻¹）	相应自然现象	防止路面塑性收缩开裂措施
1 级软风	≤1.5	烟能表示风向，水面有鱼鳞波	正常施工，喷洒一遍养护剂，原液剂量 0.40 kg/m²
2 级轻风	1.6～3.3	人面有风感，树叶沙沙响，风标转动，水面波峰破碎，产生飞沫	加厚喷洒一遍养护剂，剂量 0.50 kg/m²
3 级微风	3.4～5.6	树叶和细枝摇晃，旗帜飘动，水面波峰破碎，产生飞沫	路面摊铺完成后，立即喷洒第一遍养护剂，刻槽后，再喷洒第二遍养护剂。两遍剂量共 0.60 kg/m²

风　力	风速/ (m·s⁻¹)	相应自然现象	防止路面塑性收缩开裂措施
4 级和风	5.7 ~ 7.9	吹起尘土和纸片，小树枝摇动，水波出白浪	刻槽前后用喷洒机喷两遍养护剂，两遍剂量共 0. 75 kg/m²
5 级清劲风	8.0 ~ 10.7	有叶小树开始摇动，大浪明显，波峰起白沫	使用抹面机抹面或人工收浆后，用喷洒机加厚喷一遍剂量 1. 0 kg/m² 养护剂并覆盖节水保湿养护膜、土工毡、湿麻袋、湿草袋等
6 级强风	10.8 ~ 13.8	大树枝摇动，电线呼呼响，水面出现长浪，波峰吹成条纹	停止施工

在刮风天应加强混凝土拌合站粗、细集料的覆盖及其含水率检测，并根据粗、细集料含水率的变化及时微调加水量。自卸车上的混凝土拌合物应加遮盖。

持续刮 4 ~ 5 级风的天气施工水泥混凝土路面和桥面时，应采取下列防裂措施：尽快喷洒足量养护剂，喷洒机宜具有相对密闭的低矮喷洒空间，保证养护剂喷洒效果；当覆盖材料不压出折印时，应尽早覆盖节水保湿养生材料等保湿养生。养护膜表面宜罩绳网或土工格栅，并压牢，防止养护膜被大风吹破或掀起；养生过程中，应有专人负责巡视和检查覆盖养生情况，被大风掀起或吹破的养生膜材应重新洒水，及时恢复覆盖。

3. 高温期施工

铺筑现场连续 4 h 平均气温高于 30 ℃ 或日间最高气温高于 35 ℃ 时，应按高温期施工的技术要求进行水泥混凝土面层施工。

高温期宜选择在早晨、傍晚或夜间施工，避开中午高温时段施工。夜间施工应有良好的操作照明，并确保施工安全。

集料堆应设遮阳篷。搅拌用水宜采用新抽地下冷水或在水中加冰屑降温。应选用中、低热普通型水泥，不宜使用 R 型高热水泥。高温期施工配合比可掺适量的粉煤灰，不得掺硅灰。可采用适当的缓凝剂延长混凝土凝结时间。

采用自卸车运输时，混凝土拌合物应加遮盖，避免阳光直射；采用罐车运输时，混凝土罐仓外应贴隔热层。

应加快施工各环节的衔接，采取压缩运输、布料、摊铺、饰面等各工艺环节所耗费的时间等措施，缩短从拌合至抹面完成时间。

在每日气温最高和日照最强烈时段施工时，应采取防止阳光直射措施。可以利用防雨篷遮挡阳光。高温期施工时，应控制混凝土拌合物的出料温度低于 35 ℃。

施工中应随时检测气温，以及水泥、搅拌水和拌合物温度，监控水泥混凝土面层温度，温度过高时应及时采取措施。必要时，可增加对混凝土水化热的检测。

采用洒水覆盖保湿养生时，应控制养生水温与混凝土面层表面的温差不大于 12 ℃、与混凝土桥面的温差不大于 10 ℃。不得采用冰水或冷水养生造成骤冷而导致表面开裂。

切缝应按不啃边或不超过 250 ℃·h 控制，高温期宜采用比常温施工提早切缝的措施，以减少断板。在夜间降温幅度较大时或风雨后，应提早切缝。

4. 低温期施工

当铺筑现场连续 5 昼夜平均气温高于 5 ℃，夜间最低气温为 −3 ℃ ~ 5 ℃ 时，应按低温期施工的技术要求进行水泥混凝土面层施工。

拌合物中宜加入早强剂、防冻剂或促凝剂，并根据试验确定其适宜掺量。应选用 R 型水泥。配合比中可掺矿渣粉、硅灰，不宜掺粉煤灰。拌合物出搅拌机的温度不得低于 10 ℃，摊铺混凝土温度不得低于 5 ℃。可采用热水或加热集料搅拌混凝土，热水温度不得高于 80 ℃，集料温度不宜高于 50 ℃。应采取保温保湿覆盖养生的方法进行养生。保温垫上、下表面均宜采取隔水措施。

施工过程中应随时监测气温，以及水泥、搅拌水和集料温度，每工班至少实测 3 次拌合物及面层温度。养生期间，应始终保持混凝土板内最低温度不低于 10 ℃。水泥混凝土面层弯拉强度未达到 1.0 MPa 前，混凝土桥面抗压强度未达到 5.0 MPa 前，应严防路面和桥面受冻。

低温期施工的混凝土路面覆盖保温保湿养生天数不得低于 28 d。低温环境下立模施工方式施工混凝土路面拆模时间应符合规定。

13.3.8 水泥混凝土路面的施工质量标准与控制

水泥混凝土路面施工应建立健全施工质量保证体系，对施工全过程进行全面的质量控制。应按铺筑工艺与进度要求，配备足量质检仪器设备和人员。对面层施工各工艺环节的各项质量标准应做到及时检测，根据检测结果对施工进行动态控制，保证施工各项质量指标合格、稳定。

水泥混凝土面层施工过程中应采取有效措施，严防出现质量缺陷。铺筑过程中发现质量缺陷时，应加大检测频率，必要时应停工整顿，查找原因，提出处置对策，恢复到正常铺筑工况和良好质量状态再继续施工。施工关键工序宜拍摄照片或进行录像，作为现场记录保存。施工结束后，应清理现场，处理废弃物，恢复耕地或绿化，做到工完场清。

各级公路水泥混凝土面层在施工过程中宜用 3 m 直尺检测与控制平整度指标。

各级公路面层弯拉强度应采用标准小梁试件评定，采用钻芯取样圆柱体劈裂强度换算的弯拉强度验证。检测标准小梁弯拉强度后，宜用试件完好部分实测劈裂强度与抗压强度。

板厚应采用面层边缘的平均厚度、板中钻芯平均厚度及其变异系数三项指标综合判定，钻芯平均厚度应满足有关的规定，板厚统计变异系数应符合《公路水泥混凝土路面设计规范》（JTG D40—2011）的规定。

当弯拉强度或板厚不足、返工凿除面板时，应避免扰动临近面层。损坏的上基层、夹层或封层应重新铺设。

高速公路、一级公路应对所有行车道与超车道连续检测摩擦系数，二级及二级以下公路应检测特殊路段的摩擦系数。各级公路硬路肩可免检摩擦系数。高速公路、一级公路硬路肩可仅检测构造深度，其他公路硬路肩可免检构造深度。

局部抗滑性能不足的路段，可重新打磨细观纹理和硬刻抗滑沟槽，进行摩擦系数与抗滑构造的恢复。

混凝土路面完工后，应根据设计文件、竣工资料和施工单位提供的交工验收申请报告，按国家有关规定组织进行验收。

施工单位应根据国家竣工文件编制规定，提出施工总结报告、质量测试报告或采用新材料新技术研究报告，连同竣工图表，形成完整的施工资料档案，一并交业主及档案管理部门。

施工总结报告的内容应包括工程概况、设计图纸及变更、基层、原材料、施工组织、机械及人员配备、施工工艺、进度、工程质量评价、工程预决算等。

施工质量管理与测试报告的内容应包括施工组织设计、质量保证体系、试验段铺筑报告、施工质量达到或超过现行规范规定情况、原材料和混凝土检测结果、施工中路面质量自检结果、交工复测结果、工程质量评价、原始记录相册和录像资料等。

思考题

1. 水泥混凝土路面有哪些特点？
2. 水泥混凝土路面的类型有哪些？
3. 水泥混凝土路面纵缝有哪几种？如何设置？
4. 水泥混凝土路面横缝有哪几种？如何设置？
5. 水泥混凝土路面对原材料有哪些要求？
6. 水泥混凝土路面常用的施工方法有哪些？
7. 简述水泥混凝土路面的三辊轴机组和小型机具的施工程序。
8. 水泥混凝土路面接头的处理措施有哪些？

第 14 章

水泥混凝土路面设计

14.1 水泥混凝土路面概述

14.1.1 水泥混凝土路面的破坏类型

水泥混凝土路面具有较高的力学强度，在车轮荷载作用下变形微小，同时按照现行的设计理论，混凝土板工作在弹性阶段，也就是在计算汽车荷载作用下，板内产生的最大应力不超过水泥混凝土的比例极限应力。当水泥混凝土路面工作在弹性阶段时，基层和土基所承受的荷载单位压力及产生的变形也微小，它们也都工作于弹性阶段，因此从力学体系上看，水泥混凝土路面结构也属于弹性层状体系。

水泥混凝土路面的使用性能在车辆荷载和外界环境因素变化的作用下趋于恶化，路表面出现各种破坏现象。这些破坏归纳起来大致分为下列 4 种。

1. **断裂类**

断裂类破坏表现为路表面的纵横向、斜向、角隅断裂裂缝。这些裂缝的缝隙随时间而逐渐变宽，并在缝隙边缘出现碎裂。断裂的进一步发展，使板出现两条以上交叉裂缝，并进一步断裂成三块以上的破碎板。裂缝的出现是由于在荷载的重复作用和环境因素的综合作用下板内产生的应力超出了混凝土的疲劳强度。断裂破坏了板的结构完整性，使之迅速丧失承载能力。在出现的初期，裂缝对路面行驶舒适性没有很大影响。但随着裂缝的发展，特别是出现破碎板，路面的平整度可严重恶化到必须进行改建或重建。

裂缝的出现是水泥路面迅速破坏的开始。

2. **接缝损坏类**

填缝料损坏和丧失、接缝碎裂、唧泥、错台、拱起等也是水泥混凝土路面常见的病害之一。接缝是混凝土路面的薄弱部位，施工或养护不当，水、雪、冰、坚硬物等的进入，都会使接缝两侧的混凝土产生破坏。这些损坏在早期并不影响混凝土板的结构完整性，但可影响路面的行驶舒适性，发展到后期，可能使接缝两侧板底出现脱空，面层板迅速断裂破坏。

3. **变形类**

由于地基软弱或填土压实不足而出现沉降变形，或者由于季节性冰冻地区路基的冻胀，混凝土面层板会出现沉陷或隆起。这类变形如果是均匀的，对混凝土板的结构完整性影响不大，但会降低路面的行驶舒适性。而如果有不均匀变形，则会由于附加应力而使混凝土板出现断裂。

4. 材料使用不当类

混凝土混合料选用了耐久性差的粗集料，在接缝附近可能出现由于冻融膨胀压力而引起的新月形发状裂纹；或者，混合料中的活性集料与水泥或外加剂中的碱发生碱－硅反应而产生膨胀，使面层出现网裂。这类由于材料因素而非结构因素引起的损坏，在初期对路面的功能性能或结构性能的影响不大，但发展到后期也会出现裂缝的碎裂和混凝土的崩解，而影响行车的舒适和安全以及面层的结构性能。

14.1.2　水泥混凝土路面设计的计算理论和分析方法

由于刚性路面具有上述特性，它在计算理论与设计方法上与柔性路面有很大区别。

考虑到混凝土路面板的厚度不到其平面尺寸的十分之一，荷载作用下板的挠度又远小于其厚度，因此可把混凝土板看作弹性薄板，求解位移和应力时可应用小挠度弹性薄板理论。

有限元法是结构和连续介质应力分析中的一种较新而较有效的分析方法。采用有限元法分析水泥混凝土路面的荷载应力，有着优越的地方，主要表现在：

（1）可以按板块的实际大小求解有限尺寸的板，从而消除无限大板的假设所带来的误差（此误差随荷载接近板边缘和相对刚度半径的增大而增加）。

（2）可以考虑各种荷载情况（包括荷载组合和荷载位置），而不必规定若干种典型的荷位，并且能解算简单的荷载组合情况。因此，可以求得符合实际荷载情况的应力分析。

（3）可以计及板的实际边界条件，如接缝的传荷能力、板和地基的脱空（不连续接触）等。

（4）所解得的结果是整个板面上的位移场和应力场，从而可以更全面地分析板的受荷情况。

14.1.3　水泥混凝土路面可靠度设计理论

目标可靠度是所设计路面结构应具有的可靠度水平。它的选取是一个工程经济问题。目标可靠度定得较高，则所设计的路面结构较厚，初期修建费用较高，但使用期间的养护费用和车辆运行费用较低；目标可靠度定得较低，初期修建费用可降低，但养护费用和车辆运行费用会增长。通常采用"校准法"来确定目标可靠度。"校准法"是对按现行设计规范或设计方法设计的已有路面进行隐含可靠度的分析。参照隐含可靠度制定目标可靠度，则所设计的路面结构接纳了以往的工程设计和使用经验，包含了与原有设计方法相等的可接受性和经济合理性。

路面结构可靠度可定义为：在规定的时间内，在规定的条件下，路面使用性能满足预定水平要求的概率。规范选定的水泥混凝土结构设计方法，仅考虑满足路面的结构性能要求，并以行车荷载和温度梯度综合作用产生的疲劳断裂作为设计标准。因而，混凝土路面结构可靠也可以定义为：在规定的设计基准期内，在规定的交通和环境条件下，行车荷载疲劳应力和温度梯度疲劳应力的综合作用下，不产生疲劳断裂作为设计标准；并以最重轴载和最大温度梯度综合作用下，不产生极限断裂作为验算标准。极限状态设计表达式：

$$\gamma_r(\sigma_{pr} + \sigma_{tr}) \leqslant f_r$$
$$\gamma_r(\sigma_{p,max} + \sigma_{t,max}) \leqslant f_r \tag{14-1}$$

式中　γ_r——可靠度系数，依据所选目标可靠度、变异水平等级查表14-1确定；

表 14-1 可靠度系数

变异水平等级	目标可靠度/%			
	95	90	85	80
低	1.20 ~ 1.33	1.09 ~ 1.16	1.04 ~ 1.08	—
中	1.33 ~ 1.50	1.16 ~ 1.23	1.08 ~ 1.13	1.04 ~ 1.07
高	—	1.23 ~ 1.33	1.13 ~ 1.18	1.07 ~ 1.11

σ_{pr}——面层板在临界荷位处产生的行车荷载疲劳应力（MPa）；

σ_{tr}——面层板在临界荷位处产生的温度梯度疲劳应力（MPa）；

$\sigma_{p,max}$——最重的荷载面层板在临界荷位处产生的最大荷载疲劳应力（MPa）；

$\sigma_{t,max}$——所在地区最大温度梯度在临界荷位处产生的最大温度翘曲应力（MPa）；

f_r——水泥混凝土弯拉强度标准值（MPa）。

贫混凝土或碾压混凝土基层应以设计基准期内行车荷载不产生疲劳断裂作为设计标准。其极限状态设计表达式：

$$\gamma_r \sigma_{bpr} \leqslant f_{br} \tag{14-2}$$

式中　σ_{bpr}——基层内产生的行车荷载疲劳应力（MPa）；

　　　f_{br}——基层材料的弯拉强度标准值（MPa）。

14.2　水泥混凝土路面的交通分析

14.2.1　设计轴载与轴载的换算

按疲劳断裂设计标准进行结构分析时，以 100 kN 的单轴 – 双轮组荷载作为设计轴载。对极重交通荷载等级的水泥混凝土路面，宜选用货车中占主要份额特重车型的轴载作为设计轴载。各级轴载作用次数按式（14-3）换算为设计轴载的作用次数：

$$N_s = \sum_i^n N_i \left(\frac{P_i}{P_s}\right)^{16} \tag{14-3}$$

式中　N_s——设计轴载的作用次数；

　　　P_i——第 i 级轴载重（kN），联轴按每一根轴载单独计算；

　　　n——轴型和轴载级位数；

　　　N_i——各种轴型的轴载位数；

　　　P_s——设计轴载的作用次数。

14.2.2　设计基准期和累计作用次数

水泥混凝土路面的使用寿命，比沥青混凝土路面要长得多。其设计基准期一般以大修或加铺的年限计，视交通等级而定。设计基准期长，则远景交通量估计不准，初期投资较高，但基准期内的总费用却较少。因此，从长远利益着想，以采用较长的设计基准期为宜。我国的规定如表 14-2 所示，特殊情况下也可按使用要求确定。

表 14-2 可靠度设计标准

公路技术等级	高速公路	一级公路	二级公路	三级公路	四级公路
安全等级	一级		二级	三级	
设计基准期/年	30		20	15	10
目标可靠度/%	95	90	85	80	70
目标可靠指标	1.64	1.28	1.04	0.84	0.52

设计基准期内水泥混凝土路面设计车道临界荷位处所承受的设计轴载累计作用次数按式 (14-4) 计算确定：

$$N_e = \frac{N_s \left[(1 + g_r)^t - 1 \right] \times 365}{g_r} \eta \tag{14-4}$$

式中 N_e——设计基准期内设计车道所承受的设计轴载累计作用次数（轴次/车道）；

t——设计基准期（年）；

g_r——基准期内货车交通量的年平均增长率（以分数计）；

η——车辆轮迹横向分布系数，见表 14-3。

表 14-3 车辆轮迹横向分布系数

公路等级		纵缝边缘处
高速公路、一级公路、收费站		0.17 ~ 0.22
二级及二级以下公路	行车道宽 >7 m	0.34 ~ 0.39
	行车道宽 ≤7 m	0.54 ~ 0.62
注：车道或行车道宽或者交通量较大时，取高值；反之，取低值。		

14.2.3 水泥混凝土路面的交通等级

水泥混凝土路面所承受的轴载作用，按设计基准期内设计车道临界荷位所承受的设计轴载累计作用次数分为 5 级，分级范围如表 14-4 所示。

表 14-4 交通荷载分级

交通分级	极重	特重	重	中	轻
设计基准期内设计车道承受设计轴载 (100 kN) 累计作用次数 $N_e /$ ($\times 10^4$)	$>1 \times 10^6$	$1 \times 10^6 \sim 2\,000$	$2\,000 \sim 100$	$100 \sim 3$	<3

14.3 水泥混凝土路面的设计参数

14.3.1 水泥混凝土路面的设计强度和弯拉弹性模量

水泥混凝土板的计算是以抗弯拉强度作为控制指标的，因此对路面用混凝土首先要满足抗弯拉强度的要求。水泥混凝土的抗弯拉强度一般应通过试验确定。当然，为保证路面具有较高的耐磨性、耐久性及抗冻性，也不可忽视对抗压强度的要求。

水泥混凝土的设计强度以 28 d 龄期的弯拉强度控制。各交通荷载等级要求的混凝土弯拉强度标准值不得低于表 14-5 的规定。

表 14-5　水泥混凝土弯拉强度标准值　　　　　　　　　　　　　　　　MPa

交通分级	极重、特重、重	中等	轻
水泥混凝土的弯拉强度标准值	≥5.0	4.5	4.0
钢纤维混凝土的弯拉强度标准值	≥6.0	5.5	5.0

既然混凝土板的计算是以抗弯拉强度作为控制指标，因此在计算中所采用的混凝土弹性模量，也应根据抗弯试验求得。试验表明，混凝土的弹性模量与其应力有关，弯拉应力越接近极限抗弯拉强度，弹性模量越小。由于混凝土路面板不允许产生裂缝，故不应采用接近极限强度时的弹性模量值。设计路面板时所用的混凝土抗弯拉弹性模量值以试验室实测为宜。水泥混凝土设计参数经验参考值如表 14-6 ~ 表 14-8 所示。

表 14-6　水泥混凝土强度和弹性模量经验参考值

弯拉强度/MPa	1.5	2.0	2.5	3.0	3.5	4.0	4.5	5.0	5.5
抗压强度/MPa	7	11	15	20	25	30	36	42	49
抗拉强度/MPa	0.89	1.21	1.53	1.86	2.20	2.54	2.85	3.22	3.55
弹性模量/GPa	15	18	21	23	25	27	29	31	33

表 14-7　水泥混凝土线膨胀系数经验参考值　　　　　　　　　　$\times 10^{-6}/℃$

粗集料类型	石英岩	砂岩	砾石	花岗岩	玄武岩	石灰岩
水泥混凝土线膨胀系数	12	12	11	10	9	7

表 14-8　混凝土面层与基层间摩擦系数经验参考值

基层材料	取值范围	代表值
级配碎石、级配砾石或碎砾石	0.5 ~ 4.0	2.5
沥青混凝土、沥青碎石	2.5 ~ 15	7.5
无机结合料稳定粒料	3.5 ~ 13	8.9
贫混凝土、碾压混凝土	3.0 ~ 20	8.5

14.3.2　水泥混凝土面板的厚度要求

各安全等级路面的材料性能和结构尺寸参数的变异水平可分为低、中、高三级。应按公路等级以及所采用的施工技术和所能达到的施工质量控制和管理水平，通过调研确定变异水平等级和相应的变异系数，高速公路、一级公路的变异水平等级宜为低级，二级公路的变异水平等级应不大于中级。确实有困难时可按表 14-9 规定的主要设计参数变异系数范围选择相应的变异系数。

表 14-9 变异系数 c_v 的变化范围

变异水平等级	低	中	高
水泥混凝土弯拉强度	$0.05 \leqslant c_v \leqslant 0.10$	$0.10 < c_v \leqslant 0.15$	$0.15 < c_v \leqslant 0.20$
基层顶面当量回弹模量	$0.15 \leqslant c_v \leqslant 0.25$	$0.25 < c_v \leqslant 0.35$	$0.35 < c_v \leqslant 0.55$
水泥混凝土面层厚度	$0.02 \leqslant c_v \leqslant 0.04$	$0.04 < c_v \leqslant 0.06$	$0.06 < c_v \leqslant 0.08$

普通水泥混凝土、钢筋混凝土、碾压混凝土、钢纤维混凝土、连续配筋混凝土面层所需厚度，可参照表 14-10 所示范围初步拟定。

表 14-10 水泥混凝土面层厚度的参考范围

交通等级	极重	特重			重		
公路等级	—	高速	一级	二级	高速	一级	二级
变异水平等级	低	低	中	低	中	低	中	低	中
面层厚度/mm	≥320	320 ~ 280	300 ~ 260	280 ~ 240	270 ~ 230	260 ~ 220

交通等级	中等			轻	
公路等级	二级		三、四级		三、四级
变异水平等级	高	中	高	中	高	中
面层厚度/mm	250 ~ 220	240 ~ 210	230 ~ 200	220 ~ 190	210 ~ 180

极重、特重或重交通荷载时，其最小厚度为 180 mm；中等或轻交通荷载时，其最小厚度为 160 mm。钢纤维混凝土面层的厚度按钢纤维掺量确定，钢纤维体积率为 0.60% ~ 1.0% 时，其厚度为普通混凝土面层厚度的 65% ~ 75%。复合式路面沥青上面层的厚度一般为 25 ~ 80 mm。

14.3.3 路基回弹性模量

理论分析表明，不论用哪一种地基假设，地基强弱对板内应力影响都不大，但这个结论的基本前提是：认为地基和路面板始终保持完全接触，共同变形。实际上保持这个条件是困难的，因为基础（土基加基层）并非完全弹性体，在荷载反复作用下，基础的塑性累积变形越来越大，而且这种变形多发生在行车概率较大的面板横向接缝下的基础表面，原因是板边受荷时板下基础承受的压力分布呈半盆形状态，与板中相比荷载应力更加集中，单位压力较大。路基回弹模量及湿度调整系数经验参考值如表 14-11、表 14-12 所示。

表 14-11 路基回弹模量及湿度调整系数经验参考值　　　　　　　　　　　MPa

土 组	取值范围	代表值
级配良好砾（GW）	240 ~ 290	250
级配不良砾（GP）	170 ~ 240	190
含细粒土砾（GF）	120 ~ 240	180
粉土质砾（GM）	160 ~ 270	220
黏土质砾（GC）	120 ~ 190	150
级配良好砂（SW）	120 ~ 190	150
级配不良砂（SP）	100 ~ 160	130

土　　组	取值范围	代表值
含细粒土砂（5P）	80～160	120
粉土质砂（SM）	120～190	150
黏土质砂（SC）	80～120	100
低液限粉土（ML）	70～110	90
低液限黏土（CL）	50～100	70
高液限粉土（MH）	30～70	50
高液限黏土（CH）	20～50	30

注：1. 对于砾和砂，D_{60}（通过率为60%时的颗粒粒径）大时，模量取高值；D_{60}小时，模量取低值。

2. 对于其他含细粒的土组，小于0.075 mm颗粒含量大和塑性指数高时，模量取低值；反之，模量取高值。

表 14-12　路基回弹模量湿度调整系数

土　　组	路床顶距地下水水位的距离/m					
	1.0	1.5	2.0	2.5	3.0	4.0
细粒质砾（GF）土质砾（GM、GC）	0.81～0.88	0.86～1.00	0.91～1.00	0.96～1.00	—	—
细粒质砂（SF）土质砂（SM、SC）	0.80～0.86	0.83～0.97	0.87～1.00	0.90～1.00	0.94～1.00	—
低液限粉土（ML）	0.71～0.74	0.75～0.81	0.78～0.89	0.82～0.97	0.86～1.00	0.94～1.00
低液限黏土（CL）	0.70～0.73	0.72～0.80	0.74～0.88	0.75～0.95	0.77～1.00	0.81～1.00
高液限粉土（MH）、高液限黏土（CH）	0.70～0.71	0.71～0.75	0.72～0.78	0.73～0.82	0.73～0.86	0.74～0.94

注：1. 小于0.075 mm颗粒含量大和塑性指数高时，调整系数取低值；反之，调整系数取高值。

2. 当表中调整系数最大值为1.00时，调整系数取高值。

14.3.4　路面基层材料的回弹模量

研究表明，在荷载、板厚和使用年限相同时，刚度越小的基层，其塑性累积变形越严重。板下基础出现塑性变形累积的结果，使面板局部失去支承，车辆荷载应力增大，当它达到和超过混凝土抗力时，路面板就会断裂。因此，基础的强弱实际上会影响路面的使用寿命。这一结论已被国内外大量实践所证实。所以，现今大多数国家都重视研究刚性路面下基层的问题，并对基础的刚度提出定量或定性的要求。基层和底基层材料弹性（回弹）模量经验参考值如表14-13～表14-15所示。

表 14-13　粒料类基层和底基层材料回弹模量经验参考值　　　　　　　　MPa

材料类型	取值范围	代表值
级配碎石（基层）	200～400	300
级配碎石（底基层）	180～250	220
未筛分碎石	180～220	200

续表

材料类型	取值范围	代表值
级配砾石（基层）	150 ~ 300	250
级配砾石（底基层）	150 ~ 220	190
天然砂砾	105 ~ 135	120

表 14-14　无机结合料类基层和底基层材料弹性模量经验参考值　　　　MPa

材料类型	7 d 浸水抗压强度	试件模量	收缩开裂后模量	疲劳破坏后模量
水泥稳定类	3.0 ~ 6.0	3 000 ~ 14 000	2 000 ~ 2 500	300 ~ 500
	1.5 ~ 3.0	2 000 ~ 10 000	1 000 ~ 2 000	200 ~ 400
石灰、粉煤灰稳定类	≥0.8	3 000 ~ 14 000	2 000 ~ 2 500	300 ~ 500
	0.5 ~ 0.8	2 000 ~ 10 000	1 000 ~ 2 000	200 ~ 400
石灰稳定类	≥0.8	2 000 ~ 4 000	800 ~ 2 000	100 ~ 300
	0.5 ~ 0.8	1 000 ~ 2 000	400 ~ 1 000	50 ~ 200
开级配水泥稳定碎石（CTPB）	≥0.4	1 300 ~ 1 700		—

表 14-15　沥青结合料类基层材料动态模量经验参考值

材料类型	条　件	取值范围/MPa
沥青混凝土（AC – 10）		4 700 ~ 5 600
沥青混凝土（AC – 16）	20 ℃，10 Hz，90 A、110 A，空隙率7%，沥青用量6%	4 500 ~ 5 400
沥青混凝土（AC – 25）		4 000 ~ 5 000
密级配沥青碎石（ATB – 25）		3 500 ~ 4 200
开级配沥青稳定碎石（ATPB）	20 ℃，沥青用量 2.5% ~ 3.5%	600 ~ 800

14.3.5　水泥混凝土面层的板底地基当量回弹模量确定

（1）新建公路的板底地基当量回弹模量可按式（14-5）计算确定：

$$E_t = E_0 \left(\frac{E_x}{E_0} \right)^a \tag{14-5}$$

$$a = 0.86 + 0.26 \ln h_x \tag{14-6}$$

$$E_x = \sum_{i=1}^{n} (h_i^2 E_i) / \sum_{i=1}^{n} h_i^2 \tag{14-7}$$

$$h_x = \sum_{i=1}^{n} h_i \tag{14-8}$$

式中　E_t——板底地基当量回弹模量（MPa）；

E_0——路床顶综合回弹模量（MPa）；

a——与粒料层总厚度 h_x 有关的回归系数，按式（14-6）计算。

E_x——粒料层的当量回弹模量（MPa），按式（14-7）计算；

E_i、h_i——第 i 结构层的回弹模量（MPa）与厚度（m）；

h_x——粒料层的总厚度（m），按式（14-8）计算。

（2）在旧沥青混凝土路面上铺筑水泥混凝土面层时，原沥青混凝土路面顶面的地基综合当量回弹模量可根据落锤式弯沉仪（荷载 50 kN、承载板半径 150 mm）的中心点弯沉的测定结果按式（14-9）计算确定，或根据贝克曼梁（后轴重 100 kN 的车辆）的弯沉测定结果按式（14-10）计算确定：

$$E_t = 18\ 621/\omega_0 \tag{14-9}$$

$$E_t = 13\ 739\omega_0^{-1.04} \tag{14-10}$$

$$\omega_0 = \overline{\omega} + 1.04\ s_w \tag{14-11}$$

式中　ω_0——路段代表回弹弯沉值（0.01 mm），按式（14-11）计算。

　　　E_t——地基综合当量回弹模量（MPa）；

　　　$\overline{\omega}$——路段弯沉平均值（0.01 mm）；

　　　s_w——路段弯沉的标准差（0.01 mm）。

14.4　水泥混凝土路面板厚度的计算方法

根据公路的使用任务、性质和要求，结合当地气候、水文、土质、材料、施工技术、实践经验以及环境保护要求等，通过技术经济分析确定水泥混凝土路面设计方案。

水泥混凝土路面设计包括结构组合、材料组成、接缝构造和钢筋配置等。水泥混凝土路面结构还需按规定的安全等级和目标可靠度，承受预期的交通荷载作用，并与所处的自然环境相适应，满足预定的使用性能要求。

水泥混凝土路面板厚的确定，与多种因素有关，如混凝土的弹性模量与抗弯拉强度、土基与基层的力学性质、路面设计使用年限，交通量及其组成等。设计板厚的方法，在世界上也有很多种，所依据的设计标准不尽相同，概括起来有两种设计标准：一种是以使用年限末期混凝土出现疲劳开裂为临界状态；另一种是以混凝土板的使用特性在使用期期末下降到行车所不允许的程度为标准。我国采用了前一种标准。现将其设计方法扼要介绍如下。

14.4.1　力学模型

（1）弹性地基单层板模型，适用于粒料基层上混凝土面层。旧沥青路面加铺混凝土面层。面层板底面以下部分按弹性地基处理。

（2）弹性地基双层板模型，适用于无机结合料类基层或沥青类基层上混凝土面层，旧混凝土路面上加铺分离式混凝土面层；面层和基层或者新旧面层作为双层板，基层底面以下或者旧面层底面以下部分按弹性地基处理。

（3）复合板模型，适用于两层不同性能材料组成的面层或基层复合板。旧混凝土路面上加铺结合式混凝土面层，两层不同性能材料组成的层间粘结的面层，作为弹性地基上的单层板或者弹性地基上双层板的上层板；无机结合料类基层或沥青类基层与无机结合料类底基层组成的基层，作为弹性地基上双层板的下层板。

混凝土面层板的临界荷位位于纵缝边缘中部。基层板的临界荷位与面层板相同。

14.4.2　弹性地基单层板荷载应力

设计轴载在面层板临界荷位处产生的荷载疲劳应力按式（14-12）确定：

$$\sigma_{pr} = k_r k_f k_c \sigma_{ps} \tag{14-12}$$

式中 σ_{pr}——设计轴载在面层板临界荷位处产生的荷载疲劳应力（MPa）；

k_r——考虑接缝传荷能力的应力折减系数，采用混凝土路肩时，$k_r = 0.87 \sim 0.92$（路肩面层与路面面层等厚时取低值，减薄时取高值）；采用柔性路肩或土路肩时，$k_r = 1.0$；

k_c——考虑计算理论与实际差异以及动载等因素的综合系数，按公路等级查表 14-16 确定；

表 14-16　综合系数 k_c

公路等级	高速公路	一级公路	二级公路	三、四级公路
k_c	1.15	1.10	1.05	1.00

k_f——考虑设计基准期内荷载应力累计疲劳作用的疲劳应力系数，按式（14-13）计算确定：

$$k_f = N_e{}^{\lambda} \tag{14-13}$$

N_e——设计基准期内设计轴载累计作用次数；

λ——材料疲劳指数，普通混凝土、钢筋混凝土、连续配筋混凝土，$\lambda = 0.057$；碾压混凝土和贫混凝土，$\lambda = 0.065$；钢纤维混凝土 λ 按式（14-14）计算确定：

$$\lambda = 0.053 - 0.017 \rho_f \frac{l_f}{d_f} \tag{14-14}$$

ρ_f——钢纤维的体积率（%）；

l_f——钢纤维的长度（mm）；

d_f——钢纤维的直径（mm）；

σ_{ps}——设计轴载在四边自由板的临界荷位处产生的荷载应力（MPa），按式（14-15）计算确定：

$$\sigma_{ps} = 1.47 \times 10^{-3} r^{0.70} h_c^{-2} P_s^{0.94} \tag{14-15}$$

$$r = 1.21 \left(D_c / E_t \right)^{\frac{1}{3}} \tag{14-16}$$

$$D_c = \frac{E_c h_c^3}{12(1 - v_c^2)} \tag{14-17}$$

r——混凝土面层板的相对刚度半径（m），按式（14-16）计算；

E_c、h_c、v_c——混凝土面层板的弯拉弹性模量（MPa）、厚度（m）和泊松比；

D_c——水泥混凝面层板的截面弯曲刚度（MN·m），按式（14-17）计算；

E_t——板底地基当量回弹模量（MPa）；

P_s——设计轴载的单轴重。

最重轴载在面层板临界荷位处产生的最大荷载应力，按式（14-18）计算：

$$\sigma_{p,max} = k_r k_c \sigma_{pm} \tag{14-18}$$

$$\sigma_{pm} = 1.47 \times 10^{-3} \gamma^{0.70} h_c^{-2} P_m^{0.94} \tag{14-19}$$

式中 $\sigma_{p,max}$——最重轴载在面层板临界荷位处产生的最大荷载应力（MPa）；

σ_{pm}——最重轴载在四边自由板的临界荷位处产生的最大荷载应力（MPa）；

P_m——最重单轴载（kN）。

14.4.3　弹性地基单层板温度应力

面层板临界荷位处的温度疲劳应力按式（14-20）确定：

$$\sigma_{tr} = k_t \sigma_{t,max} \qquad (14\text{-}20)$$

式中 σ_{tr}——面层板临界荷位处的温度疲劳应力（MPa）；

        $\sigma_{t,max}$——最大温度梯度时混凝土面层板产生的最大温度应力（MPa），按式（14-21）确定：

$$\sigma_{t,max} = \frac{\alpha_c E_c h_c T_g}{2} B_l \qquad (14\text{-}21)$$

        α_c——混凝土的线膨胀系数（1/℃）；

        T_g——最大温度梯度，查表14-17取用；

表14-17　最大温度梯度 T_g

公路自然区划	Ⅱ、Ⅴ	Ⅲ	Ⅳ、Ⅵ	Ⅶ
最大温度梯度/（℃·m⁻¹）	83~88	90~95	86~92	93~98

        B_l——综合温度翘曲应力和内应力作用的温度应力系数，可按（14-22）确定：

$$B_l = 1.77 \, e^{-4.48h} C_l - 0.131(1 - C_l) \qquad (14\text{-}22)$$

$$C_l = 1 - \frac{\sinh t \cos t + \cosh t \sin t}{\cos t \sin t + \sinh t \cosh t} \qquad (14\text{-}23)$$

$$t = \frac{L}{3r} \qquad (14\text{-}24)$$

        C_l——混凝土面层板的温度翘曲应力系数，按式（14-23）计算；

        l——面层板的板长（m），即横缝间距；

        k_t——考虑温度应力累计疲劳作用的疲劳应力系数，按式（14-25）确定：

$$k_t = \frac{f_r}{\sigma_{t,max}} \left[a_t \left(\frac{\sigma_{t,max}}{f_r} \right)^{b_t} - c_t \right] \qquad (14\text{-}25)$$

        a_t、b_t、c_t——回归系数，按所在地区的公路自然区划查表14-18确定。

表14-18　回归系数 a_t、b_t 和 c_t

系数	公路自然区划					
	Ⅱ	Ⅲ	Ⅳ	Ⅴ	Ⅵ	Ⅶ
a_t	0.828	0.855	0.841	0.871	0.837	0.834
b_t	1.323	1.355	1.323	1.287	1.382	1.270
c_t	0.041	0.041	0.058	0.071	0.038	0.052

14.4.4　弹性地基双层板荷载应力

设计轴载在面层板或上面层板的临界荷位处产生的荷载疲劳应力按式（14-26）确定，其中，荷载疲劳应力、应力折减系数、综合系数的确定方法与单层板相同。

$$\sigma_{pr} = k_r k_t k_c \sigma_{ps} \qquad (14\text{-}26)$$

式中 σ_{ps}——设计轴载在上层板的临界荷位处产生的荷载应力（MPa），按式（14-27）计算确定：

$$\sigma_{ps} = \frac{1.45 \times 10^{-3}}{1 + D_b/D_c} r_g^{0.65} h_c^{-2} P_s^{0.94} \qquad (14\text{-}27)$$

$$r_g = 1.21 \left[(D_c + D_b)/E_t \right]^{\frac{1}{4}} \tag{14-28}$$

$$D_b = \frac{E_b h_b^3}{12(1 - v_b^2)} \tag{14-29}$$

式中　r_g——双层板的总相对刚度半径（m），按式（14-28）计算；

E_b、h_b、v_b——下层板的弯拉弹性模量（MPa）、厚度（m）和泊松比；

D_b——下层板的截面弯曲刚度（MN·m），按式（14-29）计算。

贫混凝土或碾压混凝土基层板或下面层板的荷载疲劳应力按式（14-30）计算，其中，荷载疲劳应力、应力折减系数、综合系数的确定方法与单层板相同。

$$\sigma_{bpr} = k_r k_c \sigma_{bps} \tag{14-30}$$

$$\sigma_{bps} = \frac{1.41 \times 10^{-3}}{1 + D_c/D_b} r_g h_b^{-2} P_s^{0.94} \tag{14-31}$$

式中　σ_{bpr}——下层板的荷载疲劳应力（MPa）；

σ_{bps}——设计轴载在下层板临界荷位处产生的荷载应力（MPa）。

14.4.5　弹性地基双层板温度应力

在面层板临界荷位处的温度疲劳应力按式（14-32）确定：

$$\sigma_{tr} = k_t \sigma_{t,\max} \tag{14-32}$$

式中　$\sigma_{t,\max}$——最大温度梯度时混凝土上层板产生的最大温度应力（MPa），按式（14-33）确定：

$$\sigma_{t,\max} = \frac{\alpha_c E_c h_c T_g}{2} B_l \tag{14-33}$$

B_l——综合温度翘曲应力和内应力作用的温度应力系数，可按式（14-34）确定：

$$B_l = 1.77 \, e^{-4.48 h_c} C_l - 0.131(1 - C_l) \tag{14-34}$$

$$C_l = 1 - \left(\frac{1}{1 + \xi} \right) \frac{\sinh t \cos t + \cosh t \sin t}{\cos t \sin t + \sinh t \cosh t} \tag{14-35}$$

$$t = \frac{L}{3 r_g} \tag{14-36}$$

$$\xi = -\frac{(k_n r_g^4 - D_c)\gamma_\beta^3}{(k_n \gamma_\beta^4 - D_c) r_g^3} \tag{14-37}$$

$$\gamma_\beta = \left[\frac{D_c D_b}{(D_c + D_b) k_n} \right]^{1/4} \tag{14-38}$$

$$k_n = \frac{1}{2} \left(\frac{h_c}{E_c} + \frac{h_b}{E_b} \right)^{-1} \tag{14-39}$$

式中　ξ——与双层板结构有关的参数，按式（14-37）计算；

γ_β——层间接触状况参数（m），按式（14-38）计算；

k_n——面层与基层之间竖向接触刚度，上下层之间不设沥青混凝夹层或隔离层时按式（14-39）计算。

14.4.6　水泥混凝土板厚度的计算流程

水泥混凝土板厚度的计算流程如图 14-1 所示。

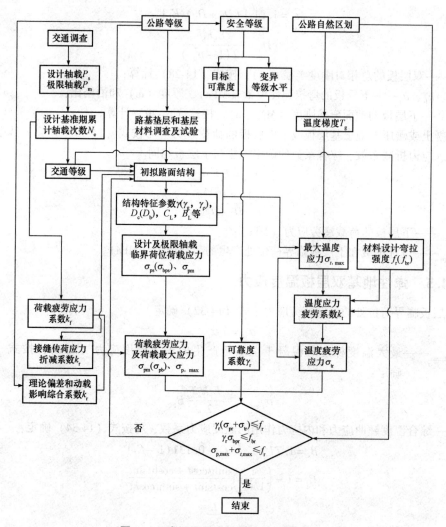

图 14-1 水泥混凝土板厚度的计算流程

（1）交通量计算，确定交通等级，并进行行车道路面结构的组合设计，初拟路面结构，包括路床、垫层、基层和面层的材料类型和厚度，按水泥混凝土面层厚度建议范围，依据交通等级、公路等级和所选变异水平等级初选混凝土板厚度。

（2）按照初拟路面结构的组合情况，选择相应的结构分析模型。

（3）参照图 14-1 分别计算混凝土面层板（单层板或双层板的面层板）的最重轴载产生的最大荷载应力、设计轴载产生的荷载疲劳应力、最大温度梯度产生的最大温度应力及温度疲劳应力。

（4）当荷载疲劳应力与温度疲劳应力之和与可靠度系数的乘积小于且接近于混凝土弯拉强度标准值，同时，最大荷载应力与最大温度应力之和与可靠度系数的乘积，小于混凝土弯拉强度标准值时，即满足初选厚度可作为混凝土板的计算厚度。

$$\gamma_r (\sigma_{pr} + \sigma_{tr}) \leqslant f_r$$
$$\gamma_r (\sigma_{p,max} + \sigma_{t,max}) \leqslant f_r$$

（5）贫混凝土或碾压混凝土基层或者双层板的下面层板，需计算其荷载疲劳应力，并检算

荷载疲劳应力与可靠度系数的乘积是否小于其材料的弯拉强度标准值, 即还应满足下式要求:

$$\gamma_r \sigma_{bpr} \leq f_{br}$$

(6) 若不能同时满足要求, 则应改选混凝土面层板厚度或 (和) 整调基层类型或 (和) 厚度, 重新计算, 直到同时满足要求。

(7) 计算厚度加 6 mm 磨损厚度后, 应按 10 mm 向上取整, 作为混凝土面层的设计厚度。

14.4.7　水泥混凝土面板厚度计算示例

1. 粒料基层上混凝土面板厚度计算

公路自然区划 Ⅱ 区拟新建一条二级公路, 路面宽为 7 m, 路基为低液限黏土, 路床顶距地下水水位平均 1.2 m, 当地的粗集料以花岗岩为主。拟采用普通混凝土路面。经交通调查得知, 设计轴载 $P_s = 100$ kN, 最重轴载 $P_m = 150$ kN, 设计车道使用初期设计轴载的日作用次数为 100 次, 交通量年平均增长率为 5%。

(1) 交通分析。二级公路的设计基准期为 20 年, 安全等级为二级。临界荷位处的车辆轮迹横向分布系数取 0.62。则设计基准期内设计车道设计轴载累计作用次数为

$$N_e = \frac{N_s \left[(1 + g_r)^t - 1 \right] \times 365}{g_r} \eta = \frac{100 \times \left[(1 + 0.05)^{20} - 1 \right] \times 365}{0.05} \times 0.62 = 74.8 \times 10^4 \text{ (次)}$$

属中等交通荷载等级。

(2) 初拟路面结构。施工质量变异水平选择中级。根据二级公路、中等交通荷载等级和中级变异水平, 初拟普通混凝土面层厚度为 0.23 m, 基层选用级配碎石, 厚 0.20 m。普通混凝土板的平面尺寸为 4.5 m×3.5 m, 纵缝为设拉杆平缝, 横缝为不设传力杆的假缝, 路肩面层与行车道面层等厚并设拉杆相连。

(3) 路面材料参数确定。取普通混凝土面层的弯拉强度标准值为 4.5 MPa, 相应弯拉弹性模量与泊松比为 29 GPa、0.15。取低液限黏土路基回弹模量 80 MPa。取距地下水水位 1.2 m 时的湿度调整系数分别为 0.75, 由此得到路床顶综合回弹模量为 80×0.75=60 (MPa)。取级配碎石基层回弹模量为 300 MPa。计算板底地基当量回弹模量如下:

$$E_x = \sum_{i=1}^n (h_i^2 E_i) / \sum_{i=1}^n h_i^2 = \frac{h_1^2 E_1}{h_1^2} = 300 \text{ MPa}$$

$$h_x = \sum_{i=1}^n h_i = h_1 = 0.20 \text{ m}$$

$$a = 0.86 + 0.26 \ln h_x = 0.86 + 0.26 \ln 0.2 = 0.442$$

$$E_t = E_0 \left(\frac{E_x}{E_0} \right)^a = \left(\frac{300}{60} \right)^{0.442} \times 60 = 122.2 \text{ (MPa)}$$

板底地基当量回弹模量 E_t 取为 120 MPa。

普通混凝土面层的弯曲刚度 D_c 和相对刚度半径:

$$D_c = \frac{E_c h_c^3}{12 (1 - v_c^2)} = \frac{29\,000 \times 0.23^3}{12 \times (1 - 0.15^2)} = 30.1 \text{ (MN · m)}$$

$$r = 1.21 (D_c / E_t)^{1/3} = 1.21 \times \left(\frac{30.1}{120} \right)^{1/3} = 0.763 \text{ (m)}$$

(4) 荷载应力计算。

$$\sigma_{ps} = 1.47 \times 10^{-3} r^{0.70} h_c^{-2} P_s^{0.94} = 1.47 \times 10^{-3} \times 0.763^{0.70} \times 0.23^{-2} \times 100^{0.94} = 1.744 \text{ (MPa)}$$

$$\sigma_{pm} = 1.47 \times 10^{-3} r^{0.70} h_c^{-2} P_m^{0.94} = 1.47 \times 10^{-3} \times 0.763^{0.70} \times 0.23^{-2} \times 150^{0.94} = 2.554 \text{ (MPa)}$$

$$\sigma_{pr} = k_r k_f k_c \sigma_{ps} = 0.87 \times 2.162 \times 1.05 \times 1.744 = 3.44 \ (\text{MPa})$$
$$\sigma_{p,max} = k_r k_c \sigma_{pm} = 0.87 \times 1.05 \times 2.554 = 2.33 \ (\text{MPa})$$

（5）温度应力计算。

由最大温度梯度为88，计算最大温度应力和温度疲劳应力：

$$t = \frac{L}{3r} = \frac{4.5}{3 \times 0.763} = 1.97$$

$$C_l = 1 - \frac{\sinh t \cos t + \cosh t \sin t}{\cos t \sin t + \sinh t \cosh t} = 1 - \frac{\sinh(1.97)\cos(1.97) + \cosh(1.97)\sin(1.97)}{\cos(1.97)\sin(1.97) + \sinh(1.97)\cosh(1.97)} = 1 - 0.162 = 0.838$$

$$B_l = 1.77 \ e^{-4.48 h_c} C_l - 0.131 \ (1 - C_l) = 1.77 \ e^{-4.48 \times 0.23} \times 0.838 - 0.131 \times (1 - 0.838) = 0.508$$

$$\sigma_{t,max} = \frac{\alpha_c E_c h_c T_g}{2} B_l = \frac{10^{-5} \times 29\,000 \times 0.23 \times 88}{2} \times 0.508 = 1.49 \ (\text{MPa})$$

$$k_t = \frac{f_r}{\sigma_{t,max}} \left[a_t \left(\frac{\sigma_{t,max}}{f_r} \right)^{b_t} - c_t \right] = \frac{4.5}{1.49} \times \left[0.828 \times \left(\frac{1.49}{4.5} \right)^{1.323} - 0.041 \right] = 0.46$$

$$\sigma_{tr} = k_t \sigma_{t,max} = 0.46 \times 1.49 = 0.69 \ (\text{MPa})$$

（6）结构极限状态校核——板厚的确定。二级公路、中等变异水平，可靠度系数取1.13。

$$\gamma_r (\sigma_{pr} + \sigma_{tr}) = 1.13 \times (3.44 + 0.69) = 4.67 \ (\text{MPa}) > f_r = 4.5 \ \text{MPa}$$
$$\gamma_r (\sigma_{p,max} + \sigma_{t,max}) = 1.13 \times (2.33 + 1.49) = 4.32 \ (\text{MPa}) < f_r = 4.5 \ \text{MPa}$$

显然，初拟板厚23 cm不满足要求，重估板厚24 cm，重新计算荷载应力和温度应力，满足下式要求：

$$\gamma_r (\sigma_{pr} + \sigma_{tr}) = 1.13 \times (3.26 + 0.67) = 4.44 \ (\text{MPa}) < f_r = 4.5 \ \text{MPa}$$
$$\gamma_r (\sigma_{p,max} + \sigma_{t,max}) = 1.13 \times (2.21 + 1.47) = 4.16 \ (\text{MPa}) < f_r = 4.5 \ \text{MPa}$$

板厚的确定：计算厚度加6 mm磨损厚度，按10 mm向上取整作为设计厚度，即25 cm。

2. 水泥稳定粒料基层上混凝土面板厚度计算

公路自然区划Ⅳ区新建一条一级公路，路基土为低液限粉土，路床顶距地下水水位1.0 m，当地粗集料以砾石为主。拟采用普通混凝土面层，基层采用水泥稳定砂砾。经交通调查分析得知，设计轴载 $P_s = 100$ kN，最重轴载 $P_m = 180$ kN，设计车道使用初期标轴载日作用次数为3 200，交通量年平均增长率为5%。

（1）交通分析。一级公路的设计基准期为30年，安全等级为一级。临界荷位处的车辆轮迹横向分布系数取0.22。按下式计算得到设计基准期内设车道标准荷载累计作用次数：

$$N_e = \frac{N_s [(1 + g_r)^t - 1] \times 365}{g_r} \eta = \frac{3\,200 \times [(1 + 0.05)^{30} - 1] \times 365}{0.05} \times 0.22 = 1\,707 \times 10^4 \ (\text{次})$$

属重交通荷载等级。

（2）初拟路面结构。施工变异水平取低等级。根据一级公路重交通荷载等级和低变异水平等级，初拟普通混凝土面层厚度为0.26 m，水泥稳定砂砾基层厚度为0.20 m，底基层选用级配砾石，厚0.18 m。单向路幅宽度为2×3.75 m（行车道）+2.75 m（硬路肩），行车道水泥混凝土面层板平面尺寸取5.0 m×3.75 m，纵缝为设拉杆平缝，横缝为设传力杆的假缝。硬路肩面层采用与行车道面层等厚的混凝土，并设拉杆与行车道板相连。

（3）路面材料参数确定。取普通混凝土面层的弯拉强度标准值为5.0 MPa，相应弯拉弹性模量与泊松比分别为31 GPa、0.15。

取低液限粉土的回弹模量为100 MPa。取距地下水水位1.0 m时的湿度调整系数为0.80。由此，路床顶综合回弹模量取为100×0.80 = 80（MPa），水泥稳定砂砾基层的弹性模量取

2 000 MPa，泊松比取 0.20，级配砾石底层回弹模量取 250 MPa，泊松比取 0.35。则计算板底地基综合回弹模量计算如下：

$$E_x = \sum_{i=1}^{n} (h_i^2 E_i) / \sum_{i=1}^{n} h_i^2 = \frac{h_1^2 E_1}{h_1^2} = 250 \text{ MPa}$$

$$h_x = \sum_{i=1}^{n} h_i = h_1 = 0.18 \text{ m}$$

$$a = 0.86 + 0.26 \ln h_x = 0.86 + 0.26 \ln 0.18 = 0.414$$

$$E_t = E_0 \left(\frac{E_x}{E_0} \right)^a = \left(\frac{250}{80} \right)^{0.414} \times 80 = 128.2 \text{ （MPa）}$$

板底地基综合回弹模量取 125 MPa，则混凝土面层板的弯曲刚度 D_c、半刚性基层的弯曲刚度 D_b 和相对刚度半径 r_g 分别为

$$D_c = \frac{E_c h_c^3}{12(1 - \nu_c^2)} = \frac{31\,000 \times 0.26^3}{12 \times (1 - 0.15^2)} = 46.4 \text{ （MN · m）}$$

$$D_b = \frac{E_b h_b^3}{12(1 - \nu_b^2)} = \frac{2\,000 \times 0.20^3}{12 \times (1 - 0.20^2)} = 1.39 \text{ （MN · m）}$$

$$r_g = 1.21 \left(\frac{D_c + D_b}{E_t} \right)^{1/3} = 1.21 \times \left(\frac{46.4 + 1.39}{125} \right)^{1/3} = 0.878 \text{ （m）}$$

（4）荷载应力计算。计算标准轴载和极限荷载在临界荷位处的荷载应力：

$$\sigma_{ps} = \frac{1.45 \times 10^{-3}}{1 + D_b/D_c} r_g^{0.65} h_c^{-2} P_s^{0.94} = \frac{1.45 \times 10^{-3}}{1 + \dfrac{1.39}{46.4}} \times 0.878^{0.65} \times 0.26^{-2} \times 100^{0.94} = 1.452 \text{ （MPa）}$$

$$\sigma_{pm} = \frac{1.45 \times 10^{-3}}{1 + D_b/D_c} r_g^{0.65} h_c^{-2} P_m^{0.94} = \frac{1.45 \times 10^{-3}}{1 + \dfrac{1.39}{46.4}} \times 0.878^{0.65} \times 0.26^{-2} \times 180^{0.94} = 2.522 \text{ （MPa）}$$

计算面层荷载应力和面层最大荷载应力：

$$k_f = N_e^\lambda = (1\,707 \times 10^4)^{0.057} = 2.584$$

$$k_r = 0.87 \quad k_c = 1.10$$

$$\sigma_{pr} = k_r k_f k_c \sigma_{ps} = 0.87 \times 2.584 \times 1.10 \times 1.452 = 3.59 \text{ （MPa）}$$

$$\sigma_{p,\max} = k_r k_c \sigma_{pm} = 0.87 \times 1.10 \times 2.522 = 2.41 \text{ （MPa）}$$

（5）温度应力计算。最大温度梯度为 92，计算综合温度翘曲应力 C_l 和内应力的温度应力系数 B_l：

$$k_n = \frac{1}{2} \left(\frac{h_c}{E_c} + \frac{h_b}{E_b} \right)^{-1} = \frac{1}{2} \times \left(\frac{0.26}{31\,000} + \frac{0.20}{2\,000} \right)^{-1} = 4\,613 \text{ （MPa/m）}$$

$$r_\beta = \left[\frac{D_c D_b}{(D_c + D_b) k_n} \right]^{1/4} = \left[\frac{46.4 \times 1.39}{(46.4 + 1.39) \times 4\,613} \right]^{1/4} = 0.131$$

$$\xi = -\frac{(k_n r_g^4 - D_c) r_\beta^3}{(k_n r_\beta^4 - D_c) r_g^3} = -\frac{(4\,613 \times 0.878^4 - 46.4) \times 0.131^3}{(4\,613 \times 0.131^4 - 46.4) \times 0.878^3} = 0.199$$

$$t = \frac{L}{3 r_g} = \frac{5.0}{3 \times 0.878} = 1.9$$

$$C_l = 1 - \frac{1}{1 + \xi \cos t \sin t + \sinh t \cosh t} \cdot \frac{\sinh t \cos t + \cosh t \sin t}{1} = 1 - \frac{1}{1 + 0.199 \cos(1.9) \sin(1.9) + \sinh(1.9) \cosh(1.9)} \cdot \frac{\sinh(1.9)\cos(1.9) + \cosh(1.9)\sin(1.9)}{1} = 0.833$$

$$B_l = 1.77 \, e^{-4.48 h_c} C_l - 0.131 (1 - C_l) = 1.77 \, e^{-4.48 \times 0.26} \times 0.833 - 0.131 \times (1 - 0.833) = 0.438$$

计算面层最大温度应力和温度疲劳应力：

$$\sigma_{t,\max} = \frac{\alpha_c E_c h_c T_g}{2} B_l = \frac{11 \times 10^{-6} \times 31\,000 \times 0.26 \times 92}{2} \times 0.438 = 1.79\ (\text{MPa})$$

$$k_t = \frac{f_r}{\sigma_{t,\max}} \left[a_t \left(\frac{\sigma_{t,\max}}{f_r} \right)^{b_t} - c_t \right] = \frac{5.0}{1.79} \times \left[0.841 \times \left(\frac{1.79}{5.0} \right)^{1.323} - 0.058 \right] = 0.442$$

$$\sigma_{tr} = k_t \sigma_{t,\max} = 0.442 \times 1.79 = 0.79\ (\text{MPa})$$

（6）结构极限状态校核——板厚度的确定。

$$\gamma_r (\sigma_{pr} + \sigma_{tr}) = 1.14 \times (3.59 + 0.79) = 4.99\ (\text{MPa}) \quad < f_r = 5.0\ \text{MPa}$$

$$\gamma_r (\sigma_{p,\max} + \sigma_{t,\max}) = 1.14 \times (2.41 + 1.79) = 4.79\ (\text{MPa}) \quad < f_r = 5.0\ \text{MPa}$$

一级安全等级，低变异水平条件下，可靠度系数取 1.14，校核路面厚度，拟定的混凝土面层 0.26 m 和 0.18 m 的水泥稳定砂砾基层的路面结构满足要求。取混凝土面层板设计厚度 0.27 m。

3. 碾压混凝土基层上混凝土面板厚度计算

公路自然区划Ⅲ区新建一条高速公路，单向三车道，行车道宽 11.75 m。路基土为黄土（低液限粉土），路床顶距地下水水位 2.0 m，当地粗集料主要为花岗岩。拟采用碾压混凝土作基层。经交通调查分析得知，设计轴载 $P_s = 100$ kN，最重轴载 $P_m = 250$ kN，设计车道使用初期设计轴载日作用次数为 42 000，交通量年平均增长率为 7%。

（1）交通分析。高速公路的设计基准期为 30 年，安全等级为一级。临界荷位处的车辆轮迹横向分布系数取 0.22。计算得到设计基准期内设计车道标准荷载累计作用次数：

$$N_e = \frac{N_s \left[(1 + g_r)^t - 1 \right] \times 365}{g_r} \eta = \frac{4\,200 \times \left[(1 + 0.07)^{30} - 1 \right] \times 365}{0.07} \times 0.22 = 3.186 \times 10^7\ (\text{次})$$

属特重交通荷载等级。

（2）初拟路面结构。安全等级一级的变异水平等级宜为低。根据高速公路特重交通荷载等级和低变异水平等级，初拟普通混凝土面层厚度为 0.30 m，碾压混凝土层厚度为 0.18 m，面层与基层之间设置 40 mm 厚的沥青混凝土夹层，底基层选用级配碎石，厚 0.20 m。水泥混凝土上面层板的平面尺寸：长为 5.0 m，宽从中央分隔带至路肩依次为 4 m、4 m、3.75 m。纵缝为设拉杆平缝，横缝为设传力杆的假缝。碾压混凝土设纵缝一条，缝间距为 5 m。硬路肩宽 3.50 m，采用与行车道等厚混凝土并设拉杆与行车道板相连。

（3）路面材料参数确定。取普通混凝土面层的弯拉强度标准值为 5.0 MPa，相应弯拉弹性模量和泊松比分别为 31 GPa、0.15；碾压混凝土弯拉强度标准值为 4.0 MPa，相应弯拉弹性模量和泊松比分别为 27 GPa、0.15。花岗岩为粗集料的混凝土热膨胀系数。

取低液限粉土的回弹模量为 95 MPa。取距地下水水位 2.0 m 时的湿度调整系数为 0.85，由此得到路床顶综合回弹模量为 $95 \times 0.85 = 80$（MPa）。级配碎石底基层回弹模量取 250 MPa。板底地基综合当量回弹模量计算如下：

$$E_x = \sum_{i=1}^{n} (h_i^2 E_i) \bigg/ \sum_{i=1}^{n} h_i^2 = \frac{h_1^2 E_1}{h_1^2} = 250\ \text{MPa}$$

$$h_x = \sum_{i=1}^{n} h_i = h_1 = 0.20\ \text{m}$$

$$a = 0.86 + 0.26 \ln h_x = 0.86 + 0.26 \ln 0.20 = 0.442$$

$$E_t = E_0 \left(\frac{E_x}{E_0} \right)^a = \left(\frac{250}{80} \right)^{0.442} \times 80 = 132.4\ (\text{MPa})$$

板底地基综合当量回弹模量取 130 MPa。混凝土面层板的弯曲刚度 D_c、基层板的弯曲刚度 D_b 和路面结构的总相对刚度半径 r_g 分别为：

$$D_c = \frac{E_c h_c^3}{12(1 - v_c^2)} = \frac{31\,000 \times 0.30^3}{12 \times (1 - 0.15^2)} = 71.4 \quad (\text{MN} \cdot \text{m})$$

$$D_b = \frac{E_b h_b^3}{12(1 - v_b^2)} = \frac{27\,000 \times 0.18^3}{12 \times (1 - 0.15^2)} = 13.4 \quad (\text{MN} \cdot \text{m})$$

$$r_g = 1.21 \left(\frac{D_c + D_b}{E_t} \right)^{1/3} = 1.21 \times \left(\frac{71.4 + 13.4}{130} \right)^{1/3} = 1.049 \quad (\text{m})$$

（4）荷载应力计算。

$$\sigma_{ps} = \frac{1.45 \times 10^{-3}}{1 + D_b/D_c} r_g^{0.65} h_c^{-2} P_s^{0.94} = \frac{1.45 \times 10^{-3}}{1 + \frac{13.4}{71.4}} \times 1.049^{0.65} \times 0.30^{-2} \times 100^{0.94} = 1.062 \quad (\text{MPa})$$

$$\sigma_{pm} = \frac{1.45 \times 10^{-3}}{1 + D_b/D_c} r_g^{0.65} h_c^{-2} P_m^{0.94} = \frac{1.45 \times 10^{-3}}{1 + 71.4/13.4} \times 1.049^{0.65} \times 0.30^{-2} \times 250^{0.94} = 2.512 \quad (\text{MPa})$$

$$\sigma_{hps} = \frac{1.41 \times 10^{-3}}{1 + D_c/D_b} r_g^{0.68} h_b^{-2} P_s^{0.94} = \frac{1.41 \times 10^{-3}}{1 + 71.4/13.4} \times 1.049^{0.68} \times 0.18^{-2} \times 100^{0.94} = 0.539 \quad (\text{MPa})$$

计算面层荷载疲劳应力、最大荷载应力和基层荷载疲劳应力：

$$k_r = 0.87 - k_c = 1.15$$

$$k_f = N_e^\lambda = (3.186 \times 10^8)^{0.057} = 3.053$$

$$k_f = N_e^\lambda = (3.186 \times 10^8)^{0.065} = 3.570$$

$$\sigma_{pr} = k_r k_f k_c \sigma_{ps} = 0.87 \times 3.053 \times 1.15 \times 1.062 = 3.24 \quad (\text{MPa})$$

$$\sigma_{p,\max} = k_r k_c \sigma_{pm} = 0.87 \times 1.15 \times 2.512 = 2.51 \quad (\text{MPa})$$

$$\sigma_{bpr} = k_r k_c \sigma_{bps} = 0.87 \times 1.15 \times 0.539 = 2.21 \quad (\text{MPa})$$

（5）温度应力计算。最大温度梯度为 90，面层与基层之间设沥青混凝土夹层的竖向接触刚度取 3 000，计算综合温度翘曲应力 C_l 和内应力的温度应力系数 B_l：

$$r_\beta = \left[\frac{D_c D_b}{(D_c + D_b) k_n} \right]^{1/4} = \left[\frac{71.4 \times 13.4}{(71.4 + 13.4) \times 3\,000} \right]^{1/4} = 0.248$$

$$\xi = -\frac{(k_n r_g^4 - D_c) r_\beta^3}{(k_n r_\beta^4 - D_c) r_g^3} = \frac{(3\,000 \times 1.049^4 - 71.4) \times 0.248^3}{(3\,000 \times 0.248^4 - 71.4) \times 1.049^3} = 0.784$$

$$t = \frac{L}{3 r_g} = \frac{5.0}{3 \times 1.049} = 1.59$$

$$C_l = 1 - \left(\frac{1}{1 + \xi} \right) \frac{\sinh t \cos t + \cosh t \sin t}{\cos t \sin t + \sinh t \cosh t}$$

$$= 1 - \left(\frac{1}{1 + 0.784} \right) \frac{\sinh(1.59)\cos(1.59) + \cosh(1.59)\sin(1.59)}{\cos(1.59)\sin(1.59) + \sinh(1.59)\cosh(1.59)} = 0.765$$

$$B_l = 1.77 e^{-4.48 h_c} C_l - 0.131 (1 - C_l) = 1.77 e^{-4.48 \times 0.30} \times 0.764 - 0.131 \times (1 - 0.764) = 0.322$$

$$\sigma_{t,\max} = \frac{\alpha_c E_c h_c T_g}{2} B_l = \frac{10 \times 10^{-6} \times 31\,000 \times 0.030 \times 90}{2} \times 0.322 = 1.35 \quad (\text{MPa})$$

$$k_t = \frac{f_r}{\sigma_{t,\max}} \left[a_t \left(\frac{\sigma_{t,\max}}{f_r} \right)^{b_t} - c_t \right] = \frac{5.0}{1.35} \times \left[0.855 \times \left(\frac{1.35}{5.0} \right)^{1.355} - 0.041 \right] = 0.385$$

$$\sigma_{tr} = k_t \sigma_{t,\max} = 0.385 \times 1.35 = 0.52 \quad (\text{MPa})$$

（6）结构极限状态校核——板厚度的确定。确定可靠度系数为 1.30，初拟混凝土面层厚度为 0.30 m，取设计厚度为 0.31 m，贫混凝土基层设计厚度为 0.18 m，沥青混凝土夹层设计厚度为 0.04 m。

$$\gamma_r \left(\sigma_{pr} + \sigma_{tr} \right) = 1.30 \times (3.24 + 0.52) = 4.89 \ (\text{MPa}) \quad < f_r = 5.0 \ \text{MPa}$$
$$\gamma_r \left(\sigma_{p,max} + \sigma_{t,max} \right) = 1.30 \times (2.51 + 1.35) = 5.02 \ (\text{MPa}) \quad = f_r = 5.0 \ \text{MPa}$$
$$r_r \sigma_{bpr} = 1.30 \times 2.21 = 2.87 \ (\text{MPa}) \quad \leqslant f_{br} = 4.0 \ \text{MPa}$$

思考题

1. 简述水泥混凝土路面的力学模型和临界荷位。

2. 水泥混凝土路面的设计轴载、轴载换算及交通等级是如何划分的？

3. 水泥混凝土路面设计的主要内容和设计流程是什么？如何进行板厚计算？

4. 湖南长沙地区拟修二级公路采用水泥混凝土路面，路基为低液限黏土，路床顶面距地下水水位平均深 1.5 m，当地粗集料为石英岩。初期交通量为解放 CA10b 车型 400 辆/d，黄河 JN150 车型 550 辆/d，东风 EQ140 车型 325 辆/d，交通量增长率 6%，试进行普通水泥混凝土路面设计。

5. 公路自然区划 II 区新建一条高速公路，单向三车道。路基土为黑土（低液限黏土），路床顶距地下水水位 2.10 m，当地粗集料主要为花岗岩。经交通调查分析得知，黄河 JN150 车型 890 辆/d，东风 EQ140 车型 915 辆/d，太脱拉 138 车型 1 099 辆/d，设计轴载 $P_s = 100$ kN，交通量年平均增长率为 7%。试进行水泥混凝土路面设计。

参 考 文 献

[1] 中华人民共和国交通运输部．JTG B01—2014 公路工程技术标准［S］．北京：人民交通出版社，2014.

[2] 中华人民共和国交通运输部．JTG D30—2015 公路路基设计规范［S］．北京：人民交通出版社，2015.

[3] 中华人民共和国交通运输部．JTG D40—2011 公路水泥混凝土路面设计规范［S］．北京：人民交通出版社，2011.

[4] 中华人民共和国交通运输部．JTG D50—2017 公路沥青路面设计规范［S］．北京：人民交通出版社，2017.

[5] 中华人民共和国交通部．JTG F10—2006 公路路基施工技术规范［S］．北京：人民交通出版社，2006.

[6] 中华人民共和国交通运输部．JTG/T F20—2015 公路路面基层施工技术细则［S］．北京：人民交通出版社，2015.

[7] 中华人民共和国交通部．JTG F40—2004 公路沥青路面施工技术规范［S］．北京：人民交通出版社，2004.

[8] 中华人民共和国交通运输部．JTG/T F30—2014 公路水泥混凝土路面施工技术细则［S］．北京：人民交通出版社，2014.

[9] 中华人民共和国交通部．JTG E40—2007 公路土工试验规程［S］．北京：人民交通出版社，2007.

[10] 中华人民共和国交通运输部．JTG E60—2008 公路路基路面现场测试规程［S］．北京：人民交通出版社，2008.

[11] 中华人民共和国交通部．JTG F80/1—2004 公路工程质量检验评定标准—第一册—土建工程［S］．北京：人民交通出版社，2005.

[12] 方福森．路面工程［M］．2 版．北京：人民交通出版社，1990.

[13] 方左英．路基工程［M］．北京：人民交通出版社，1987.

[14] 姚祖康．道路路基和路面工程［M］．上海：同济大学出版社，1994.

[15] ［美］黄仰贤．路面分析与设计［M］．余定选，齐诚泽，译．北京：人民交通出版社，1998.

[16] 邓学钧，陈荣生．刚性路面设计［M］．2 版．北京：人民交通出版社，2005.

[17] 林绣贤．柔性路面结构设计方法［M］．北京：人民交通出版社，1988.

[18] 朱照宏，王秉纲，郭大智．路面力学计算［M］．北京：人民交通出版社，1985.

[19] 王秉纲，邓学钧．路面力学数值计算［M］．北京：人民交通出版社，1992.

[20] 邓学钧，黄卫，黄晓明．路面结构计算和设计电算方法［M］．南京：东南大学出版社，1997.

[21] 邓学钧．路基路面工程［M］．3 版．北京：人民交通出版社，2008.